国家社科基金重点课题：防范和化解地方政府隐性债务风险治理体系优化研究（19AJL005）
河北省教育厅人文社科研究重大课题攻关项目"金融科技'负责任创新'及其监管体系研究"
（ZD202019）阶段性成果
河北金融学院学术著作出版基金资助项目
河北省金融创新与风险管理研究中心资助项目
河北省科技金融协同创新中心项目
疫情防控的财政金融支持政策研究（JY202110）

中国地方政府投融资平台转型发展研究

2022

多元化融资格局视角下的城投转型

胡恒松　贾少卫　石博文　宋敏端◎著

经济管理出版社
ECONOMY & MANAGEMENT PUBLISHING HOUSE

图书在版编目（CIP）数据

中国地方政府投融资平台转型发展研究.2022：多元化融资格局视角下的城投转型/胡恒松
等著.—北京：经济管理出版社，2023.2
ISBN 978-7-5096-8923-3

Ⅰ.①中…　Ⅱ.①胡…　Ⅲ.①地方政府—投融资体制—研究—中国—2022　Ⅳ.①F832.7

中国国家版本馆 CIP 数据核字（2023）第 005455 号

组稿编辑：申桂萍
责任编辑：赵亚荣　赵天宇　张　艺
责任印制：黄章平
责任校对：王淑卿

出版发行：经济管理出版社
　　　　　（北京市海淀区北蜂窝 8 号中雅大厦 A 座 11 层　100038）
网　　址：www.E-mp.com.cn
电　　话：（010）51915602
印　　刷：唐山昊达印刷有限公司
经　　销：新华书店
开　　本：720mm×1000mm/16
印　　张：23.5
字　　数：447 千字
版　　次：2023 年 2 月第 1 版　2023 年 2 月第 1 次印刷
书　　号：ISBN 978-7-5096-8923-3
定　　价：88.00 元

编委会

专家寄语

产业类国有企业作为国民经济的重要组成部分，在多个关键领域担当着排头兵、主力军角色。未来，产业类国有企业既要积极参与构建以国内大循环为主体、国内国际双循环相互促进的新发展格局，也要符合碳中和、碳达峰的绿色低碳发展模式。在这一过程中，不断优化资产负债结构，通过多元化、创新性、前瞻性的融资实现企业的"轻装上阵"成为发展关键。本书结合丰富、翔实的案例，研究了城投公司等国有企业转型中的现状、问题及对策，为处于转型发展过程中的企业提供了较为明确的行动指南。

谭春明

新疆能源（集团）投资有限责任公司党支部书记、董事长

县域经济是国民经济的基本单元，而城投公司作为城市建设主体和资产运营平台，在县域经济的城镇化建设、巩固脱贫攻坚成果以及生态文明建设等方面发挥着重要作用。在新发展阶段，区县级城投公司如何转型业务模式、丰富现金流来源、优化债务结构，值得深入思考。本书深入分析了城投公司当前的发展方向，针对性地提出了多元化融资渠道和城投战略转型两个命题，从理论到实践进行了分析和总结，对城投企业发展具有一定的参考价值。

陈建辉

兰考县投资集团有限公司党委书记、董事长

创新融资模式是城投公司实现转型跨越的核心措施，新形势下城投公司应跳出传统模式的桎梏，学习借鉴先进融资模式，结合自身实际情况，科学运用REITS、资产证券化等创新融资方式，从而强化投融资行为与经营性项目之间的联系，有效控制风险，扩大城投公司实际收益。城投公司亦可完善落实股权融资，吸收大型企业或大型投资机构，扩增权益资本，同时加快产业板块重组上市步伐，拓宽投融资瓶颈，实现融资多元化。本书将理论分析和案例讲解相结合，聚

焦城投转型过程中的融资思路，可以为城投公司构建多元化融资体系提供宝贵思路。

罗火明

泸州产业发展投资集团有限公司总经理

一直以来，地方政府投融资平台对我国地方经济建设起着重要的作用。随着地方经济的快速发展，地方政府债务问题逐渐凸显，隐性债务风险也越发突出。近期银保监会出台的"15号文"中明确提出，各银行保险机构要严格执行地方政府融资相关政策要求，打消财政兜底幻觉，从金融监管的角度杜绝流贷资金造成隐性债务新增的现象，这也无疑加强了融资平台公司的新增融资管理。在此背景下，城投公司的市场化业务开拓将尤为重要，地方政府投融资平台的转型发展之路需要更加深入的研究。

宋任飞

衡阳市城市建设投资有限公司党委书记、董事长

地方政府投融资平台作为地方政府投融资的主体，自创建以来一直致力于地方建设，为地方经济发展做出了巨大的贡献。近年来，地方政府债务压力逐年增加，债务问题逐渐显现，一度引起市场的担忧。在此情形下，地方政府投融资平台应当积极作为，推动市场化转型，提升自身的营利能力、偿债能力以及市场生存能力。在2021年的专项债券之后，本系列图书开始立足于产业投资与资本运营进行讨论，更加触及了城投转型的核心问题。本书对优秀平台公司的转型路径以及面临的问题进行了深入分析，提出针对性的发展建议，值得读者深入思考。

张顺发

伊犁哈萨克自治州财通国有资产经营有限责任公司总经理

地方政府投融资平台作为我国特殊体制在特殊发展时期的产物，对于弥补财政资金缺口、拓宽基础设施建设资金来源、推动经济发展和城镇化建设具有重要意义。但是，由于缺乏完备的体制支撑和法律规范，地方政府投融资平台的快速发展也带来了债务风险高企的隐患。近年来，针对地方投融资平台以及地方政府债务的各项规范措施逐渐将地方投融资平台逼到了一个尴尬的境地，地方投融资平台体制机制转型势所必然。由于区域禀赋、行业属性、行政级别的不同，地方政府投融资平台的本质和特性差别甚大，这就决定了它们的转型不可能用同一把尺子，更难一蹴而就。面对这种复杂状况，这部以地方投融资平台为研究对象的

专著精心构建了颇具实用性和科学性的指标体系，用以分别评价省、直辖市、地级市、区县的政府融资平台，同时，基于这种分野，实际探讨了地方政府投融资平台的转型方法和具体路径。全书理论联系实际，深入浅出，数据翔实、内容丰富，不失为一本讨论地方融资平台问题的佳作，我以为，这部书对于地方政府、融资平台乃至监管机构，都具有重要的参考意义（摘录自 2018 年专家推荐语）。

李 扬

国家金融与发展实验室理事长

中国社会科学院原副院长

序一

党的二十大的召开为我国今后全面建设社会主义现代化强国制定了宏伟蓝图。推进中国区域发展是实现中国式现代化的必经之路：区域面貌集中体现了社会现代化水平、区域环境深刻塑造了经济体发展韧性、区域实力高度决定了国家发展潜力。习近平总书记强调，现代化经济体系是由社会经济活动的各个环节、各个层面、各个领域的相互关系和内在联系构成的一个有机整体。现代化经济体系包含产业体系、市场体系、收入分配体系、城乡区域发展体系、绿色发展体系、全面开放体系和充分发挥市场作用、更好发挥政府作用的经济体制等方面。其中，城乡区域发展体系是现代化经济体系的空间特征，是推动我国区域充分协调发展的应有之义。

提到城乡区域发展体系，就不得不提到新型城镇化及县域经济。当前，新型城镇化得到推进，城镇化率有了较大的提高，城市群发展格局加速形成。2022年5月6日，中共中央办公厅、国务院办公厅印发了《关于推进以县城为重要载体的城镇化建设的意见》（以下简称《意见》），《意见》作为首个中央层级的政策性文件，标志着我国对县城城镇化建设的政策支持力度进一步提升。但无论是县域经济发展，还是新型城镇化建设的不断推进，都离不开地方政府投融资平台的作用。粗略估算，全国约50%以上地方政府投融资平台为区县级平台，县域地方政府投融资平台可谓是地方基础设施与配套设施建设等项目的重要渠道。但由于地区财政、体制机制等方面的限制，大多无法通过市场化转型来加快改革、激发活力。因此，县域地方政府投融资平台有必要抢抓政策机遇，通过资产整合、混合所有制改革等方式进行重组，从而进一步加快提升信用评级，提升融资能力，来支持地方经济发展。而这也将成为城乡区域发展体系的关键所在。

中国地方政府投融资转型发展研究系列丛书是由胡恒松教授根据多年的从业经验组织编写的实操性极强的系列研究报告，已经连续出版六年，本系列图书每年都根据当前地方政府投融资平台关注的话题精心编著，将地方政府投融资平台转型与国有企业改革、化解地方隐性债务风险、政府职能转变等课题统筹研究。

2022 年本书以多元化融资为视角，契合了当前多数地方政府投融资平台的需求。此外，本书还构建了专业化的城投公司的评价体系，多维度地对各地方的平台进行排名，并充分考虑到了地区的差异性，以主要省份案例的方式整体梳理和研究各地方政府投融资平台的情况，对不同区域的地方政府融资平台转型、发展起到一定的借鉴和推动作用。

是为序。

孙久文
中国人民大学应用经济学院教授
2022 年 11 月

序二

作为地方政府重要的投融资建设主体，地方政府投融资平台一直担负着城镇化建设的主力军作用，其核心职能是开展政府性项目的投融资业务，目的在于解决分税制下地方政府财力不足的矛盾。纵观近三十年各地区的经济发展，城投公司为地方城市基础设施建设做出了突出贡献，是地方城市建设发展的重要主体，在推进中国城镇化发展中发挥了重要作用。但从平台自身来看，由于缺乏现代企业管理理念和市场化业务拓展能力，大部分城投企业自身"造血"能力有限，资产负债率居高不下，部分平台公司面临转型困局。特别是中央对地方融资监管的政策趋于严格和完善，密集发布了多个政策文件明确了剥离城投平台政府融资功能的原则，指引地方政府投融资平台通过整合资产实现市场化转型，要求地方政府投融资平台在职能、人员、资产、信用等方面划清政府与平台的边界，成为独立的市场主体，布局整合具有可持续发展的优质资产，实现独立经营、自我"造血"的能力。

今年以来，地方政府面临着收入减少、抗疫纾困支出增加的双重压力，导致多数地方的财政形势极为紧张。在这种背景下，地方政府对平台公司的"输血"能力将明显减弱，甚至需要平台公司反哺地方政府。在平台公司自身债务问题缠身的情况下，这无疑加大了平台公司的转型压力。可以看到，近些年各地政府都在积极推动平台公司转型升级，寄希望于通过市场化转型解决平台公司自身"造血"能力弱的问题。

城投公司的信用评级反映了公司的信用水平、经营能力、融资能力，评级结果与公司自身的资产规模、现金流等密不可分，最终反映的是城投的偿债能力和再融资能力。过去，城投公司主要的收入来源于政府的补贴和拿地政策的倾斜，但在地方政府投融资平台市场化转型的大背景下，注重挖掘注入可用的政府性资产资源和现金流成为城投公司当前和未来的业务重心。今年以来，城投主体信用评级下调的数量明显增加，化解隐性债务风险、解决存量债务成为城投公司当前工作的重心。

胡恒松博士是研究地方政府投融资平台的资深专家，拥有多年的投融资实操业务经验，在深入研究各个地方政府投融资平台的基础上，自 2017 年起每年出版"中国地方政府投融资平台转型发展研究"系列丛书，通过对我国主要大中型城投公司进行科学系统的评级，研究精选了若干主要区域的地方政府投融资平台转型的案例经验，该系列丛书发布已经成为业内标志性的事件，对于引导地方政府投融资平台转型具有重要的实践意义。

赵全厚

中国财政科学研究院金融研究中心主任、研究员

2022 年 10 月

前　言

　　2022 年以来，严峻复杂的国内外形势对国内宏观经济运行造成了一定冲击，经济下行压力进一步加大。根据国家统计局发布的数据初步核算，2022 年上半年国内生产总值 56.26 万亿元，按不变价格计算，同比增长 2.5%，其中，二季度国内生产总值 29.25 万亿元，同比增长仅 0.4%，宏观经济数据不及市场预期对金融市场有着重要的影响。作为现代经济的核心，金融在加强宏观调控、促进经济发展和维护社会稳定方面发挥了重要作用，资本市场是我国金融市场的重要组成部分，已经成为稳经济、稳金融、稳预期的关键支撑。党的十八大报告明确提出，要加快发展多层次资本市场；党的十九大报告进一步要求，要促进多层次资本市场健康发展。党的二十大报告明确提出，要健全资本市场功能，提高直接融资比重。这说明了资本市场在直接融资体系中将发挥重要作用。目前我国资本市场已经成长为世界第二大市场，在国民经济发展中发挥着越来越重要的作用。

　　近十年来，我国资本市场快速发展，股债融资整体稳步增长。当前，我国已经构建成体系完善的多层次市场架构，从设立科创板并试点注册制正式落地，到创业板注册制改革，再到设立北京证券交易所（以下简称北交所），多层次资本市场建设持续推进。2021 年 11 月 15 日，随着北交所开市，我国资本市场形成了涵盖沪深主板、科创板、创业板、北交所、新三板、区域性股权市场和私募股权基金等在内的多层次股权市场，以及债券市场和期货衍生品市场。

　　作为我国地方政府投融资的重要工具，地方政府投融资平台对地方经济建设起着重要的作用。但随着地方经济的快速发展，地方政府投融资平台存在的问题也越发突出。2021 年以来，多地出台了监管政策以推动平台公司转型、规范其融资，政策环境持续加强。在此背景下，地方政府投融资平台应逐渐剥离政府融资职能，转变为市场化运营的国有企业，同时积极借助资本市场展开融资，拓宽融资渠道，探索尝试创新融资品种，实现融资多样化、多元化，从而实现自身的长远发展。

　　本书系统性地研究了地方政府投融资平台转型发展方向以及借助资本市场拓

展融资渠道的有效途径，主要分为理论篇、评价篇以及案例篇。理论篇分析地方政府投融资平台转型发展现状以及监管政策演变情况，详细介绍股权市场、债券市场以及其他融资方式，并对地方政府投融资平台转型发展提出了建议。评价篇通过科学构建平台转型发展评价指标体系，分析省、直辖市、地级市、区县地方政府投融资平台转型发展情况。案例篇根据不同的转型思路以及转型实践，选择典型案例进行深度研究，分析地方政府投融资平台转型发展过程并总结经验。

作为"中国地方政府投融资平台转型发展系列研究"的最新成果，本书相较之前著作的创新之处体现在以下三个方面：第一，以"融资"为主题，并与地方政府投融资平台相结合，为平台公司拓宽融资渠道提供思路，助力平台转型；第二，评价篇选取贵州、山东、重庆以及长江三角洲等特色区域进行分析，紧跟热点，可读性强；第三，转型案例选取多样化，不仅选取新疆、北京、河南、四川等地的转型案例，同时还下设河北专篇，聚焦河北平台公司转型发展情况，更利于区域平台公司借鉴。

目　录

【评价篇】

【案例篇】

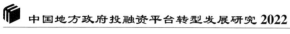

【理论篇】

第一章 稳增长背景下地方政府投融资平台转型发展研究

第一节 地方政府投融资平台转型发展情况概述

地方政府投融资平台是地方政府或其委托国资管理机构作为出资机构，采用财政拨款或以股权、土地等资产为出资方式，组建的具有独立企业法人资格的平台。[①] 地方政府投融资平台承担政府主导的项目建设投资及融资，是地方经济发展重要的筹资平台，在促进地方经济发展及基础设施建设方面具有重要作用。在新冠肺炎疫情、中美贸易摩擦以及世界局势动荡的背景下，国家提出了稳增长的目标，但地方政府投融资平台在经营过程中仍存在诸多不符合稳增长目标的问题。在国家对地方政府举债严格监管的形势下，地方政府投融资平台转型是其为稳增长做出贡献以及实现健康发展的重要途径。因此，稳增长背景下对地方政府投融资平台转型进行研究是非常必要的。

一、稳增长对地方政府投融资平台的要求

（一）遏制新增隐性债务，适度超前开展基建投资

2021年12月，中央经济工作会议指出，要实施稳健有效的宏观政策，财政政策要持续保持积极态势，货币政策则要更趋于稳健，实施新的减税降费政策，基础设施投资则要在一定程度上提前布局；将新增地方政府隐性债务扼杀在摇篮之中，货币政策在稳健的同时又要不失灵活性，保持社会流动性处于合理区间，引导金融机构加大对实体经济的支持力度；财政政策和货币政策要协调联动，

---

① 贾硕岭. 新形势下地方政府投融资平台转型发展研究［J/OL］. 财经界，2020（33）：35 - 36. DOI：10. 19887/j. cnki. cn11 - 4098/f. 2020. 33. 019.

实施好扩大内需战略，增强发展内生动力。在隐性债务治理的过程中，要着重关注地方政府投融资平台隐债，严控增量，对于城投风险要保持可控性。一方面，中央经济工作会议强调要"坚决遏制新增地方政府隐性债务"，抓好风险处置工作，压实企业自救主体责任；另一方面，强调化解风险要有充足的资源，区域政策要增强发展的平衡性、协调性。"可持续"是指财政本身的可持续，而不是通过隐性债务或盲目扩大赤字稳增长，要符合高质量发展的要求，助力经济可持续发展。

综上所述，从 2020 年底开始的规范落实隐性债务化解工作的要求将在 2022 年延续下去，政策端对于城投融资的压力仍然持续存在。政策对于城投还是存在一定的风险底线，在推动中国经济转型及新旧动能转换的目标下，城投数量或将有所压缩，转型也成为趋势，"有保有压有退出"将成为常态。

（二）防范化解债务风险，严格控制债务增量

2021 年 12 月，全国财政工作会议指出，要加强风险防控，牢牢守住不发生系统性风险的底线，持续防范化解地方政府隐性债务风险，对化债不实、新增隐性债务的要严肃问责，完善防范和化解隐性债务风险的长效机制。近年来，党中央、国务院制定出台了一系列政策措施，目的就是有效地防范和化解地方政府隐性债务风险，具体做法包括完善常态化监测机制、坚决遏制隐性债务增量、推动平台公司市场化转型、稳妥化解隐性债务存量、健全监督问责机制等，这表明监管层对防范化解地方政府隐性债务的决心不变。稳步化解隐性债务风险，要坚持以时间换空间，避免债务集中到期风险以及后续道德风险，关键是提高债务资金使用效率，建立省以下的财政风险党政一把手问责机制；要有效控制债务率，处理好存量和增量的关系，确保存量债务逐步化解，严格控制增量，中央对地方提出党政干部负责的机制，省以下政府也应该建立起市县党政领导负责机制；要处理好显性债务和隐性债务的关系，隐性债务显性化，根据公共属性强弱将其划分为政府债务和企业债务，分别通过财政手段和市场化、法治化方式解决；还要处理好分子与分母的关系，即分子端的债务要尽可能有更大的分母端产出，因此必须提高债务资金的使用效率。在存量隐性债务逐渐显性化、市场化的前提之下，做好风险防控，通过进行有效的破产重组、清算等方式来减少债务，进而降低风险本身的传递性带来的区域性、系统性风险。

（三）压实地方责任，有效配置资源

2022 年《政府工作报告》中强调，要坚持稳字当头、稳中求进，加大宏观政策实施力度，稳住经济大盘。对于防范风险，需要压实地方责任，设立金融稳定保障基金。经济转型时期，原有的经济支柱产业信用风险上升，化解存量债务将是相对长期的过程。在防范化解重大风险层面，报告提到要压实地方属地责

任，同时设立金融稳定保障基金，运用市场化、法治化方式化解风险隐患。2022年拟安排地方政府专项债券3.65万亿元，强化绩效导向，坚持"资金跟着项目走"，合理扩大使用范围，支持在建项目后续融资，开工一批具备条件的重大工程、新型基础设施、老旧公用设施改造等建设项目，充分调动民间投资积极性。中央预算内投资安排6400亿元，围绕国家重大战略部署和"十四五"规划，适度超前开展基础设施投资，在市场化改革的大前提下，未来的地方债务、城投企业的融资模式、融资能力都将进一步市场化，让市场制度更有效地配置各项资源，让高质量发展的地区进一步发展，减少各类无效投资与低效投资。当前阶段的重点在于：一方面，政策要不穿新鞋走老路，"收"的一面很坚决，从严禁新增和存量化解两个角度化解隐性债务；另一方面，也提到要适度超前开展基建，而从落实主体来说，城投责无旁贷。在"有压有保有退出"的政策框架设定下，城投平台融资并不会太宽松，由此短期基本面改善的空间也有限，局部区域流动性压力仍旧较大，在此背景下，结构性分化将持续下去。

（四）优化结构，促进经济健康平稳发展

2021年3月16日，国务院金融稳定发展委员会召开专题会议，研究我国现阶段的经济形势和资本市场问题。在宏观经济运行方面，要坚决落实党中央的决策部署，切实提振一季度经济，货币政策要带有主动性，新增贷款方面要有一定的增长幅度。而在平台经济的治理方面，有关部门要遵循市场化、法治化、国际化的原则完善已有方案，坚持稳中有升，通过规范、透明、可预期的监管，稳妥推进并尽快完成大型平台公司整改工作，"红灯""绿灯"都要设置好，促进平台经济平稳健康发展，提高国际竞争力。

结合近期金融制度改革与宏观政策的转向，当前控制地方债务风险、化解地方隐性债务的思路已经十分明晰，即通过金融改革与协调地方金融资源，以市场化的模式疏解地方债务压力、优化地方债务结构、降低综合债务成本，最终实现用发展解决问题。在控制地方债务总量、遏制隐性债务的大前提下，地区必然严格限制债务新增，通过减少金融资源投放、政策限制的方式倒逼经济结构转型，脱离依靠债务增长的粗放发展方式，这意味着一些存量债务规模大的地区即将出现被动"去杠杆"，在转型的过程中不断优化、调整债务结构，在"控总量"的前提下不断降低融资成本，实现去除潜在风险的目标。

（五）精准施策，补短板、强弱项

2022年1月10日召开的国务院常务会议指出，当前经济运行处于爬坡过坎的关口，要按照中央经济工作会议要求，把稳增长放在更加突出的位置，坚定实施扩大内需战略，坚持不搞"大水漫灌"，有针对性地扩大最终消费和有效投资，这对顶住经济新的下行压力、确保一季度和上半年经济平稳运行具有重要意义。中央经济工作会议明确，适度超前开展基础设施投资，积极扩大有效投资，要用好用足中央政府预算内投资和地方政府专项债券，要加强专项债券投向领域管理，确保精准用于政府主导、早晚都要干、存在一批具有一定收益的基础设施和公共服务项目。另外，加快推进专项债券项目开工和建设实施，对在建项目加大协调推进力度，确保项目顺利建设实施。

2022 年 3 月 29 日，国务院常务会议指出要通过政府债券的良性操作来积极扩大有效投资，促进补短板增后劲和经济稳定增长。会议指出，用好政府债券扩大有效投资，是带动消费扩大内需、促就业稳增长的重要举措。按照保持宏观杠杆率基本稳定的原则，加强周期性调节：第一要抓紧下达剩余专项债额度，向偿债能力强、项目多、储备足的地区倾斜；第二要更好地发挥专项债效能，坚持既利当前又惠长远，加大惠民生、补短板等领域投资，支持新基建等增后劲、上水平项目建设，合理扩大专项债使用范围；第三要用改革的举措、市场的办法，发挥专项债"四两拨千斤"的作用，吸引更多社会资本投入，支持民营企业投资；第四要加强资金管理，防止沉淀闲置，严禁形象工程；第五要统筹把握国债、地方债发行，保持合理国库资金规模，保障基层落实退税减税降费政策和惠民生所需财力，防范债务风险。鼓励利用境外中长期资金来购买国债，积极落实相关税收减免政策，加大金融系统配合力度，保障国债合理有序发行，支持项目投融资活动。

二、地方政府投融资平台最新监管动态

2021 年以来城投监管政策收紧的背景主要是，2019 年之后无论是城投平台总债务还是债券存续余额都出现明显增长，债券余额增速要高于总债务增速。同时，部分地区隐性债务化解存在不规范的情况。针对以上现象，2021 年以来城投融资整体有所收紧，尤其是对有隐性债务的平台。本章对《国务院关于进一步深化预算管理制度改革的意见》（国发〔2021〕5 号）、《银行保险机构进一步做好地方政府隐性债务风险防范化解工作的指导意见》（银保监发〔2021〕15 号）、《国务院关于支持贵州在新时代西部大开发上闯新路的意见》（国发〔2022〕2 号）要点进行了梳理，并对地方政府投融资平台最新监管动态做进一步解读（见表1-1）。

三、地方政府投融资平台转型发展态势

（一）承担代建项目，资金沉淀明显

地方政府投融资平台在独立性方面有所缺失，其自身的决策能力、项目建设能力都会受到政府的约束，地方政府并未建设系统、完善的审批机制。同时，代建项目总量较高，对于代建回款周期长的项目而言，地方政府投融资平台的资金沉淀量较高，制约经济的流通和循环。较高的投资成本和单一的融资渠道，使平台的融资额度小于投资额度，导致资金紧张。在这种情况下，平台的投融资活动存在两种不同的情况：一是对工程项目建设的工期进行拖延，直到完成融资，这样可以对存在的一些问题进行解决，但是工程拖延也会带来较大的成本消耗；二是平台本身隶属于地方政府，可以依靠财政资金来填补存在的资金漏洞，这也是一种选择，不过同样没有实质性地解决融资风险问题，资金恶性沉淀情况依然存在。

表 1-1 2021 年以来地方政府投融资平台最新监管动态梳理

发布时间	发布部门	文件/会议名称	核心内容	内容解读
2021 年 4 月 13 日	国务院	《国务院关于进一步深化预算管理制度改革的意见》	主要是对预算管理制度改革措施的进一步部署，涉及六大方面：加大预算收入统筹力度，增强财政保障能力；规范预算支出管理，推进财政支出标准化；严格预算编制管理，增强财政预算完整性；强化预算执行和绩效管理，增强预算约束力；加强风险防控，增强财政可持续性；增强财政透明度，提高预算管理信息化水平。其中第五条涉及对地方政府举债机制的规范，防范地方政府隐性债务风险	遏制隐性债务增长，防范化解存量地方政府隐性债务。再次强调了严禁增加地方政府隐性债务；剥离地方政府融资平台职能，市场化处置债务风险，但也严厉打击恶意逃废债行为，保护债权人权益；加强审计问责，严格落实政府举债终身问责制和债务问题倒查机制。金融机构也要审慎把关
2021 年 7 月 9 日	银保监会	《银行保险机构进一步做好地方政府隐性债务风险防范化解工作的指导意见》	收紧了对地方政府融资平台的融资，要求"不得将融资服务纳入政府购买服务的范围""对承担地方政府隐性债务的客户，加大限制其融资"。在这个背景下，地方政府融资平台的发展必须结合时代需求，从政策、结构两方面对自身进行调整与演变，促使城投公司去杠杆、彻底打破以旧借新的融资方式	此前隐性债务置换实操当中或存在以流动资金性质的贷款腾挪续作，尤其造成了新增隐债的嫌疑，而在银保监会 15 号文的约束下，对于地方政府及城投平台而言，新增外部融资渠道在减少，流动性转换压力在提升，但在其补充出台后，整体接续还属通畅。展望 2022 年，在超前开展基建的提法下，城投需承担起相关投融资职能，但在这个过程中如何避免新增地方政府隐性债务问题，并且合理按节奏化解存量隐性债务，有关部门对此可能会进一步有所指导，这对于城投而言或许有压力和扰动

发布时间	发布部门	文件/会议名称	核心内容	内容解读
2022 年 1 月 26 日	国务院	《国务院关于支持贵州在新时代西部大开发上闯新路的意见》	包括九大方面、三十二条,指出贵州发展面临的一些突出困难和问题,但对贵州给予很高的战略定位,提出了长远的发展目标,制定了一系列发展指导意见,并明确了相关保障措施。其中,第二十九条针对贵州如何防范化解债务风险明确指出:严格政府投资项目管理,依法从严遏制新增隐性债务。加大财政资源统筹力度,积极盘活各类资金资产,稳妥化解存量隐性债务。按照市场化、法治化原则,在落实地方政府化债责任和不新增地方政府隐性债务的前提下,允许融资平台公司对符合条件的存量隐性债务,与金融机构协商采取适当的展期、债务重组等方式维持资金周转。完善地方政府债务风险应急处置机制。在确保债务风险可控的前提下,对贵州适度分配新增地方政府债务限额,支持符合条件的政府投资项目建设	早在 2018 年 10 月 31 日国办发 101 号文以及 2019 年 5 月国办函 40 号文中便有相关表述。由此可见,国发 2 号文中相关表述并未突破此前地方政府隐性债务化解的逻辑框架,以时间换空间很重要。但与此同时,国发 2 号文中也明确,到 2025 年,防范化解债务风险取得实质性进展,表明了对于隐性债务化解的决心和节奏,在给予置换空间的前提下督促地方政府化解缓释风险,有保有压。从政策分配逻辑上来说,贵州省整体债务水平较高,按照地方政府债券限额分配的方法,其在分配地方政府债券额度上或难以有很大程度的倾斜,就当前而言,贵州省剩余的地方政府债券限额—余额空间不算太多,未来或许会在一定程度上给予贵州省地方政府债券限额分配更多的倾斜,支持符合条件的政府投资项目建设。从逻辑上来看,我们可以从比较正面的视角来看待国发 2 号文,内部而言,主要期待的增量资金就是茅台化债——区域特色的压舱石;外部而言,主要期待再融资债试点置换隐性债务的规模和分配,其次是关注中央转移支付以及中央预算内投资的边际带动,最后需要关注政策性银行参与贵州进行较大规模的隐性债务置换落地

资料来源:国务院、银保监会。

(二) 收入来源单一,缺乏"造血"能力

现阶段,大部分地方政府投融资平台资产规模不大、资产质量不高、负债率较高,这些都导致其资金财务成本较高,不具备较好的盈利能力。投融资平台的收入来源较为单一。目前,限制投融资平台发展的最大障碍就是营业收入。大部分融资平台主要依靠地方政府的委托代建业务来获得营业收入，这些业务均为非市场化业务，不具有市场竞争力，市场化业务占比非常小，抗风险能力有限，不具备完全脱离政府运营的条件。而且部分地方政府投融资平台项目资产结构不科学，经营性资产少，整体收益较差，收益低和周期长的项目相对较多。

（三）债务压力较大，存在偿债风险

地方政府投融资平台存量债务基数庞大，偿付本息问题较为突出。投融资平台债务主要分为政府隐性债务和经营性债务。对于政府隐性债务来说，虽然国家出台了政策，允许金融机构对到期债务进行置换来化解债务，但在实际操作过程中，金融机构的贷款审批程序、贷款金额以及置换贷款性质等各种问题致使大量债务无法及时进行置换，地方政府投融资平台面临很大的资金筹集压力。经营性债务只能通过地方政府投融资平台自身的经营性收益来清偿本息，然而平台实际经营收益的现金流入与贷款归还周期不匹配，使资金营运压力加大，存在债务风险。

（四）融资渠道不畅，融资成本偏高

地方政府投融资平台融资渠道单一，主要是银行贷款和债务融资，融资渠道全部来自国内企业，有待拓展，若脱离现有模式，融资渠道将会受限。地方政府投融资平台主要由政府主导，最终的决策权在政府手中，大多数平台还未能走向市场化、实体化。地方政府投融资平台主要依托政府信用，信贷机构很难完全掌握其使用资金的真实情况，容易导致过度放贷。信贷机构对项目资金使用的具体情况了解不足，无法做到有效的资金管理，存在资金使用不合理的现象，而项目资金脱离监管易引起金融风险。大多数城市的地方政府融资平台规模不大，需要承担的负债率过高。对政府依赖程度高、自主经营和融资能力欠缺一直是地方政府投融资平台发展中存在的弊病。因此，地方政府融资平台的信贷要求逐步严格，而融资的各项成本随之升高。

（五）人才储备相对落后，人力资源有待开发

人力资源作为推进地方政府投融资平台转型发展工作的主要动力，其质量对整个过程的进行起着至关重要的作用。由于地方政府投融资平台主要以政府职能延伸的角色出现，因此几乎全部属于国有独资性质，由政府主导，不以营利为主要目的，目的是为城市建设筹集到更多的建设资金。管理人员缺乏相关行业的公司管理经验，管理重点不在经济效益上，资产主要为市政基础设施等公益类资产，无法产生稳定的经营性收入和现金流，经营效果不佳。从实际情况来看，部分地区的人才储备机制不完善，人才培养工作落后，干部结构不合理，人力资源存在较大的开发空间，使地方政府投融资平台的持续"造血"能力十分欠缺。

第二节 地方政府投融资平台监管政策演变过程

1994 年国务院进行分税制等财政金融体系改革，将原本属于地方政府的主要税种大部分归于中央，但地方政府仍承担区域发展和建设的任务，"财权上移，事权不变"导致地方的财权和事权不相匹配，迫使地方政府开拓更多融资渠道。2008 年，国务院常务会议提出"四万亿投资计划"应对金融危机，其中除了 1.18 万亿元中央预算内投资外，其他 2.82 万亿元配套资金主要来源于地方财政、地方债、政府贷款（包括贴息）、企业/公司债和中期票据、银行贷款和民间投资。然而，在一系列法规的约束下，地方政府无法直接作为借贷主体融资。2009 年 3 月，中国人民银行、银监会联合发布《关于进一步加强信贷结构调整促进国民经济平稳较快发展的指导意见》（银发〔2009〕92 号），支持有条件的地方政府组建投融资平台。因此，分税制下城投企业成为地方财政收支矛盾的投融资代理人，迎来了自身蓬勃发展的机会。2010 年以来，城投监管经历了以下六个阶段。

一、地方融资开放：构建监管框架期

2010 年《国务院关于加强地方政府融资平台公司管理有关问题的通知》（国发〔2010〕19 号）开启了城投监管元年。地方融资平台公司在加强基础设施建设及应对国际金融危机冲击中发挥了积极作用，但也出现了融资平台公司举债融资规模迅速膨胀、运作不够规范等亟须高度关注的问题。2010 年 5 月，时任国务院总理温家宝主持召开国务院常务会议，部署加强地方政府融资平台公司管理。2010 年 6 月，国务院发布《关于加强地方政府融资平台公司管理有关问题的通知》，构建城投监管的初期政策框架，并提出对城投公司债务和融资平台分类监管。同年，一系列针对平台的监管政策落地，包括规范债券发行、实施"名单制"管理等。2011 年 3 月，银监会发布《中国银监会关于切实做好 2011 年地方政府融资平台贷款风险监管工作的通知》（银监发〔2011〕34 号），在全国银行范围内开展城投平台和平台贷款的整体管理。2011 年的严监管使基建投资对 GDP 增量的贡献率大幅度下降。2012 年，面临经济下行压力增大的难题，监管政策有所放松：《关于加强 2012 年地方政府融资平台贷款风险监管的指导意见》（银监发〔2012〕12 号）把"禁新建"放松为"控新建"，并支持新增贷款投向公路和保障性住房建设等项目。由于 2012 年城投债发行规模增加而带来地方政府违规融资行为的增加，2012 年 12 月财政部等四部委联合下发《关于制止地方政府违法违规融资行为的通知》（财预〔2012〕463 号）规范融资方式。受 2012 年末政策影响，2013 年前期监管政策收紧，但在 2013 年 8 月国家发展改革委办公厅发布《关于企业债券融资支持棚户区改造有关问题的通知》（发改办财金〔2013〕2050 号）的带动下，棚户区改造等项目使下半年投融资额度增加。由此可见，19 号文标志着早期的城投监管框架的构建，且在这一时期以银行贷款为监管重点。

二、防范金融风险：完善监管政策期

2013 年末，城投存量债券规模从 2008 年的 0.09 万亿元攀升至 1.70 万亿元。随着地方政府债务的较快增长，债务风险也在不断扩大。2014 年 8 月 31 日，第十二届全国人民代表大会常务委员会第十次会议表决通过了《全国人民代表大会常务委员会关于修改〈中华人民共和国预算法〉的决定》，其中就发行地方政府债券问题做出修改，对地方政府举借债务的规模、债务偿还、资金使用等进行明确规定。建立"借、用、还"地方政府管理机制相统一的协调机制，积极树立地方政府规范举债的良好形象，切实防范化解财政金融风险，促进国民经济持续健康发展。2014 年 9 月，国务院下发《关于加强地方政府性债务管理的意见》（国发〔2014〕43 号）。新预算法和 43 号文共同搭建了全新的政府性债务管理框架，分别从法律和中央层面明确了城投和政府债务之间的关系，政企融资职能出现区分。新预算法允许地方政府举债，打开了地方政府融资的正门；43 号文要求坚决制止地方政府违法违规举债，开启了政企分离的顶层设计，明确要求融资平台与政府融资职能相脱钩，并要求对违法违规举债行为建立考核问责机制。2015 年 1 月，公司债发行体制改革，证监会允许城投公司公开发行公司债，城投公司债迎来发展契机。

三、稳定经济增速：监管政策宽松期

2015 年我国经济增速下滑，为确保经济"稳增长"，政府依靠基建投资进行经济的逆周期调节，同步启动地方政府债务置换缓解城投企业融资压力。2015 年 5 月，国务院办公厅转发《关于妥善解决地方政府融资平台公司在建项目后续融资问题意见的通知》（国办发〔2015〕40 号）支持融资平台公司在建项目后续融资。同年，国家发展改革委发布《关于充分发挥企业债券融资功能支持重点项目建设促进经济平稳较快发展的通知》（发改办财金〔2015〕1327 号），放宽了企业债发行要求，行业政策出现了短暂的宽松期。2016 年，城投政策以"防风险，堵后门"为主。2016 年 8 月，国务院发布《关于推进中央与地方财政事权和支出责任划分改革的指导意见》（国发〔2016〕49 号），对中央、地方事权划分进行了较为详细的说明，并确定了"三步走"时间表。

四、金融去杠杆：监管政策收紧期

2016 年底，在经历了上一轮宽松政策后，城投债呈现爆发式增长。为了遏制地方债务的进一步增长，国务院办公厅下发了《关于印发地方政府性债务风险应急处置预案的通知》（国办函〔2016〕88 号），结束了 2015 年以来的平台政策宽松期。之后，监管政策不断加码，制止违法违规行为，同时规范地方政府举债融资行为。2017 年，经济结构优化，发展稳中向好，城投监管政策以"金融去杠杆和堵新后门"为主，严控地方政府债务增量，坚决遏制隐性债务增量。2017年 5 月，财政部、国家发展改革委、司法部、中国人民银行、银监会和证监会六部委联合下发的《关于进一步规范地方政府举债融资行为的通知》（财预〔2017〕50 号）是这次严监管的标志性文件。财预〔2017〕50 号文再次明确国发〔2014〕43 号文内容，从全面组织开展地方政府融资担保清理整改工作、切实加强融资平台公司融资管理、规范政府与社会资本方的合作行为、进一步健全地方政府举债融资机制和大力推进信息公开方面进行整顿。2017 年 6 月，财政部下发《关于坚决制止地方以政府购买服务名义违法违规融资的通知》（财预〔2017〕87 号），切断了政府购买服务这一违法违规融资方式，进一步削弱融资平台和政府之间的联系。2018 年上半年仍强调城投与政府信用分离，并从国有金融机构规范了城投公司的明股实债行为。

五、中美贸易摩擦：监管政策适度宽松期

2018 年下半年开始了中美贸易摩擦，在中国经济结构转型优化和经济下行压力加大的背景下，发展投资、稳定经济成为优先考虑的问题，城投监管政策边际转松。2019 年整体延续了 2018 年边际宽松的主线，在控制隐性债务风险的同时规范隐性债务化解方案。2019 年 6 月，国务院办公厅发布《关于防范化解融资平台公司到期存量地方政府隐性债务风险的意见》（国办函〔2019〕40 号），规范了隐性债务化解方案，为隐性债务市场化化解创造了条件，明确在不新增隐性债务的情况下，允许金融机构对隐性债务进行借新还旧或展期。2020 年受新冠肺炎疫情的影响，政策持续转松，国家出台了一系列政策改善城投企业经营和融资环境。

六、化解隐性债务风险：监管政策趋严期

2020 年下半年逆周期调节政策逐步退出，货币政策回归常态化，2020 年底

中央经济工作会议上也提出"抓实化解地方政府隐性债务风险工作",城投政策进入新一轮严监管周期,以债券为主要监管对象,严控隐性债务增量。2021年4月,国务院下发《关于进一步深化预算管理制度改革的意见》(国发〔2021〕5号),将防范化解地方政府隐性债务作为重要的政治纪律和政治规律。2021年7月,银保监会下发《银行保险机构进一步做好地方政府隐性债务风险防范化解工作的指导意见》(银保监发〔2021〕15号),严禁新增地方政府隐性债务,妥善化解存量地方政府隐性债务,促使城投公司去杠杆并彻底打破借新还旧的融资方式。

第三节 完善我国多层次资本市场体系建设成效显著

一、资本市场体系发展概况

(一)资本市场发展历程

20世纪80年代,国内部分国有企业和集体企业开始股份制尝试,为了满足股票交易需求,中国工商银行上海分行静安营业部开设股票交易柜台,我国资本市场开始萌芽。1990年12月,经国务院授权,上海证券交易所(以下简称上交所)成立。1991年4月,深圳证券交易所(以下简称深交所)正式开门营业。上交所和深交所的先后成立,标志着我国现代资本市场正式形成。自此,中国资本市场进入高速发展时期,并不断探寻适合社会主义市场经济发展的道路。

资本市场成立初期,只有中小国有企业和集体所有制企业能在主板上市进行融资。为满足不同企业的融资需求,党的十六届三中全会首次提出"建立多层次资本市场体系"的理念,从国家战略的角度确立了资本市场发展方向。在此基础上,国务院颁布《关于推进资本市场改革开放和稳定发展的若干意见》(国发〔2004〕3号,也被称为"国九条"),提出"逐步建立满足不同类型企业融资需求的多层次资本市场体系""继续规范和发展主板市场""分步推进创业板市场建设"等建设方向。2004年6月,深圳证券交易所设立中小企业板(简称"中小板"),为民营企业提供IPO专用通道。2009年10月,为满足高科技中小企业日益增长的融资需求,深圳证券交易所正式推出创业板。2012年5月,证监会在中关村科技园试点全国中小企业股份转让系统(新三板),并逐步将试点范围扩大至全国所有"双创型"中小企业。2013年12月,国务院印发《关于全国中小企业股份转让系统有关问题的决定》(国发〔2013〕49号),正式将新三板在全国推广。新三板的推广,标志着我国多层次资本市场体系初步形成。随着高精尖设备、信息技术的发展，上海证券交易所为推动科技型企业发展，于 2019 年 6 月设立科创板，并试点注册制，进一步完善了我国多层次资本市场体系。2021 年 4 月，中小板和深交所主板合并。同年 9 月 3 日，北京证券交易所成立，继续支持中小企业创新发展。

至此，经过 30 余年的曲折发展，我国形成了由主板、科创板、创业板、新三板以及区域性股权交易中心构成的多层次资本市场体系，为推动经济社会高质量发展贡献了积极力量。1990~2021 年关于我国资本市场发展的会议、政策文件及其内容如表 1-2 所示。

表 1-2　1990~2021 年关于我国资本市场发展的会议、政策文件及其内容

时间	事件/会议/政策文件	内容/意义
1990 年 12 月	上海证券交易所成立	中国现代资本市场正式形成
1991 年 4 月	深圳证券交易所成立	
2003 年 10 月	党的十六届三中全会	建立多层次资本市场体系，完善资本市场结构，丰富资本市场产品
2004 年 1 月	《关于推进资本市场改革开放和稳定发展的若干意见》	将"大力发展资本市场"上升至国家战略任务高度，并为建立多层次资本市场体系提出九条建设性意见
2004 年 6 月	中小企业板成立	为民营企业提供专用 IPO 通道
2009 年 10 月	创业板成立	满足高科技中小企业日益增长的融资需求
2013 年 12 月	《关于全国中小企业股份转让系统有关问题的决定》	正式在全国推广新三板，标志着我国多层次资本市场体系初步形成
2019 年 6 月	科创板开板	进一步完善我国多层次资本市场体系
2021 年 9 月	北京证券交易所成立	进一步支持中小企业创新发展

(二) 资本市场发展现状

与发达国家相比，我国资本市场体系建设虽然起步较晚，但仅用 30 余年时间就走完了发达国家近百年的成长过程。在目前的全球资本市场中，我国的股票市场、债券市场规模和商品期货交易额均位居前列。2021 年末，我国股债两市市值分别达到 92 万亿元和 130 万亿元，资本市场存量规模持续增长。上市公司数量随着注册制的推进迅速增加，2021 年末超过 4000 家，其中后 2000 家公司上市累计耗时不到 10 年。在融资结构方面，股债两市总市值超过金融机构各项贷款总余额，直接融资占比大幅提升，股债结构比接近全球平均水平。这一特征表明，我国资本市场融资结构大幅优化，逐渐向国际市场靠拢。此外，2021 年末，股票市场上新兴科技行业市值占比明显提升，股票市值结构大幅优化。而在资管

市场方面，我国资管行业规模仍然稳中有升。截至 2021 年年中，我国银行理财、公募基金、信托、保险资管、券商资管总规模达到 102 万亿元，较 2016 年末增长 20%。

（三）资本市场体系建设意义

党的十八大以来，习近平总书记指出"发展资本市场是中国的改革方向"，并多次对资本市场体系建设做出一系列重要指示批示。当下，中国经济进入新的发展阶段和历史时期。资本市场作为现代金融体系的核心，是资源优化配置的重要平台。中国资本市场作为我国社会主义市场经济体系的重要组成部分，对推动科技创新、支持实体经济发展、促进消费扩大和升级等具有重要作用。新冠肺炎疫情的暴发和持续蔓延，使当前国际经济形势发生重大变化。在这一背景下，持续推进多层次资本市场体系建设，完善资本市场金融功能，促进资本市场逐步走向规范化、法治化道路，不断提高市场主体的创新活力与竞争力，成为我国应对国际环境变化的必然之路。

二、股权市场：促进区域经济良性循环发展

（一）股权市场发展历程

作为世界上最大的发展中国家，中国股权市场的发展呈现明显的阶段性特征。从 1980 年发行第一只股票开始，中国股权市场的发展经历了以下三个阶段：

（1）探索奠定阶段（1984~1994 年）。党的十一届三中全会以后，企业自主权逐步增加，一些企业尝试通过证券市场进行自主融资。1988 年，股份制的产生和推广为中国股权市场萌芽奠定基础。1990 年和 1991 年上海证券交易所和深圳证券交易所的先后成立标志着中国股权市场正式形成。然而，早期的股权市场建设由于证券供求失衡以及证券制度的缺失处于无序状态，并因此引发了"深圳8·10 事件"等交易乱象。1992 年，国务院证券委员会和中国证券监督管理委员会正式成立，规范交易规则和加强监管成为中国股权市场发展的首要任务。1993 年 4 月，国务院发布《股票发行与交易管理暂行条例》，在全国范围内实行统一的证券发行交易法规。同年 12 月，《中华人民共和国公司法》（以下简称《公司法》）正式颁布并于次年生效。《公司法》的颁布为我国建立现代企业制度奠定了法律基础。

（2）规范发展阶段（1995~2004 年）。中国证监会成立后，推动了各项证券法律法规的制度建设，股权市场规模得到迅速发展，走上规范发展的黄金期。1999 年 7 月，《中华人民共和国证券法》（以下简称《证券法》）作为中国第一部规范证券发行交易的法律开始实施，全国集中统一监管机制开始建立，逐步形成以《公司法》和《证券法》为核心的市场法律法规体系。2003 年，党的十六

届三中全会从全面建设小康社会目标出发，提出"进一步增强公有制经济的活力"，"实现投资主体多元化，使股份制成为公有制的主要实现形式"。但是，我国股权市场上流通股与非流通股的划分严重影响了股权市场价格发现功能和公司治理体制。因此，股权改革成为下一阶段的主要发展任务。

（3）市场创新阶段（2005年至今）。2005年4月，我国正式开始股权分置改革，这是中国股权市场完善制度基础的重要变革，也是前所未有的重大创新。经过两年发展，我国股权分置改革基本完成，股权市场进入全流通时代。上市公司数量也伴随股权分置改革的进行迎来新一轮"井喷"。2006年6月，证监会发布《证券公司融资融券业务试点管理办法》，进一步完善我国股权市场交易体系，改变了我国股权市场长久以来只能"买多"的单一局面。2010年3月，融资融券交易机制正式进入市场操作阶段。这一阶段，中国股权市场创新步伐不断加快，新的交易市场、交易品种以及交易方式不断推出，标志着我国股权市场逐步走向成熟。

（二）股权市场主体

我国股权市场主体指的是在股权市场上自身具有一定特殊性及独立意志的直接参与者，主要包括股票发行人、投资者、中介机构和监管部门。

1. 股票发行人

股票发行人是指为筹措资金而发行股票的主体，主要包括上市公司和挂牌公司。上市公司是指所发行的股票经过国务院或者国务院授权的证券管理部门批准，在证券交易所上市交易的股份有限公司。挂牌公司是指股票在全国股份转让系统挂牌公开转让的非上市公司。挂牌公司可以直接到证券交易所上市，但必须符合《证券法》规定的股票上市条件，在股本总额、股权分散程度、公司规范经营、财务报告真实性等方面达到相应的要求。

2. 投资者

投资者主要指以获取股息或资本收益为目的买入股票的机构或个人。相应地，投资者可以分为机构投资者和个人投资者两大类。

3. 中介机构

中介机构是指为股票发行、交易提供服务的各类机构，包括证券公司和其他各类证券服务机构。在我国股票市场上，与投资者关系最为密切的是证券公司，大部分投资者主要通过证券公司进行股票买卖和投资咨询。

4. 监管部门

中国股票市场的监管部门从主体性质来看，主要包括证券监督管理机构、行业自律协会和证券交易所三个部分。证券监督管理机构是由国家设立，作为一级行政管理机构，代表国家或政府对股票市场进行监督管理。在我国，证券监督管理机构指的是中国证券监督管理委员会及其派出机构。行业自律协会是证券业自律监管组织，在监管证券市场运行的同时，也受国家证券监督管理机构的监管，一般为非政府组织。我国股票市场的行业自律协会主要指的是中国证券业协会。证券交易所是提供交易场所与设施、制定交易规则、监管股票交易的机构。我国目前共有 3 家证券交易所，分别为上海证券交易所、深圳证券交易所和北京证券交易所。

（三）股权市场现状

随着不断深化经济体制改革，我国股权市场规模迅速扩大，上市公司数量不断增加，市场活跃度不断提高。截至 2021 年末，上海证券交易所和深圳证券交易所上市公司达到 4685 家，总市值达到 96.5 万亿元人民币；科创板上市公司达377 家，总市值为 5.95 万亿元；创业板上市公司有 1090 家，总市值达到 14.05 万亿元。作为中小微企业主要融资渠道的新三板市场也在迅速扩大，截至 2021 年底，新三板挂牌公司达到 6931 家，合计发行总股本 4924 亿股。各板块上市公司数量情况和市值情况如图 1-1 和图 1-2 所示。

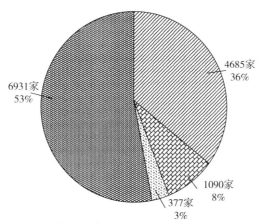

图 1-1 2021 年各板块上市（挂牌）公司数量情况

资料来源：根据中国证券监督管理委员会数据整理。

尽管中国股权市场发展取得巨大成就，但当前中国股权市场规模与经济体量相比仍然较小，上市公司市值无论从绝对量还是从相对量来看，与发达国家资本市场仍然存在一定差距。截至 2021 年底，我国经济总量达 114.4 万亿元，突破110 万亿元，按年平均汇率折算，达 17.7 万亿美元。然而，对比中美上市公司总市值以及上市公司市值占 GDP 比重，我国上市公司市值总量较小，股权市场规模与自身经济体量不匹配。

（万亿元）

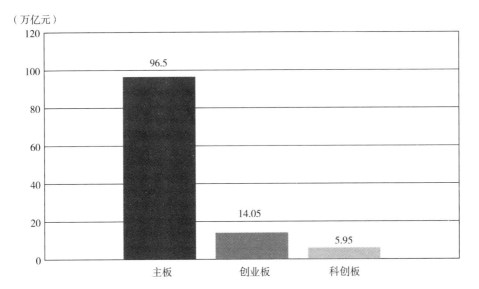

图1-2　2021年各板块上市公司市值情况

资料来源：根据中国证券监督管理委员会数据整理。

三、债券市场：拓宽区域经济发展融资渠道

（一）债券市场发展历程

中国债券市场从本质上讲是伴随着经济改革的需要逐渐发展起来的。1981年，为了弥补连续两年出现的财政赤字，中央政府颁布《中华人民共和国国库券条例》，财政部开始发行国债，标志着我国债券市场真正开始产生和发展。早期的债券市场发展十分缓慢，市场品种主要以财政部发行的国债为主，没有正式的交易场所和交易规则，债券不能进行转让和二次交易。1987年，中央政府为筹集重点建设资金发行重点项目建设债券，允许个人认购的债券在市场上转让、交易，国债成为二级交易市场上的主要流通品种。上海证券交易所和深圳证券交易所成立后，债券交易重心由各地交易中心向交易所转移，并相继建立全国性的国债登记托管机构和交易所电子交易系统。自此，债券市场体系建设逐步走向规范。1997年，为了防控交易所债券交易的风险，中国人民银行要求商业银行在全国同业拆借中心进行债券交易，成立银行间市场，形成了"银行间债券市场+交易所债券市场"的双重格局。债券品种也在不断丰富，从最初的国债到包括国债、地方企业债、政府支持机构债、政策性金融债、一般金融债券、非金融企业债务融资工具等的多层次成品体系，我国债券市场体系得到确立。

（二）债券市场主体

我国债券市场参与主体包括债券发行主体、债券投资者、中介机构和监管

部门。

1. 债券发行主体

我国债券发行主体分为政府部门、中国人民银行、金融机构与非金融企业四类，包括财政部、地方政府、中国人民银行、政策性银行、商业银行、财务公司等。其中，政府部门发行的债券叫作政府债券，银行和非银行金融机构发行的债券是金融债券，非金融企业发行的债券称为企业债。

2. 债券投资者

我国所有投资者都可以通过不同形式参与债券市场，投资主体包括中国人民银行、政策性银行等特殊机构，商业银行、非银行金融机构、非金融机构等机构投资者，以及个人投资者。

3. 中介机构

债券市场上的中介机构是为债券发行提供服务，沟通债券发行者与投资者的机构。债券中介机构在发行市场上负责从发行开始到发行完毕的所有手续和为发行后公开信息制定有关文件。我国债券中介机构一般分为专营性证券机构和兼营性证券机构两类：专营性证券机构包括证券公司和投资银行；兼营性证券机构包括允许兼营业务的银行或非银行金融机构。

4. 监管部门

我国债券市场监管机构主要包括国家发展改革委、财政部、中国人民银行和中国证券监督管理委员会，其中中国证券监督管理委员会为国务院直属机构和债券市场主管部门。各主要债券发行主体和监管机构如表1-3所示。

表1-3 各主要债券发行主体和监管机构

债券品种	发行主体	监管机构
国债	财政部	财政部、中国人民银行、证监会
地方政府债	指定省、市政府	财政部
央行票据	中国人民银行	中国人民银行
同业存单	银行存款类金融机构	中国人民银行
政策性银行债	商业银行法人	中国人民银行
企业债	具有法人资格的企业	国家发展改革委、中国人民银行、证监会
公司债	股份有限公司	证监会、中国人民银行
国际机构债	国际机构	中国人民银行、财政部、国家发展改革委

（三）债券市场发展现状

中国债券市场经历从无到有、从无序到规范、从单一到多元的曲折发展，取得了长足的进步，发行数量逐年增多、债券品种日益丰富、市场规模不断扩大。如图1-3所示，2014~2021年我国债券市场发行的各类债券金额总体呈现上升趋势，在2021年达到61.9万亿元，为近五年之最。从债券发行结构来看，同业存单在所有债券品种中占比最大，达到36%；其次是公司信用类债券，2021年全年发行总量为14.8万亿元，占比达到25%；金融债券2021年全年发行总量达到9.6万亿元，占比为16%，位居第三；发行较少的债券是地方政府债券和国债，分别为7.5万亿元和6.7万亿元，占比分别为12%和11%（见图1-4）。

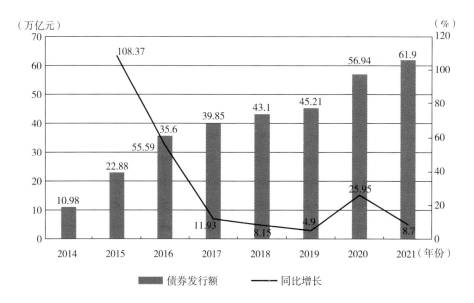

图1-3　2014~2021年中国债券市场各类债券发行额及变化情况
资料来源：根据中国人民银行数据整理。

二级市场上，债券市场总体保持持续上涨态势，成交量大幅增长。中央结算公司统计数据显示，交易所市场国债指数由2005年的95.6点上升到2021年的206.6点；银行间市场债券指数由2005年的104.02点上升到2021年的216.84点。截至2021年末，债券市场交易总结算量为1043.47万亿元，达到199.68万笔，同比增长10.63%。

四、基金市场：推进区域经济提质增效

（一）基金市场发展历程

基金市场是通过发行基金份额来汇集资金并将资金进行证券化投资的场所。基金市场作为我国资本市场重要组成部分之一，起步时间较晚。1992年，深圳市颁布《深圳市投资信托基金管理暂行办法》，并成立深圳市投资基金管理公

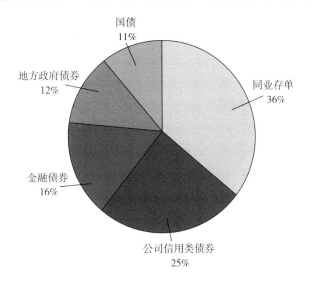

图 1-4　2021 年各类债券发行量

资料来源：2021 年金融市场运行情况［EB/OL］. 中国政府网，http://www.gov.cn/xinwen/2022-02/02/content_5671655.htm，2022-02-02.

司，设立了我国最早的封闭式基金，标志着我国基金市场正式登上资本市场舞台。1997 年 11 月，当时的国务院证券委员会颁布《证券投资基金管理暂行办法》，为我国证券投资基金规范发展奠定了法律基础。此后，中国基金市场在规范中有序发展，设立开放式基金，成立合资基金公司，逐步完善市场体系，拉开了对外开放的序幕。2003 年 10 月，《中华人民共和国证券投资基金法》颁布，我国基金业的法律规范得到大幅度完善，基金市场开始不断创新发展模式。在不到 10 年的时间内，我国基金市场相继设立上市型开放式基金（LOF）、交易型开放式指数基金（ETF）、分级基金、QDII 基金等基金产品，极大丰富了基金市场的产品结构。2013 年 12 月，修订后的《中华人民共和国证券投资基金法》颁布，对基金监管提出了更高的要求，降低风险成为行业主要发展目标，我国基金市场开始朝着稳健发展的方向前进。

（二）基金市场主体

我国的基金市场由基金当事人、基金市场服务机构和基金监管机构三大主体构成。基金当事人指的是依据基金合同设立的基金管理人、基金托管人和基金投资者。除此之外，基金市场上还有面向基金提供服务的机构，比如基金销售机构、基金注册登记机构、基金评级机构等。基金监管机构则对基金市场上的各类参与主体实施全面监督。

1. 基金管理人

基金管理公司又叫基金管理人，工作职责主要为发起设立基金，通过基金运作帮助投资者进行投资获利。一个基金管理公司可以同时管理多个基金。

2. 基金托管人

基金托管人就是被委托保管基金资产的公司，主要职责包括基金资产保管、基金资产清算、会计复核以及对基金投资运作的监督等方面。《中华人民共和国证券投资基金法》规定，基金资产必须由独立于基金管理人的基金托管人保管。

3. 基金投资者

基金投资者就是买入基金的份额持有者，因此也被叫作基金持有人。投资者买入基金公司旗下一只或多只基金时，就意味着投资者与该基金管理公司签订了一份委托协议，即投资者委托基金管理公司进行投资。

4. 监管机构

在我国基金市场上，中国证券监督管理委员会及其授权机构对基金管理人、基金托管人以及其他从事基金活动的服务机构进行监督管理，对违法违规行为进行查处。同时，基金管理人、基金托管人以及基金市场服务机构共同成立的中国证券投资基金业协会（以下简称基金业协会）作为自律组织促进基金行业的良性发展。

（三）基金市场发展现状

近年来，在我国股票市场快速发展的背景下，基金市场业保持平稳高速增长。中国证券投资基金业协会公布的数据显示，2015~2021 年我国公募基金管理规模和私募基金管理规模均保持平稳增长态势。如图 1-5 所示，截至 2021 年末，

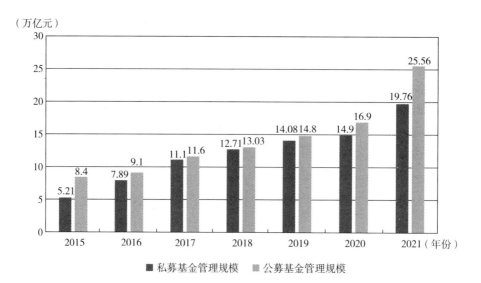

图 1-5 2015~2021 年中国基金管理规模

资料来源：中国证券投资基金业协会。

我国公募基金管理规模达到 25.56 万亿元，私募基金管理规模达到 19.76 万亿元，与 2015 年相比分别提高 17.16 万亿元和 14.55 万亿元。此外，随着人均可支配收入的提高和个人金融素养的提升，我国基金投资者的结构也开始改变。我国开放式基金持有人数在 2007 年首次突破 1000 万户，到 2021 年末个人投资者开放式股票类基金持有比例达到 90% 以上，个人投资者逐渐成为基金市场主力。

第二章 债券市场：地方政府投融资平台转型发展的主阵地

第一节 债券市场融资体系

一、债券市场发展历程

自 1949 年中华人民共和国成立至今，我国债券市场历经了 70 多年的发展（见表 2-1），目前已经形成银行间市场、交易所市场和商业银行柜台市场并存，银行间市场为主的债券市场格局。

表 2-1 我国债券市场发展历程

时间	事 件
1950 年	我国第一只债券——人民胜利折实公债顺利发行
1958~1981 年	由于历史原因，我国债券市场在这一时期处于空白阶段
1981 年	《中华人民共和国国库券条例》发布，国债发行得以重启，场外柜台市场正式形成
1987 年	国务院发布实施《企业债券管理暂行条例》，提出中国人民银行是企业债券的主管机关，企业发行债券必须经中国人民银行批准
1990~1991 年	上海证券交易所和深圳证券交易所相继成立，债券市场开始由场外（柜台）回流至场内
1993 年	债券回购业务得以重启，上海证券交易所和深圳证券交易所成为两家合法合规的债券交易和回购场所
1997 年	中国人民银行强制商业银行撤离交易所，并成立银行间债券市场，自此银行的债券相关业务全部集中于银行间债券市场，我国债券市场也形成了银行间、交易所、柜台三大场所并立，其他小众市场辅助的局面

续表

时 间	事 件
1999 年	国家明确由国家计委（后为"国家发展改革委"）为企业债的监管部门，负责企业债的额度审批和发行审核
2005 年	中国人民银行发布《短期融资券管理办法》（中国人民银行令〔2005〕第 2 号），明确中国人民银行依法对融资券的发行和交易进行监督管理，发行融资券须报中国人民银行备案
2007 年 8 月	中国证监会正式颁布实施《公司债券发行试点办法》，标志着我国公司债券发行工作正式启动
2007 年 9 月	中国银行间市场交易商协会成立大会在北京人民大会堂隆重召开
2007 年 9 月	长江电力第一期发行 40 亿元公司债券的申请获中国证监会发行审核委员会审核通过，这是《公司债券发行试点办法》实施后的第一只公司债
2008 年	中国人民银行制定了《银行间债券市场非金融企业债务融资工具管理办法》（中国人民银行令〔2008〕第 1 号），中国银行间市场交易商协会制定了《银行间债券市场非金融企业债务融资工具注册规则》《银行间债券市场非金融企业中期票据业务指引》一系列中期票据政策，中期票据这一新型债务融资工具正式发行
2020 年 3 月	新证券法正式落地实施
2020 年 7 月	中国人民银行、证监会联合发布《中国人民银行 中国证券监督管理委员会公告》（〔2020〕第 7 号），同意银行间债券市场与交易所债券市场相关基础设施机构开展互联互通合作
2022 年	上海证券交易所、深圳证券交易所、全国银行间同业拆借中心、银行间市场清算所股份有限公司、中国证券登记结算有限责任公司共同制定了《银行间债券市场与交易所债券市场互联互通业务暂行办法》。银行间债券市场和交易所债券市场的交易平台、登记托管结算机构等基础设施机构联合为发行人、投资者提供债券发行、交易、登记、托管、结算等服务。互联互通债券交易应当在标的债券的交易流通场所进行成交确认，遵循该场所的相关业务规则

二、债券市场中介机构

（一）证券公司

1. 证券公司的基本概念

证券公司是指依照《公司法》和《证券法》设立的经营证券业务的有限责任公司或股份有限公司。在我国设立证券公司必须经国务院证券监督管理机构审查批准。

2. 证券公司的主要业务

证券公司的主要业务有证券经纪业务、证券投资咨询业务、与证券交易和证券投资活动有关的财务顾问业务、证券承销与保荐业务、证券自营业务、证券资产管理业务、融资融券业务、证券做市交易业务、证券公司中间介绍业务以及私募投资基金业务和另类投资业务。

3. 证券公司的分布

中国证券业协会官网显示，截至 2022，我国共有 140 家证券公司（未合并母子公司）。

（二）评级公司

1. 评级公司的基本概念

评级公司即为资信评级机构。根据中国证券监督管理委员会 2021 年 2 月公布的《证券市场资信评级业务管理办法》，资信评级机构从事证券市场资信评级业务，应当依照《证券法》、本办法及有关规定，向中国证券监督管理委员会备案。

2. 证券评级业务概况

证券评级业务是指对下列评级对象开展资信评级服务：

（1）经中国证监会依法注册发行的债券、资产支持证券。

（2）在证券交易所或者经中国证监会认可的其他证券交易场所上市交易或者挂牌转让的债券、资产支持证券，国债除外。

（3）本款第（1）项和第（2）项规定的证券的发行人、发起机构、上市公司、非上市公众公司、证券期货经营机构。

（4）中国证监会规定的其他评级对象。

3. 评级公司名录

目前我国债券市场上有三套监管体系认可的资本市场信用评级机构，具体如表 2-2 所示。

表 2-2　三套监管体系认可的资本市场信用评级机构

序号	注册地	公司名称	中国证监会监管体系是否认可	国家发展改革委监管体系是否认可	中国银行间市场交易商协会监管体系是否认可
1	北京	东方金诚国际信用评估有限公司	是	是	是
2	浙江	浙江大普信用评级股份有限公司	是	否	否
3	上海	上海新世纪资信评估投资服务有限公司	是	是	是
4	北京	标普信用评级（中国）有限公司	是	否	是
5	北京	联合资信评估股份有限公司	是	是	是
6	深圳	中证鹏元资信评估股份有限公司	是	是	是
7	北京	大公国际资信评估有限公司	是	是	是

续表

序号	注册地	公司名称	中国证监会监管体系是否认可	国家发展改革委监管体系是否认可	中国银行间市场交易商协会监管体系是否认可
8	北京	安融信用评级有限公司	是	否	是
9	北京	中诚信国际信用评级有限责任公司	是	是	是
10	上海	远东资信评估有限公司	是	是	是
11	北京	北京中北联信用评估有限公司	是	否	否
12	上海	上海资信有限公司	是	否	否
13	北京	惠誉博华信用评级有限公司	否	否	是
14	北京	中债资信评估有限责任公司	否	否	是

注：在中国银行间市场交易商协会监管体系中，惠誉博华信用评级有限公司仅开展金融机构债券、结构化产品业务；安融信用评级有限公司仅开展金融机构债券业务。

（三）担保公司

担保公司即为融资担保公司。根据国务院 2017 年印发的《融资担保公司监督管理条例》，融资担保是指担保人为被担保人借款、发行债券等债务融资提供担保的行为；融资担保公司是指依法设立、经营融资担保业务的有限责任公司或者股份有限公司。截至 2022 年 7 月初，已担保城投债的担保公司名录如表 2-3 所示。

表 2-3　已担保城投债的担保公司名录

序号	公司名称	主体评级	所属地区
1	安徽省信用融资担保集团有限公司	AAA	安徽
2	北京首创融资担保有限公司	AA+	北京
3	重庆进出口融资担保有限公司	AA+	重庆
4	重庆三峡融资担保集团股份有限公司	AAA	重庆
5	重庆兴农融资担保集团有限公司	AAA	重庆
6	常德财鑫融资担保有限公司	AA+	湖南
7	东北中小企业融资再担保股份有限公司	AA+	吉林
8	甘肃金控融资担保集团股份有限公司	AAA	甘肃
9	甘肃省融资担保集团股份有限公司	AAA	甘肃
10	广东粤财融资担保集团有限公司	AAA	广东
11	广西中小企业融资担保有限公司	AAA	广西
12	贵州省融资担保有限责任公司	AAA	贵州

续表

序号	公司名称	主体评级	所属地区
13	瀚华融资担保股份有限公司	AA+	重庆
14	合肥市兴泰融资担保集团有限公司	AAA	安徽
15	河南省中豫融资担保有限公司	AAA	河南
16	湖北省融资担保集团有限责任公司	AAA	湖北
17	湖南省融资担保集团有限公司	AAA	湖南
18	江苏省信用再担保集团有限公司	AAA	江苏
19	江西省融资担保集团有限责任公司	AAA	江西
20	江西省信用融资担保集团股份有限公司	AAA	江西
21	晋商信用增进投资股份有限公司	AAA	山西
22	陕西信用增进有限责任公司	AAA	陕西
23	四川发展融资担保股份有限公司	AAA	四川
24	四川省金玉融资担保有限公司	AAA	四川
25	苏州市农业融资担保有限公司	AA+	江苏
26	苏州市融资再担保有限公司	AA+	江苏
27	天府信用增进股份有限公司	AAA	四川
28	无锡联合融资担保股份公司	AA+	江苏
29	武汉信用风险管理融资担保有限公司	AA+	湖北
30	云南省融资担保有限责任公司	AA+	云南
31	浙江省融资担保有限公司	AAA	浙江
32	中国投融资担保股份有限公司	AAA	北京
33	中合中小企业融资担保股份有限公司	AAA	北京
34	中原再担保集团股份有限公司	AAA	河南
35	中债信用增进投资股份有限公司	AAA	北京
36	中证信用融资担保有限公司	AAA	广东
37	中证信用增进股份有限公司	AAA	广东

（四）会计师事务所

1. 会计师事务所的基本概念

会计师事务所是指依法独立承担注册会计师业务的中介服务机构。会计师事务所从事下列证券服务业务，应当按照规定向中国证监会和国务院有关主管部门备案：

（1）为证券的发行、上市、挂牌、交易等证券业务活动制作、出具财务报表及审计报告、内部控制审计报告、内部控制鉴证报告、验资报告、盈利预测审核报告以及中国证监会和国务院有关主管部门规定的其他文件。

（2）为证券公司及其资产管理产品制作、出具财务报表及审计报告、内部控制审计报告、内部控制鉴证报告、验资报告、盈利预测审核报告，以及中国证监会和国务院有关主管部门规定的其他文件。

2. 会计师事务所的备案制度

按照修订后的《证券法》的规定，会计师事务所从事证券服务业务由审批管理改为备案管理。2020 年 7 月 24 日，财政部、证监会联合发布《会计师事务所从事证券服务业务备案管理办法》，明确自 2020 年 8 月 24 日起，对会计师事务所从事证券服务业务施行备案管理。根据证监会于 2022 年 4 月 12 日发布的《从事证券服务业务会计师事务所名录（截至 2022 年 3 月 31 日）》，共有 90 家会计师事务所完成证监会备案。

（五）律师事务所

律师事务所是律师的执业机构。在债券业务中，律师事务所需要出具《法律意见书》作为申报材料。律师事务所及其指派的律师从事证券法律业务，应当遵守法律、行政法规及相关规定，遵循诚实、守信、独立、勤勉、尽责的原则，恪守律师职业道德和执业纪律，严格履行法定职责，保证其所出具文件的真实性、准确性、完整性。根据证监会于 2022 年 9 月 30 日发布的《从事证券法律业务律师事务所备案基本信息情况表（截至 2022 年 9 月 30 日）》，共有 719 家律师事务所完成证监会备案。

三、债券市场监管机构

公司类信用债包括公司债、企业债以及非金融机构债务融资工具。其中，非金融机构债务融资工具由中国银行间市场交易商协会监管，涉及的品种包括短融、超短融、中票、定向工具、集合票据、资产支持票据、项目收益票据等；企业债由国家发展改革委监管；公司债由证监会监管。2018 年 12 月 3 日，经国务院同意，中国人民银行、证监会、国家发展改革委联合发布《关于进一步加强债券市场执法工作的意见》，明确了中国人民银行、证监会、国家发展改革委继续按照现行职责分工做好债券市场行政监管，由证监会依法对银行间市场、交易所市场违法违规行为开展统一执法工作，对涉及各类债券品种的信息披露违法违规、内幕交易、操纵证券市场以及其他违反《证券法》的行为，依据《证券法》进行认定和行政处罚。中国人民银行、国家发展改革委积极支持证监会开展统一执法，发现涉及债券违法活动的线索，及时移送证监会。

（一）证监会

中国证监会为国务院直属正部级事业单位，依照法律、法规和国务院授权，统一监督管理全国证券期货市场，维护证券期货市场秩序，保障其合法运行。

（二）国家发展改革委

国家发展改革委贯彻落实党中央关于发展改革工作的方针政策和决策部署，在履行职责过程中坚持和加强党对发展改革工作的集中统一领导。国家发展改革委下设机关司局 28 个，其中由财金司领导企业债券发行工作。财金司的主要职责包括：研究分析全社会资金平衡和财政、金融体制改革等问题；研究财政政策、货币政策与发展规划、产业和区域政策协调发展问题并提出相关建议；提出直接融资的发展战略和政策建议，分工审核非上市公司发行企业（公司）债券；组织拟定促进私募股权投资基金发展的政策措施，推进创业投资和产业投资基金发展与制度建设；推进社会信用体系建设。

（三）中国银行间市场交易商协会

中国银行间市场交易商协会是由市场参与者自愿组成的，包括银行间债券市场、同业拆借市场、外汇市场、票据市场、黄金市场和衍生品市场在内的银行间市场的自律组织，会址设在北京。协会经国务院同意、民政部批准于 2007 年 9 月 3 日成立，为全国性的非营利性社会团体法人，其业务主管部门为中国人民银行。中国银行间市场交易商协会的宗旨有以下三个方面：一是自律。对银行间市场进行自律管理，维持银行间市场正当竞争秩序。二是创新。推动金融产品创新，促进市场健康快速发展。三是服务。为会员服务，组织会员交流，依法维护会员的合法权益；为政府服务，贯彻政府政策意图，更好地促进政府和市场的双向沟通。

第二节　债券市场融资品种

一、证监会监管品种——公司债券

公司债券是指公司依照法定程序发行、约定在一定期限还本付息的有价证券。2007 年 8 月 14 日，证监会颁布了《公司债券发行试点办法》，在公司债券发行试点期间，公司范围仅限于在上海证券交易所和深圳证券交易所上市的公司及发行境外上市外资股的境内股份有限公司。公司债券由上海证券交易所及深圳证券交易所负责受理、审核；由证监会履行发行注册程序。其主要特点包括：融资效率高（全程电子化，公开、透明、可查询）；融资成本低，具有相对优势；发行方式灵活，多种选择权；募集资金使用灵活，不强制有募投项目；特有的股债关联品种，多方位服务企业融资需求；发行主体行业类型多种多样。

公司债券主要分为两类，即传统品种和特定品种（深圳证券交易所称"创新品种"）。

（一）传统品种公司债券

根据《公司法》、《公司债券发行与交易管理办法》、新证券法和《国务院办公厅关于贯彻实施修订后的证券法有关工作的通知》（国办发〔2020〕5号），公司债券的发行方式可分为面向普通投资者的公开发行债券（大公募）（公司债券注册制实施后，深圳证券交易所不再区分大小公募债券）、面向专业投资者的公开发行债券（小公募），以及面向专业机构投资者的非公开发行债券（私募）。上述传统品种公司债券在申报要求等方面的对比如表2-4所示。

表2-4 传统品种公司债券对比

项目	公开发行（大公募、小公募）	非公开发行（私募）
发行人类型	股份有限公司、有限责任公司	
投资者	大公募：普通投资者 小公募：专业投资者	专业机构投资者
发行条件	根据《公司债券发行与交易管理办法》第十四条，公开发行公司债券，应当符合下列条件： （一）具备健全且运行良好的组织机构； （二）最近三年平均可分配利润足以支付公司债券一年的利息； （三）具有合理的资产负债结构和正常的现金流量； （四）国务院规定的其他条件 根据《公司债券发行与交易管理办法》第十五条，存在下列情形之一的，不得再次公开发行公司债券： （一）对已公开发行的公司债券或者其他债务有违约或者延迟支付本息的事实，仍处于继续状态； （二）违反《证券法》规定，改变公开发行公司债券所募资金用途 根据《公司债券发行与交易管理办法》第十六条，资信状况符合以下标准的公开发行公司债券，专业投资者和普通投资者可以参与认购： （一）发行人最近三年无债务违约或者延迟支付本息的事实； （二）发行人最近三年平均可分配利润不少于债券一年利息的1.5倍； （三）发行人最近一期末净资产规模不少于250亿元； （四）发行人最近36个月内累计公开发行债券不少于3期，发行规模不少于100亿元； （五）中国证监会根据投资者保护的需要规定的其他条件	根据中国证券业协会于2019年12月20日修订发布的《非公开发行公司债券项目承接负面清单指引》，非公开发行公司债券项目承接实行负面清单管理。 承销机构项目承接不得涉及负面清单限制的范围。对于最近一年经审计的总资产、净资产或营业收入任一项指标占合并报表相关指标比例超过30%的子公司存在负面清单第（一）条至第（七）条及第（十一）条规定情形的，视同发行人属于负面清单范畴

续表

项目	公开发行（大公募、小公募）	非公开发行（私募）
募集资金用途	使用灵活，可用于偿还有息债务，补充流动资金、项目建设等	
评级要求	不强制评级	
发行期限	不限，可短于 1 年或中长期	
融资灵活度	一次注册，分期发行，有效期为 24 个月	一次发行 6 个月有效，分期发行 12 个月有效
审核方式	（1）发行人公开发行公司债券，应当按照中国证监会有关规定制作注册申请文件，由发行人向证券交易所申报； （2）注册申请文件受理后，由证券交易所负责审核； （3）中国证监会收到证券交易所报送的审核意见、发行人注册申请文件及相关审核资料后，履行发行注册程序； （4）中国证监会同意注册的决定自作出之日起两年内有效，发行人应当在注册决定有效期内发行公司债券，并自主选择发行时点	（1）证券交易所进行形式审查； （2）发行完成后 5 个工作日内向协会报送报备登记表，同时报送以下材料：①发行人内设有权机构关于本期非公开发行公司债券发行事项的决议；②公司债券募集说明书；③发行结果公告；④承销总结报告；⑤发行人在发行环节不存在直接或间接认购其发行的公司债券行为的承诺；⑥协会要求报备的其他材料

（二）特定品种（创新品种）公司债券概况

1. 上海证券交易所特定品种概况

根据上海证券交易所于 2022 年 6 月 2 日发布的《上海证券交易所公司债券发行上市审核规则适用指引第 2 号——特定品种公司债券（2022 年修订）》，特定品种公司债券是指对发行人、债券增信措施、债券期限、债券利率、募集资金用途、债券本息偿付等基本要素有特定安排，公开发行或者非公开发行的公司债券。

特定债券品种应当符合交易所关于公司债券发行条件、上市或挂牌条件、信息披露、投资者适当性管理、债券持有人权益保护等方面的一般要求，以及本指引关于特定债券品种的相关规定。

特定债券品种可以单独申报，也可以与其他公司债券或特定债券品种同时申报。同时申报的，应当在各品种申报文件中分别明确申报金额及募集资金用途。

特别地，上述指引提到：上海证券交易所可以根据市场发展情况，调整特定债券品种的相关安排、新增其他特定债券品种。

2. 深圳证券交易所创新品种概况

为全面落实党中央、国务院关于深化"放管服"改革决策部署，进一步提高交易所公司债券监管透明度和市场服务水平，深圳证券交易所于 2020 年 11 月 27 日制定了《深圳证券交易所公司债券创新品种业务指引第 1 号——绿色公司债券》《深圳证券交易所公司债券创新品种业务指引第 2 号——可续期公司债券》《深圳证券交易所公司债券创新品种业务指引第 3 号——扶贫专项公司债券》《深圳证券交易所公司债券创新品种业务指引第 4 号——纾困专项公司债券》《深圳证券交易所公司债券创新品种业务指引第 5 号——短期公司债券》，对原涉及公司债券创新品种业务的通知、指南、问答等业务规则和文件进行集中清理、优化整合，将具有长期指导规范意义且条件成熟的内容上升为深圳证券交易所相关业务规则，力行打造简明、清晰的公司债券创新产品序列规则体系。

表 2-5 为特定品种公司债券介绍。

表 2-5　特定品种公司债券介绍

债券品种	法律依据	基本定义
短期公司债券	《上海证券交易所公司债券发行上市审核规则适用指引第 2 号——特定品种公司债券（2022 年修订）》《深圳证券交易所公司债券创新品种业务指引第 5 号——短期公司债券》	短期公司债券是指债券期限不超过 1 年的公司债券。短期公司债券的具体期限由发行人根据生产经营资金需求和市场情况确定
可续期公司债券	《上海证券交易所公司债券发行上市审核规则适用指引第 2 号——特定品种公司债券（2022 年修订）》《深圳证券交易所公司债券创新品种业务指引第 2 号——可续期公司债券》	可续期公司债券是指赋予发行人以续期选择权且不规定债券到期期限的公司债券创新品种。续期选择权是指发行人在约定时间有权选择延长本次债券期限
可交换公司债券	《上海证券交易所公司债券发行上市审核规则适用指引第 2 号——特定品种公司债券（2022 年修订）》《上市公司股东发行可交换公司债券试行规定》《上海证券交易所公司债券融资监管问答（四）——非公开发行可交换公司债券》《上海证券交易所可交换公司债券业务指南》《深圳证券交易所可交换公司债券发行上市业务办理指南》	可交换公司债券是指上市公司的股东发行的可以在一定期限内依据约定的条件交换成该股东所持有的上市公司股份的公司债券
绿色公司债券	《上海证券交易所公司债券发行上市审核规则适用指引第 2 号——特定品种公司债券（2022 年修订）》《深圳证券交易所公司债券创新品种业务指引第 1 号——绿色公司债券（2021 年修订）》	绿色公司债券是指募集资金用于支持绿色产业的公司债券

债券品种	法律依据	基本定义
低碳转型公司债券	《上海证券交易所公司债券发行上市审核规则适用指引第 2 号——特定品种公司债券（2022 年修订）》	低碳转型公司债券是指募集资金用于推动企业绿色低碳转型的公司债券
创新创业公司债券	《上海证券交易所公司债券发行上市审核规则适用指引第 2 号——特定品种公司债券（2022 年修订）》	创新创业公司债券是指募集资金用于支持创新创业公司发展的公司债券
乡村振兴公司债券	《上海证券交易所公司债券发行上市审核规则适用指引第 2 号——特定品种公司债券（2022 年修订）》《深圳证券交易所公司债券创新品种业务指引第 3 号——乡村振兴专项公司债券（2021 年修订）》	乡村振兴公司债券是指募集资金用于巩固脱贫攻坚成果、推动脱贫地区发展和乡村全面振兴的公司债券
"一带一路"公司债券	《上海证券交易所公司债券发行上市审核规则适用指引第 2 号——特定品种公司债券（2022 年修订）》	"一带一路"公司债券是指境内外企业发行的、募集资金用于"一带一路"建设的公司债券，或者指"一带一路"沿线国家（地区）的企业及金融机构发行的公司债券
纾困公司债券	《上海证券交易所公司债券发行上市审核规则适用指引第 2 号——特定品种公司债券（2022 年修订）》《深圳证券交易所公司债券创新品种业务指引第 4 号——纾困专项公司债券》	纾困公司债券是指募集资金用于特定纾困用途的公司债券
疫情防控公司债券	《上海证券交易所公司债券发行上市审核规则适用指引第 2 号——特定品种公司债券（2022 年修订）》	疫情防控公司债券是指募集资金用于疫情防控相关领域的公司债券
项目收益专项公司债券	《上海证券交易所公司债券预审核指南（四）特定品种——项目收益专项公司债券》	项目收益专项公司债券是指公司依照法定程序发行，募集资金用于项目建设与运营，且以项目收益现金流为主要偿债来源的公司债券
科技创新公司债券	《上海证券交易所公司债券发行上市审核规则适用指引第 4 号——科技创新公司债券》《深圳证券交易所公司债券创新品种业务指引第 6 号——科技创新公司债券》	科技创新公司债券是指由科技创新领域相关企业发行，或者募集资金主要用于支持科技创新领域发展的公司债券

二、国家发展改革委监管品种——企业债券

（一）企业债券的定义及基本概况

企业债券是指在中国境内具有法人资格的企业在境内按法定程序发行的、约定在一定期限还本付息的有价证券。2021 年，企业债券发行总数为 491 只，发行规模总计为 4399.40 亿元。

（二）企业债券的主管机关

企业债券的法定注册机关为国家发展改革委，受理机构为中央国债登记结算有限责任公司，审核机构为中央国债登记结算有限责任公司、中国银行间市场交易商协会。

（三）企业债券的主要特点

企业债券的主要特点包括：与固定资产投资项目挂钩；唯一跨市场发行的信用债券，投资者范围更广；违约率最低，整体风险最小，市场认可度高；历史最悠久、法律地位最明确的信用债券；发行主体大多为基础设施投融资主体。

（四）企业债券全品种介绍

企业债品种目前分别是传统品种即一般企业债、优质主体企业债和 17 种专项债（含 5 种创新品种企业债和 12 种专项企业债）。除传统品种外，各品种企业债具体信息如表 2-6 所示。

表 2-6　优质主体企业债和专项债

品种分类	细分品种	发行主体	募集资金使用方向	主要特征与窗口指导意见
优质主体企业债	优质主体		债券资金可用于房屋、园区建设等工程、基建类项目，包括生产设备购置、生产线升级改造等固定资产投资项目，允许债券资金用于无形资产项目的研发以及知识产权类无形资产项目的购置。对于项目尚未完工或已完工尚未决算的，允许债券资金置换前期已用于项目的银行贷款，降低企业综合融资成本	根据《国家发展改革委关于支持优质企业直接融资进一步增强企业债券服务实体经济能力的通知》，发行条件为： （1）主体评级为 AAA； （2）经营财务指标应处于行业或区域领先地位； （3）生产经营符合国家产业政策和宏观调控政策； （4）最近 3 年未发生债务违约、无延迟支付本息，无重大违法违规行为，未纳入失信黑名单； （5）未被注册会计师出具否定意见或无法表示意见

续表

品种分类	细分品种	发行主体	募集资金使用方向	主要特征与窗口指导意见
创新品种	项目收益债	具有法人资格的企业或仅承担发债项目投资、建设、运营的项目公司	只能用于该项目建设、运营或设备购置，不得置换项目资本金或偿还与项目有关的其他债务，但偿还已使用的超过项目融资安排约定规模的银行贷款除外	（1）期限要求为项目收益债券的存续期不得超过募投项目运营周期，还本付息资金安排应与项目收益实现相匹配； （2）项目财务效益评价为税后内部收益率>8%（运营期>20年项目，内部收益率≥6%）； （3）项目进度要求为项目收益债券募集资金投资项目原则上应为已开工项目，未开工项目应符合开工条件，并于债券发行后三个月内开工建设
	小微企业增信集合债	基础设施投融资主体或国有企业	鼓励信用优良企业发行小微企业增信集合债券，为受疫情影响的中小微企业提供流动性支持，明确允许债券发行人使用不超过40%的债券资金用于补充营运资金	小微债募集资金委贷对象应同时满足以下条件： （1）符合《关于印发中小企业划型标准规定的通知》（工信部联企业〔2011〕300号）中的中型、小型、微型企业划型标准规定； （2）所在行业符合国家产业政策； （3）与小微债发行人无隶属、代管或股权关系； （4）在小微债募集资金委贷银行中无不良信用记录； （5）现阶段商业银行对信用贷款对象提出的其他条件
	可续期企业债	优质的投融资平台或产业类企业	（1）募投项目运营期长，债券资金可作为资本金； （2）符合条件的债券可计入权益，延期选择权、递延支付利息条款、利率跳升机制	尚无明确的业务指引

续表

品种分类	细分品种	发行主体	募集资金使用方向	主要特征与窗口指导意见
创新品种	中小企业集合债	中小企业	单个企业发行规模小于1亿元，可全额用于补流，但需要当地地市政府承诺符合产业政策	尚无明确的业务指引
	基金债	基础设施投融资主体	(1) 用于政府出资产业投资基金和创业投资基金； (2) 对募投项目收益没有固定要求	(1) 在政府出资产业投资基金的性质认定方面，原则上有财政资金实际出资即可认定为政府出资产业投资基金，政府出资比例不限，但在债券发行前应同比例到位； (2) 对于发行人代政府出资的情况，应把握政府以财政资金实际出资这一原则，应提供政府委托企业代为履行基金出资人职责的相关证明文件及资金拨付证明； (3) 募集资金所投向的产业投资基金，其基金投向领域应属于《政府出资产业投资基金信用信息登记指引》中涉及的七大领域； (4) 债券募集资金所投基金，可以是新设的符合国家产业政策的政府出资产业投资基金，也可以是已设立的政府出资产业投资基金； (5) 在募集资金使用方面，募集资金一般应完全用于产业投资基金类项目的投资，同时，对于产业投资基金项目而言，发行人使用债券募集资金的出资建议不超过发行人对该产业基金认缴金额的50%； (6) 募集资金设立的产业发展基金，在基金完成工商注册登记之日起三个月内，应按规定在政府出资基金系统登记审查；募集资金投向的已设立的产业投资基金，应按规定在政府出资基金系统登记审查并年检合格

续表

品种分类	细分品种	发行主体	募集资金使用方向	主要特征与窗口指导意见
专项债	城市地下综合管廊建设专项债券	平台	城市地下综合管廊是实施统一规划、设计、施工和维护，建于城市地下用于敷设市政公用管线，满足管线单位的使用和运行维护要求，同步配套消防、供电、照明、监控与报警、通风、排水、标识的市政公用设施，是保障城市运行的重要基础设施	（1）强制入廊，需出具市级政府《强制入廊通知》、发行人与各用廊单位签订《入廊意向性协议》、市级政府向项目实施主体出具特许经营批复或《特许经营协议》；（2）收费定价，使用费标准原则上应由管廊建设运营单位与入廊管线单位协商确定，对暂不具备供需双方协商定价条件的，有偿使用费标准可实行政府定价或政府指导价；（3）鼓励地下综合管廊项目发行可续期债券，根据与使用单位签订的合同和付款安排特点设置续期和利息偿付安排
	城市停车场建设专项债券	平台	用于房地产开发、城市基础设施建设项目中配套建设的城市停车场项目	（1）允许使用不超过50%的募集资金用于补充营运资金；（2）允许配建一定比例的附属商业面积，具体比例由属地城市政府确定，不超过20%；（3）可以自主定价，也可以政府定价
	养老产业专项债券	平台	用于建设养老服务设施设备和提供养老服务。可使用债券资金改造其他社会机构的养老设施，或收购政府拥有的学校、医院、疗养机构等闲置公用设施并改造为养老服务设施。可用于房地产开发项目中配套建设的养老服务设施项目，具体投资规模可由房地产开发项目审批部门根据房地产开发项目可行性研究报告内容出具专项意见核定	（1）允许使用不超过50%的募集资金用于补充营运资金；（2）根据养老产业投资回收期较长的特点，支持发债企业发行10年期及以上的长期限企业债券或可续期债券；（3）支持企业设立产业投资基金支持养老产业发展，支持企业发行企业债券扩大养老产业投资基金资本规模

续表

品种分类	细分品种	发行主体	募集资金使用方向	主要特征与窗口指导意见
专项债	战略性新兴产业专项债券	平台、上市公司及其子公司	鼓励节能环保、新一代信息技术、生物、高端装备制造、新能源、新材料、新能源汽车等领域符合条件的企业发行战略性新兴产业专项债券融资。重点支持《"十二五"国家战略性新兴产业发展规划》（国发〔2012〕28号）中明确的重大节能技术与装备产业化工程等二十大产业创新发展工程项目	（1）允许使用不超过50%的募集资金用于补充营运资金； （2）允许发债募集资金用于战略性新兴产业领域兼并重组、购买知识产权等活动
	配电网建设改造专项债券	平台、上市公司及其子公司	用于电力需求稳定、未来收入可预测的配电网建设改造项目及相关装备制造。具体包括：110千伏及以下城市及农村电力网络建设，其中城市地区可扩大至220千伏电网；配电网装备提升与制造；配电自动化建设；新能源接入工程；电动汽车充电基础设施建设等电能替代项目	（1）允许使用不超过50%的募集资金用于补充营运资金； （2）项目回收期较长的，支持发行可续期或超长期债券
	双创孵化专项债券	产业类企业或园区经营公司上市公司子公司	涉及"双创"孵化服务的新建基础设施、扩容改造、系统提升、建立分园、收购现有设施并改造等。包括但不限于纳入中央预算内资金引导范围的"双创"示范基地、国家级孵化园区、省级孵化园区以及经国务院科技和教育行政管理部门认定的大学科技园中的项目建设	（1）允许使用不超过50%的募集资金用于补充营运资金； （2）项目回收期较长的，支持发行可续期或超长期债券； （3）支持符合条件的创业投资企业、股权投资企业、"双创"孵化投资基金发行双创孵化债券，专项用于投资"双创"孵化项目； （4）支持符合条件的"双创"孵化投资基金的股东或有限合伙人发行"双创"孵化专项债券，扩大"双创"孵化投资基金资本规模； （5）重点信息披露，包括促进企业创新研发功能体现、入驻企业情况和产业聚集优势、意向性协议情况

品种分类	细分品种	发行主体	募集资金使用方向	主要特征与窗口指导意见
专项债	绿色债券	平台、上市公司及其子公司	用于符合《绿色债券发行指引》的项目	(1) 允许使用不超过50%的募集资金用于补充营运资金； (2) 债券募集资金占项目总投资比例放宽至80%； (3) 项目回收期较长的，支持发行可续期或超长期债券； (4) 支持符合条件的股权投资企业、绿色投资基金发行绿色债券，专项用于投资绿色项目建设； (5) 支持符合条件的绿色投资基金的股东或有限合伙人发行绿色债券，扩大绿色投资基金资本规模
	市场化银行债权转股权专项债券	市场化债转股实施机构	发行规模不超过债转股项目合同约定股权金额的70%，发债规模40%补营；既可用于单个债转股项目，也可用于多个债转股项目；对于已实施的债转股项目，债券资金可以对前期已用于债转股项目的银行贷款、债券、基金等资金实施置换	(1) 转股债权要求：以银行对企业发放贷款形成的债权为主，适当考虑其他类型债权。债转股对象企业应符合《关于市场化银行债权转股权的指导意见》的相关要求； (2) 债券期限：原则上与债转股项目实施期限一致，可设置可续期条款； (3) 偿债保障：优先股权市场化退出收益
	政府和社会资本合作（PPP）项目专项债券	平台、上市公司及其子公司	由PPP项目公司或社会资本方发行，募集资金主要用于以特许经营、购买服务等PPP形式开展项目建设、运营的企业债券；允许企业使用不超过50%的债券募集资金用于补充营运资金	(1) 项目入库：传统基础设施领域的PPP项目应纳入传统基础设施领域政府和社会资本合作（PPP）项目库； (2) 合同体系：最核心，包括股东持股比例、项目运营收益来源和标准（项目运营收入、运营成本、财政补贴、税收优惠、提前终止补偿等）、项目风险分担模式等内容； (3) 信息披露：发行前对项目实施方案、PPP项目合同、项目入库情况、建设运营情况及本期债券可能存在的风险等事项进行充分披露； (4) 存续期：向投资者通报项目建设进度、项目合同履约情况、运营服务绩效评价结果等信息；项目建设、运营情况发生重大变化或发行人发生对投资者有重大影响的事项，应按照规定或约定履行程序，并及时公告或通报

续表

品种分类	细分品种	发行主体	募集资金使用方向	主要特征与窗口指导意见
专项债	农村产业融合发展专项债券	平台、上市公司及其子公司	产城融合型农村产业融合发展项目；农业内部融合型农村产业融合发展项目；产业链延伸型农村产业融合发展项目；农业多功能拓展型农村产业融合发展项目；新技术渗透型农村产业融合发展项目；多业态复合型农村产业融合发展项目	（1）发行条件：农业产业化龙头企业（资产规模不低于3亿元，涉农收入不低于2亿元，项目总投不低于1亿元）；（2）允许使用不超过50%的募集资金用于补充营运资金；（3）支持发债企业发行10年期及以上的长期限企业债券或可续期债券
	社会领域产业专项债券	平台	健康产业专项债券；养老产业专项债券；教育培训产业专项债券；文化产业专项债券；体育产业专项债券；旅游产业专项债券	鼓励企业发行可续期债券，用于剧场等文化消费设施、文化产业园区、体育馆、民营医院、教育培训机构等投资回收期较长的项目建设
	县城新型城镇化建设专项债券	平台	适用范围为县城及县级市城区内的，兼顾镇区常住人口10万以上的非县级政府驻地特大镇、2015年以来"县改区""市改区"形成的地级及以上城市市辖区的项目。主要支持县城产业平台公共配套设施、县城新型基础设施和县城其他基础设施	（1）允许使用不超过50%的募集资金用于补充营运资金；（2）用于项目建设部分的募集资金，可偿还前期已直接用于募投项目建设的银行贷款；（3）支持县城特别是县城新型城镇化建设示范地区内主体信用评级优良的企业，以自身信用发行本专项企业债券；（4）省级发展改革委在制订本省份县城城镇化补短板强弱项落实方案以及指导县城新型城镇化建设示范地区制定示范方案时，应统筹考虑项目资金、土地保障方式，加大本专项企业债券融资支持力度，协调新增建设用地计划指标和城乡建设用地增减挂钩指标分配，满足项目合理用地需求，保障项目落地实施；（5）市县级发展改革委加强项目谋划设计与储备，加快做好项目审批（核准、备案），推动有关部门和项目单位加快推进用地、环评、选址、施工许可、征地拆迁等前期工作

资料来源：国家发改委各类债券发行条件［EB/OL］. http://www.360doc.com/content/16/0731/01/34341094_579677485.shtml，2016-07-31.

三、交易商协会监管品种——非金融企业债务融资工具

（一）非金融企业债务融资工具的定义及基本概况

非金融企业债务融资工具（简称债务融资工具）是指具有法人资格的非金融企业在银行间债券市场发行的、约定在一定期限内还本付息的有价证券。

债务融资工具包括超短期融资券（Super & Short-term Commercial Paper，SCP）、短期融资券（Commercial Paper，CP）、中期票据（Medium-term Notes，MTN）、中小企业集合票据（Small-and-Medium Enterprise Collectiver Notes，SMECN）、资产支持票据（Asset Backed Notes，ABN）、项目收益票据（Project Revenue Notes，PRN）、非金融企业绿色债务融资工具（Green Notes，GN）和非公开发行定向债务融资工具（Private Placement Notes，PPN）等。

2021年，债务融资工具（含中期票据、短期融资券、定向工具、资产支持票据和项目收益票据）发行总数为10549只，发行规模总计为92918.04亿元。其中，中期票据2561只，25492.65亿元；一般短期融资券583只，5260.78亿元；超短期融资券4582只，47040.93亿元；定向工具1411只，8633.83亿元；资产支持票据1404只，6440.55亿元；项目收益票据8只，49.30元。

（二）债务融资工具的主管机关

发行监管机构是中国人民银行，审批机构是中国银行间交易商协会（简称交易商协会）。交易商协会秘书处设注册办公室，按照相关规则指引要求开展债务融资工具注册发行等相关工作。

（三）各类债务融资工具的主要特点

各类债务融资工具的主要特点如表2-7所示。

表2-7　各类债务融资工具的主要特点

品种	SCP	CP	MTN	SMECN	ABN	PRN	GN	PPN
发行主体	AA+以上企业	A级以上企业	AA+以上企业	2个以上、10个以下具有BBB以上评级的企业	非金融企业	非金融企业	境内外非金融企业	AA以上非金融企业
发行期限	270天以内	1年以内	3~5年	不超过3年	通常1~5年	可覆盖项目建设运营及收益整个生命周期，通常超过5年	根据债务工具的不同期限，多超过5年	一般1~3年，对于高评级的企业可以超过5年

续表

品种	SCP	CP	MTN	SMECN	ABN	PRN	GN	PPN
资金用途	补充流动资金	生产经营活动	生产经营活动	生产经营活动	投资建设项目、偿还银行贷款及补充营运资金	专项用于约定项目，设立监管账户	专项用于节能环保、污染防治、资源节约与绿色项目	用于约定用途
发行方式	公开	公开	公开	—	公开/非公开	公开/非公开	公开/非公开	非公开
限制条件	发行额度不超过企业净资产的40%	发行额度不超过企业净资产的40%	发行额度不超过企业净资产的40%	单个企业额度不超过企业净资产的40%，募集金额不超过2亿元，单只集合票据总募集额度不超过10亿元	—	—	—	发行额度可突破企业净资产的40%

（四）债务融资工具的公开发行与定向发行

1. 公开发行

根据《非金融企业债务融资工具公开发行注册工作规程（2020版）》，企业公开发行债务融资工具实行分层分类注册发行管理，具体如表2-8所示。

表2-8　企业公开发行债务融资工具的分层分类注册发行管理

成熟层企业	基础层企业
（一）生产经营符合国家宏观调控政策和产业政策，市场认可度高，很高的行业地位，公司治理系统完善	
（二）企业有稳健经营状况，企业规模、资本结构、盈利能力均满足要求	
（三）企业在公开发行时，有成熟的信息披露制度。近三年，累计公开发行债务融资工具等公司信用类债券不少于3期，发行规模100亿元以上	不符合成熟层认定相关条件的企业
（四）近三年，企业无债务融资工具等公司信用类债券或其他重大债务违约或者延迟支付本息的事实；控股股东、控股子公司也无此类状况	

续表

成熟层企业	基础层企业
（五）近三年，企业无重大违法违规行为，不存在国家法律或政策规定的限制直接债务融资的情形，未受到交易商协会警告及以上自律处分；实际控制人不存在因涉嫌违法违规被有权机关调查或者受到重大行政、刑事处罚的情形	不符合成熟层认定相关条件的企业
（六）交易商协会根据投资者保护需要规定的其他条件	

第一类企业	第二类企业	第三类企业	第四类企业
（一）资产规模 3000 亿元以上、资产负债率不超过 75%、ROA 超过 3%	不符合第一类企业条件的企业	完成债务融资工具首次公开发行注册满两年，且有公开发行记录的企业	完成债务融资工具首次公开发行注册不满两年，或者没有公开发行记录的企业
（二）最近 36 个月内，债务融资工具公开发行规模不少于 500 亿元			
（三）资产规模 8000 亿元以上，在国民经济关键领域发挥重要作用			

结合上述分类，债务融资工具公开发行相关规定如表 2-9 所示。

表 2-9　债务融资工具公开发行相关规定

品种	成熟层企业		基础层企业	
	第一类企业	第二类企业	第三类企业	第四类企业
超短期融资券			有效期内自主发行	
短期融资券	有效期内自主发行		完成注册 12 个月后发行，事前备案	
中期票据				
永续票据				
绿色债券融资工具				
资产支持票据	首期发行应在注册后 6 个月内完成，后续发行应事前备案			
项目收益票据				

2. 定向发行

定向债务融资在注册和发行环节均实行统一注册和自主发行，具体如表 2-10 所示。

表 2-10 定向债务融资注册和发行

	首次注册	非首次注册
注册环节	可统一注册	
	5 日预评	10 日预评
	注册发行部门	
发行环节	发行阶段再就每期发行指定一家或多家主承销商承销；注册有效期内自主定向发行	

第三节 债券融资要点

一、公司债的关注要点

公司债券的发行需要满足一定的条件，以下主要介绍短期公司债券、绿色公司债券、低碳转型公司债券以及乡村振兴公司债券发行时的要求以及重点关注事项。

（一）短期公司债券

1. 公开发行短期公司债券的要求

发行人申请公开发行短期公司债券，应当具备良好的短期偿债能力，并符合下列情形之一：

（1）交易所认定适用交易所公司债券优化审核相关安排，且发行人最近 3 年平均经营活动现金流量净额为正或最近一年末的速动比率大于 1。

（2）综合实力较强、内部控制和风险控制制度健全的证券公司。

（3）经交易所认可的其他情形。

交易所可以根据市场发展情况，适时调整公开发行短期公司债券的主体范围，并向市场公布。

2. 非公开发行短期公司债券的要求

发行人申请非公开发行短期公司债券，应当符合下列情形之一：

（1）发行人股票在境内证券交易所上市，未被采取风险警示措施，且发行人未被有权机关立案调查或行政处罚。

（2）近 2 年内已在境内相关债券市场发行短期债务融资工具，且不存在违约、延迟支付债券或其他债务本息的情形。

（3）主体信用评级或债项评级达到 AA+或以上。

（4）经国家金融监管部门批准设立的金融机构。

（5）经交易所认可的其他情形。①

3. 短期公司债券的募集资金用途

（1）短期公司债券的募集资金用途应当与债券期限保持合理匹配，限于偿还 1 年内到期的债务和补充流动资金，不得用于长期投资需求。

（2）发行人应当在募集说明书中披露募集资金使用情况，并合理说明融资需求。补充流动资金的，应当在募集说明书中估计流动资金缺口并提供依据。

发行人应当加强现金管理，完善内部控制制度，并在募集说明书中披露基金运作的内部控制制度、资金管理和运作方式、短期资金调度应急预案。

（二）绿色公司债券

1. 绿色公司债券的支持范围

（1）绿色用途。绿色公司债券募集资金应当用于绿色产业领域的业务发展，其中确定用于绿色产业项目（以下简称绿色项目）建设、运营、收购或偿还绿色项目贷款等的募集资金金额应不低于募集资金总额的 70%。绿色产业领域及绿色公司债券募集资金用于绿色项目的识别和界定参考《国家绿色债券支持项目目录》。

在绿色用途的界定方面，债券募集资金约定投向的绿色项目符合《国家绿色债券支持项目目录》相关要求的，发行人在申报发行时及存续期内可自主选择是否聘请独立的专业评估或认证机构出具评估意见或认证报告。绿色项目不易由投资者清晰识别，或发行人认为需要聘请第三方评估认证的，发行人应当在申报发行阶段聘请独立的专业评估或认证机构出具评估意见或认证报告。发行人聘请专业评估或者认证机构出具评估意见或认证报告的，评估认证机构的资质及其出具的评估意见或认证报告内容应符合《绿色债券评估认证行为指引（暂行）》（中国人民银行、中国证券监督管理委员会公告〔2017〕第 20 号）的要求。交易所鼓励发行人在债券存续期内按年度向市场披露由独立的专业评估或认证机构出具的评估意见或认证报告，对绿色公司债券支持的绿色项目进展及其环境效益等实施持续跟踪评估。

（2）绿色主体。符合下列条件之一的发行人申报发行绿色公司债券，募集资金用途可以不对应具体绿色项目，但应当用于公司绿色产业领域的业务发展，并在债券存续期间持续披露募集资金用于绿色项目的相关情况：首先，最近 1 年合并财务报表中绿色产业领域营业收入比重不低于 50%。其次，来自绿色产业领

---

① 深圳证券交易所另有"发行人属于中央企业、省市级大型国有企业、行业龙头企业"情形。

域的营业收入、利润占比均达30%以上，且高于发行人其他业务领域。

2. 碳中和绿色公司债券

募集资金主要用于碳中和项目建设、运营、收购，或者偿还碳中和项目贷款的绿色公司债券，可以在债券全称中使用"碳中和绿色公司债券"标识。上文所称碳中和项目包括下列类别：①清洁能源类，包括太阳能、风电及水电等项目。②清洁交通类，包括城市轨道交通、电气化货运铁路及电动公交车辆替换等项目。③可持续建筑类，包括绿色建筑、超低能耗建筑及既有建筑节能改造等项目。④工业低碳改造类，包括碳捕集利用与封存、工业能效提升、电气化改造及高碳排放转型升级等项目。⑤其他具有碳减排效益的项目类别。

发行人应当加强碳中和项目环境效益相关信息披露，按照"可计算、可核查、可检验"的原则，在募集说明书等发行文件中重点披露环境效益测算方法、参考依据，并对项目能源节约量（以标准煤计）、碳减排等环境效益进行定量测算。

鼓励发行人在披露定期报告或者项目完成可行性研究、获得建设许可、项目开工等重要节点，披露由独立第三方机构出具的碳中和项目、碳减排等环境效益评估认证报告。

3. 蓝色债券

募集资金主要用于支持海洋保护和海洋资源可持续利用相关项目的绿色债券，可以在全称中添加"蓝色债券"标识。发行人应加强相关项目对海洋环境、经济和气候效益的影响相关信息披露。

4. 创新债券条款

鼓励绿色公司债券发行人设置与自身整体碳减排等环境效益目标达成情况挂钩的创新债券条款。

（三）低碳转型公司债券

低碳转型公司债券募集资金用途应符合国家低碳转型相关发展规划或政策文件及国家产业政策要求，用于投向低碳转型领域的金额一般不应低于募集资金总额的70%。上述低碳转型领域包括但不限于：①《高耗能行业重点领域节能降碳改造升级实施指南》《绿色技术推广目录》《国家工业节能技术推荐目录》《"能效之星"装备产品目录》等提出的先进技术装备及其他有助于生产过程污染防治、降低产品能耗碳排的技术工艺和装备等节能降碳技术研发和应用领域。②煤炭安全高效绿色智能开采和清洁高效加工、煤炭资源综合利用、油气清洁高效利用等化石能源清洁高效开发利用领域。③节能降耗技术应用、老旧基础设施转型升级等数据中心及其他新型基础设施节能降耗领域。④园区能源系统整体优化和污染综合整治、"绿岛"项目建设等园区节能环保提升领域。⑤其他助推低碳转型的领域。

发行人募集资金可以通过下列方式投入低碳转型领域：①用于低碳转型领域相关的技术研发、工艺改进、设备采购及租赁、专业服务采购等。②用于低碳转型领域相关项目的建设、并购、补充项目配套营运资金或偿还项目有息负债。③通过直接投资或基金投资方式，对低碳转型领域进行股权投资。④其他投向符合低碳转型领域要求的方式。

（四）乡村振兴公司债券

1. 乡村振兴公司债券的发行条件及募集资金用途

发行人申请发行乡村振兴公司债券，应当符合下列情形之一：

（1）公司注册地在国家乡村振兴重点帮扶县或按照国家有关规定脱贫摘帽不满 5 年的地区，且募集资金主要用于支持乡村振兴相关领域。

（2）募集资金主要用于乡村振兴领域相关项目的建设、运营、收购，或者偿还项目贷款，且募集资金用于乡村振兴项目的金额不低于募集资金总额的 70%。

上述乡村振兴领域包括支持发展脱贫地区乡村特色产业、促进脱贫人口稳定就业、改善脱贫地区基础设施条件、提升脱贫地区公共服务水平，通过市场化、法治化的方式优化乡村就业结构、健全乡村产业体系、完善乡村基础设施等。

2. 乡村振兴公司债券的披露要求

募集资金用于乡村振兴领域相关项目的，发行人应当在募集说明书中披露拟投资项目的基本情况，包括但不限于项目属于乡村振兴、巩固脱贫相关范畴的依据、具体实施计划、政策支持情况等。主承销商应对上述事项进行核查，并发表核查意见。

债券存续期内，发行人应在定期报告中披露募集资金使用情况、相关项目进展情况及其产生的效益等。受托管理人应在年度受托管理事务报告中披露上述内容。

二、注册制改革后企业债的受理及审核要点

根据国家发展改革委发布的《国家发展改革委关于企业债券发行实施注册制有关事项的通知》（发改财金〔2020〕298 号），企业债券发行全面施行注册制。

按照《中华人民共和国证券法》和《国务院办公厅关于贯彻实施修订后的证券法有关工作的通知》的有关要求，企业债券发行由核准制改为注册制。国家发展改革委是企业债券的法定登记机关，企业债券的发行应当依法向国家

发展改革委登记。

国家发展改革委指定相关机构负责企业债券的验收和审查。其中，中央国债登记结算有限责任公司为受理机构，中央国债登记清算有限责任公司和中国银行间市场交易商协会为审查机构。上述机构应尽快制定相关业务流程、验收和审计标准等配套制度，并在规定期限内完成验收和审计工作。

企业债券发行人应直接向受理机构提出申请，国家发展改革委应监督指导企业债券和上述指定机构的验收，并在法定期限内办理发行登记手续。

（一）受理流程

根据中央国债登记结算有限责任公司发布的《企业债券受理工作规则（试行）》，中央国债登记结算有限责任公司为国家发展改革委指定的企业债券受理机构，主要负责企业债券受理的工作。企业债券的受理流程和相关时限要求如图 2-1 所示。

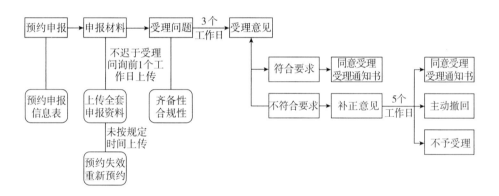

图 2-1　企业债券的受理流程和相关时限要求

（二）审核流程

根据中央国债登记结算有限责任公司和中国银行间市场交易商协会联合发布的《企业债券审核工作规则（试行）》，中央国债登记结算有限责任公司和中国银行间市场交易商协会为国家发展改革委指定的企业债券审核机构，主要负责企业债券的审核工作。审核机构主要通过对发行人企业债券注册申请文件进行审核问询、回答问题等方式开展工作，并督促发行人完善信息披露内容，出具审核意见。审核流程和相关时限要求如图 2-2 所示。

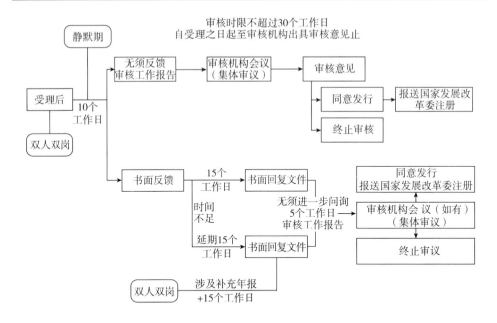

图 2-2　企业债券的审核流程和相关时限要求

（三）企业债审核要点

1. 企业债券基本要求

企业债券基本要求如表 2-11 所示。

表 2-11　企业债券基本要求

企业债券监管要求概览	
发行主体	公司需具有独立法人资格，成立已满三年； 具有合理的资产负债结构和正常的现金流量； 主体评级不低于 AA-，债项评级不低于 AA
财务要求	根据最新窗口指导，累计债券余额不超过公司有效净资产的 100%； 最近三年连续盈利； 最近三年平均可分配利润（取净利润或归母净利润"孰"高）足以支付企业债券一年的利息
募投项目	募集资金的投向应当符合国家产业政策以及行业发展方向； 用于固定资产投资项目的，需取得省发展改革委出具的专项意见，符合固定资产投资项目资本金制度的要求，累计发行额一般不超过该项目总投资的 70%（绿色债券上限为 80%），债券存续期内项目收益覆盖债券利息，项目批复文件齐备； 用于补充营运资金的，不超过发债总额的 40%（养老产业、战略性新兴产业、"双创"孵化、配电网建设、绿色债券、PPP 专项债上限为 50%）

续表

企业债券监管要求概览	
债券增信	一般情况下，资产负债率在65%以上的城投类企业和75%以上的一般生产性企业，提供有效增信措施； 主体评级为AA+、资产负债率为70%以上的城投类企业和80%以上的一般生产性企业，提供有效增信措施； 主体评级为AAA，资产负债率为75%以上的城投类企业和85%以上的一般生产性企业，提供有效增信措施； 资产负债率超过85%、偿债风险较大的企业，不予核准发债
禁止事项	最近三年不存在重大违法违规行为； 已发行的债券或其他债务不存在违约或延迟支付本息的事实； 不存在改变已发行债券募集资金用途

2. 城投企业关注要点

城投企业的关注要点如下：

（1）非银监会平台名单：不在名单内或平台风险定性全覆盖。

（2）收入结构：补贴收入与营业收入比例一般不超过3∶7，但在发行人为地方轨道交通建设投融资主体（如铁路投资公司、地铁或高速公路公司等）的情况下，非公开发行项目收益债券则暂不受3∶7的比例限制。

（3）政府性应收款：来源于政府的应收款不得超过净资产的60%。《国家发展改革委办公厅 财政部办公厅关于进一步增强企业债券服务实体经济能力严格防范地方债务风险的通知》（发改办财金〔2018〕194号）要求募集补充披露应收款项的明细、形成原因、报告期内回款情况、未来回款计划。涉及往来款或资金拆借的，需要披露决策权限、程序、定价机制。涉及关联方的，根据会计准则核查会计的合理性。同时，提示以上风险。另外，需主承销商对以上内容经营性、非经营性进行核查；会计师对以上函证、坏账计提进行说明；律师对往来款和资金拆借合规性进行核查并发表意见。在材料中应弱化地方政府对企业的隐性支持，地方政府债务率超100%的发展改革委会关注。

（4）债券规模限制：新证券法实施后40%额度限制放开，根据最新的窗口指导，目前企业债发行规模放宽到了净资产的100%。在计算净资产额度限制时，需用净资产减去公益性资产后的有效净资产计算。

（5）增信要求：根据主体评级及资产负债率情况判断是否需要引入增信。主体评级为AA及以下的区县平台公司需将债项评级提升至AA+或AAA。

3. 募投项目分析

（1）募投项目基本要求。根据国家发展改革委的要求，募投项目应当符合国家产业政策和行业发展方向等多种要求，并且要求其具有一定的收益性，能够为城投公司带来可预期的项目收益。目前，国家发展改革委不支持企业债券资金投入到道路建设等公益性项目以及房地产开发等。

（2）募投项目手续要求。根据国家发展改革委的要求，固定资产投资项目需要取得相关部门的批复文件，主要包括：项目可行性研究报告，由咨询公司根据项目出具正式的可行性研究报告；项目选址意见书或用地规划许可证；项目用地预审意见、建设用地批准书或土地证；环境影响报告书的批复文件；项目可行性研究报告的批复文件和项目节能的批复文件；若涉及拆迁等事项，需要提供项目稳定评估的批复文件。

第四节　平台公司债券融资实务

一、融资环境

历史上，城投的监管政策总体呈现"松—紧"的周期性变化。2021 年以来，城投政策迎来了新一轮收紧，国发〔2021〕5 号文将债务风险管控提升到政治高度；银保监会 15 号文更是明确提出打消财政兜底幻觉。在政策趋严的背景下，部分弱区域、低评级的城投公司陷入融资困境。城投公司应当根据自身和市场情况新增债务，依法依规开展融资，重点关注后续是否还有增量政策出台松绑城投融资，适时把握机遇，从而实现自身的长久发展。如表 2-12 所示为 2021 年以来城投融资监管方向。

表 2-12　2021 年以来城投融资监管方向

时间	涉及部门	主要内容
2021 年初	交易所交易商协会	提出"红橙黄绿"等分类管控要求，根据债务率等指标将各省市地方政府划分为四档，并在此基础上实施分级分类精细化管理
2021 年 4 月	交易所	发布《公司债发行审核重点》，严格控制新增债券的发行，对于评级较低或者总资产规模较小的弱资质平台公司债的申报提出一定的审慎性要求，并通过调整债券申报规模、募集资金用途等方式强化发行人偿债保障能力
2021 年 6 月	银保监会	发布《关于规范现金管理类理财产品管理有关事项的通知》，要求现金管理类产品不得投资于信用等级在 AA+ 以下的债券、资产支持证券等

续表

时间	涉及部门	主要内容
2021 年 7 月	银保监会	出台 15 号文及补充意见稿，采用了"打消财政兜底幻觉"的表述，再次重申了城投债券并非与政府债务画等号的基本原则，对承担地方政府隐性债务的客户，不得新提供流贷或流贷性质的融资，不得为其参与地方政府专项债券项目提供配套融资
2021 年 11 月	交易所	交易所收紧城投平台发债，根据区域存量城投债规模与当地财政收入之比进行划分，比例较高区域的城投债只能借新还旧，同时发行规模严格受限，部分区县城投债申报被退回
2021 年 12 月	证监会	联席会议部署开展金交所现场检查工作，要求金融资产类交易场所（以下简称"金交所"）不得跨省异地展业，不得为发行销售非标债务融资产品提供服务和便利，严控新增、持续压降各类非标融资主体的融资业务，禁止金交所为地产企业（项目）、城投企业等国家限制或有特定规范要求的企业融资；推进金交所整合工作
2022 年 4 月	上海证券交易所	发布《上海证券交易所公司债券发行上市审核规则适用指引第 3 号——审核重点关注事项》，提出主要从事城市建设的地方国有企业报发行公司债券，应符合地方政府性债务管理的相关规定，不得新增地方政府债务。募集资金用于偿还公司债券以外存量债务的，发行人应披露拟偿还的存量债务明细，并承诺所偿还的存量债务不涉及地方政府隐性债务

二、融资案例

案例一：扬州市邗江城市建设发展有限公司 2020 年非公开发行绿色公司债券

2020 年 4 月，扬州市首单绿色公司债券——扬州市邗江城市建设发展有限公司 2020 年非公开发行绿色公司债券成功发行。本次债券非公开发行规模为 5 亿元，3+2 年期，发行利率为 3.90%，创 2017 年以来扬州市非公开发行公司债券票面利率新低。该债券的基本要素如表 2-13 所示。扬州市邗江城市建设发展有限公司（以下简称"邗江城建"）成立于 2004 年 12 月，注册资本为 606 亿元，实际控制人为扬州市邗江区政府国有资产监督管理办公室。邗江城建作为邗江区国有资产运营的重要主体，承担着邗江区基础设施建设、保障房建设及旅游开发等重大任务。

表 2-13 扬州市邗江城建 2020 年非公开发行绿色公司债券基本要素

债券名称	扬州市邗江城建 2020 年非公开发行绿色公司债券
发行规模	5 亿元
发行期限	5 年期
主体评级	AA+

续表

债券名称	扬州市邗江城建 2020 年非公开发行绿色公司债券
债项评级	AA+
募集资金用途	用于北湖湿地公园湿地生态保护工程（一期）项目及补充流动资金
主承销商	财达证券股份有限公司
票面利率	3.9%

案例二：2021 年玉山投资控股集团有限公司农村产业融合发展专项债券

农村产业融合发展专项债券募集资金用途主要是固定资产投资项目及补充流动资金。募投项目主要支持以下六类项目：

（1）产城融合型农村产业融合发展项目，主要包括推动农村产业融合发展与新型城镇化建设有机结合，培育农产品加工、休闲旅游等"农字号"特色小城镇，建设农村产业融合发展园区等。

（2）农业内部融合型农村产业融合发展项目，主要包括以农牧结合、农林结合、循环发展为导向，发展农林牧渔结合、绿色生态循环农业项目等。

（3）产业链延伸型农村产业融合发展项目，主要包括以农业向后延伸或者农产品加工业、农业生产生活服务业向农业延伸为重点，建设农业生产性服务设施、农产品加工和仓储物流、营销网点等。

（4）农业多功能拓展型农村产业融合发展项目，主要包括通过推进农业与旅游、教育、文化、健康、养老等产业深度融合，拓展农业新的功能，建设休闲农业、乡村旅游、农事教育体验、文化创意农业、农村生态康养和能源农业等新业态项目。

（5）新技术渗透型农村产业融合发展项目，主要包括以信息技术、物联网技术等新技术在农业中的应用为重点，发展"互联网+现代农业"，建设涉农电子商务、智慧农业等项目。

（6）多业态复合型农村产业融合发展项目，主要包括同时兼有上述几种类型或者融合其中两个及以上类型的项目，募集资金分配比例为：募集资金占募投项目总投资比例不超过 70%；补充流动资金占募资比例不超过 50%。

2021 年 6 月，江西省首单担保机构参与的农村产业融合发展专项债券——2021 年玉山投资控股集团有限公司农村产业融合发展专项债券成功发行。债券募集资金 5 亿元，拟使用 3 亿元投资于玉山县秀美乡村建设项目，2 亿元补充营运资金。该债券的基本要素如表 2-14 所示。

玉山投资控股集团有限公司于 2016 年 2 月经玉山县政府批准成立，现有玉山县旅游投资开发有限公司、玉山县工投实业集团有限公司、玉山县城市建设投资开发有限公司、玉山县商业总公司、玉山县对外经济贸易有限公司、玉山县国有资产经营有限公司、玉山县玉清融资担保有限公司 7 家一级正科级子公司和 40 余家为实体化运行而设立的非一级子公司。

表 2-14 2021 年玉山投资控股集团有限公司农村产业融合发展专项债券基本要素

债券名称	2021 年玉山投资控股集团有限公司农村产业融合发展专项债券
发行规模	5 亿元
发行期限	7 年期
主体评级	AA
债项评级	AA+
募集资金用途	3 亿元投资于玉山县秀美乡村建设项目，2 亿元补充营运资金
增信措施	由江西省融资担保集团有限责任公司提供全额不可撤销保证担保
主承销商	财达证券股份有限公司
票面利率	6.5%

第三章　股权市场：地方政府投融资平台市场化转型的新阶段

第一节　多层次股权市场体系

党的十八届三中全会提出，要健全多层次资本市场体系，这是完善现代金融市场体系的重要内容，也是促进我国经济转型升级的一项战略任务。在上海证券交易所和深圳证券交易所成立之初，国家仅设立主板市场，为成熟的大中型企业提供上市服务，后考虑到资本市场层次单一，难以满足中小型企业的融资需求，2003年中央提出要建立多层次资本市场，并陆续于2004年、2009年增设中小板与创业板，2012年又成立了全国中小企业股份转让系统，即新三板，多层次资本市场体系由此初步形成。这一体系不仅有力地支持了各类企业的融资需求，促进了经济社会发展，而且为建立现代企业制度、构建现代金融体系、推动多种所有制经济共同发展做出了重要贡献。

一、交易所股票市场

（一）主板市场

1. 概述

主板市场是证券市场（通常指股票市场）的重要组成部分，是国家或地区证券发行、交易的主要场所，在我国指的是上海证券交易所和深圳证券交易所。主板市场对发行人主体资格、股本条件、财务情况、最低市值等方面要求较严格、标准较高，在主板上市的多为规模较大、经营稳定、盈利可持续的成熟型企业，所处行业也多为包括农林牧渔、制造业、纺织业、建筑业、住宿餐饮业、金融业在内的传统行业。2021年中央经济工作会议提出"抓好要素市场化配置综合改革试点，全面实行股票发行注册制"，2022 年政府工作报告再次明确"全面实行股票发行注册制，促进资本市场平稳健康发展"。这意味着全面实行股票发行注册制已成为 2022 年资本市场的一项重要任务。

2. 发展历程

1984 年 11 月 18 日，飞乐音响公司委托中国工商银行上海分行证券部公开向社会发行股票 1 万股，每股 50 元。1990 年 11 月 26 日，上海证券交易所正式成立；1991 年 4 月 16 日，深圳证券交易所获中国人民银行批准，7 月 3 日正式开业，从此中国股市开始了快速的发展历程。2004 年 6 月，深圳证券交易所正式推出中小企业板（简称中小板），中小板被设立在深市主板的内部，定位是服务于中小民营企业。2021 年 4 月 6 日，经中国证监会批准，深圳证券交易所主板和中小板合并，中小板完成历史使命，正式退出历史舞台。

（二）创业板

1. 概述

创业板又称"二板市场"，即第二股票交易市场，也是深圳证券交易所的一个板块，是专为暂时无法在主板市场上市且处于成长期的创业型企业提供融资途径和成长空间的证券交易市场。在注册制下，创业板坚守服务创新创业的定位，所支持的企业需要符合"创新、创造、创意"的大方向，同时也支持传统产业与"新技术、新产业、新业态、新模式"的深度融合，简单归纳即为"三创四新"。原则上不支持农林牧渔业、采矿业、酒饮料和精制茶制造业、纺织业、黑色金属冶炼和压延加工业、电力热力燃气及水生产和供应业、建筑业、交通运输仓储和邮政业、住宿和餐饮业、金融业、房地产业、居民服务修理以及其他服务业在创业板申报发行上市。①

2. 发展历程

2009 年 10 月，深圳证券交易所正式推出创业板。2020 年 4 月 27 日，中央全面深化改革委员会第十三次会议审议通过了《创业板改革并试点注册制总体实施方案》，"壳资源"受注册制改革影响而贬值。同时，创业板注册制改革在一定程度上能够帮助已在海外上市的创新创业企业回归 A 股。② 创业板主要是民营企业板，契合我国民营经济快速发展的现实要求。

（三）科创板

1. 概述

科创板是上海证券交易所在主板外单独设立的一个板，全称为科技创新板，

---

① 关于发布《深圳证券交易所创业板企业发行上市申报及推荐暂行规定》的通知［EB/OL］. http://www.szse.cn/disclosure/notice/general/t20200612_578365.html.

② 赵艳娇，王汀汀. 我国多层次资本市场发展现状和问题［EB/OL］. http://www.hgfi.cn/newsinfo/1694152.html.

主要针对符合国家战略、突破关键核心技术、市场认可度高、处于初创期或成长期、拥有核心高新技术的企业。在科创板上市的企业应当属于以高端装备领域、新能源领域、新材料领域、生物医药领域等为代表的高新技术产业和战略性新兴产业中的一类。科创板的创立为中概股科技企业回归创造了有利条件，在中国金融市场发展中具有我国金融市场功能从优化资金配置向优化资本配置转化的重要催化剂，加速技术和数据等创新要素资本化的重要转化器，推动科技创新产业发展、培育经济新动能的重要助推器，以注册制改革为核心、推动资本市场基础性制度建设的先行者，培育投资者长期理性价值化投资、更好分享中国科技创新红利的重要试验田五大标杆意义。

2. 发展历程

为完善资本市场基础制度，2018 年 11 月 5 日，国家主席习近平在首届中国国际进口博览会开幕式上宣布将在上海证券交易所设立独立于现有主板市场的新板块——科创板，并试点注册制。2019 年 7 月 22 日，科创板正式开市。

二、全国中小企业股份转让系统

（一）概述

全国中小企业股份转让系统（简称新三板）是继上海证券交易所、深圳证券交易所之后的第三家全国性证券交易场所。全国中小企业股份转让系统定位于非上市公众公司发行和公开转让股份的市场平台，为公司提供股票交易、发行融资、并购重组等资本市场服务，为市场参与人提供信息、技术和培训等服务，但不包括公开发行股份。全国中小企业股份转让系统是主要为创新型、创业型、成长型中小微企业提供融资的平台，是发展我国多层次资本市场体系的重要一环。

（二）发展历程

全国中小企业股份转让系统的发展主要经历了老三板市场发展、新三板市场发展、全国中小企业股份转让系统正式成立以及新三板分层四个阶段。①老三板市场发展。为解决原 STAQ、NET 公司法人股及退市公司的历史遗留问题，2001 年 6 月 12 日，代办股份转让工作正式启动。自 2002 年 8 月 29 日起，退市公司纳入三板市场。②新三板市场发展。主要利用资本市场支持高新技术等创新型企业试点，2006 年 1 月中关村园区股份报价转让试点正式启动，2012 年 8 月上海、武汉、天津三地纳入试点。③全国中小企业股份转让系统正式成立。2012 年 9 月 20 日，服务于非上市公众公司的全国性证券交易场所——全国中小企业股份转让系统在国家工商总局注册，2013 年 1 月 16 日正式揭牌运营，隶属于中国证监会，由中国证监会直接管理。2013 年 12 月 14 日，国务院发布《关于全国中小企业股份转让系统有关问题的决定》（国发〔2013〕49 号），明确了全国股转系统全国性公开证券市场的市场性质。④新三板分层。2016年5月，由全国中小企业股份转让系统有限责任公司制定的《全国中小企业股份转让系统挂牌公司分层管理办法（试行）》正式发布，标志着我国新三板分层制度的正式实施，该管理办法将资本市场划分为两类，分别为基础层和创新层。2020年7月27日，新三板市场精选层设立并开市交易，标志着新三板正式形成基础层、创新层、精选层三层次市场结构。基础层为基本满足挂牌条件的中小企业（相当于孵化器），创新层为初具规模尚处于高速成长的企业，精选层则是水平相对较高的优质企业，属于层层升级的概念。2021年11月15日，精选层升级成为北京证券交易所。

三、北京证券交易所

（一）概述

北京证券交易所（以下简称北交所）的定位，就是坚持服务创新型中小企业，补足多层次资本市场发展普惠金融的短板，培育一批"专精特新"中小企业，它与上海证券交易所和深圳证券交易所将实现错位发展、互联互通。"专精特新"的中小企业是指精选专业优势突出、工艺技术精深、有特色且创新能力强的中小企业，长期成长空间广阔。首批上市企业主要集中在工业制造、信息技术等国家重点推进的"补短板"领域。北交所实施注册制，具体为"北交所审核+证监会注册"，与科创板、创业板的安排较为相似，同时强化全链条、全过程监管，明确中介机构责任。北交所的成立不仅能补上中小企业直接融资的短板，也将多方面推动中国资本市场改革的深化。

（二）发展历程

2021年，国家主席习近平在中国国际服务贸易交易会致辞时提出"继续支持中小企业创新发展，深化新三板改革，设立北京证券交易所，打造服务创新型中小企业主阵地"。历时75天，2021年11月15日北京证券交易所正式开市。新三板市场分为基础层、创新层、精选层三层次市场结构，进入新三板市场的公司严格来说只是挂牌，而不是上海证券交易所和深圳证券交易所那样真正的上市。但是，成立北京证券交易所之后，原来新三板的精选层公司将变成真正的上市公司，创新层的公司将来也有机会变成上市公司。

北交所的首批企业来自新三板的71家精选层企业，它们将被平移至北交所。同时，创新层的1000多家企业也能通过注册制的方式实现在北交所上市。新三板企业可由基础层、创新层、北交所层层递进的方式实现北交所上市。北交所和新三板的统计数据显示，2021年北交所上市公司数量达82家，其中有87%的公司所处行业为战略性新兴产业、现代服务业、先进制造业，经营业绩突出、创新能力较强；在新三板挂牌的6932家公司中，达到北交所上市财务要求的挂牌公司超过了 1000 家。全市场中获评"专精特新小巨人企业"的公司累计达到 783 家，59 家成长为"单项冠军企业"，2017 年以来 65 家公司获得国家科学技术奖，市场服务创新型中小企业的聚集效应初步形成，服务创新驱动发展、经济转型升级等国家战略的能力进一步凸显。

四、区域性股权交易市场

（一）概述

区域性股权交易市场是对我国多层次资本市场的又一重要补充，也称"区域股权市场"或"四板市场"，性质是私募股权市场，功能是为特定区域内的企业提供融资服务及债券、股权的转让服务。区域股权市场属于场外股权交易市场，定位于小微企业，是地方政府扶持小微企业各种政策和资金综合运用的平台，所以区域股权市场在一定程度上也是企业进入资本市场的孵化器，能够有效帮助企业特别是中小微企业快速成长，为其提供所需的基础设施，鼓励其科技创新，激活区域内的资本，促进其交易融资。

（二）发展历程

为解决中小微企业的融资难题，助力中小微企业发展，从 2008 年起全国各地接连设立区域性股权交易市场。2011 年 11 月和 2012 年 7 月，针对地方各类交易场所出现的违法违规行为，国务院和国务院办公厅相继出台《关于清理整顿各类交易场所切实防范金融风险的决定》和《关于清理整顿各类交易场所的实施意见》，决定对包括区域股权市场在内的各类交易场所进行清理整顿，并明确底线要求。受该事件影响，区域股权市场发展一度停滞不前。2013 年 8 月，国务院办公厅出台《关于金融支持小微企业发展的实施意见》，首次提出要在清理整顿的基础上，将区域股权市场纳入多层次资本市场体系，激发了区域股权市场活力。2014 年 8 月，国务院出台关于界定中央和地方金融监管职责和风险处置责任的文件，明确了区域股权市场的监督框架，由证监会制定监管规则和指导地方监管工作，由地方政府履行日常监管职责。① 随后在 2017 年，国务院办公厅印发《关于规范发展区域性股权市场的通知》，对规范发展区域股权市场提出明确要求，同时正式将该市场纳入我国多层次资本市场体系。2019 年 6 月，中国证监会发布《关于规范发展区域性股权市场的指导意见》，鼓励地方上市后备企业到区域股权市场挂牌进行规范培育。②

---

① 李丰也，孙丹．区域股权市场发展路径［J］．中国金融，2015（12）：59-60.
② 区域性股权市场"塔基"功能显现专家：未来可从四方面发力［EB/OL］．财新网，https：//finance．sina．com．cn/roll/2022-01-12/doc-ikyamrmz4742682.shtml？cref=cj，2022-01-12.

五、小结

我国已形成包括主板、创业板、科创板、新三板、北交所及区域股权市场等在内的多层次资本市场体系，各板块和市场之间是错位发展、层层递进的关系。各板块实际也对应着企业发展的不同阶段。沪深主板市场主要服务于经营管理良好、盈利能力相对稳定的大型公司，创业板、科创板以及北交所则更倾向于选择创新型、成长型以及专精特新公司，新三板主要为成长型、创新型、创业型中小微企业提供融资，区域股权市场主要服务于处于创新发展早期的初创型中小微企业。总体上，多层次资本市场各个层次服务于企业发展的不同阶段。各板场所性质、IPO 发行机制、设立方式、监管机构、公司类型、别名和开市时间如表 3-1 所示。

表 3-1　多层次股权市场的主要区别

项目	主板（上海证券交易所和深圳证券交易所）	创业板（深圳证券交易所）	科创板（上海证券交易所）	股转系统	北京证券交易所	区域股权市场
场所性质	全国性证券交易所	全国性证券交易所	全国性证券交易所	全国性证券交易所	全国性证券交易所	地方股权交易中心
IPO 发行机制	核准制	注册制	注册制	—	注册制	—
设立方式	国务院批准	国务院批准	国务院批准	国务院批准	国务院批准	省级地方政府批准
监管机构	证监会	证监会	证监会	证监会	证监会	省级地方政府
公司类型	上市公司	上市公司	上市公司	非上市的公众公司	上市公司	非上市的公众公司
别名	一板市场	二板市场	—	新三板市场	—	四板市场
开市时间	1990 年，1991 年	2009 年 10 月	2019 年 7 月	2013 年 1 月	2021 年 11 月	2017 年 7 月

注：1990 年，上海证券交易所；1991 年，深圳证券交易所。

资料来源：根据公开数据整理所得。

第二节　股权融资的常见方式

股权融资是指企业现有股东愿意让出企业部分所有权，通过企业增资扩股等方式引进新股东的投融资方式。股权融资按照融资渠道来划分基本可以分为公开市场发售和私募发行两类。公开市场发售就是发行公司通过向非特定对象的公众公开出售该公司股票以达到募集资金的目的，而私募发行是指企业自行寻找特定投资人，吸引其增资入股的融资方式。

一、公开市场发售

股权融资的公开市场发售包括首次公开募股（IPO）和上市公司再融资。首次公开募股即通常所说的上市，上市企业再融资则指上市企业通过配股、增发和可转换债券等方式在证券市场上进行再次融资。

（一）首次公开募股

1. 概述

首次公开募股（IPO）是指一家公司或企业首次通过证券交易所公开向公众出售股份、募集资金的过程。一般来说，上市公司需要根据证监会出具的登记声明或招股书中的约定确定股份，再通过做市商或经纪商进行销售。在首次公开上市完成后，公司通常就可以申请到证券交易所或报价系统挂牌交易。首次公开募股通过被公司用来募集资金，尽可能将早期个人投资者的投资货币化、资本化，同时让公司的股份在交易所公开自由买卖。首次公开募股的审核工作流程分为受理、见面会、问核、反馈会、预先披露、初审会、发审会、封卷、会后事项、核准发行等主要环节，分别由不同处室负责，相互配合、相互制约。

2. 发展历程

（1）我国IPO准入制度的演变。我国证券市场自诞生以来，首次公开募股准入制度经历了审批制、核准制、核准制和注册制双轨制三个阶段。

第一阶段，审批制（1984~2000年）。

1984~1992年。1984年，得到上海人民银行确认许可，我国股票的一级市场开始逐步形成，上海飞乐音响公司首次部分公开发行了规范化的股票。1992年之前，首次公开募股由人民银行审批，1992年后证券监督管理委员会成立，由证监会审批。

1992~1995年，额度化管理。对发行的总量和发行的速度实施控制，每年股票发行总量及面值要经国家特定部门确定，然后上报国务院批准，根据国民经济发展的地位和需要，将总规模依据一定的标准进行划分，下达到各省（区、市）及中央有关部委。证监会对企业进行实质审查，并对股票规模、价格、方式、时间等做出安排。额度管理只规定控制额度总量，没有限制企业的数量，各地政府在额度范围之内选择尽量推荐较多企业，造成上市企业的规模较小，而一些具有行业代表性、关系国计民生的大中型企业却很难成功发行股票。

1995~2000年，指标化管理。在每个周期之间，国务院证券主管部门都会严格把控可参与发行上市的机构数量，并负责把机构个体的数量和指标向行业主管方面和省级政策层面进行公布。从额度管理向指标管理的转变，使上市企业规模较小的问题在一定程度上得到了很好的解决，然而，一些地方政府认为解决国企困难最好的手段是上市，这不仅使上市公司质量受到了影响，也导致外商投资企业和民营企业很难进入市场，最终产生上市公司结构性失衡的问题。

第二阶段，核准制（2001年3月至2019年3月）。

2000年3月16日，中国证监会发布了《中国证监会股票发行核准程序》和《股票发行上市辅导工作暂行办法》的通知。2001年3月17日，中国证监会决定取消额度条件下的审批制，采用核准制来全面推进股票发行。核准制下对IPO发行规模的管理经历通道制（亦称推荐制）和保荐制两个阶段。

2001~2004年，通道制管理。根据2000年获得资格的主承销商所掌握的项目数量将推荐名额进行合理分配，即准备公开发行股票的主体数量。证券公司对拟推荐的企业进行排队，按照顺序逐一推荐，只有在核准完一家企业之后，才能再报下一家企业。通道制下，虽然在一定程度上主承销商要承担起发行股票的风险，但也获得了推荐和遴选公司的权利。由证券监管机构将发行通道下达给证券公司，而名额有限，审核速度将会受制于证监会。

2004年至2019年3月，保荐制管理。保荐制会有专门的保荐机构代表公司对IPO的运行项目进行保荐，同时必须由有保荐资格的代表来负责具体推荐事务。相比通道制，保荐制加强了保荐人的连带责任，并且延长了保荐责任期。

第三阶段，核准制和注册制双轨制（2019年3月至今）。

2019年3月1日，中国证监会发布《科创板首次公开发行股票注册管理办法（试行）》（以下简称"科创板注册管理办法"）和《科创板上市公司持续监管办法（试行）》，同时经证监会批准，上海证券交易所、中国证券登记结算有限责任公司随之发布相关业务规则，科创板在上海证券交易所正式设立。至此，中国IPO制度开始进入核准制和注册制双轨制阶段。

（2）我国IPO定价机制的演变。IPO定价机制是指获准首次公开发行股票上市的公司与其承销商在上市前共同确定股票首次公开发行价格，并且出售给特定或者非特定投资者的一种制度安排。定价是否合理不仅关系到发行人、投资人与承销商的切身利益，而且关系到股票市场资源配置功能的发挥。

第一阶段（1999年7月之前），行政定价阶段。IPO定价是证券监督管理机构依据固定的公式计算得出价格，并不是由IPO公司和承销商共同协商确定。

第二阶段（1999年7月至2001年），放宽发行市盈率阶段。1997年7月，中国证监会明确规定了新股发行定价相关规则，要求发行公司与承销商以及机构投资者通过共同协商进行新股定价，并且新股定价可以超出发行价格区间。

第三阶段（2001 年下半年至 2004 年），市盈率严格管制阶段。开始实施控制发行市盈率的做法，在确定股票价格时，发行公司与承销商只能严格在市盈率区间内，通过向询价对象询价来确定股票的发行价格，要求：股票发行价格区间的波动幅度约为 10%，并且规定了发行市盈率不得超过 20 倍。

第四阶段（2005 年至今），询价阶段。《关于首次公开发行股票试行询价制度若干问题的通知》（证监发行字〔2004〕162 号）的发布结束了我国新股发行价格管制的方式，开始施行先网下询价再网上定价发行的方式，询价制度开始实施。

（二）再融资

证券市场中，融资使市场中的资源得以重新配置。在资源配置过程中，资金总是会从收益率较低的企业流向收益率较高的企业，因此企业的再融资过程实质上是对证券市场资源配置效率的一种反映。对于不同行业、不同规模的企业，可以通过资金的融通来满足自身企业经营发展的需要，并且还可以在一定程度上促进整个证券市场的资源优化配置。再融资具体是指上市公司为偿还资金或者扩大投资规模而通过可转换债券的发行、配股和增发等方式在第一次融资之后在证券市场中进行直接融资从而获得更多资金的一种方式。再融资对上市公司的发展起到了较大的推动作用。在国内，上市企业的股权再融资主要有三种方式：配股、增发新股和可转换债券。

1. 再融资的方式

（1）配股。配股是上市公司根据公司的发展需要，依照国家的法律规定，按照一定的程序，向公司的原有股东发行新股，从而达到筹资目的的行为。通常情况下，配股有两种类型，分别是有偿配股和无偿配股。有偿配股又叫有偿认股，是指公司办理现金增资，股东根据持股比例出具资金对股票进行认购。无偿配股是指公司出于财务政策的需要，根据股东大会或者董事会决议分配盈余的增资现象。盈余分配有配股和配息两种：配股是指公司增资发新股时，股东依持股比例无偿获得公司新股，而配息是指股东依持股比例无偿领取现金。

（2）增发。增发是指上市公司因业务发展需要增加资本额而额外发行新股的融资方式。上市公司可以向指定投资对象或者广大社会公众投资者进行增发，发行价格一般为发行前某一个阶段的平均价的某一比例。增发主要分为两种，分别为非公开增发和公开增发。非公开增发即定向增发股票，是指上市公司通过非公开的方式向特定对象发行股票的行为。非公开发行股票的发行对象一般是特定的，应当为符合股东大会决议规定的机构投资者或者其他专业投资者，不超过 10 名。公开增发是指上市公司面对社会大众再发新股。定向增发和公开增发都是新股的增量发行，对其他股东的权益有摊薄效应。

（3）可转换债券。可转换债券通常又称作可转债或转债，是指发行人依据法定程序发行，在一定时间内根据约定的条件可以转换为股票的债券。所谓"约定的条件"实质上是一种变异的期权形式，也就是说，可转换债券实际上兼备了债权、股票和期权三方面的特征。债券持有人可以一定的比例（或价格）把债券转换成普通股，当该债券转换成普通股时，相当于上市公司发行新股以替换这些债券。其他类型的可转换证券包括可转换优先股（持有人在特定条件下可以将优先股转换成一定数额的普通股）、可交换债券（可以转换为其他公司股票的债券）、强制转换证券（一种短期证券，视为普通股的替代品，通常收益率很高，为在到期日根据当日的股票价格必须根据规定强制转换为公司股票的证券）。

2. 配股、定增和可转换债券的区别

公开融资较少出现，本书将详细对比配股、定增和可转换债券的区别，如表3-2所示。

表3-2　配股、定增和可转债的区别

项目	配股	定增	可转换债券
定价	自主决定	最低为市价的80%	市价发行
发行规模	不超过发行前总股本的30%（科创板、创业板为50%，北交所无限制）	不超过发行前总股本的30%	发行后累计公司债券余额不超过最近一期末净资产额的40%（科创板、创业板为50%）
锁定期	无锁定期	6~18个月	大股东优先配售部分需要锁定6个月，其他无锁定期
募集资金用途	无限制，可以将募集资金全部用于补充流动资金和偿还债务	提前确定对象的非公开发行无限制，其他方式严格限制	严格限制
融资间隔期	两次融资之间有18个月的间隔要求	两次融资之间有18个月的间隔要求	无间隔要求
融资成本	考虑股息增加	考虑股息增加	债券利息按实际利率计入财务费用，但随着转股增多逐渐减少
股本稀释程度	最低	最高	较高
发行条件	较为严苛	较为宽松	较为严苛（科创板、创业板已放宽）
发行方式	代销	代销	包销
发行难度	视大股东资金情况、中小股东参与意愿而定	由承销商承销能力决定	较易
主流程度	较少	最主流	一般

（1）在定价方面，非公开的定价一般为市价的八折，而可转债转股价格则贴近市价水平，配股定价更为灵活自由。

（2）在发行规模方面，因为配股、定增融资规模的参考指标为股本，而可转债参考的是净资产额，而且为累计计算，因此配股、定增融资规模考虑的因素是股本和股价，而可转债对应的是股本和每股净资产，股价一般大于每股净资产，而配股的比例上限又不低于定增，因此从理论上说，融资规模按顺序排列依次为配股、定增、可转债。

（3）从锁定期的角度来看，配股最为宽松，其次为可转债，最后为定增。但配股要求控股股东在股东大会召开前公开承诺认配股份的数量，对控股股东资金要求较高，而可转债控股股东可以放弃优先配售权，非公开控股股东亦有认购的选择权。

（4）在募集资金用途方面，配股或者提前确定发行对象的定增（锁价定增）对于募集资金用途没有限制，而其他方式募集资金的用途则会受到严格限制，监管也会重点关注，如除了补充流动资金有 30% 的限制，还有前次募集资金实际补充流动资金的金额超过前次募集资金总额 30% 的部分需要从本次募集资金总额中扣除等窗口指导。

（5）在融资间隔期方面，可转债具有优势，但是发行条件有累计债券余额的比例限制，而非公开、配股的融资间隔期理论上最短为 6 个月，实践中多为 18 个月。

（6）在融资成本方面，可转债会增加上市公司的财务费用，但可以税前列支，定增与配股后股本增加，公司分红增加或股息率下降，对于公司的利润留存、净资产收益率摊薄以及公司形象维护是个考验，且分红为税后支付。

（7）在股本稀释程度方面，就非公开而言，对于股东尤其是控股股东来说，如果不参与本次非公开的认购，对于其股本的稀释程度在各再融资品种中是最高的，因为其发行价格一般为市价的一定折扣，最低为八折，而可转债，转股价格一般接近市价水平，稀释程度较非公开而言稍低。配股则为全体股东等比例增资，只有不参与配股的股东其股权才会被稀释，因此稀释程度最低。

（8）从发行条件来看，可转债的发行条件最为严格，尤其对于主板公司来说，其次为配股，非公开的发行条件则较为宽松。

（9）从发行方式来看，根据《证券发行与承销管理办法》，上市公司非公开发行股票如果未采用上市公司向原来的股东进行配股或自行销售的方式，应当采用代销方式发行股票。而《上市公司证券发行管理办法》规定，配股需要采用《证券法》规定的代销方式发行。而可转债为公开发行品种，一般由承销商包销。

（10）从发行难度来看，配股虽为公开品种，但若控股股东实际认购数量未达到承诺数量，或中小股东参与热情低于预期导致出售股票不足发行数量的70%，则视为发行失败。而非公开发行同理，若无法寻找足够的投资者认购本次非公开发行的股票，同样有发行失败的风险，此时比较考验的是承销商的承销能力。而可转债为公开发行品种，且承销商一般采取包销的方式发行，类似于IPO，发行难度较小。

（11）从主流程度来看，尤其是在再融资新规出台，对于发行条件有所放宽后，定增重新成为市面上主流的再融资品种。①

3. 我国上市公司再融资发展现状分析

我国上市公司再融资方式主要经历了三个阶段，即：证券市场初步发展时，采用单一的配股再融资方式的第一阶段；我国证券市场融资市场化试点阶段时，1998年后采用配股为主、增发为辅的第二阶段；随着市场的日益完善和发展，再融资方式也越来越灵活，发展到了以配股、增发以及可转换债券三种再融资方式并重的第三阶段。2006年之后，证监会对配股、增发、可转债的条件进行了相应的调整和完善，确定了市场发行原则，适度降低了对财务指标的要求，强化了对中小股东权益的保护。从再融资政策的演变可以看出，我国证券市场正逐步走出行政干预的约束，走向市场化，同时也说明我国的证券市场更加成熟。②

从表3-3可以看出，截至2021年底，我国上市公司融资总额17746.87亿元，其中配股融资493.352亿元，增发融资9082.917亿元，可转换债券融资2743.854亿元。这三种再融资总额成为筹资方式的主要选择，可见它们在资本市场中的重要作用。

表3-3　我国上市公司历年融资分布　　　　单位：亿元，%

年份	配股募集资金	增发募集资金	可转债募集资金	再融资总额	首发募集资金	融资总额	再融资占比
1999	289.453	55.173	—	344.626	443.903	788.53	43.70
2000	478.430	144.760	28.500	651.690	783.680	1435.37	45.40
2001	394.217	227.360	—	621.576	610.448	1232.02	50.45
2002	52.679	151.190	41.500	245.368	464.178	709.55	34.58

---

① 详细对比定增、可转换债券、配股。

② 龙雨孜. 上市企业再融资方式与经营绩效的研究［D］. 中南林业科技大学，2014.

续表

年份	配股募 集资金	增发募 集资金	可转债募 集资金	再融资 总额	首发募 集资金	融资 总额	再融资 占比
2003	59.586	109.832	161.500	330.918	465.390	796.31	41.56
2004	104.767	59.384	206.030	370.181	343.871	714.05	51.84
2005	2.620	278.780	—	281.400	52.731	334.13	84.22
2006	4.319	990.064	28.770	1023.152	1337.369	2360.52	43.34
2007	227.675	3179.375	106.480	3513.530	4768.091	8281.62	42.43
2008	151.570	2100.483	77.200	2329.253	1031.307	3360.56	69.31
2009	85.429	2888.624	46.610	3020.662	1735.797	4756.46	63.51
2010	1438.218	3362.698	717.300	5518.215	4845.219	10363.43	53.25
2011	338.500	3720.535	413.200	4472.235	2684.676	7156.91	62.49
2012	51.918	3242.720	157.052	3451.689	1030.001	4481.69	77.02
2013	475.728	3560.423	551.310	4587.461	0.000	4587.46	100.00
2014	124.662	6336.339	311.188	6772.189	657.406	7429.59	91.15
2015	42.337	11962.190	93.800	12098.326	1574.250	13672.58	88.49
2016	298.513	16471.355	226.516	16996.384	1496.078	18492.46	91.91
2017	162.964	12660.049	602.829	13425.841	2301.088	15726.93	85.37
2018	228.316	7535.108	1073.097	8836.521	1378.151	10214.67	86.51
2019	133.876	6896.978	2477.815	9508.668	2532.480	12041.15	78.97
2020	512.968	8346.940	2475.253	11335.161	4800.081	16135.24	70.25
2021	493.352	9082.917	2743.854	12320.123	5426.751	17746.87	69.42

资料来源：根据 Wind 数据库统计整理所得。

从图 3-1 可以看出，近 10 年来，融资总额和再融资总额均在 2012~2016 年呈现上升趋势，在 2016~2018 年呈现下降趋势，在 2018~2021 年又呈现上升趋势。且再融资占融资总额均高于 50%，可见在下行的经济环境中，大部分企业选择再融资方式来提高企业绩效。从配股、增发和可转债各自融资规模看，配股募集资金占比最低，基本呈上升趋势，其次为可转债募集资金，也呈上升趋势，增发募集资金最高，且与总融资变化趋势相似。

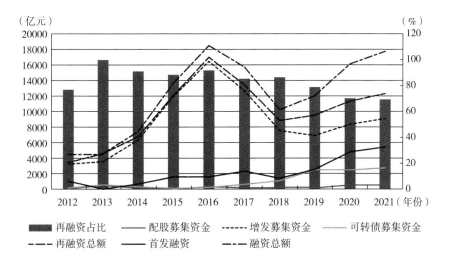

图 3-1 2012~2021 年我国上市公司融资分布

二、私募发行

（一）概述

私募股权即私募股权投资（Private Equity，PE）。私募发行是指公司通过寻找特定投资者来吸引其通过增资成为公司股东的一种融资方式。私募发行又称为内部发行或不公开发行，是指投资于非上市股权，并且面向少数特定投资者发行证券的方式。私募发行的对象大致分为两类：一类是个人投资者，如公司老股东或发行人机构自己的员工（俗称"内部职工股"）；另一类是机构投资者，如与发行人有密切往来关系的企业或者大型的金融机构等。私募发行有确定的投资人，其发行程序十分简单，可以节约发行时间和费用。私募发行的缺点是投资者数量有限，流通性较差，而且也不利于提高发行人的社会信誉。

在当前的经济环境下，民营企业比国有企业更具有优势的融资方式是私募发行，这是由于较为简单的民营企业产权关系不需要进行国有资产评估，也不存在上级主管部门和国有资产管理部门的监管。私募股权投资一般是通过私募的方式对民营中小型企业（即非上市企业）进行的权益性投资，其能否带来高额投资回报是项目选择的唯一标准。在私募领域，不同类型的投资者对融资公司的影响是不同的。私募股权投资包括财务型私募股权投资和战略型私募股权投资。财务型私募股权投资是指私募股权机构仅仅给予被投企业资金支持，以解决企业的资金需求，以期获得超额报酬，投资时考虑当下经营情况，看重企业的发展前景，通过承担企业上市失败、并购失败、经营不善等高风险以期获得高额的收益。财务型私募股权投资通常发生在 Pre-IPO 阶段，即企业已经具备上市规模和盈利要求，即将上市，私募股权机构通过资金注入的方式进行短期性投资，推动企业成功上市或者成功并购来获得高收益和高声誉。战略型私募股权投资是指私募股权机构不仅给予被投企业资金支持，而且给予企业战略支持，私募股权机构以自己的资源帮助企业开拓渠道、提供战略支持。这种投资通过尽调来判断企业在细分行业中的竞争地位、企业家才能等综合能力，看好企业的成长性与行业竞争地位从而参与企业的经营、布局产业链，一旦投资之后，会派任私募股权机构成员来参与企业经营，进入股东会、董事会、监事会来参与企业决策，通过深度参与经营企业，给企业提供资本支持、战略支持等。私募股权机构通过上市、并购、回购的方式退出，从而获得企业成长和价值增值带来的超额回报。①

（二）发展历程

我国股权投资基金自开展业务至今，大体上经历了初级发展阶段和快速发展阶段两个阶段。

1. 初级发展阶段

我国首批成立的股权投资基金以外资投资基金为主，其标志性事件为 1999 年的国际金融公司（IFC）以私募股权投资的模式入股上海银行，从此我国进入了全新的投资领域。最初外资投资基金还是以风险投资（VC）为主，受全球 IT 业蓬勃发展的时代背景影响，投资领域多集中在 IT 业。但好景不长，2001 年互联网危机的爆发导致人们重新审视 IT 行业的过热发展，国内 IT 业的风险投资活动也被波及，遭到重创，导致最早进入中国的一批股权投资基金所剩无几。与此同时，我国的股票市场尚不完善，出现发行人股份不能流通、投资退出渠道存在障碍等问题，这些问题制约着股权投资基金的发展。2004 年我国对上市公司进行股权分置改革后，情况才出现根本性转变。而这一改革也是中国证券市场自成立以来影响最为深远的改革措施，为股权融资市场的健康发展提供了有力保障。2018 年 10 月 9 日，随着"G"股标识正式退出沪深股市，股票市场迈入全流通时代。

2. 快速发展阶段

我国股权投资基金自 A 股股权分置改革开始便进入了迅猛发展阶段。相较于初级阶段而言，此阶段主要有以下特点：第一，上市公司股权分置改革基本完成。随着股票市场政策法规的不断完善、机制逐步健全，股权基金的退出渠道越

---

① 张梦霞. 不同类型私募股权投资对新三板企业绩效影响研究［D］. 浙江工商大学，2021.

发畅通。内资股权投资在 A 股具有本土优势，内资股权基金在二级市场的高估值带动下发展迅猛。第二，人民币具有强烈的升值预期。自 2018 年以来，我国外汇储备的不断攀升让国际市场对人民币的升值有着强烈预期。受国家外管局对外币兑换做出限制的影响，海外上市企业于海外取得的融资资金容易遭受汇率风险，因此抑制了外资基金的发展。第三，政策对外资基金的限制明显。为保护我国市场化以来优秀民族品牌的独立性、免遭外资收购控制，2018 年 8 月，在商务部牵头下，六部委联合发布《关于境外投资者并购企业的规定》，该文件的核心思想就是限制内资企业海外上市的行为，这给了外资基金当头一棒，外资基金的发展受到限制。而从 2018 年至今，国内宽松的货币政策为内资股权融资提供了相当长时间的发展机会。近三年是内资股权投资基金发展的黄金阶段，内资基金的发展弥补了外资基金留下的空缺，大量人民币股权投资基金得益于此迅速发展，机构数量、基金规模都在飞速扩张。

（三）我国私募股权投资发展现状

2021 年，我国经济整体呈现良好恢复态势，私募股权募集、投资、退出在 2021 年呈现持续回暖。随着科创板及创业板注册制的平稳实施，2021 年私募股权退出渠道持续通畅。2021 年，中国企业在全球共有 669 家成功实现 IPO，IPO 数量同比上升 16.3%。退出取得良好收益后，股权募集、投资亦持续恢复。1~11 月我国私募股权新成立基金数量为 7358 只，同比增长（按年化加权）37%。同期，我国私募股权认缴规模为 6458 亿美元，同比增长（按年化加权）47%。VC/PE 市场投资数量 8467 起，同比增长 9%。整体私募股权行业在 2021 年持续回暖。

（1）私募股权行业逐步进入良性循环。随着 2019 年科创板推出、2020 年新三板精选层落地以及创业板注册制实施，私募股权退出数量开始逐步上升，同时投资项目数量持续下降，行业格局不断优化。根据投中数据统计，2020 年、2021 年的退出项目数量与投资数量的比值分别达到 59%、52%，居近 10 年的高位。退出率的持续上升促使行业募集、投资在 2021 年持续回暖。

（2）布局股权投资热门赛道。2021 年北交所开市推动私募股权退出更加多元。股权领域 S 基金的发展也将增加 FOF 基金的投资选择，S 基金、FOF 投资有望迎来新的发展机遇。从投资端来看，除了医药、芯片等传统热门领域外，新的基金募集热点领域聚焦在"碳中和""元宇宙"相关行业，将是未来 2~3 年投资的热门领域。①

---

① 初心不改再出发 | 2022 年私募股权投资展望，谈少鹏，公众号：海银财富。

第三节　平台参与上市公司并购

一、上市公司并购融资方式

1. 内源融资

内源融资是指公司依靠自身的利润留存而进行的融资。内源融资主要指企业提取的折旧基金、无形资产摊销和企业的留存收益。内源融资的特点是公司可自由支配、融资成本低廉、潜在的财务风险低，且对公司的控制权影响甚微。

2. 外源融资

外源融资中的直接融资是指公司通过发行股票、债券等方式进行的融资；间接融资是指公司从银行等金融机构或非银行金融机构以贷款形式进行的融资。其中，发行股票筹集资金被认为是股权融资或权益融资，而发行债券、获得贷款等以债务形式获得的资金被认为是债务融资。

（1）权益融资。权益融资是指企业通过吸收直接投资、发行普通股和优先股等方式扩充权益资本以获取资金的融资方式。权益性融资筹集的资金可供长期使用，且股利支付较为灵活，不存在刚性兑付的问题，但容易造成股权稀释，威胁控股股东控制权，而且投资者收益从企业税后利润中支取，融资成本较高。①

（2）债务融资。债务融资是企业通过对外举债获取所需资金的一种融资方式，债务融资规模会影响企业的资本结构。债务融资包括商业银行贷款、发行公司债券和可转换公司债券。和权益性融资相比，债务融资的优势在于其不会稀释股权，威胁控股股东的控制权。此外，债务融资还能用较少的权益资本获取较高的利润和收益，具有财务杠杆效应。但在还本付息的刚性约束下，企业面临较高的财务风险，若管理者不能有效控制风险，企业生存将受到严重影响。目前，由于我国金融市场仍处于发展阶段，资本市场不够发达，其他融资渠道存在融资不畅或融资成本太高的问题，因此，商业银行贷款仍是我国企业并购时主要的债务融资方式。此外，为了解决国有企业产权问题，并购活动也往往是政府引导下的市场行为，因此获取国有商业银行的贷款比较容易。

---

① 我国企业并购的主要融资方式。

二、上市公司并购环境、现状及流程

（一）上市公司并购市场政策环境

2007年7月，中国证监会设立上市公司并购重组审核委员会，负责对上市公司并购重组申请事项进行审核。2008年5月，中国证监会《上市公司重大资产重组管理办法》（以下简称《管理办法》）开始实施，对上市公司发行股份购买资产予以制度化规范。2011年8月，中国证监会修订《管理办法》，首次明确"借壳上市"的定义和认定标准；自此，"借壳上市"被作为重大资产重组独立的交易类型进行监管。2019年，《管理办法》优化有关重组上市规定，支持符合国家战略的高新技术产业和战略性新兴产业相关资产在创业板重组上市。2020年3月，《管理办法》及相关法规配合新《证券法》同步修订。2020年7月，《监管规则适用指引——上市类第1号》发布，汇总前期相对分散的业务规则，制度的系统化水平进一步提升。

（二）上市公司并购市场发展现状

1. 并购交易量和交易金额

按对外披露交易金额的交易口径统计，2021年，中国并购市场的交易笔数达到706笔，高于2020年的520笔及2019年的455笔。在整体并购的规模上，2021年相比2020年出现了一定的下滑。首先，总交易金额下滑。2021年，国内并购交易涉及金额3477亿元，低于2020年的6414亿元，高于2019年的2505亿元（见图3-2）。这里需要说明的是，2021年整体交易金额低于2020年，主要是

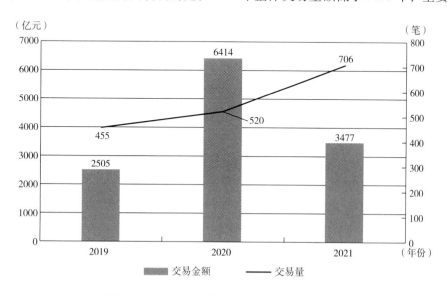

图 3-2 2019~2021年上市公司并购交易情况

2021 年超大型交易不及上年所致，比如 2020 年仅华为出售荣耀一案交易金额即达到 400 亿美元。其次，前十大披露交易金额下滑。2020 年前十大披露交易金额合计为 4472 亿元，2021 年这一数据为 1219 亿元（不含字节跳动收购沐瞳科技、Pico，两者均未公开披露交易金额），平均披露交易规模也略有下降。2021 年披露交易规模平均值为 8.8 亿元左右，低于 2020 年的 24.86 亿元的平均值。剔除前十大交易后，2021 年的平均值为 5.86 亿元，略低于 2020 年的平均值 7.83 亿元。

2. 并购行业

从并购标的方所属的行业维度看，近三年境内并购市场规模排名前三的行业领域分别是：金融，规模为 17169.1 亿元；工业，规模为 16658.0 亿元；信息技术，规模为 6751.6 亿元（见图 3-3）。

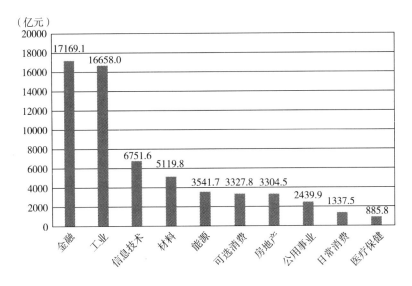

图 3-3　近三年各行业并购交易金额排行前十

2021 年，新工业、TMT 并购交易数持续领跑。根据统计数据，2021 年，新工业相关的并购交易数量达到 185 笔，远高于 2020 年的 87 笔，成为 2021 年并购市场上的亮点。新工业并购的热度主要来自"双碳"政策影响。自 2020 年 9 月我国明确提出 2030 年"碳达峰"、2060 年"碳中和"的目标以来，在"双碳"政策加持下，国内风电、光伏领域并购热度显著提升，储能行业相关并购交易兴起。在 TMT 中，IT 与企业服务并购遥遥领先。2021 年，中国国内的软件（IT 与企业服务）并购交易数量也在快速增长，全年共公告 89 笔交易，较 2020 年增长

41%。这与全球的软件并购潮呈现一致趋势。2021 年，全球软件并购交易数量接近 3400 笔，较 2020 年增长约 13%。其中，全球 SaaS 并购交易数量近 1700 笔，较 2020 年增长超过 30%，且占整体软件并购交易数量的比重首次接近 50%。

（三）上市公司并购流程

公司并购的完整过程包括准备、实施和整合三大阶段。

一是准备阶段。在这一阶段对目标公司进行尽职调查至关重要。尽职调查的事项可以分为两大类：并购的外部法律环境和目标公司的基本情况。尽职调查首先必须保证并购的合法性，除了直接规定并购的法规以外，还应该调查反不正当竞争、贸易政策、环境保护、安全卫生、税务政策等方面的法规，调查时还应该特别注意地方政府、部门对企业的特殊政策，同时调查目标公司的基本情况。重大并购交易应对目标公司进行全面、详细的尽职调查。目标公司的合法性、组织结构、产业背景、财务状况、人事状况都属于必须调查的基本事项。

二是实施阶段。该阶段由并购谈判、签订并购合同、履行并购合同三个环节组成。在并购交易谈判中，并购的总价格、支付方式、支付期限、交易保护、损害赔偿、并购后的人事安排、税负等涉及并购价格和并购条件的内容是并购合同的主要组成部分，也是并购的焦点问题，需要重点关注。在签订并购合同方面，并购协议至少应包括以下条款：并购价款和支付方式；陈述与保证条款；并购合同中会规定的合同生效条件、交割条件和支付条件；并购合同的履行条件；资产交割后的步骤和程序；违约赔偿条款；税负、并购费用等其他条款。履行并购合同时，一个较为审慎的并购协议的履行一般分三个阶段：合同生效后，买方支付一定比例的对价；在约定的期限内卖方交割转让资产或股权，之后买方再支付一定比例的对价；一般买方会要求在交割后的一定期限内支付最后一笔尾款，尾款支付结束后，并购合同才算真正履行。

三是整合阶段。这一阶段主要包括财务、人力资源、资产、企业文化等多方面事务的整合。其中的主要法律事务包括：目标公司遗留的重大合同处理；目标公司正在进行的诉讼、仲裁、调解、谈判的处理；目标公司内部治理结构整顿（包括目标公司董事会议事日程、会议记录及与关联公司的法律关系协调等）；依法安置目标公司原有工作人员。公司并购是高风险的商业资产运作行为，合理的并购操作可以为企业注入优质资产，还可能帮助企业提高管理效率，增加经济收益，提高企业的竞争力，否则不仅可能导致收购企业的收购成本增加，还可能给并购后企业的生产经营及税收增加负担。因此，公司在决定采取并购策略进行扩张之前，需要综合评估风险，对并购行为做出审慎判断、严密论证；同时，在并购操作中，对并购阶段的每一步骤进行仔细设计，将并购交易可能的风险尽可能降至最低限度。

三、平台参与上市公司并购

（一）地方投融资平台并购上市公司的原因

一方面，城投公司作为地方政府的重要抓手，在地方经济的发展中长期承担着重要的责任。但是目前城投公司业务模式单一、融资渠道单一、资产负债率高、公益类业务居多、市场化业务少、资产质量差、"造血"能力不足、营利能力弱、历史债务包袱重、融资压力大、借新还旧等问题突出。面对着日益突出的融资矛盾，城投公司亟须拓展业务，改善财务状况，获得市场化的收入及利润，以破解其融资难题及可持续发展难题。

另一方面，城投公司亟须推动产业转型发展。传统的城投公司是围绕"城市"开展业务的，一边举债一边做基础设施建设，大量的资金投入城市基础设施及民生领域，对于城市发展做出了贡献。但现在地方政府的压力同样也体现在产业的竞争与升级上。招商引资、提升产业竞争力是当务之急。显然，这要求城投公司从单一的城市投资建设商的角色进行转型，要同时关注产业、扶持产业，从而协助地方政府不断推进四化融合、产城一体发展。这就要求城投公司在干好基础设施老本行的同时，积极向产业投资、产业扶持、产业整合上努力。因此，城投公司在当前的发展形势下，必须要改变单一的城市为王的模式，从"基础设施投资建设一头沉"向"城市与产业两手都要抓、两手都要硬"转型，而转型的关键是市场化业务的开展，而市场化业务开展的有力抓手则是上市公司的并购及运作。

因此，城投公司通过并购上市公司不仅打通了证券市场这条关键融资渠道，而且将上市公司并购后，可形成持续的经营性现金流，从而极大改善城投公司已有的融资能力、偿债能力。尤为重要的是，通过以小博大，并购上市公司可以打造产业运作与整合平台，逐步将旗下优质资产注入上市公司，推动城投公司的资产证券化工作，还可以聚焦本地的产业需求对产业进行投资、并购、整合，引导产业向本地聚集。显然，并购上市公司可以改变城投公司的融资能力，改变城投公司的经营模式与业务结构，对于推动城投公司市场化转型、打造产业—资本互动、城市—产业互动的商业模式具有根本作用，也会对地方经济产生更大的战略价值。

（二）地方投融资平台并购上市公司的现状

近年来城投控股上市公司的案例屡见不鲜。2019~2021 年，城投收购控股上市公司的数量合计达到 38 家（2018 年仅 2 家），但是城投收购的上市公司大部分经营业绩亏损或盈利规模较小。2019~2021 年，城投收购控股的上市公司共 38 家，其中有 16 家在城投控股前的扣非净利润为亏损（包括 14 家上一年度为亏损以及 2 家当年期末计提了大规模的资产减值损失使当年度亏损），另外 5 家上市公司在城投控股的上一年度扣非净利润低于 5000 万元。此外，大部分经营业绩亏损或盈利规模较小的上市公司在城投入驻以后，经营业绩也未见明显改善或提升，更有甚者，经营业绩继续大幅下滑，如棕榈股份扣非净利润由 2018 年的亏损 2.88 亿元扩大至 2019 年的 10.86 亿元。此外，也存在一些上市公司在城投收购后业绩向好的情况，如中金环境在无锡市市政公用产业集团有限公司收购的上一年度（2018 年）的扣非净利润达 4.24 亿元，2019 年及 2020 年则下滑至 0.09 亿元和 -20.91 亿元。①

① 范俊根，毕柳. 如何看待城投控股上市公司？［EB/OL］. https：//www. sohu. com/a/544957622_480400.

第四章 其他融资方式：地方政府多元化融资体系的重要补充

第一节 资产证券化与公募 REITs

一、资产证券化

（一）资产证券化业务介绍

资产证券化是指以基础资产未来所产生的预期现金流为还款支持，通过对产品架构的结构化设计实现信用增级，进而将流动性较差的资产或资产组合转化成可自由流动的证券销售给投资者的过程。狭义的资产证券化是指信贷资产证券化。广义的资产证券化是指所有采取证券资产这种价值形态的资产运营方式，包括企业资产证券化、信贷资产证券化和资产支持票据。

1. 企业资产证券化（ABS）

企业资产证券化是指证券公司以专项资产管理计划为特定目的机构或特定目的受托人（Special Purpose Vehicles，SPV），以计划管理人身份向投资者发行专项计划资产支持收益凭证，按约定用受托资金购买原始权益人能够产生稳定现金流的基础资产，并将该基础资产的收益分配给收益凭证持有人的专项资产管理业务，该业务由中国证券监督管理委员会监管。

2. 信贷资产证券化

信贷资产证券化是指中国境内的银行业金融机构作为发起机构，设立特定目的信托，将抵押贷款、中小企业贷款等信贷资产信托给受托机构，由受托机构以信贷资产支持证券形式向投资机构发行受益证券，以该信贷资产所产生的现金支付证券的结构性融资活动。信贷资产证券化的实质是将原本不流通或流动性差的金融资产转换成可流通的资本市场证券的过程。目前，信贷资产证券化业务主要由中国人民银行和中国银行保险监督管理委员会进行监管。

3. 资产支持票据（ABN）

资产支持票据是非金融企业在银行间债券市场发行，以基础资产未来所产生的预期现金流为偿付支持，在一定时间内按约定还本付息的资产证券化方式。目前，资产支持票据的基础资产大部分为公共项目收入，包括交通收费收入、市政公共事业收入等。资产支持票据业务主要由银行间市场交易商协会监管。

总之，企业资产证券化、信贷资产证券化和资产支持票据作为资产证券化的三种主要业务，都是以具有未来现金流的资产支持证券，证券化方式和流程基本相同。但是，在国内分业监管体制下，三类资产证券化业务侧重点各有不同。如表 4-1 所示，信贷资产证券化业务的发起人为金融机构，受中国人民银行和中国银行保险监督管理委员会监管，适用于《信贷资产证券化试点管理办法》；与此不同的是，企业资产证券化业务和资产支持票据则是由非金融企业发起，分别受中国证券监督管理委员会和银行间交易商协会监管。因此，城投公司可以进行的资产证券化业务主要为企业资产证券化业务和资产支持票据。

表 4-1 三种资产证券化类型的比较

要素	企业资产证券化	信贷资产证券化	资产支持票据
监管机构	证券监督管理委员会	中国人民银行、银监会	银行间交易商协会
审核方式	备案制+负面清单	注册制+备案制	注册制
发起机构	非金融企业	商业银行、政策性银行、金融租赁公司等	非金融企业
管理人员	证券公司、基金子公司	信托公司	—
登记托管机构	中国证券登记结算有限公司	中央国债登记结算有限责任公司	上海清算所
交易场所	证券交易所、证券业协会机构报价与转让系统、证券公司柜台市场	银行间债券市场	银行间债券市场

（二）市场情况

1. 资产证券化业务市场情况

与欧美发达国家相比，我国资产证券化业务起步较晚。2005 年中国人民银行颁布《信贷资产证券化试点管理办法》，标志着我国资产证券化业务正式启动。但三年后受美国次贷危机影响，资产证券化业务发展当即陷入停滞。直至 2011 年 9 月，远东二期资产证券化产品发行，标志着我国资产证券化业务重启。此后十年，我国资产证券化业务逐步从试点、创新品种迈入规范化高速发展阶段。2012 年 8 月，交易商协会发布《银行间债券市场非金融企业资产支持票据指引》，标志着资产支持票据的正式问世。2014 年 11 月，证监会修订发布的《证券公司及基金管理公司子公司资产证券化业务管理规定》及其配套规则，取消了资产证券化业务的行政许可，并且增加对其进行事后备案的规定和基础资产负面清单管理制度。随后，中国证券投资基金协会发布《资产证券化业务基础资产负面清单指引》，为后续交易所 ABS 的发展奠定制度基础。至此，我国资产证券化市场体系建设基本完成，并形成了企业资产证券化、信贷资产证券化、资产支持票据三大品种竞相角逐的局面。截至 2021 年末，我国资产证券化市场累计发行 8300 多单产品，累计发行规模超过 13.8 万亿元，年均增速超过 20%。但同时，我国资产证券化业务市场也存在发展不平衡的问题。2021 年，我国资产证券化市场年内新增发行 2192 单资产证券化产品，发行规模达到 30999.32 亿元，同比增长 8%。然而，信贷资产证券化发行规模仅为 8815.33 亿元，占发行总量的 28%；企业资产证券化业务发行规模达到 15750.43 亿元，占发行总量的 51%；资产支持票据发行规模为 6454.36 亿元，占发行总量的 21%。[①] 信贷资产证券化业务发展规模远远小于企业资产证券化业务，并呈现下降趋势；企业资产证券化业务和资产支持票据业务则呈现高速增长态势并且增速上涨。2017~2021 年我国资产证券化发行情况如图 4-1 所示。

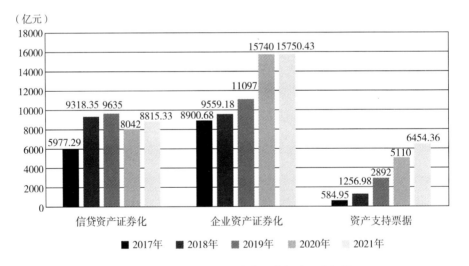

图 4-1　2017~2021 年我国资产证券化产品发行情况

资料来源：根据中央结算公司数据整理。

---

① 2021 年资产证券化发展报告［EB/OL］．中债研发中心，https://www.chinabond.com.cn/cb/cn/yjfx/zzfx/nb/20220214/159663521.shtml，2022-02-14.

2. 城投公司资产证券化业务市场情况

城投公司资产证券化业务市场发展较早。2006 年，南京城建以污水处理收费为基础资产，在交易所发行史上第一只城投资产证券化产品，自此城投公司资产证券化市场发展拉开了序幕。此后，我国资产证券化市场在经历了三年停滞期后进入高速发展阶段，在盘活市场资产存量、扩大企业融资渠道等方面发挥重要作用，为城投公司与资产证券化业务的进一步结合奠定了基础。在市场监管政策趋严的背景下，城投公司一方面亟须探索融资新渠道，谋求企业转型；另一方面在城市建设领域拥有大量优质资产，具有发展城投资产证券化产品的天然优势。因此，资产证券化成为现阶段城投公司盘活存量资产、实现多元融资转型的重要路径。资产证券化作为一种非标转标的融资方式，通过将分散的、流动性较差的非标资产按照现金流重新组合或进行结构性优化，转化为标准化资产，有效盘活了企业非流动资产，并帮助企业优化财务报表，极大地提高了企业融资能力。同时，资产证券化还可以分散企业债务风险，通过标准化其资产为投资者创造更多投资机会，拓宽了平台融资渠道。此外，在城投公司债务融资受到限制的条件下，资产证券化的利率水平一般会低于抵质押贷款等其他融资方式的利率水平，可以有效降低平台融资成本。

但是，城投公司在实现资产证券化过程中也需注意到自身大部分债权类资产属于负面清单范围。根据《资产证券化业务基础资产负面清单指引》，城投公司在选择基础资产时需避免以下几类：一是以地方政府为直接或间接债务人的基础资产；二是以地方融资平台公司为债务人的基础资产；三是待开发或在建占比超过 10%的基础设施、商业物业、居民住宅等不动产或相关不动产收益权（除已列入国家保障房计划并已开工建设的项目）；四是最终投资标的为上述资产的信托计划收益权等基础资产。由此来看，城投公司资产证券化产品目前发行只数和规模有限，发行种类也主要集中在企业资产证券化产品和资产支持票据产品，信贷资产证券化业务尚未涉及。在基础资产方面，城投公司资产证券化产品的基础资产主要包括债权类资产（应收账款债权等）和收益类资产（自来水、燃气等公共事业收入等）两类。由于城投公司债务人一般为地方政府及事业单位，城投资产证券化产品依然以收益类资产为主要基础资产。

（三）运作机制

资产证券化交易流程一般为构建基础资产池、设立特殊目的机构（SPV）、出售原始资产或资产组合、新产品的结构化设计、信用增级与评级、投入市场交易、后续现金流管理等几个环节。对于城投公司而言，资产证券化过程中需关注的重点为基础资产的确定、SPV 的构建、信用增级设计等。以城投 ABS 为例，下文对城投公司资产证券化运作机制做详细阐述。城投 ABS 基本过程与组成结构如图 4-2 所示。

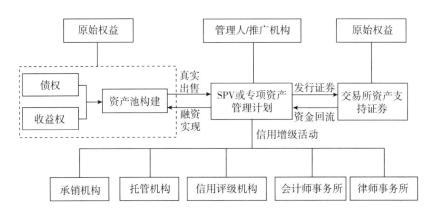

图 4-2 城投 ABS 基本过程与组成结构

1. 选定基础资产

ABS 基础资产必须是符合法律法规、权属明确、可以独立产生可预测现金流的财产权利或财产。如果资产有担保或其他权利限制，那么必须先解除担保或其他限制才能作为 ABS 基础资产。城投公司可选的基础资产主要包括两类：一类是债权类资产，包括 BT 合同债权、应收账款债权等；另一类是收益类资产，包括自来水、燃气、污水处理费用等公共事业收入、公共交通收入、高速公路收费权、经营性景点门票收入等。在《资产证券化业务基础资产负面清单指引》的限制下，城投公司通常选择收入来源于使用者付费以及其他财产类收益的收益类资产作为基础资产。

2. 设立特殊目的机构

SPV 是资产证券化运作的核心主体，其职能主要为从原始权益人处购买基础资产、发行资产支持证券、选择资金保管人和结算托管人等中介机构。《证券公司以及基金管理公司子公司资产证券化业务管理规定》（以下简称《规定》）要求，需由证券公司或基金管理公司子公司发起设立资产支持专项计划作为 SPV，进行 ABS 实际运作。设立 SPV 可以实现被证券化资产与原始权益人其他资产之间的风险隔离，能最大限度地降低原始权益人破产风险对 ABS 的影响。

3. 进行信用增级和信用评级

SPV 在购买基础资产后还需通过降低资产支持证券违约风险来提高资产证券的信用等级，改善资产支持证券的发行条件。城投 ABS 信用增级方式主要分为内部信用增级和外部信用增级：实现内部信用增级的方式包括优先/次级分层结构、现金储备账户、超额抵押等；实现外部信用增级的方式包括第三方担保、差额支付承诺等。即将发行的证券经过信用增级后，会被 SPV 引入的信用评级机构进行综合信用评级，以实现投资者对债券的风险评估要求。

4. 基金业协会备案，确定交易场所

目前，ABS 已经取消事前行政审批，实行基金业协会事后备案和基础资产负面清单管理。根据《规定》，管理人应当自专项计划成立日起 5 个工作日内将设立情况报中国基金业协会备案，同时抄送对管理人有辖区监管权的中国证监会派出机构。

城投 ABS 如果要在交易所挂牌上市则需要向交易所申报，经过交易所审批获得交易所无异议函后方可挂牌上市；如果要在机构间私募产品报价与服务系统发行，则只需事后备案。

5. 发行与支付

城投 ABS 的发行一般由 SPV 委托证券承销机构进行。SPV 与承销机构签订承销协议，承销机构便可以以公募或私募方式发行城投 ABS。获得证券发行收入后，SPV 按签订的资产转让合同向资产原始权益人支付基础资产购买价款。

6. 维护与清偿

SPV 只是原始权益人与投资者之间的一个中介机构，不参与实际业务操作。因此，原始权益人和 SPV 还需一同确定委托管理人，签订托管合同，将证券化资产产生的全部收入交由托管人管理，由托管人负责收取、记录、建立资产收益现金流、按期对投资者还本付息和向各方机构支付服务费用。

二、公募 REITs

不动产投资信托基金（Real Estate Investment Trusts，REITs）是指在证券交易所公开交易，通过证券化方式将具有持续、稳定收益的不动产资产或权益转化为流动性较强的上市证券的标准化金融产品，其本质是资产证券化的一种方式。REITs 最早诞生于美国，由美国国会创立，意在降低不动产市场的投资门槛，使中小投资者也能参与不动产市场，获得不动产市场交易、租金与增值所带来的收益。在亚洲，REITs 最早出现在日本，这是日本房地产市场规模巨大导致的。直至 2009 年，我国才开始形成 REITs 初步试点的总体框架，但并未正式发行 REITs 产品。2011 年，国投瑞银作为我国首个 REITs 专户主投亚太地区 REITs 产品，完成合同备案，标志着 REITs 产品正式在我国诞生。

REITs 最初是为了逃避管制而生，随着税法的衍变逐渐发展成为一种重要的金融方式。REITs 是基于不动产行业六大环节（资本运作、设计策划、拆迁征地、建设施工、销售租赁和物业服务）的科学分工合作出现的，代表着全世界不动产市场领域最先进的生产力，能有效实现行业规范和最大限度保证政府利益。

（一）我国基础设施公募 REITs 市场情况

我国公开募集基础设施证券投资基金（以下简称"基础设施公募 REITs"）是指依法向社会投资者公开募集资金形成基金财产，通过基础设施资产支持证券等特殊目的载体持有基础设施项目，由基金管理人等主动管理运营上述基础设施项目，并将产生的绝大部分收益分配给投资者的标准化金融产品。基础设施公募 REITs 的收益取决于基础设施项目运营产生的收益，主要受到基础设施项目所属行业的平均收益水平、项目自身运营情况等因素的影响。按规定，我国基础设施公募 REITs 在证券交易所上市交易。

同资产证券化市场一样，我国 REITs 市场在正式发行 REITs 产品前经历了五年类 REITs 产品的探索。2014 年，中国人民银行和银监会联合发布《关于进一步做好住房金融服务工作的通知》，提出积极稳妥开展 REITs 试点；2018 年，深圳证券交易所《发展战略规划纲要》提出全力开展 REITs 产品创新，并鼓励投资 REITs 产品，我国类 REITs 市场蓬勃发展。然而，类 REITs 产品实质仍是债务性融资，其权益属性较弱。同时，类 REITs 产品以私募形式发行，投资门槛较高，市场流动性较差，故难以起到价格发现的作用。因此，类 REITs 产品还只是"半成品"。2020 年 4 月 30 日，中国证券监督管理委员会、国家发展改革委联合发布《关于推进基础设施不动产投资信托基金（REITs）试点相关工作的通知》，明确要求在基础设施领域推进公募 REITs 试点工作，标志着我国境内基础设施 REITs 试点正式起步。2021 年 7 月，国家发展改革委公布《关于进一步做好基础设施领域不动产投资信托基金（REITs）试点工作通知》（发改投资〔2021〕958 号），将试点范围拓宽至能源基础设施、保障性租赁住房等资产类型，试点范围放开至全国，进一步为公募 REITs 健康发展提供政策支持。

2021 年，我国 REITs 公募市场累计发行交易了首批和第二批共 11 只基础设施公募 REITs，累计募集资金 364.1 亿元（见表 4-2）。两批基础设施公募 REITs 均采用"公募基金+资产支持证券"结构持有项目公司股权，涵盖收费公路、产业园区、仓储物流、生态环保等多个行业，覆盖京津冀、长江经济带、粤港澳大湾区等多个地区，资产原始权益人多为中央企业、地方国有企业、上市公司等，项目资质整体优异。截至 2022 年 2 月 9 日，2021 年上市的 11 只公募 REITs 总市值达到 497.55 亿元，累计涨幅超过 20% 的 REITs 产品多达 9 只，平均价格涨幅达到 37%，普遍呈现出较高的增长态势。[①] 资本市场上，公募 REITs 业绩整体表现优异。

---

① 稳健起步　御风而行——2021 年公募 REITs 上市回顾与 2022 年展望〔EB/OL〕. 东方财富网，http：//fund. eastmoney. com/a/202205182383844696. html，2022-05-18.

表 4-2　2021 年我国公募 REITs 发行情况

REITs 名称	发行规模（亿元）	募集份额（万份）	发行价格（元）	上市地
中航首钢生物质 REIT	13.38	10000	13.38	深圳
华夏越秀高速 REIT	21.30	30000	7.10	深圳
东吴苏园产业 REIT	34.92	90000	3.88	上海
华安张江光大 REIT	14.95	50000	2.99	上海
建信中关村产业园 REIT	28.80	90000	3.20	上海
博时招商蛇口产业园 REIT	20.79	90000	2.31	深圳
富国首创水务 REIT	18.50	50000	3.70	上海
沪杭甬杭徽 REIT	43.60	50000	8.72	上海
中金普洛斯仓储 REIT	58.35	150000	3.89	上海
平安广州广河 REIT	91.14	70000	13.02	深圳
盐田港仓储物流 REITs	18.40	80000	2.30	深圳

资料来源：Wind 数据库。

（二）运作机制

1. 公募 REITs 的参与方和交易结构介绍

根据证监会发布的《公开募集基础设施证券投资基金指引（试行）》和配套的业务规则，公募 REITs 标准交易结构为基础设施 REITs（公募基金产品）—资产支持专项计划（ABS）—基础设施项目公司（SPV）的三级结构。取得公募基金管理资格的证券公司或基金管理公司依法设立公开募集基础设施证券投资基金，经证监会注册后公开发售基金份额募集资金，通过购买同一实际控制人所属的管理人设立发行的基础设施资产支持证券完成对标的基础设施的收购，开展公募 REITs 业务。基础设施 REITs 主要涉及六类参与主体：一是原始权益人，是基础设施项目的原发起人；二是基金管理人，负责设立公募基金产品并对基础资产进行尽职调查和运营管理；三是资产支持证券管理人，负责设立资产支持专项计划；四是托管人；五是运营管理机构，主要为基金管理人或委托专门的运营管理公司；六是中介机构，包括财务顾问、律师事务所、评估机构等。基础设施 REITs 交易架构如图 4-3 所示。

2. 城投公司业务方向

地方政府投融资平台的融资模式自 2008 年开始就一直在尝试创新，从最初借助“四万亿计划”发行城投债筹集资金，到 2012 年 BT/BOT 等非标融资模式的实施，再到 2014 年 PPP 融资的高速发展，城投公司借助多样化融资工具有效地解决了城市基础设施建设的资金难题。然而，随着监管力度加大，非标融资规

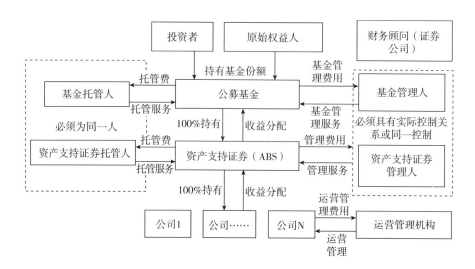

图 4-3 基础设施公募交易结构

模被压缩，PPP 融资也在快速发展的过程中暴露出大量问题。更重要的是，专项债融资作为城投公司主要融资渠道也因为政府隐性负债问题面临调整和规范。因此，在探索化解隐性债务背景下，城投公司可与基础设施公募 REITs 相结合创新拓宽融资渠道，实现市场化转型。

城投公司作为城市基建主要承担者，业务主要集中在交通设施投资、公用事业设施投资等领域，在基础设施领域积累了大量资产，与公募 REITs 的底层资产存在天然契合。此外，基础设施公募 REITs 作为权益性投融资工具可以把城投公司原有负债转化为权益，提升社会资本投资占比，有效盘活公司存量资产。基础设施公募 REITs 借助交易所等二级资本市场上市融资，将流动性差的基础设施转化为流动性强的金融产品，有利于存量资产形成内生循环，促进基建行业健康发展。同时，通过公募 REITs，地方政府不必再参与基础设施投融资，无须继续承担隐性担保任务，极大地缓解了政府收支不平衡带来的债务压力。2021 年，首批上市的 9 只公募 REITs 中，就有 2 只 REITs 发行人为城投公司，分别是浙江省交通投资集团有限公司和广州交通投资集团有限公司。

但同时也应当注意到，城投公司通过公募 REITs 融资就要面临原有资产出现的问题，对后续评级产生影响，这意味着可能会不利于其他融资产品的发行。此外，城投公司缺乏专业人才，市场化运营能力较弱，经验有限，发行公募 REITs 对其具有不小的挑战。

第二节 非标融资

一、非标融资概述

非标融资全称为非标准化债权类融资，又名非标准化债权类资产，是指未在银行间市场及证券交易所市场交易的债权性资产。在信贷管理政策趋严的背景下，地方融资平台、房地产行业等被列为限制银行贷款投向领域，通过非标融资变相获得银行贷款成为其主要融资方式。非标融资的出现虽然在满足企业多元化需求的同时也为银行提供了实现业务转型的渠道，但是非标融资不在监管部门管制范围内，在透明度、流动性、规范性等方面存在劣势。

为规避风险和限制非标融资规模，银监会在 2013 年发布的《关于规范商业银行理财业务投资运作有关问题的通知》（银监发〔2013〕8 号，以下简称"8 号文"）中首次对非标融资进行定义，明确指出非标融资包括但不限于信贷资产、信托贷款、委托贷款、承兑汇票、信用证、应收账款、各类收益权、带回购条款的股权性融资等。2020 年 7 月 3 日，为进一步界定非标融资、厘清债权融资中"模糊地带"，中国人民银行会同中国银行保险监督管理委员会、中国证券监督管理委员会、国家外汇管理局发布《标准化债权类资产认定规则》（以下简称《认定规则》）。《认定规则》中明确指出，非标准化债权类资产包括银行业理财登记托管中心有限公司的理财直接融资工具、银行业信贷资产登记流转中心有限公司的信贷资产流转和收益权转让相关产品、北京金融资产交易所有限公司的债权融资计划、中证机构间报价系统股份有限公司的收益凭证、上海保险交易所股份有限公司的债券投资计划、资产支持计划以及其他未同时符合《认定规则》第二条①所列条件的为单一企业提供债权融资的各类金融产品。

从 2013 年"8 号文"到《认定规则》，政府对非标融资的监管从非标业务的资金方、融资方和通道方进行全面整治和规范化发展，非标融资产品被限制发行，市场规模收缩。这也促使城投公司改变融资思路，推动城投非标债务逐渐向标准化债务转型，通过增强主体资信进行公开融资，化解潜在风险。

---

① 《标准化债权类资产认定规则》第二条规定，其他债权类资产被认定为标准化债权类资产的，应当同时符合以下条件：等分化，可交易；信息披露充分；集中登记，独立托管；公允定价，流动性机制完善；在银行间市场、证券交易所市场等国务院同意设立的交易市场交易。

二、常见的非标融资类型

(一) 融资租赁

1. 业务介绍

融资租赁是指出租人以承租人对租赁物件的特定要求和对供货人的选择为依据，出资向供货人购买租赁物件，继而出租给承租人使用，承租人分期向出租人支付租金，在租赁期内租赁物件的所有权属于出租人所有，承租人享有租赁物件的使用权。租赁期满后，承租人在支付完租金并履行完租赁合同所规定的全部义务后，租赁物的归属以以下方式确定：一是双方在对租赁物的归属没有约定或者约定不明的情况下协议补充；二是当双方不能达成补充协议时，按照交易习惯确定；三是当以上两种均不能确定租赁物归属时，租赁物所有权归出租人所有。融资租赁使双方实现了集融资与融物、贸易与技术更新为一体的新的筹资方式。此外，出租人在承租人出现问题时可回收、处理租赁物，因此对办理融资的企业资信和担保的要求不高，对中小企业融资非常友好。

2. 融资条件

融资租赁对融资企业要求比较低。融资企业仅需满足以下融资基础条件即可办理融资租赁：①具备良好的公司治理结构，资产权属清晰，无不良信用记录；②原则上至少成立 12 个月以上，经济效益良好，持续盈利；③所筹资金用途符合国家产业政策和行业发展规划，具有明确的使用计划；④原则上融资额度不超过公司净资产的 60%；⑤企业及其主要股东或管理人员无重大违法违规行为；⑥企业资产负债率不宜过高，原则上不超过 10%；⑦企业现金流状况良好，具有较强的还款付息能力。

3. 优势与困境

融资租赁作为银行贷款外第二大融资方式，在支持中小企业融资方面具有天然的优势。首先，融资租赁形式灵活，可按照融资企业的需要选择租赁物及供货人，满足企业多元化融资需求。其次，由于租赁公司更关注租赁项目本身效益好坏，融资租赁一般不要求额外的担保，并且比同等条件下的其他长期负债融资方式所受限制条款少，降低企业融资成本。此外，融资租赁手续简便快捷、所需时间短、筹资速度快，能迅速满足企业生产需要，节约企业时间和资金成本。最后，企业通过融资租赁筹集资金所面临的还款压力也较小。一方面，融资租赁还款方式灵活，中小企业可根据自身条件选择分期还款，极大减轻短期资金压力；另一方面，融资租赁的租金可在税前扣除，企业的税收负担较轻。

但是，融资租赁也具有筹资弹性较小的缺陷。当租金支付期限和金额固定时，企业资金调度难度增大。在防控金融风险的大背景下，融资租赁还具有"加杠杆"的性质，不利于系统性风险的降低。

（二）信托贷款

1. 业务介绍

信托贷款是指信托机构在国家规定的范围内，通过制订信托发行计划募集资金，将募集的资金贷款给自行审定的单位和项目。在信托贷款业务中存在委托人（贷款人）、受托人（信托公司）和受益人（借款人）。委托人在发放贷款的对象、用途等方面有充分的自主权；受托人则利用自身在企业资信与资金管理上的专业优势，为委托人的信托财产提高安全性和使用效率。信托财产既独立于委托人的其他财产，也独立于信托公司的财产。从法理上看，受托人享有信托财产普通法上的所有权，受益人享有衡平法上的源于所有权的收益权。与普通的债权不同，当借款人无力偿还贷款时，委托人有权要求信托公司以信托财产偿还贷款。

同所有非标融资一样，信托贷款在 2009 年鼓励金融加杠杆、金融创新的政策背景下迈入了长达十年的发展"黄金期"。中国信托业协会数据显示，中国融资类信托业务总量从 2010 年的 1.07 万亿元增长到 2019 年的 5.83 万亿元，达到历史最高值。10 年间，信托贷款也逐渐成为房地产行业和基建行业主要的融资手段。然而，随着《关于规范金融机构资产管理业务的指导意见》《信托公司资金信托管理暂行办法（征求意见稿）》等一系列政策出台，"去刚兑、去通道、去杠杆"成为现阶段金融市场的主要发展目标，信托贷款业务规模也开始逐年缩小。2020 年末，我国融资类信托资产总量为 4.86 万亿元，开始出现负增长；2021 年底，我国融资类信托规模降至 3.68 万亿元，同比下降 26.28%。在防范金融风险、增强金融业服务新发展格局能力的大背景下，拓展信托业务实践、谋求业务转型成为未来信托贷款高质量发展的关键。

2. 优势与困境

作为非标融资的主要业务模式，信托贷款在服务实体经济、支持中小企业发展等方面具有其他融资方式不可比拟的优势。首先，信托贷款授信标准较为宽松，无法在银行获得贷款的公司可通过信托机构满足融资需求。其次，信托贷款的抵押物种类灵活多样，且限制更少，除传统抵押品外，公共事业收费权等权益也可作为贷款抵押品。再次，企业通过信托贷款方式筹集资金无须支付高额的中介费用（包括支付给会计师事务所、律师事务所等中介机构的服务费），融资成本更低。同时，信托贷款申请流程简单，主要由委托人和受托人双方自主商定，筹资周期远低于银行贷款，放款速度较快。最后，信托贷款不关联贷款企业的其他财产，风险可控性较高。

然而，信托贷款灵活、门槛低的特点也导致其次级定位风险突出。信托贷款的放款对象一般为无法在商业银行获得资金的企业或者受政策限制的领域和项目，如房地产市场、地方政府融资平台等监管较严格的领域，这就导致信托公司面临较大的违约风险和法律风险，容易发生赔付和遭遇声誉受损危机。

（三）债权融资计划

1. 业务介绍

债权融资计划是北京金融资产交易所（以下简称"北金所"）于 2015 年推出的新型非公开定向债务融资产品。《北京金融资产交易所债权融资计划业务指引》（以下简称《业务指引》）指出，债权融资计划是指融资人向具备相应风险识别和承担能力的合格投资者，以非公开方式挂牌募集资金的债权性固定收益类产品。融资人挂牌债权融资计划必须以非公开方式进行，采用备案制，交易场所为北金所，每期债权融资计划的投资者合计不得超过 200 人。

债权融资计划自推出以来便受到各方广泛欢迎，其快速发展的主要原因在于融资条件简单。《业务指引》规定，融资人只需满足以下条件便可办理债权融资计划业务：①融资人为中华人民共和国境内依法设立的法人机构，以及监管部门认可的境外机构；②遵守北金所相关规则；③在最近 12 个月不存在重大违法行为，机构财务会计文件不存在虚假记载；④北金所要求的其他条件。

2. 优势与挑战

与其他融资工具相比，债权融资计划具有融资门槛低、产品设计灵活和融资效率高的优势。首先，债权融资计划对融资人的信用评级和增信没有硬性要求，适用于所有不存在重大违法行为的法人机构，为暂时未达到债券发行条件的企业提供了新的融资渠道，拓宽了融资主体覆盖范围。其次，债权融资计划对产品规模、期限、资金用途、资金利率等均没有严格的规定，可依照融资企业的需求灵活设计。最后，债权融资计划基本流程为主体开户、备案、挂牌、转让、其他资金划转和存续期信息披露六大环节，10 个工作日即可完成备案，远低于其他融资产品的办理周期，简洁高效。①

但是，债权融资计划在发展过程中呈现出以下三方面主要问题：一是"融资集中"特征明显，地域分布不平衡。二是资金用途单一，主要用于替代平台债务。三是缺乏统计口径和监管。债权融资计划属于非公开发行的融资产品，在社会层面缺乏全口径的统计方式，在投资者和融资企业之间存在信息不对称问题，不利于系统性金融风险的防控。

（四）PPP 融资

1. 业务介绍

PPP（Public-Private Partnership）融资，即政府和社会资本合作，指的是政

---

① 管宇晶. 对债权融资计划业务发展情况的调查与思考［J］. 金融纵横，2017（12）：69-73.

府采取竞争性方式选择具有投资、运营能力的社会资本进行合作，参与公共基础设施建设的一种项目融资模式。PPP融资的操作流程可分为项目识别、项目准备、项目采购、项目执行和项目移交五个阶段，每个阶段内又包含若干步骤，具体操作流程如图4-4所示。

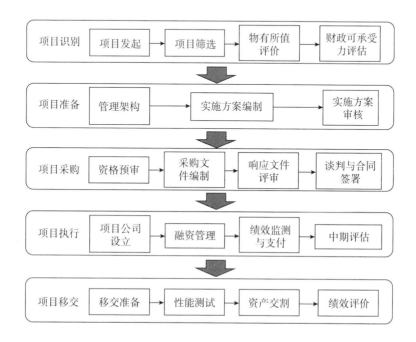

图4-4 PPP融资操作流程

资料来源：财政部PPP中心。

PPP融资模式操作流程复杂烦琐，对政府管理能力提出了新的要求。因此，PPP融资模式不仅发挥筹集资金的金融职能，而且具有转变政府管理模式的功能。自2014年发布《关于推广运用政府和社会资本合作模式有关问题的通知》以来，我国出台一系列PPP相关政策，推动PPP融资高质量规范发展。截至2021年3月末，我国PPP融资累计入库项目10079个，投资额达15.6万亿元；累计签约落地项目7236个，投资额11.8万亿元，落地率高达71.8%；累计开工建设项目4383个，投资额6.8万亿元，落地项目开工率为60.6%。[①] 我国PPP融资市场发展渐趋稳定，逐步成为基础设施建设主要融资渠道。

---

① 全国PPP综合信息平台管理库项目2021年3月报［EB/OL］. 财政部PPP中心，http：//www.cpppc.org/ptgg/999950.html，2021-05-06.

2. 优势与困境

PPP 模式实质是将市场机制引入基础设施建设领域，其优点主要体现在融资效率高、项目建设速度快和财务稳健性好等方面。在 PPP 融资模式中，政府公共部门与社会资本是利益共享、风险共担的伙伴关系。通过公开招标，政府公共部门一方面拥有更多的投资资金来源，可迅速筹集基础设施建设的项目资金，另一方面可充分利用社会资本在建设施工、技术和运营管理方面的优势降低项目整体成本，比传统模式拥有更高的融资效率。此外，PPP 模式下的基础设施项目完成速度要比传统模式下的项目建设速度更快，并且通常不会出现工程延期的情况。最后，PPP 融资模式可以提高公共部门财务稳健性，减轻政府债务压力。公共部门将部门项目责任和风险转移给了社会资本，项目超预期、延期或在运营中遇到困难而导致的负债增加风险被有效地隔离。

PPP 虽然在一定程度上拓宽了基础设施建设项目的资金来源，提高了融资效率，但是在其发展过程中也存在不容忽视的问题，其中最突出的就是社会资本盈利空间不足、参与积极性低。社会资本的加入是 PPP 融资发挥作用的关键。然而 PPP 项目通常具有公益性，尚未形成稳定的盈利模式或盈利空间较小，导致对社会资本吸引力较弱。此外，社会资本无法拥有 PPP 项目的定价权，导致 PPP 项目定价无法覆盖前期建设资金和运营成本，使社会资本面临较大的投资风险，从而参与度较低。

第三节　其他融资方式

一、银行贷款

（一）城投公司与银行贷款

城投公司应地方政府融资需要而生，其成立之初最主要的目标就是作为地方政府的市场化主体获得银行贷款。因此，银行贷款作为城投公司最早三大融资渠道之一，也是城投公司获得外部融资最主要的方式。尽管 2011 年银监会发布《关于地方政府融资平台贷款监管有关问题的说明》，限制商业银行对城投公司发放贷款的规模，要求商业银行不得向"名单制"管理系统外的平台发放贷款，且向名单内的城投平台发放贷款的金额也只能减少不能增加，但是对于大多数城投平台而言，银行贷款仍是其债务结构中占比最大的间接融资渠道，其债务融资的主导地位仍未改变。

城投公司银行贷款虽然也是银行商业贷款的一种，但与普通商业贷款相比又具有一定的特殊性和独特性。从贷款模式来看，城投公司银行贷款依托平台成立背景及国有资产、政府信用的支撑，为城市基础设施建设提供资金，其还款和投资去向与地方政府密不可分。地方政府以财政资金、税收返还、土地收入和国有股权等为城投平台注入资本金，而城投平台为地方政府的城镇基础设施的投资与建设、以市场化手段实现国有资产保值增值、对重点项目和领域进行投资实现地方政府目标、招商引资四项基本职能提供支持。城投平台以各类抵押获得银行贷款，进而又以土地预期收益、地方政府补贴、已建项目收入等进行还款和再贷款。

（二）发展历程

城投公司银行贷款经历了起步摸索期（1980～1997年）、壮大成熟期（1997～2008年）、发展膨胀期（2009～2012年）和整改收缩期（2013年至今）四个发展阶段。

1. 起步摸索期（1980～1997年）

为解决1994年分税制改革带来的地方政府事权与财权的不平衡问题，以城投公司为代表的地方政府融资平台应运而生。在这一阶段，城市化建设刚开始兴起，大量的城投公司并未在各级地方政府中出现，主要集中于省级政府。各地政府集资贷款进行交通建设，并以建成交付后的收费作为贷款偿还资金。这种地方政府集资开展交通建设的模式为地方政府融资平台运营积累了经验，为后期的快速发展奠定了基础。与此同时，我国商业银行体系逐步建立，银行贷款逐渐成为地方政府弥补财政拨款不足的重要渠道并开始用于城市基础设施建设。地方政府开始探索借助城投平台获得银行贷款的融资模式，为以后城投平台银行贷款的发展积累了经验。

2. 壮大成熟期（1997～2008年）

在这一阶段，城投公司数量和银行贷款规模不断扩大，贷款类型由最初的政策性贷款拓宽到商业性贷款。此外，城投公司银行贷款模式也逐渐多样化，出现银政合作打捆贷款、地方财政承诺补贴还款、政府回购项目协议项下应收账款质押担保贷款和政府特许经营权（SPR）质押担保贷款四种模式，城投公司银行贷款发展渐趋成熟。

3. 发展膨胀期（2009～2012年）

为应对2008年国际金融危机的冲击，国务院常务会议宣布实行积极的财政政策和适度宽松的货币政策，出台4万亿投资计划刺激内需，促进经济增长。因此，2009年3月，中国人民银行和银监会发布《关于进一步加强信贷结构调整促进国民经济平稳较快发展的指导意见》，引导信贷资金投入市场，鼓励银行业机构加大对政府投资项目的信贷支持力度。以城投公司为代表的地方政府融资平台由此进入高速发展膨胀期，银行贷款规模大幅增长。《2010 年中国区域金融运行报告》数据显示，截至 2010 年底，地方政府融资平台贷款上限高达 14 万亿元。然而，城投公司银行贷款高速发展的同时伴随着政府隐性债务的快速提高。为限制地方融资平台融资规模盲目扩张、防范系统性金融风险，2012 年财政部等四部门联合下发《关于制止地方政府违法违规融资行为的通知》(财预〔2012〕463 号）"严禁地方政府违法违规融资"，至此城投公司银行贷款进入整改收缩期。

4. 整改收缩期（2013 年至今）

从 2013 年开始，政府出台一系列政策加强对政府或有债务的监管，剥离地方政府融资平台融资职能，妥善处理存量债务。《国务院关于加强地方政府性债务管理的意见》（国发〔2014〕43 号）赋予地方政府适度举债权限，鼓励政府与社会资本合作；《关于妥善解决地方政府融资平台公司在建项目后续融资问题意见的通知》（国办发〔2015〕40 号）要求妥善处理地方政府融资平台（城投公司）在建项目融资需求，切实做好在建项目后续融资管理工作。此外，2015 年底财政部发布《关于对地方政府债务实行限额管理的实施意见》，明确要求将地方政府已有债务分类纳入预算管理，妥善处理存量债务。至此，对地方政府"修明渠、堵暗道"的债务监管体系基本构建完成，城投公司银行贷款开始进入转型期。地方政府不再采取隐性担保方式为城投公司提供贷款担保，而是转向由第三方担保公司为城投公司增信筹资的市场化担保方式。因此，城投公司银行贷款增速明显放缓，主要集中于相对规范的收费权质押融资和资产抵押担保贷款两种模式。

二、产业基金

（一）业务介绍

产业基金全称为产业投资基金，即国外所称的风险投资基金（Venture Capital）和私募股权投资基金，其一般是指向未上市的具有高增长潜力的企业进行股权或准股权投资，并参与被投资企业的经营管理以实现资本增值。产业基金参与主体一般包括基金股东、基金管理人、基金托管人以及会计师事务所、律师事务所等中介机构。

产业基金又可按照发起人的不同分为产业引导基金和产业投资基金。产业引导基金的发起人一般为国家和地方政府，发行的主要目的是扶持中小企业，其宗旨是发挥财政资金杠杆放大效应，克服单纯通过市场配置创业投资资本的市场失灵问题，引导高薪行业发展；产业投资基金的发起人更为多元，投资目的主要是基于企业的潜在价值获得资本增值收益，投资期限通常为 3~7 年。

当被投资企业发展到一定程度后，产业基金一般通过以下三种方式退出所投资企业：①在所投资企业上市后，产业基金通过将所持股份售出完成退出；②通过其他途径转让所投资企业股权；③股权回购，所投资企业发展壮大后向产业基金回购公司股份，使产业基金退出所投资企业。

（二）产业基金与城投公司

城投公司主要通过直接管理和委托管理两种模式参与产业基金。在直接管理模式中，城投公司成立基金管理公司，以普通合伙人（GP）的身份直接对产业基金进行管理，然后再从市场招募社会资金或者财政出资作为有限合伙人（LP）进行项目投资。而基金管理经验较弱的城投公司则通常选择委托管理模式参与产业基金。在委托管理模式下，城投公司可以联合经验丰富的资本管理公司共同管理基金，由资本管理公司做 GP，城投公司只作为 LP 参与产业基金。

通过产业基金，城投公司可以获得一定的分红和稳定的现金流，并在资产负债表上体现为所有者权益增长。所有者权益增长意味着城投公司能够更容易地通过其他渠道获得融资，同时也能担保更多项目，项目资金规模得到有效扩大。项目资金规模扩大又能促进城市基础设施项目发展，进而吸引更多 LP 壮大产业基金形成良性循环，拓宽了城投公司融资渠道，盘活了存量资产。

【评价篇】

第五章　地方政府投融资平台
转型发展评价

本书借鉴国内外构建研究指标体系的相关经验，结合国内地方政府投融资平台的实际情况，以往年构建的中国地方政府投融资平台转型发展评价报告指标体系为基础，不断改进完善，形成了省、直辖市、地级市、区县评价体系，旨在客观、系统地评价全国公开融资的地方政府投融资平台的经营发展情况，为地方政府投融资平台的转型与发展提供建设性思路。

第一节　地方政府投融资平台转型发展评价指标说明

一、指标体系构建的原则

为了直观、准确地反映全国范围内的地方政府投融资平台的经营状况及发展情况，本书从公司业绩、市场转型以及社会责任三个维度构建评价体系，对地方政府投融资平台的经营状况以及未来如何发展进行系统的分析。在构建评价指标体系的过程中，本书坚持以下六项基本原则：

（一）全面性原则

选取指标时注重指标的全面性，保障指标充分发挥作用。在对全国各地方政府投融资平台进行评价时，尽可能使选取的指标较为全面地反映出地方政府投融资平台的实际经营情况。在以往的报告中，企业的经营业绩通常被视为最主要或唯一的评价指标来评价企业的发展水平以及价值，为了更全面地反映出地方政府投融资平台的经营状况及发展情况，本评价指标体系在重视经营业绩的同时，充分考虑各地方政府投融资平台所处行业的不同属性。

（二）典型性原则

为确保本评价指标体系具有一定的典型性，在构建体系时注重以下两方面：

一是在评价省、直辖市、地级市、区县地方政府投融资平台时，对指标的选取有所侧重，最大限度反映出相同行政级别的地方政府投融资平台的发展情况，使本评价指标体系具有一定的客观性；二是尽可能反映出东部、中部、西部等不同区域地方政府投融资平台的社会经济及发展情况的差异。本评价指标体系在选取指标、分配各指标权重以及划分评价标准时，注重其与不同行政级别的地方政府投融资平台相适应。

（三）系统性原则

本评价指标体系各指标间存在合理的逻辑关系，每个一级指标由一组指标构成，各一级指标之间相互独立且又彼此关联，可以从不同角度反映出各地方政府投融资平台的经营及发展情况，从而使评价指标体系具有一定层次性，共同形成一个有机整体。

（四）问题导向性原则

本评价指标体系结合目前各平台在发展过程中存在的问题，选择靶向性指标，针对平台未来发展与市场化转型等核心问题进行分析，旨在一定程度上对地方政府投融资平台发展路径进行有效的梳理。

（五）可操作、可比性、可量化原则

选择指标时，保持在总体范围内的一致性，注重指标的计算量度与计算方法保持统一，各指标简单明了、微观性强、便于获取，具有很强的操作性和可比性。同时，充分考虑能否量化处理，以便于数据计算与分析，满足数据分析的可行性。

（六）动态性原则

各地方政府投融资平台的发展情况需要通过一定的时间才能显现出来。因此，评价指标的选取充分考虑了相关指标的动态变化，应以若干年度的变化数据为基础。

二、指标体系的研究设计

构建中国地方政府投融资平台转型发展评价指标体系主要包括明确体系范围、设计评价指标体系、分配指标权重以及选择测算方法等环节。

本指标体系旨在对全国地方政府投融资平台的经营状况及发展情况进行较为客观综合的评价，因此指标评价体系的样本为在中华人民共和国境内注册的、已公开进行市场融资的、由地方政府或其相关部门控股的、承担政府投资项目投融资功能的企事业单位（即地方政府投融资平台）。

在设计指标体系的过程中，本书尽可能涵盖所有具有公开融资经历且目前仍在运营的地方政府投融资平台，从公司业绩、社会责任、市场化转型三个维度对地方政府投融资平台进行评价，最终构成地方政府投融资平台转型发展评价指标体系（见表5-1）。由于不同行政级别的地方政府投融资平台间差异较大，本书将按省、直辖市、地级市、区县对融资平台进行划分，分别评价，分别生成评价结果。

表 5-1　地方政府投融资平台转型发展评价指标体系

总指标	一级指标	二级指标	三级指标
地方政府投融资平台转型发展评价指标体系	公司业绩	基础指标	总资产
			净资产
		财务效益指标	资产收益率
			总资产报酬率
			主营业务利润率
			盈余现金保障倍数
			成本费用利润率
		资产运营指标	总资产周转率
			流动资产周转率
			存货周转率
			应收账款周转率
		偿债能力指标	资产负债率
			EBITDA 利息倍数
			现金流动负债比率
			速动比率
			流动比率
		发展能力指标	总资产增长率
			销售增长率
			三年资本平均增长率
			三年销售平均增长率
	社会责任	国资运营指标	资本金利润率
			资本保值增值率
		企业责任指标	综合社会贡献
			纳税管理
			企业社会责任报告制度
			失信被执行人
			监管函、处罚决定
	市场化转型	市场化转型指标	公司在所属区域市场占有度
			主营业务集中度
			融资渠道单一程度

本评价指标体系将公司业绩、社会责任、市场化转型三个维度作为一级指标，下设相应的二级指标。由于不同一级指标的侧重点有所不同，二级指标可能会有较大不同。

（一）公司业绩指标

现代企业的经营权与所有权分离，企业信息具有一定的不对称性。由于财务层面的评价指标具有综合性、数据可收集性强等特点，在企业评价体系中往往占有较大比重，是企业经营情况分析的重要组成部分。此外，企业财务业绩指标是企业持续经营的动力，也是构成本评价体系的重要内容。为了客观、全面地量化公司实际营运情况，在一级指标公司业绩指标项下，下设五个二级指标，分别是基础指标、财务效益指标、资产运营指标、偿债能力指标和发展能力指标。

1. 基础指标

本评价体系在基础指标项下选取了总资产与净资产作为评价指标，旨在一定程度上客观地反映企业的经营规模。

（1）总资产。总资产是指某一经济实体拥有或控制的、能够带来经济利益的全部资产。我国资产负债核算中的资产为经济资产，所谓经济资产指的是资产所有权已确定，在一定时期内所有者通过对它们的有效使用、控制或处置，可以从中获取经济利益。

（2）净资产。净资产就是所有者权益，是指所有者在企业资产中享有的经济利益，其金额为资产减去负债后的余额。所有者权益包括实收资本（或者股本）、资本公积、盈余公积和未分配利润。

2. 财务效益指标

本评价体系在财务效益指标项下选取了资产收益率、总资产报酬率、主营业务利润率、盈余现金保障倍数、成本费用利润率五个指标来评价企业的经营情况及盈利能力。

（1）资产收益率。资产收益率，又称资产回报率，是用来评价每单位资产能够带来多少净利润的指标。

$$资产收益率＝净利润/平均资产总额×100\% \tag{5-1}$$

（2）总资产报酬率。总资产报酬率，又称资产所得率，是指企业一定时期内获得的报酬总额与资产平均总额的比率。它表示企业包括净资产和负债在内的全部资产的获利能力，是评价企业资产运营效益的重要指标。

$$总资产报酬率＝息税前利润/平均资产总额×100\% \tag{5-2}$$

总资产报酬率表示企业全部资产获取效益的水平，该指标越高，代表企业投入产出的水平越高，企业整体资产的运营越有效，较直观反映了企业的投入产出情况与营利能力。

（3）主营业务利润率。主营业务利润率是指企业一定时期主营业务利润同主营业务收入净额的比率。它表明企业每单位主营业务收入能带来多少主营业务利润，反映了企业主营业务的获利能力，是评价企业经营效益的主要指标。

主营业务利润率=（主营业务收入-主营业务成本-主营业务税金及附加）/主营业务收入×100%　　　　　　　　　　　　　　　　　　　　　　（5-3）

（4）盈余现金保障倍数。盈余现金保障倍数，又称利润现金保障倍数，是指企业一定时期经营现金净流量同净利润的比值，反映了企业当期净利润中现金收益的保障程度，真实地反映了企业的盈余的质量。

盈余现金保障倍数=经营现金净流量/净利润×100%　　　　　　　　（5-4）

（5）成本费用利润率。成本费用利润率是指企业在一定期间内的利润总额与其成本费用总额的比率。

成本费用利润率=利润总额/成本费用总额×100%　　　　　　　　　（5-5）

3. 资产运营指标

本评价体系在资产运营指标项下选取了总资产周转率、流动资产周转率、存货周转率、应收账款周转率来评价企业的整体资产运营能力，反映了企业对其资产的利用效果。

（1）总资产周转率。总资产周转率是指企业在一定时期内营业收入净额与平均资产总额的比率。

总资产周转率（次）=营业收入净额/平均资产总额　　　　　　　　（5-6）

（2）流动资产周转率。流动资产周转率是指企业在一定时期内主营业务收入净额与平均流动资产总额的比率，它是衡量企业资产利用率的一个关键指标。

流动资产周转率（次）=主营业务收入净额/平均流动资产总额　　　（5-7）

（3）存货周转率。存货周转率是企业一定时期销售成本与平均存货余额的比率，用于反映存货的流动性及存货资金占用量是否合理，促使企业在保证生产经营连续性的同时，提高资金的使用效率，增强企业的短期偿债能力。

存货周转率（次）=销售成本/平均存货余额　　　　　　　　　　　（5-8）

（4）应收账款周转率。应收账款周转率是反映公司应收账款周转速度的比率，它说明一定期间内公司应收账款转为现金的平均次数。用时间表示的应收账款周转速度为应收账款周转天数，也称平均应收账款回收期或平均收现期，它表示公司从获得应收账款的权利到收回款项、变成现金所需要的时间。

应收账款周转率=销售收入/平均应收账款余额　　　　　　　　　　（5-9）

4. 偿债能力指标

本评价体系在偿债能力指标项下选取了资产负债率、EBITDA利息倍数、现金流动负债比率、速动比率及流动比率五个指标来衡量企业偿还到期债务的能力。

（1）资产负债率。资产负债率是负债总额除以资产总额的百分比，是负债总额与资产总额的比例关系。资产负债率反映在总资产中有多大比例是通过借债来筹资的，也可以衡量企业在清算时保护债权人利益的程度。该指标是评价公司负债水平的综合指标，同时也是一项衡量公司利用债权人资金进行经营活动能力的指标，反映债权人发放贷款的安全程度。

资产负债率=负债总额/资产总额×100%　　　　　　　　　　　　（5-10）

它包括以下几层含义：①资产负债率能够揭示企业的全部资金来源中有多少是由债权人提供；②从债权人的角度看，资产负债率越低越好；③对投资人或股东来说，负债率较高可能带来一定的好处［财务杠杆、利息税前扣除、以较少的资本（或股本）投入获得企业的控制权］；④从经营者的角度看，他们最关心的是在充分利用借入资金给企业带来好处的同时，尽可能降低财务风险；⑤企业的负债率应在不发生偿债危机的情况下，尽可能择高。

（2）EBITDA 利息倍数。EBITDA 利息倍数，又称已获利息倍数，是企业生产经营所获得的息税前利润与利息费用之比。它是衡量企业长期偿债能力的指标。利息保障倍数越大，说明企业支付利息费用的能力越强。因此，债权人要分析利息保障倍数指标，以此来衡量债务资本的安全程度。

息税前利润（EBIT）=净销售额-营业费用　　　　　　　　　　　（5-11）

利息保障倍数=息税前利润（EBIT）/利息费用　　　　　　　　　（5-12）

利息保障倍数不仅反映了企业获利能力的大小，还反映了获利能力对偿还到期债务的保证程度，它既是企业举债经营的前提依据，也是衡量企业长期偿债能力大小的重要标志。要维持正常偿债能力，利息保障倍数至少应大于 1，且比值越高，企业长期偿债能力越强。如果利息保障倍数过低，企业将面临亏损、偿债的安全性与稳定性下降的风险。

（3）现金流动负债比率。现金流动负债比率是企业一定时期的经营现金净流量同流动负债的比率，它可以从现金流量角度来反映企业当期偿付短期负债的能力。

现金流动负债比率=年经营现金净流量/年末流动负债×100%　　　（5-13）

（4）速动比率。速动比率是指速动资产对流动负债的比率，是衡量企业流动资产中可以立即变现用于偿还流动负债的能力。

速动比率=速动资产/流动负债　　　　　　　　　　　　　　　　（5-14）

其中：

速动资产=流动资产-存货　　　　　　　　　　　　　　　　　　（5-15）

（5）流动比率。流动比率是流动资产对流动负债的比率，用来衡量企业流动资产在短期债务到期以前，可以变为现金用于偿还负债的能力。

流动比率=流动资产合计/流动负债合计×100%　　　　　　　　　（5-16）

5. 发展能力指标

本评价体系在发展指标项下选取了总资产增长率、销售增长率、三年资本平均增长率、三年销售平均增长率四个指标来衡量企业在一段时间内的发展能力。

（1）总资产增长率。总资产增长率是企业本年总资产增长额同年初资产总额的比率，反映企业本年资产规模的增长情况。

$$总资产增长率=本年总资产增长额/年初资产总额×100\% \tag{5-17}$$

$$本年总资产增长额=年末资产总额-年初资产总额 \tag{5-18}$$

总资产增长率越高，表明企业一定时期内资产经营规模扩张的速度越快。但在分析时，需要关注资产规模扩张的质与量的关系，以及企业的后续发展能力，避免盲目扩张。

（2）销售增长率。销售增长率是企业本年销售增长额同上年销售总额之比，是评价企业成长状况和发展能力的重要指标。该指标越大，表明其增长速度越快，企业市场前景越好。

$$销售增长率=本年销售增长额/上年销售总额=（本年销售额-上年销售额）/$$
$$上年销售总额 \tag{5-19}$$

（3）三年资本平均增长率。三年资本平均增长率表示企业资本连续三年的积累情况，在一定程度上反映了企业的持续发展水平和发展趋势。

$$三年资本平均增长率=[（当年净资产总额/三年前净资产总额)^{1/3}-1]×100\% \tag{5-20}$$

（4）三年销售平均增长率。三年销售平均增长率表明企业主营业务连续三年的增长情况，体现企业的持续发展态势和市场扩张能力，尤其能够衡量上市公司持续性营利能力。

$$三年销售平均增长率=[（当年主营业务收入总额/三年前主营业务收入总额)$$
$$^{1/3}-1]×100\% \tag{5-21}$$

（二）社会责任指标

1. 国资运营指标

（1）资本金利润率。资本金利润率是利润总额占资本金总额的百分比，是反映投资者投入企业资本金的获利能力的指标。企业资本金是所有者投入的主权资金，资本金利润率的高低直接关系到投资者的权益是投资者最关心的问题。

$$资本金利润率=利润总额/资本金总额×100\% \tag{5-22}$$

此外，会计期间内涉及资本金发生变动时，则式（5-22）中的"资本金总额"要用平均数，其计算公式为：

$$资本金平均余额=（期初资本金余额+期末资本金余额）/2 \tag{5-23}$$

资本金利润率可以直接反映企业资本金的利用效果，进而影响企业资本金营利能力。资本金利润率较高，表明企业资本金的利用效果较好，资本金利润率偏低，表明资本金的利用效果不佳，企业资本金盈利能力较弱。

（2）资本保值增值率。资本保值增值率反映了资本的运营效益与安全状况，是企业资本运营情况的核心指标。

$$资本保值增值率＝期末所有者权益/期初所有者权益×100\% \tag{5-24}$$

其中，期末所有者权益需扣除企业接受捐赠、资本金增加等客观增减因素。

2. 企业责任指标

（1）综合社会贡献。在现代社会，企业经营不仅要考量自身效益，同时还需要考量企业为社会创造或支付价值的能力。

（2）纳税管理。加强纳税管理不仅可以降低税收成本，还可以促进企业内部调整产品结构、合理配置资源。在履行纳税义务的过程中，依据企业相关税法对纳税期限的规定，通过预缴与结算的时间差管理，合理处理税款，减少企业流动资金利息的支出。全面衡量不同的纳税方案对企业整体税负的影响，选择合适的纳税方案，提升企业经营效益。

（3）企业社会责任报告制度。企业社会责任报告（简称 CSR 报告）是企业非财务信息披露的重要载体。近年来，优秀的企业社会责任案例不断涌现，CSR报告制度可促进企业履行社会责任。

（4）失信被执行人。被执行人具有履行能力而拒不履行生效法律文书确定的义务，并具有下列情形之一的，人民法院应当将其纳入失信被执行人名单，依法对其进行信用惩戒：①以伪造证据、暴力、威胁等方法妨碍、抗拒执行的；②以虚假诉讼、虚假仲裁或者以隐匿、转移财产等方法规避执行的；③违反财产报告制度的；④违反限制高消费令的；⑤被执行人无正当理由拒不履行执行和解协议的；⑥其他有履行能力而拒不履行生效法律文书确定义务的。

（5）监管函、处罚决定。收到证监会、上交所、深交所处罚、重点监管决定。

（三）市场化转型指标

1. 公司在所属区域市场占有度

在市场规模不变的前提下，公司产品的销售量随市场占有率的提升而增加。通常市场占有率越高，企业的竞争力越强，因此，企业的竞争能力可以通过市场占有率进行考量。同时，由于规模经济效应，提高市场占有率可能在一定程度上降低单位产品成本，提升利润率。

2. 主营业务集中度

主营业务集中度为逆向指标，主营业务集中度越高，公司经营过程中对单一业务的依赖性越强，更有可能面临经营风险。

3. 融资渠道单一程度

融资渠道单一程度为逆向指标，企业的融资渠道越单一，越有可能面对资金流动性风险。

三、指标体系的测算方法

本评价指标体系在各地方政府投融资平台2019~2021年经营数据的基础上，通过相关数据的测算，对平台的发展情况进行评价。

（一）指标赋权

通过对各一级指标下的二级指标数及三级指标数的考量，本评价指标体系在对地方政府投融资平台进行评价时侧重于公司自身的财务经营状况，以72.5%、20%、7.5%的比例来对公司业绩、社会责任、市场化转型三个一级指标进行赋权。

各指标权重情况见表5-2，对标准化的三级指标值进行加总可获得最终评价得分。

表5-2 各指标权重设置

一级指标	权重（%）	二级指标	权重（%）	三级指标	权重（%）
公司业绩	72.5	基础指标	10	总资产	5
				净资产	5
		财务效益指标	16	资产收益率	3.2
				总资产报酬率	3.2
				主营业务利润率	3.2
				盈余现金保障倍数	3.2
				成本费用利润率	3.2
		资产运营指标	15.5	总资产周转率	3.875
				流动资产周转率	3.875
				存货周转率	3.875
				应收账款周转率	3.875
		偿债能力指标	15.5	资产负债率	3.1
				EBITDA利息倍数	3.1
				现金流动负债比率	3.1
				速动比率	3.1
				流动比率	3.1
		发展能力指标	15.5	总资产增长率	3.875
				销售增长率	3.875
				三年资本平均增长率	3.875
				三年销售平均增长率	3.875

续表

一级指标	权重 （%）	二级指标	权重 （%）	三级指标	权重 （%）
社会责任	20	国资运营指标	6.67	资本金利润率	3.333
				资本保值增值率	3.333
		企业责任指标	13.33	综合社会贡献	3.333
				纳税管理	2.5
				企业社会责任报告制度	2.5
				失信执行人	2.5
				监管函、处罚决定	2.5
市场化 转型	7.5	市场化转型指标	7.5	公司在所属区域市场占有度	2.5
				主营业务集中度	2.5
				融资渠道单一程度	2.5
合计					100

（二）标准化处理

为避免不同单位和范围会对各三级指标的可比性产生影响，保证三级指标之间具有可加性，我们会以 0-1 标准化（0-1 Normalization）方法对指标进行标准化处理，最终结果会以 ［0，1］ 间分布的形式呈现。

具体的处理过程如下：

x 为某具体指标的原始测算值，x_{min} 为某具体指标中的最小值，x_{max} 为某具体指标中的最大值，x′ 即为经过标准化处理后的指标标准值。上述处理的优势在于经过处理的标准值均分布在相同区间，为后期的数据处理及权重赋值提供了便利。

正向指标、逆向指标标准化处理公式分别如下：

$$x' = \frac{x - x_{min}}{x_{max} - x_{min}} \tag{5-25}$$

$$x' = \frac{\dfrac{1}{x} - \dfrac{1}{x_{max}}}{\dfrac{1}{x_{min}} - \dfrac{1}{x_{max}}} \tag{5-26}$$

四、指标体系的数据来源

本评价指标体系中的数据来源于市场公开披露的数据，指标数据涵盖 2019~2021 年，主要数据来源于 Wind 数据库，中国债券信息网，中国外汇交易中心网，上海证券交易所——公司债券项目信息平台，深圳证券交易所——固定收益信息平台，各省、市、自治区政府工作报告。在数据使用过程中，按指标需求对初始数据进行相应处理。

在计算指标时，我们会根据不同指标对数据进行调用，若存在个别年份缺少数据的情况，则会以年平均增长率计算或求取相邻年份指标的算术平均值替代空缺。

第二节　地方政府投融资平台转型发展分析

我们通过整理计算 2019~2021 年的指标数据，获得全国已公开融资的地方政府投融资平台得分，针对平台实际控制人不同的行政属性，分别选取省级 80 强、直辖市级①50 强、地市级 200 强、区县级 150 强榜单列示分析。在评价中，若母公司与其控股或参股子公司同时入选，我们则剔除控股或参股的子公司，只对母公司列示分析。若平台的实际控制人为港澳台公司，则不列示。

一、省级地方政府投融资平台 80 强

省级地方政府投融资平台公司 80 强情况如表 5-3 所示，其中陕西省入选 7 家公司，在榜单入选数量位居第一；福建省、广西壮族自治区、山东省各入选 6 家公司，在榜单入选数量并列第二。从质量上来看，在榜单前十中，山东省、四川省、浙江省、广东省、广西壮族自治区、陕西省、湖北省、甘肃省、福建省以及湖南省各入选 1 家公司，其中山东高速集团有限公司居榜单首位。

在评价中位于前列的山东高速集团有限公司、四川发展（控股）有限责任公司等的资产体量较大。截至 2021 年底，山东高速集团有限公司总资产规模为 11391.85 亿元，负债规模合计 8463.41 亿元，资产负债率为 74.29%，公司营业收入为 1850.47 亿元，净利润为 112.41 亿元；四川发展（控股）有限责任公司总资产规模为 15081.02 亿元，负债规模合计 10977.53 亿元，资产负债率为 72.79%，公司营业收入为 3381.94 亿元，净利润为 84.21 亿元。根据中国证券监督管理委员会行业分类标准，山东高速集团有限公司在交通运输、仓储和邮政业位居第一，四川发展（控股）有限责任公司在综合类位居第一。②

---

① 北京、上海、重庆、天津地区的地方政府投融资平台按直辖市级参与排名，不在省级、地市级、区县级地方政府投融资平台排名中列示。

② 资料来源：Wind 数据库。

表 5-3　省级地方政府投融资平台 80 强

	公司名称	省份	城市
1	山东高速集团有限公司	山东省	济南市
2	四川发展（控股）有限责任公司	四川省	成都市
3	甘肃省公路航空旅游投资集团有限公司	甘肃省	兰州市
4	浙江省交通投资集团有限公司	浙江省	杭州市
5	广东省环保集团有限公司	广东省	广州市
6	广西投资集团有限公司	广西壮族自治区	南宁市
7	陕西建工集团有限公司	陕西省	西安市
8	湖北交通投资集团有限公司	湖北省	武汉市
9	福建省能源集团有限责任公司	福建省	福州市
10	湖南省交通水利建设集团有限公司	湖南省	长沙市
11	江苏交通控股有限公司	江苏省	南京市
12	河南投资集团有限公司	河南省	郑州市
13	湖北省联合发展投资集团有限公司	湖北省	武汉市
14	福建省国有资产管理有限公司	福建省	福州市
15	广东粤海控股集团有限公司	广东省	广州市
16	山西建设投资集团有限公司	山西省	太原市
17	陕西投资集团有限公司	陕西省	西安市
18	福建省高速公路集团有限公司	福建省	福州市
19	安徽省投资集团控股有限公司	安徽省	合肥市
20	华远国际陆港集团有限公司	山西省	太原市
21	云南省交通投资建设集团有限公司	云南省	昆明市
22	陕西旅游集团有限公司	陕西省	西安市
23	宁夏国有资本运营集团有限责任公司	宁夏回族自治区	银川市
24	水发集团有限公司	山东省	济南市
25	江西省天然气集团有限公司	江西省	南昌市
26	江西省交通投资集团有限责任公司	江西省	南昌市
27	长江产业投资集团有限公司	湖北省	武汉市
28	内蒙古高速公路集团有限责任公司	内蒙古自治区	呼和浩特市
29	中原豫资投资控股集团有限公司	河南省	郑州市
30	贵州乌江能源投资有限公司	贵州省	贵阳市
31	湖南省高速公路集团有限公司	湖南省	长沙市

	公司名称	省份	城市
32	广西北部湾国际港务集团有限公司	广西壮族自治区	南宁市
33	安徽省国有资本运营控股集团有限公司	安徽省	合肥市
34	山东省鲁信投资控股集团有限公司	山东省	济南市
35	河南省交通运输发展集团有限公司	河南省	郑州市
36	云南省建设投资控股集团有限公司	云南省	昆明市
37	新疆交通投资（集团）有限责任公司	新疆维吾尔自治区	乌鲁木齐市
38	广西交通投资集团有限公司	广西壮族自治区	南宁市
39	新疆投资发展（集团）有限责任公司	新疆维吾尔自治区	乌鲁木齐市
40	海南省发展控股有限公司	海南省	海口市
41	四川省投资集团有限责任公司	四川省	成都市
42	福建省投资开发集团有限责任公司	福建省	福州市
43	广西北部湾投资集团有限公司	广西壮族自治区	南宁市
44	河北建设投资集团有限责任公司	河北省	石家庄市
45	云南省投资控股集团有限公司	云南省	昆明市
46	福建建工集团有限责任公司	福建省	福州市
47	安徽省交通控股集团有限公司	安徽省	合肥市
48	山东省财金投资集团有限公司	山东省	济南市
49	贵州高速公路集团有限公司	贵州省	贵阳市
50	山东港口日照港集团有限公司	山东省	日照市
51	浙江交工集团股份有限公司	浙江省	杭州市
52	山东省土地发展集团有限公司	山东省	济南市
53	山西路桥建设集团有限公司	山西省	太原市
54	陕西交通控股集团有限公司	陕西省	西安市
55	陕西省水务集团有限公司	陕西省	西安市
56	河南水利投资集团有限公司	河南省	郑州市
57	陕西环保产业集团有限责任公司	陕西省	西安市
58	广西农垦集团有限责任公司	广西壮族自治区	南宁市
59	吉林省高速公路集团有限公司	吉林省	长春市
60	贵州省水利投资（集团）有限责任公司	贵州省	贵阳市
61	江西省铁路航空投资集团有限公司	江西省	江西省
62	新疆能源（集团）有限责任公司	新疆维吾尔自治区	乌鲁木齐市
63	河北高速公路集团有限公司	河北省	石家庄市

续表

	公司名称	省份	城市
64	广西旅游发展集团有限公司	广西壮族自治区	南宁市
65	河北交通投资集团有限公司	河北省	石家庄市
66	甘肃省电力投资集团有限责任公司	甘肃省	兰州市
67	江西省港航建设投资集团有限公司	江西省	南昌市
68	广东省公路建设有限公司	广东省	广州市
69	陕西文化产业投资控股（集团）有限公司	陕西省	西安市
70	新疆新业国有资产经营（集团）有限责任公司	新疆维吾尔自治区	乌鲁木齐市
71	贵州交通建设集团有限公司	贵州省	贵阳市
72	江苏省沿海开发集团有限公司	江苏省	南京市
73	湖南高速投资发展有限公司	湖南省	长沙市
74	内蒙古水务投资集团有限公司	内蒙古自治区	呼和浩特市
75	广东省高速公路有限公司	广东省	广州市
76	新疆交通建设投资控股有限公司	新疆维吾尔自治区	乌鲁木齐市
77	广东省路桥建设发展有限公司	广东省	广州市
78	福建省漳州高速公路有限公司	福建省	漳州市
79	湖南发展资产管理集团有限公司	湖南省	长沙市
80	贵州铁路投资集团有限责任公司	贵州省	贵阳市

二、直辖市级地方政府投融资平台 50 强

（一）直辖市本级 20 强

直辖市本级地方政府投融资平台 20 强见表 5-4。其中北京市入选 9 家公司，在榜单入选数量位居第一。从质量上来看，榜单前十中，北京入选 5 家公司，上海入选 3 家公司，其中北京国有资本运营管理有限公司居榜单首位。截至 2021 年底，北京国有资本运营管理有限公司总资产规模达 33373.05 亿元，负债规模达 21558.05 亿元，资产负债率为 64.60%，公司营业收入为 14049.88 亿元，净利润为 653.68 亿元。根据证监会行业分类标准，北京国有资本经营管理有限公司在综合类位居第一①。

---

① 资料来源：Wind 数据库。

表 5-4　直辖市本级地方政府投融资平台 20 强

	公司名称	直辖市
1	北京国有资本运营管理有限公司	北京市
2	北京首都创业集团有限公司	北京市
3	重庆水务环境控股集团有限公司	重庆市
4	上海城投（集团）有限公司	上海市
5	北京市基础设施投资有限公司	北京市
6	天津城市基础设施建设投资集团有限公司	天津市
7	北京首都旅游集团有限责任公司	北京市
8	北京市国有资产经营有限责任公司	北京市
9	上海地产（集团）有限公司	上海市
10	上海城建（集团）有限公司	上海市
11	北京市首都公路发展集团有限公司	北京市
12	重庆市水利投资（集团）有限公司	重庆市
13	北京保障房中心有限公司	北京市
14	北京城市排水集团有限责任公司	北京市
15	重庆发展投资有限公司	重庆市
16	上海临港经济发展（集团）有限公司	上海市
17	天津泰达投资控股有限公司	天津市
18	天津能源投资集团有限公司	天津市
19	天津渤海国有资产经营管理有限公司	天津市
20	中关村发展集团股份有限公司	北京市

（二）直辖市下辖区级 30 强

直辖市下辖区级地方政府投融资平台 30 强见表 5-5。其中，重庆市入选 11 家公司，天津入选 9 家公司，在榜单入选数量分别位居第一、第二。从质量上来看，在榜单前十位中，天津市入选 4 家公司，北京市入选 3 家公司，其中，北京朝阳国有资本运营管理有限公司居榜单首位，北京市海淀区国有资本运营有限公司、北京金融街资本运营集团有限公司分别位居榜单第二、第三。根据中国证券监督管理委员会行业分类标准，北京朝阳国有资本运营管理有限公司在综合类位居第一，北京金融街资本运营集团有限公司在土木工程建筑业位居第一。

表 5-5　直辖市下辖区级地方政府投融资平台 30 强

	公司名称	直辖市
1	北京朝阳国有资本运营管理有限公司	北京市
2	北京市海淀区国有资本运营有限公司	北京市
3	北京金融街资本运营集团有限公司	北京市
4	上海金桥（集团）有限公司	上海市
5	上海大宁资产经营（集团）有限公司	上海市
6	天津市西青经济开发集团有限公司	天津市
7	天津海泰控股集团有限公司	天津市
8	天津津南城市建设投资有限公司	天津市
9	重庆市万州三峡平湖有限公司	重庆市
10	天津东方财信投资集团有限公司	天津市
11	北京市顺义区国有资本经营管理有限公司	北京市
12	天津临港投资控股有限公司	天津市
13	重庆市江津区华信资产经营（集团）有限公司	重庆市
14	天津宝星建设发展集团有限公司	天津市
15	北京未来科学城发展集团有限公司	北京市
16	重庆市南川区城市建设投资（集团）有限公司	重庆市
17	天津保税区投资控股集团有限公司	天津市
18	天津市北辰区建设开发有限公司	天津市
19	重庆市合川城市建设投资（集团）有限公司	重庆市
20	上海浦东发展（集团）有限公司	上海市
21	重庆国际物流枢纽园区建设有限责任公司	重庆市
22	上海新长宁（集团）有限公司	上海市
23	北京亦庄投资控股有限公司	北京市
24	重庆长寿开发投资（集团）有限公司	重庆市
25	重庆市南州水务（集团）有限公司	重庆市
26	重庆九龙园高新产业集团有限公司	重庆市
27	重庆百盐投资（集团）有限公司	重庆市
28	天津市武清区国有资产经营投资有限公司	天津市
29	重庆渝隆资产经营（集团）有限公司	重庆市
30	重庆万州经济技术开发（集团）有限公司	重庆市

三、地市级地方政府投融资平台 200 强

地市级地方政府投融资平台 200 强见表 5-6。与省级平台公司的分布情况不同，在前 200 名中，江苏省、广东省、四川省、浙江省、山东省等地平台公司占据多席，反映这些省份的地市级平台公司具有较强的竞争力。其中江苏省共 40 家地市级平台公司入选，入选数量位居第一，广东省、四川省分别以 22 家、20 家位居第二、第三，表现较为出色。在排名前 10 位的公司中，6 家公司来自广东省，广西壮族自治区、山东省、四川省、浙江省各入选 1 家，其中广州市建筑集团有限公司位居榜单首位。根据证监会行业分类标准，在市级平台 200 强榜单中，广州市建筑集团有限公司在土木工程建筑业位居第一名。

表 5-6　地市级地方政府投融资平台 200 强

	公司名称	省份	城市
1	广州市建筑集团有限公司	广东省	广州市
2	桂林市交通投资控股集团有限公司	广西壮族自治区	桂林市
3	珠海华发集团有限公司	广东省	珠海市
4	宜宾发展控股集团有限公司	四川省	宜宾市
5	科学城（广州）投资集团有限公司	广东省	广州市
6	珠海港控股集团有限公司	广东省	珠海市
7	青岛海发国有资本投资运营集团有限公司	山东省	青岛市
8	杭州市城市建设投资集团有限公司	浙江省	杭州市
9	深圳市投资控股有限公司	广东省	深圳市
10	广州地铁集团有限公司	广东省	广州市
11	广州发展集团股份有限公司	广东省	广州市
12	佛山市公用事业控股有限公司	广东省	佛山市
13	成都兴城投资集团有限公司	四川省	成都市
14	绍兴市交通投资集团有限公司	浙江省	绍兴市
15	深圳市地铁集团有限公司	广东省	深圳市
16	西安高新控股有限公司	陕西省	西安市
17	广州珠江实业集团有限公司	广东省	广州市
18	苏州工业园区国有资本投资运营控股有限公司	江苏省	苏州市
19	株洲市城市建设发展集团有限公司	湖南省	株洲市
20	舟山海城建设投资集团有限公司	浙江省	舟山市
21	西安城市基础设施建设投资集团有限公司	陕西省	西安市

续表

	公司名称	省份	城市
22	晋城市国有资本投资运营有限公司	山西省	晋城市
23	石家庄国控城市发展投资集团有限责任公司	河北省	石家庄市
24	成都高新投资集团有限公司	四川省	成都市
25	乌鲁木齐城市建设投资（集团）有限公司	新疆维吾尔自治区	乌鲁木齐市
26	合肥市建设投资控股（集团）有限公司	安徽省	合肥市
27	郑州发展投资集团有限公司	河南省	郑州市
28	临沂投资发展集团有限公司	山东省	临沂市
29	江东控股集团有限责任公司	安徽省	马鞍山市
30	广州港集团有限公司	广东省	广州市
31	拉萨市城市建设投资经营有限公司	西藏自治区	拉萨市
32	舟山海洋综合开发投资有限公司	浙江省	舟山市
33	广元市投资发展集团有限公司	四川省	广元市
34	南京扬子国资投资集团有限责任公司	江苏省	南京市
35	乌鲁木齐高新投资发展集团有限公司	新疆维吾尔自治区	乌鲁木齐市
36	唐山市城市发展集团有限公司	河北省	唐山市
37	成都轨道交通集团有限公司	四川省	成都市
38	广州环保投资集团有限公司	广东省	广州市
39	汉江国有资本投资集团有限公司	湖北省	襄阳市
40	福州国有资本投资运营集团有限公司	福建省	福州市
41	龙岩交通发展集团有限公司	福建省	龙岩市
42	广州高新区投资集团有限公司	广东省	广州市
43	郑州地产集团有限公司	河南省	郑州市
44	洛阳城市发展投资集团有限公司	河南省	洛阳市
45	昆明滇池投资有限责任公司	云南省	昆明市
46	深圳高速公路集团股份有限公司	广东省	深圳市
47	广州交通投资集团有限公司	广东省	广州市
48	伊犁哈萨克自治州财通国有资产经营有限责任公司	新疆维吾尔自治区	伊犁哈萨克自治州
49	江苏方洋集团有限公司	江苏省	连云港市
50	青岛国信发展（集团）有限责任公司	山东省	青岛市
51	青岛西海岸新区海洋控股集团有限公司	山东省	青岛市
52	无锡市交通产业集团有限公司	江苏省	无锡市
53	衢州市国有资本运营有限公司	浙江省	衢州市

	公司名称	省份	城市
54	广州市公共交通集团有限公司	广东省	广州市
55	武汉市城市建设投资开发集团有限公司	湖北省	武汉市
56	邯郸城市发展投资集团有限公司	河北省	邯郸市
57	杭州市地铁集团有限责任公司	浙江省	杭州市
58	巴中市国有资本运营集团有限公司	四川省	巴中市
59	盐城东方投资开发集团有限公司	江苏省	盐城市
60	赣州发展投资控股集团有限责任公司	江西省	赣州市
61	成都环境投资集团有限公司	四川省	成都市
62	泸州市兴泸投资集团有限公司	四川省	泸州市
63	成都天府新区投资集团有限公司	四川省	成都市
64	山东公用控股有限公司	山东省	济宁市
65	三明市城市建设投资集团有限公司	福建省	三明市
66	焦作市投资集团有限公司	河南省	焦作市
67	三门峡市投资集团有限公司	河南省	三门峡市
68	深圳市特区建设发展集团有限公司	广东省	深圳市
69	南昌市政公用集团有限公司	江西省	南昌市
70	苏州工业园区兆润投资控股集团有限公司	江苏省	苏州市
71	绵阳科技城发展投资（集团）有限公司	四川省	绵阳市
72	乌鲁木齐经济技术开发区建设投资开发（集团）有限公司	新疆维吾尔自治区	乌鲁木齐市
73	南通城市建设集团有限公司	江苏省	南通市
74	嘉兴市高等级公路投资有限公司	浙江省	嘉兴市
75	无锡城建发展集团有限公司	江苏省	无锡市
76	江苏瀚瑞投资控股有限公司	江苏省	镇江市
77	洛阳城乡建设投资集团有限公司	河南省	洛阳市
78	淄博市城市资产运营有限公司	山东省	淄博市
79	鹰潭市国有控股集团有限公司	江西省	鹰潭市
80	龙岩投资发展集团有限公司	福建省	龙岩市
81	晋中市公用基础设施投资控股（集团）有限公司	山西省	晋中市
82	南宁高新产业建设开发集团有限公司	广西壮族自治区	南宁市
83	西宁城市投资管理有限公司	青海省	西宁市
84	银川通联资本投资运营有限公司	宁夏回族自治区	银川市

续表

	公司名称	省份	城市
85	珠海大横琴集团有限公司	广东省	珠海市
86	巴州国信建设发展投融资有限公司	新疆维吾尔自治区	巴音郭楞蒙古自治州
87	泰州市城市建设投资集团有限公司	江苏省	泰州市
88	福州城市建设投资集团有限公司	福建省	福州市
89	浙江嘉兴国有资本投资运营有限公司	浙江省	嘉兴市
90	许昌市投资集团有限公司	河南省	许昌市
91	湖州市城市投资发展集团有限公司	浙江省	湖州市
92	郑州公共住宅建设投资有限公司	河南省	郑州市
93	湖北省科技投资集团有限公司	湖北省	武汉市
94	阜阳投资发展集团有限公司	安徽省	阜阳市
95	成都文化旅游发展集团有限责任公司	四川省	成都市
96	珠海水务环境控股集团有限公司	广东省	珠海市
97	建安投资控股集团有限公司	安徽省	亳州市
98	盐城市城市资产投资集团有限公司	江苏省	盐城市
99	菏泽投资发展集团有限公司	山东省	菏泽市
100	郑州公用事业投资发展集团有限公司	河南省	郑州市
101	南宁建宁水务投资集团有限责任公司	广西壮族自治区	南宁市
102	临沂城市建设投资集团有限公司	山东省	临沂市
103	常州市交通产业集团有限公司	江苏省	常州市
104	咸阳市城市建设投资控股集团有限公司	陕西省	咸阳市
105	郑州高新投资控股集团有限公司	河南省	郑州市
106	绵阳市投资控股（集团）有限公司	四川省	绵阳市
107	嘉兴市现代服务业发展投资集团有限公司	浙江省	嘉兴市
108	郑州经开投资发展有限公司	河南省	郑州市
109	常州投资集团有限公司	江苏省	常州市
110	嘉兴滨海控股集团有限公司	浙江省	嘉兴市
111	南京市交通建设投资控股（集团）有限责任公司	江苏省	南京市
112	镇江城市建设产业集团有限公司	江苏省	镇江市
113	武汉城市建设集团有限公司	湖北省	武汉市
114	乌鲁木齐经济技术开发区建发国有资本投资运营（集团）有限公司	新疆维吾尔自治区	乌鲁木齐市
115	常州东方新城建设集团有限公司	江苏省	常州市

续表

	公司名称	省份	城市
116	日照市城市建设投资集团有限公司	山东省	日照市
117	成都产业投资集团有限公司	四川省	成都市
118	厦门火炬集团有限公司	福建省	厦门市
119	佛山市建设开发投资有限公司	广东省	佛山市
120	固口市投资集团有限公司	河南省	固口市
121	徐州市交通控股集团有限公司	江苏省	徐州市
122	淄博高新国有资本投资有限公司	山东省	淄博市
123	达州市投资有限公司	四川省	达州市
124	杭州市交通投资集团有限公司	浙江省	杭州市
125	淮安新城投资开发有限公司	江苏省	淮安市
126	长沙高新控股集团有限公司	湖南省	长沙市
127	泰州市交通产业集团有限公司	江苏省	泰州市
128	广西柳州市东城投资开发集团有限公司	广西壮族自治区	柳州市
129	连云港市城建控股集团有限公司	江苏省	连云港市
130	湖南湘江新区发展集团有限公司	湖南省	长沙市
131	扬州绿色产业投资发展控股（集团）有限责任公司	江苏省	扬州市
132	乐山国有资产投资运营（集团）有限公司	四川省	乐山市
133	温州市交通发展集团有限公司	浙江省	温州市
134	潍坊市城市建设发展投资集团有限公司	山东省	潍坊市
135	济南高新控股集团有限公司	山东省	济南市
136	江苏大丰海港控股集团有限公司	江苏省	盐城市
137	宝鸡市投资（集团）有限公司	陕西省	宝鸡市
138	保定市国控集团有限责任公司	河北省	保定市
139	沧州市建设投资集团有限公司	河北省	沧州市
140	阿克苏地区绿色实业开发有限公司	新疆维吾尔自治区	阿克苏地区
141	青岛华通国有资本投资运营集团有限公司	山东省	青岛市
142	盐城海瀛控股集团有限公司	江苏省	盐城市
143	泰州市金东城市建设投资集团有限公司	江苏省	泰州市
144	常德市经济建设投资集团有限公司	湖南省	常德市
145	南昌市交通投资集团有限公司	江西省	南昌市
146	徐州经济技术开发区国有资产经营有限责任公司	江苏省	徐州市
147	泰州华诚医学投资集团有限公司	江苏省	泰州市

续表

	公司名称	省份	城市
148	岳阳市城市建设投资集团有限公司	湖南省	岳阳市
149	赣州民晟实业投资有限责任公司	江西省	赣州市
150	南宁威宁投资集团有限责任公司	广西壮族自治区	南宁市
151	长沙城市发展集团有限公司	湖南省	长沙市
152	龙城产业投资控股集团有限公司	江苏省	常州市
153	福州水务集团有限公司	福建省	福州市
154	无锡市市政公用产业集团有限公司	江苏省	无锡市
155	西宁经济技术开发区投资控股集团有限公司	青海省	西宁市
156	福建漳州城投集团有限公司	福建省	漳州市
157	株洲市国有资产投资控股集团有限公司	湖南省	株洲市
158	青岛地铁集团有限公司	山东省	青岛市
159	宿迁市城市建设投资（集团）有限公司	江苏省	宿迁市
160	镇江市风景旅游发展有限责任公司	江苏省	镇江市
161	泸州产业发展投资集团有限公司	四川省	泸州市
162	南通经济技术开发区控股集团有限公司	江苏省	南通市
163	江苏新海连发展集团有限公司	江苏省	连云港市
164	赣州城市开发投资集团有限责任公司	江西省	赣州市
165	无锡市建设发展投资有限公司	江苏省	无锡市
166	曹妃甸国控投资集团有限公司	河北省	唐山市
167	成都经开产业投资集团有限公司	四川省	成都市
168	南昌市建设投资集团有限公司	江西省	南昌市
169	抚州市市属国有资产投资控股集团有限公司	江西省	抚州市
170	克拉玛依市城市建设投资发展有限责任公司	新疆维吾尔自治区	克拉玛依市
171	宁波开发投资集团有限公司	浙江省	宁波市
172	宜昌城市发展投资集团有限公司	湖北省	宜昌市
173	渭南市城市投资集团有限公司	陕西省	渭南市
174	江苏叠石桥家纺产业集团有限公司	江苏省	南通市
175	宁德市交通投资集团有限公司	福建省	宁德市
176	西安航空城建设发展（集团）有限公司	陕西省	西安市
177	青岛西海岸新区融合控股集团有限公司	山东省	青岛市
178	泰州凤城河建设发展有限公司	江苏省	泰州市
179	泰州东部新城发展集团有限公司	江苏省	泰州市

续表

	公司名称	省份	城市
180	江苏世纪新城投资控股集团有限公司	江苏省	盐城市
181	绍兴市城市建设投资集团有限公司	浙江省	绍兴市
182	苏州中方财团控股股份有限公司	江苏省	苏州市
183	眉山市宏顺停车管理服务有限公司	四川省	眉山市
184	长沙市轨道交通集团有限公司	湖南省	长沙市
185	铜陵市建设投资控股有限责任公司	安徽省	铜陵市
186	自贡市国有资本投资运营集团有限公司	四川省	自贡市
187	衡阳市城市建设投资有限公司	湖南省	衡阳市
188	武汉地铁集团有限公司	湖北省	武汉市
189	昆明市交通投资有限责任公司	云南省	昆明市
190	怀化高新产业投资发展集团有限公司	湖南省	怀化市
191	宁乡经济技术开发区建设投资有限公司	湖南省	宁乡市
192	苏州城市建设投资发展有限责任公司	江苏省	苏州市
193	杭州市钱江新城投资集团有限公司	浙江省	杭州市
194	孝感市城市建设投资公司	湖北省	孝感市
195	湘潭高新集团有限公司	湖南省	湘潭市
196	娄底市城市发展集团有限公司	湖南省	娄底市
197	中山城市建设集团有限公司	广东省	中山市
198	扬州市城建国有资产控股（集团）有限责任公司	江苏省	扬州市
199	成都城建投资管理集团有限责任公司	四川省	成都市
200	江门市高新技术工业园有限公司	广东省	江门市

四、区县级地方政府投融资平台 150 强

区县级地方政府投融资平台 150 强见表 5-7。入选榜单的平台公司所属区域中，江苏省、浙江省、山东省三个地区分别以 54 家、44 家、15 家位列前三。整体来看，江浙地区地理位置优越，经济实力较强，地方政府能够给予平台公司更多的资源和资金支持。

其中广东南海控股集团有限公司位居区县级榜首，截至 2021 年末，公司总资产规模 383.29 亿元，负债合计 225.50 亿元，资产负债率为 58.83%，公司营业收入 140.09 亿元，净利润 15.26 亿元。根据中国证券监督管理委员会行业分类标准，广东南海控股集团有限公司在电力、热力、燃气及水生产和供应业位居

第一。①

表5-7　区县级地方政府投融资平台150强

	公司名称	省份	城市
1	广东南海控股集团有限公司	广东省	佛山市
2	神木市国有资本投资运营集团有限公司	陕西省	神木市
3	常高新集团有限公司	江苏省	常州市
4	东台市城市建设投资发展集团有限公司	江苏省	东台市
5	绍兴市柯桥区国有资产投资经营集团有限公司	浙江省	绍兴市
6	桐乡市城市建设投资有限公司	浙江省	桐乡市
7	常熟市发展投资有限公司	江苏省	常熟市
8	江阴城市建设投资有限公司	江苏省	江阴市
9	厦门海沧投资集团有限公司	福建省	厦门市
10	绍兴市上虞区国有资本投资运营有限公司	浙江省	绍兴市
11	库尔勒城市建设（集团）有限责任公司	新疆维吾尔自治区	库尔勒市
12	常熟市城市经营投资有限公司	江苏省	常熟市
13	嘉善县国有资产投资集团有限公司	浙江省	嘉兴市
14	义乌市国有资本运营有限公司	浙江省	义乌市
15	新沂市城市投资发展集团有限公司	江苏省	新沂市
16	嵊州市投资控股有限公司	浙江省	嵊州市
17	南京六合经济技术开发集团有限公司	江苏省	南京市
18	伟驰控股集团有限公司	江苏省	常州市
19	江苏武进经济发展集团有限公司	江苏省	常州市
20	南京高淳国有资产经营控股集团有限公司	江苏省	南京市
21	建德市国有资产经营有限公司	浙江省	建德市
22	温岭市国有资产投资集团有限公司	浙江省	温岭市
23	张家港市直属公有资产经营有限公司	江苏省	张家港市
24	苏州苏高新集团有限公司	江苏省	苏州市
25	南京江宁城市建设集团有限公司	江苏省	南京市
26	海宁市资产经营公司	浙江省	海宁市
27	张家港保税区金港资产经营有限公司	江苏省	张家港市
28	杭州萧山国有资产经营集团有限公司	浙江省	杭州市

① 资料来源：Wind 数据库。

续表

	公司名称	省份	城市
29	瑞安市国有资产投资集团有限公司	浙江省	瑞安市
30	南京溧水城市建设集团有限公司	江苏省	南京市
31	昆山国创投资集团有限公司	江苏省	昆山市
32	桂林新城投资开发集团有限公司	广西壮族自治区	桂林市
33	杭州余杭创新投资有限公司	浙江省	杭州市
34	宁波杭州湾新区开发建设有限公司	浙江省	宁波市
35	昆山创业控股集团有限公司	江苏省	昆山市
36	青岛市即墨区城市开发投资有限公司	山东省	青岛市
37	南安市能源工贸投资发展集团有限公司	福建省	南安市
38	诸暨市国有资产经营有限公司	浙江省	诸暨市
39	余姚市舜财投资控股有限公司	浙江省	余姚市
40	南京溧水产业投资控股集团有限公司	江苏省	南京市
41	杭州西湖投资集团有限公司	浙江省	杭州市
42	南京市六合区国有资产经营（控股）有限公司	江苏省	南京市
43	睢宁县润企投资有限公司	江苏省	徐州市
44	乐清市国有投资有限公司	浙江省	乐清市
45	西安国际陆港投资发展集团有限公司	陕西省	西安市
46	平湖市国有资产控股集团有限公司	浙江省	平湖市
47	海盐县国有资产经营有限公司	浙江省	嘉兴市
48	福清市国有资产营运投资集团有限公司	福建省	福清市
49	浏阳现代制造产业建设投资开发有限公司	湖南省	浏阳市
50	成都空港城市发展集团有限公司	四川省	成都市
51	江苏华靖资产经营有限公司	江苏省	靖江市
52	溧阳市城市建设发展集团有限公司	江苏省	溧阳市
53	滕州信华投资集团有限公司	山东省	滕州市
54	江阴市公有资产经营有限公司	江苏省	江阴市
55	太仓娄城高新集团有限公司	江苏省	太仓市
56	宁波市镇海区海江投资发展有限公司	浙江省	宁波市
57	昆山高新集团有限公司	江苏省	昆山市
58	靖江港口集团有限公司	江苏省	靖江市
59	南京浦口经济开发有限公司	江苏省	南京市
60	西安曲江文化控股有限公司	陕西省	西安市

续表

	公司名称	省份	城市
61	浙江杭州青山湖科技城投资集团有限公司	浙江省	杭州市
62	南京市建邺区高新科技投资集团有限公司	江苏省	南京市
63	成都香城投资集团有限公司	四川省	成都市
64	昆山交通发展控股集团有限公司	江苏省	昆山市
65	湘潭九华经济建设投资有限公司	湖南省	湘潭市
66	德清县建设发展集团有限公司	浙江省	湖州市
67	慈溪市国有资产投资控股有限公司	浙江省	慈溪市
68	台州市路桥公共资产投资管理集团有限公司	浙江省	台州市
69	苏州市吴江城市投资发展集团有限公司	江苏省	苏州市
70	宁波市镇海投资有限公司	浙江省	宁波市
71	成都武侯资本投资管理集团有限公司	四川省	成都市
72	南京汤山建设投资发展有限公司	江苏省	南京市
73	平阳县国资发展有限公司	浙江省	温州市
74	成都市兴城建实业发展有限责任公司	四川省	成都市
75	淄博市临淄区公有资产经营有限公司	山东省	淄博市
76	广州市番禺交通建设投资有限公司	广东省	广州市
77	南通市崇川国有资产经营控股（集团）有限公司	江苏省	南通市
78	河南东龙控股集团有限公司	河南省	郑州市
79	杭州临平城市建设集团有限公司	浙江省	杭州市
80	青岛胶州城市发展投资有限公司	山东省	胶州市
81	邹城市城资控股集团有限公司	山东省	邹城市
82	建湖县城市建设投资集团有限公司	江苏省	盐城市
83	江苏金灌投资发展集团有限公司	江苏省	连云港市
84	江苏润城资产经营集团有限公司	江苏省	邳州市
85	余姚市城市建设投资发展有限公司	浙江省	余姚市
86	靖江市城投基础设施发展有限公司	江苏省	靖江市
87	长兴交通投资集团有限公司	浙江省	湖州市
88	辽宁冠隆建设集团有限公司	辽宁省	沈阳市
89	江苏海晟控股集团有限公司	江苏省	南通市
90	泰兴市成兴国有资产经营投资有限公司	江苏省	泰兴市
91	阳城县国有资本投资运营有限公司	山西省	晋城市
92	成都西盛投资集团有限公司	四川省	成都市

续表

	公司名称	省份	城市
93	启东城投集团有限公司	江苏省	启东市
94	眉山市东坡发展投资集团有限公司	四川省	眉山市
95	宁波市奉化区交通投资发展集团有限公司	浙江省	宁波市
96	济宁市兖州区惠民城建投资有限公司	山东省	济宁市
97	河南省郑州新区建设投资有限公司	河南省	郑州市
98	浙江安吉两山国有控股集团有限公司	浙江省	湖州市
99	福建省晋江城市建设投资开发集团有限责任公司	福建省	晋江市
100	台州恒金实业投资有限公司	浙江省	台州市
101	东阳市国有资产投资有限公司	浙江省	东阳市
102	成都温江兴蓉西城市运营集团有限公司	四川省	成都市
103	江阴临港新城开发建设有限公司	江苏省	江阴市
104	如东县金鑫交通工程建设投资有限公司	江苏省	南通市
105	成都武侯产业发展投资管理集团有限公司	四川省	成都市
106	浙江安吉国控建设发展集团有限公司	浙江省	湖州市
107	江苏省溧阳高新区控股集团有限公司	江苏省	溧阳市
108	南京市高淳区建设发展集团有限公司	江苏省	南京市
109	长沙市芙蓉城市建设投资集团有限公司	湖南省	长沙市
110	昆山文商旅集团有限公司	江苏省	昆山市
111	寿光市城市建设投资开发有限公司	山东省	寿光市
112	台州市椒江区国有资本运营集团有限公司	浙江省	台州市
113	新疆润盛投资发展有限公司	新疆维吾尔自治区	伊犁哈萨克自治州
114	龙港市国有资本运营有限公司	浙江省	龙港市
115	靖江市滨江新城投资开发有限公司	江苏省	靖江市
116	江苏海润城市发展集团有限公司	江苏省	南通市
117	新郑市投资集团有限公司	河南省	新郑市
118	杭州良渚文化城集团有限公司	浙江省	杭州市
119	沛县国有资产经营有限公司	江苏省	徐州市
120	青岛市即墨区城市旅游开发投资有限公司	山东省	青岛市
121	沛县城市投资开发有限公司	江苏省	徐州市
122	青岛全球财富中心开发建设有限公司	山东省	青岛市
123	湖北夷陵经济发展集团有限公司	湖北省	宜昌市
124	浏阳市城市建设集团有限公司	湖南省	浏阳市

续表

	公司名称	省份	城市
125	绍兴市柯桥区城建投资开发集团有限公司	浙江省	绍兴市
126	南昌市红谷滩城市投资集团有限公司	江西省	南昌市
127	青岛胶州湾发展集团有限公司	山东省	胶州市
128	南京江宁国有资产经营集团有限公司	江苏省	南京市
129	武汉洪山城市建设投资有限公司	湖北省	武汉市
130	武汉市硚口国有资产经营有限公司	湖北省	武汉市
131	合肥鑫城国有资产经营有限公司	安徽省	合肥市
132	扬州市邗江城市建设发展有限公司	江苏省	扬州市
133	滕州市城市国有资产经营有限公司	山东省	滕州市
134	青岛海创开发建设投资有限公司	山东省	青岛市
135	宁海县城投集团有限公司	浙江省	宁波市
136	威海市中城公有资产经营有限公司	山东省	威海市
137	浙江省新昌县投资发展集团有限公司	浙江省	绍兴市
138	泗洪县宏源公有资产经营有限公司	江苏省	宿迁市
139	宁波市鄞城集团有限责任公司	浙江省	宁波市
140	蒙城县城市发展投资控股集团有限公司	安徽省	亳州市
141	杭州萧山环境集团有限公司	浙江省	杭州市
142	荣成市经济开发投资有限公司	山东省	荣成市
143	巢湖市城镇建设投资有限公司	安徽省	巢湖市
144	淄博市博山区公有资产经营有限公司	山东省	淄博市
145	苏州汾湖投资集团有限公司	江苏省	苏州市
146	杭州钱塘新区产业发展集团有限公司	浙江省	杭州市
147	江苏金坛投资控股有限公司	江苏省	常州市
148	杭州钱塘智慧城投资开发有限公司	浙江省	杭州市
149	宁乡市城市建设投资集团有限公司	湖南省	宁乡市
150	江苏大行临港产业投资有限公司	江苏省	扬中市

第六章 地方政府投融资平台转型发展评价

——以贵州省为例

第一节 贵州省经济财政情况分析

一、区域概况

贵州简称"黔",省会贵阳,总面积17.61万平方公里,辖6个地级市、3个自治州、13个市辖区、7个县级市、56个县、11个自治县和1个特区。截至2020年底,全省常住人口为3858万人。贵州省是中国西南的交通枢纽,位于中国西南腹地,与重庆、四川、湖南、云南和广西接壤,是世界著名的山地旅游目的地和山地旅游大省。贵州是著名的矿产资源大省。贵州煤炭储量居全国第五位,素有"西南煤海"之称。贵州野生生物资源种类丰富,森林覆盖率高。

二、经济实力分析

近六年来,贵州省GDP总量增长较快,增速稳定(见图6-1)。从经济结构看,2021年贵州省第一产业增加值2730.92亿元,占比13.9%,占比最低,增长缓慢,对地区生产总值贡献率低;第二产业增长较快,增加值6984.70亿元,占比35.7%,占比较高,增速平稳,但近年来增速有所放缓;第三产业增长迅速,占比50.4%,占比逐年增加,2021年增加值9870.80亿元,增速最快,成为贡献地区生产总值的主力军。

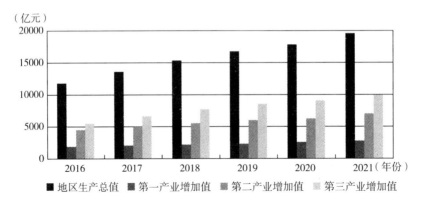

图 6-1　2016～2021 年贵州省 GDP 及产业发展情况

资料来源：国家统计局。

　　贵州省是我国重要的能源基地、白酒生产基地、"菜篮子"产品生产基地和加工制造业基地，在传统工业方面竞争优势明显，先进装备制造和基础材料、大数据电子信息和新型建材、新能源汽车产业等十大工业产业发展积极向好，已形成现代能源。未来，贵州十大工业产业将以新的姿态出发，驶向高质量发展的蓝海。从表 6-1 可以看出，2016～2021 年贵州省的金融业有了飞速发展，金融业的发展可以拉动地区经济增长，带动社会进步。同时，随着房地产业、批发和零售业、住宿和餐饮业的迅速发展，近年来第三产业对 GDP 总量的贡献已经逐渐超越第二产业，贵州省总体产业布局趋于良好。

表 6-1　2016～2021 年贵州省主要经济指标数据　　　　　　单位：亿元

指标＼年份	2016	2017	2018	2019	2020	2021
地区生产总值	11792.35	13605.42	15353.21	16769.34	17826.56	19586.42
第一产业增加值	1861.81	2032.27	2156.02	2280.56	2539.88	2730.92
第二产业增加值	4468.73	4970.85	5506.24	5971.45	6211.62	6984.70
第三产业增加值	5461.81	6602.30	7690.95	8517.33	9075.07	9870.80
农林牧渔业	1959.93	2139.97	2272.97	2408.03	2675.59	2877.74
工业	3501.68	3821.40	4165.48	4458.97	4602.69	5337.49
建筑业	955.44	1152.64	1344.94	1517.06	1613.51	1653.25
批发和零售业	732.71	1040.11	1181.19	1269.90	1369.48	1562.42
交通运输、仓储和邮政业	987.47	576.27	655.29	709.88	725.39	817.75
住宿和餐饮业	400.93	337.20	378.42	417.18	397.33	461.10
金融业	689.40	874.53	992.28	1060.02	1141.71	1771.80
房地产业	249.20	487.75	572.33	644.24	630.64	866.60

续表

年份 指标	2016	2017	2018	2019	2020	2021
其他	2533.66	3175.53	3790.31	4284.06	4570.22	4852.13
人均地区生产总值（元/人）	33246	35988	40271	43727	46355	50808

资料来源：国家统计局。

贵州省各地市间经济发展较不平衡，省会城市贵阳经济总量在全省各市中占有绝对领先地位，各地级市间经济发展水平与其差距较为明显。从表6-2可以看出，各地级市GDP增长幅度由高到低依次是贵阳市、铜仁市、六盘水市、毕节市、遵义市、安顺市。2021年贵阳市和安顺市的GDP差值高达3700亿元，地区经济发展不均衡。其中除了六盘水市GDP增长幅度有所下降，其余5个地级市GDP以逐年增加的速率增长，贵阳市和遵义市的GDP以较高的增长率逐年增加，增长明显，其余3个地级市GDP增长缓慢（见图6-2）。

表6-2 2016~2021年贵州省各地级市GDP情况 单位：亿元

年份	贵阳	遵义	安顺	铜仁	毕节	六盘水
2016	3157.70	2403.94	701.35	856.97	1625.79	1313.70
2017	3537.96	2748.59	802.46	969.86	1841.61	1461.71
2018	3724.97	3000.23	849.40	1066.52	1921.43	1525.69
2019	4039.60	3483.32	923.94	1249.16	1901.36	1265.97
2020	4311.65	3720.05	966.74	1327.79	2020.39	1339.62
2021	4711.04	4169.90	1078.91	1462.65	2181.48	1473.65

资料来源：Wind数据库。

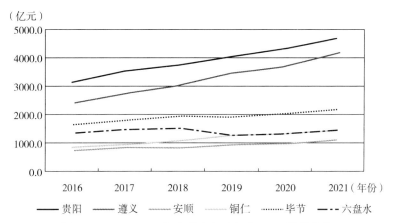

图6-2 2016~2021年贵州省各地级市GDP增长趋势

资料来源：Wind数据库。

《贵州省国民经济和社会发展第十四个五年规划和 2035 年远景目标纲要》（以下简称《纲要》）指出，区域经济总量从 2015 年的第 25 位上升到 2020 年的第 20 位，为贵州的发展创造了"黄金十年"。经济增速连续十年位居全国前三，地区生产总值在全国从 2015 年的第 25 位上升到第 20 位，人均地区生产总值从第 29 位上升到第 25 位，实现赶超进位的历史性跨越，创造贵州发展"黄金十年"。在这十年的奠基下，贵州省在工业发展、基础设施建设、大数据发展、生态保护、改革开放、民生改善和社会治理方面取得重大进展，并全面实施农村振兴、大数据、生态保护三大战略举措。同时，《纲要》指出要主攻"四化"，推动工业大突破，推动产业集聚发展，推动区域经济优化布局和区域协调发展，加快发展山地特色旅游业，建设三大试验区，进一步扩大对外开放，争取到 2035 年与全国同步基本实现社会主义现代化。

三、区域财政状况

总体来看，2016~2021 年贵州省地方财政一般公共预算收入逐年增加，一般公共预算支出也有所增加，但一般公共预算收入增加幅度小，一般公共预算支出呈现先上升后下降的趋势，且一般公共预算收入与一般公共预算支出差值逐渐增大（见图 6-3）。2021 年，贵州省一般预算收入为 1969.51 亿元，较 2020 年 1786.80 亿元增长 10.23%；一般公共预算支出为 5590.15 亿元，较 2020 年下降 2.6%。

图 6-3 2016~2021 年贵州省财政收支情况

资料来源：国家统计局。

2016~2021 年贵州省一般公共预算收入稳步增长（见表 6-3）。财政税收收入呈现一种先增后减的趋势，但整体幅度有所增加；非税收入逐年增加，且增幅较大；专项收入逐年增加；国有资本经营收入呈现一种先减后增的趋势，整体来看国有资本经营收入六年来有了明显提高；增值税、企业所得税都有所增加；个人所得税总额六年间先增后减，但总体呈上升趋势；城市维护建设税也在逐年增加。具体来看，税收收入为主要来源，增值税、企业所得税均较高表明对上级补助的依赖程度高，城市维护建设税的逐年增加表明政府逐渐开始重视城市建设，可以给市民营造一种良好的公共生活环境。

表6-3　2016~2021年贵州省财政收入情况　　　　　　单位：亿元

指标 ＼ 年份	2016	2017	2018	2019	2020	2021
一般公共预算收入	1561.34	1613.84	1726.85	1767.47	1786.80	1969.51
税收收入	1120.44	1179.73	1266.02	1204.02	1086.04	1177.14
非税收收入	440.90	434.11	460.84	563.45	700.76	792.37
专项收入	88.45	91.25	125.22	123.87	109.41	—
国有资本经营收入	43.12	25.32	18.28	85.75	168.83	248.07
增值税	256.28	417.73	486.39	474.21	417.54	453.77
企业所得税	127.12	146.67	184.46	215.41	206.39	251.70
个人所得税	35.08	48.55	69.31	40.32	42.26	45.10
城市维护建设税	61.92	67.26	85.53	82.79	83.80	91.44

资料来源：国家统计局。

贵州省财政支出方面，2016~2021年贵州省地方政府一般公共预算支出呈现先上升后下降的趋势，一般公共服务支出、文化体育与传媒、教育、公共安全支出、社会保障和就业、医疗卫生支出、节能环保和城乡社区事务支出规模不断增大，财政自给压力较大。此外国防支出有所下降，农林水事务支出和交通运输支出呈现先增后减的趋势，此外由于中央政府财政政策的支持，上级补助收入保持在较大规模，总体来看贵州省财政实力不断增强（见表6-4）。

表6-4　2016~2021年贵州省财政支出规模　　　　　　单位：亿元

指标 ＼ 年份	2016	2017	2018	2019	2020	2021
一般公共预算支出	4262.36	4612.52	5029.68	5948.74	5739.50	5590.15
一般公共服务	446.11	464.83	496.47	573.06	497.36	488.03
国防	4.55	4.40	4.12	3.25	3.89	0.00

续表

年份 指标	2016	2017	2018	2019	2020	2021
公共安全	249.96	268.09	282.70	280.06	273.71	0.00
教育	843.54	901.96	985.95	1067.62	1073.34	1128.38
科学技术	69.30	87.72	102.88	114.13	113.19	87.48
文化体育与传媒	67.34	64.73	60.80	68.76	72.76	116.95
社会保障和就业	367.23	498.74	537.71	589.03	678.48	692.67
医疗卫生	392.51	436.21	481.80	534.78	565.66	0.00
节能环保	127.09	125.39	134.38	188.53	146.15	159.65
城乡社区事务	131.91	198.82	246.21	439.93	209.70	0.00
农林水事务	629.38	612.05	664.84	998.90	1024.31	727.73
交通运输	289.97	336.91	381.49	347.79	341.50	336.74

资料来源：国家统计局。

第二节　贵州省政府债务情况

一、总体债务情况

根据 Wind 数据库和贵州省统计局数据分析，贵州省政府债务规模逐年增加，政府性债务余额：一般债务占比较高，政府性债务余额逐年增加，且贵州省本级政府性债务余额增速明显。从表6-5可以看出，2016~2021年，贵州省政府债务余额一直控制在地方政府债务限额以内。

表6-5　2016~2021年贵州省政府债务规模　　单位：亿元

年份 指标	2016	2017	2018	2019	2020	2021
政府性债务余额	8709.79	8607.15	8849.81	9673.38	10989.02	11872.29
地方政府债务限额	9199.50	9276.50	9361.50	10193.34	11658.35	12365.35
政府性债务余额：一般债务	5206.35	5113.68	5340.12	5945.73	6208.41	6471.40
政府性债务余额：专项债务	3503.44	3493.48	3509.69	3727.65	4780.61	5400.89
本级：政府性债务余额	633.58	711.45	1181.30	1498.23	1789.88	1868.98

资料来源：Wind 数据库。

分地市来看，贵阳市地方政府债务余额占比最高，数额最大，贵阳市作为贵州省省会，经济发展规模较大，所以政府债务相应也较多，并且六年来贵阳市政府债务规模逐年增加，增长幅度较大。遵义市政府债务规模在六个地级市中排名第二，2016~2021年遵义市地方政府债务规模呈现一种先减后增的态势，但总体来看2021年较2016年有很大提升。毕节市、铜仁市、六盘水市、安顺市债务规模较小，总体来看呈增加趋势，地方政府债务规模也逐年增加。债务增加相应增加了政府的信用风险，可能会增加债权人的风险。但总体来看，债务规模和收入相比仍然较低，地方政府没有出现入不敷出的情况，债权人的权利也可以得到满足。

二、城投债情况分析

（一）贵州省各类城投债发行概况

2021年，贵州省政府投融资平台主要通过发行公司债进行债券融资，各类债券共计新增发行数量97只，总发行规模为694.24亿元（见表6-6）。其中，首先私募债发行数量最多、规模最大，融资规模达321.17亿元；其次为一般中期融资债券和一般公司债，融资规模分别为120.00亿元和105.40亿元；最后为定向工具、一般企业债、超短期融资债券和一般短期融资债券发行数量，均在10只以下，发行规模均不超过100亿元。

表6-6 2021年贵州省政府投融资平台各类债券发行数量及规模

债券品种		发行数（只）	融资规模（亿元）
企业债	一般企业债	3	23.80
公司债	一般公司债	9	105.40
	私募债	58	321.17
银行间债务融资工具	定向工具	1	17.87
	超短期融资债券	8	62.00
	一般短期融资债券	6	44.00
	一般中期融资债券	12	120.00
合计		97	694.24

资料来源：Wind数据库。

（二）下辖各地级市情况

2021年，贵阳市和遵义市发行数量最多、规模最大。贵阳市共发行城投债45只，发行规模达到387.45亿元，总融资规模占据全省的一半以上；遵义市以

32 只城投债发行数量紧随其后，发行总规模为 171.71 亿元；其余地级市和少数民族自治州的城投债发行数量均不足 10 只，发行规模在 40 亿元以下不等（见表6-7）。

总体来看，贵阳市和遵义市为贵州省城投债发行的主要城市，占据省内绝对优势，与其他各地级市、少数民族自治州发行城投债数量和规模相差较大，反映出省内经济发展不平衡的现状。

从发行时主体评级来看，2021 年，贵州省共发行 AAA 级城投债 33 只，均属于贵阳市；AA+级城投债 36 只，其中 27 只属于遵义市，9 只属于贵阳市；AA 级城投债 26 只，各地级市、少数民族自治州均有 2~5 只的发行数量；AA-级城投债仅有 1 只，属于六盘水市；此外黔南布依族苗族自治州还有一只暂无评级债券（见表6-7）。

表6-7 2021 年贵州省各类城投债发行数量及规模

城市	数量（只）	发行时主体评级					发行规模
		AAA	AA+	AA	AA-	暂无	
安顺市	3	—	3	—	—	—	36.60
毕节市	2	—	2	—	—	—	14.00
贵阳市	45	—	3	9	33	—	387.45
六盘水市	5	1	4	—	—	—	27.30
黔东南苗族侗族自治州	2	—	2	—	—	—	7.30
黔南布依族苗族自治州	3	—	2	—	—	1	15.58
黔西南布依族苗族自治州	3	—	3	—	—	—	18.50
铜仁市	2	—	2	—	—	—	15.80
遵义市	32	—	5	27	—	—	171.71
总计	97	1	26	36	33	1	694.24

资料来源：Wind 数据库。

整体而言，贵阳市和遵义市发行城投债数量最多、规模最大，且发行时主体评级较高。贵阳市城投债发行主体评级主要为 AAA 级，遵义市城投债发行主体评级主要集中于 AA+级；其余地级市和少数民族自治州城投债发行数量少、规模小且发行时主体评级较低。地区间的差异总体也呈现出城投债发行规模越大，发行企业资质越优的特点。

第三节　贵州省及下辖区域地方政府投融资平台分析

一、地方政府投融资平台概况

贵州省下辖贵阳、遵义、六盘水、安顺、毕节、铜仁 6 个地级市，黔东南苗族侗族自治州、黔南布依苗族自治州、黔西南布依族苗族自治州 3 个民族自治州和贵安新区 1 个国家级新区，所有市、州均有地方政府投融资平台在开展投融资工作。从城投平台行政级别来看，贵州省共拥有 6 家省级、55 家市级、35 家区县级城投平台。从区域分布来看，贵阳市、遵义市和六盘水市分别以 22 家、17 家和 14 家平台公司位列前三名，其余各市均不超过 10 家。[①] 贵州地方政府投融资平台具有明显地域性特点，主要集中在贵阳市和遵义市，其他投融资平台较平均地分布在其余各市、州。

二、评价情况

通过选取相关指标构建研究模型，对贵州省地方政府投融资平台进行了分级评价。从主体评级来看，贵州省参与评价的 96 家企业中，共 5 家 AAA 级、9 家 AA+级、60 家 AA 级，AA 级及以上平台公司占比 77.08%，见表 6-8 至表 6-10。从入选企业的层级看，省级平台入选企业以 AAA 级为主，市级、区县级平台入选企业主体信用以 AA 级别为主。其中，省级平台有 4 家 AAA 级企业，市级平台有 1 家 AAA 级企业、6 家 AA+级企业，区县级平台有 1 家 AA+级企业、22 家 AA 级企业，反映出贵州省整体融资实力不强。

（一）省级政府投融资平台

贵州省级平台前 6 名，如表 6-8 所示。其中 AAA 级有 4 家，分别为贵州高速公路集团有限公司、贵州省水利投资（集团）有限责任公司、贵州交通建设集团有限公司、贵州铁路投资集团有限责任公司。省级平台均位于贵阳市，相较于地市级、区县级的平台企业，省级平台企业的融资能力较强。

（二）地市级政府投融资平台

贵州省地市级平台企业前 55 名，如表 6-9 所示，入榜企业以 AA 级为主。从城市分布来看，AAA 级、AA+级企业主要分布于贵阳市、遵义市等经济相对发

---

① 资料来源：Wind 数据库。

达地区，其他地区的平台企业主要为 AA 级。

表 6-8　贵州省级政府投融资平台前 6 名

	发行人中文名称	城市	主体评级
1	贵州乌江能源投资有限公司	贵阳市	AA+
2	贵州高速公路集团有限公司	贵阳市	AAA
3	贵州省水利投资（集团）有限责任公司	贵阳市	AAA
4	贵州交通建设集团有限公司	贵阳市	AAA
5	贵州铁路投资集团有限责任公司	贵阳市	AAA
6	贵州省公路开发有限责任公司	贵阳市	AA+

表 6-9　贵州地市级政府投融资平台前 55 名

	发行人中文名称	城市	主体评级
1	遵义市投资（集团）有限责任公司	遵义市	AA+
2	遵义道桥建设（集团）有限公司	遵义市	AA+
3	铜仁市水务投资有限责任公司	铜仁市	AA
4	黔西南州水资源开发投资有限公司	兴义市	AA
5	黔西南州兴安开发投资股份有限公司	黔西南布依族苗族自治州	AA
6	贵州双龙航空港开发投资（集团）有限公司	贵阳市	AA+
7	贵安新区开发投资有限公司	贵阳市	AA+
8	贵阳市公共交通投资运营集团有限公司	贵阳市	AA+
9	铜仁市国有资本运营股份有限公司	铜仁市	AA
10	贵州东湖新城市建设投资有限公司	兴仁市	AA−
11	兴义市信恒城市建设投资有限公司	兴义市	AA
12	贵阳高科控股集团有限公司	贵阳市	AA
13	黔西南州城市建设投资（集团）有限公司	兴义市	AA
14	遵义交旅投资（集团）有限公司	遵义市	AA
15	毕节市信泰投资有限公司	毕节市	AA
16	六盘水市民生产业投资集团有限责任公司	六盘水市	AA
17	六盘水市农业投资开发有限责任公司	六盘水市	AA−
18	黔东南州凯宏城市投资运营（集团）有限责任公司	黔东南苗族侗族自治州	AA
19	贵州省凯里城镇建设投资有限公司	凯里市	AA
20	黔东南州开发投资（集团）有限公司	黔东南苗族侗族自治州	AA

续表

	发行人中文名称	城市	主体评级
21	毕节市建设投资有限公司	毕节市	AA
22	贵安新区产业发展控股集团有限公司	贵阳市	AA
23	六盘水市水利开发投资有限责任公司	六盘水市	AA
24	遵义市新蒲发展集团有限责任公司	遵义市	AA+
25	遵义市湘江投资（集团）有限公司	遵义市	AA
26	贵州省铜仁市交通旅游开发投资集团有限公司	铜仁市	AA
27	毕节市安方建设投资（集团）有限公司	毕节市	AA-
28	六盘水市交通投资开发有限责任公司	六盘水市	AA
29	黔南州国有资本营运有限责任公司	黔南布依族苗族自治州	AA
30	遵义鑫晟投资有限责任公司	遵义市	—
31	毕节市天河城建开发投资有限公司	毕节市	AA-
32	贵州思州润峰建设有限责任公司	黔东南苗族侗族自治州	—
33	安顺市工业投资有限责任公司	安顺市	AA
34	贵州剑江控股集团有限公司	都匀市	AA
35	贵阳铁路建设投资有限公司	贵阳市	AA
36	贵阳经济开发区城市建设投资（集团）有限公司	贵阳市	AA
37	贵阳产业发展控股集团有限公司	贵阳市	AAA
38	贵州新东观城市建设投资有限责任公司	黔西南布依族苗族自治州	AA
39	遵义经济技术开发区投资建设有限公司	遵义市	AA
40	贵州省长顺县国有资本营运有限公司	黔南布依族苗族自治州	AA
41	遵义市新区开发投资有限责任公司	遵义市	AA
42	贵州省铜仁市城市交通开发投资集团股份有限公司	铜仁市	AA
43	毕节市德溪建设开发投资有限公司	毕节市	AA-
44	六盘水市旅游文化投资有限责任公司	六盘水市	AA
45	贵州遵铁物流开发投资有限公司	遵义市	—
46	贵阳经济技术开发区贵合投资发展有限公司	贵阳市	AA
47	安顺市国有资产管理有限公司	安顺市	AA
48	六盘水市开发投资有限公司	六盘水市	AA
49	安顺投资有限公司	安顺市	AA
50	遵义市汇川区娄海情旅游发展投资有限公司	遵义市	AA
51	安顺市交通建设投资有限责任公司	安顺市	AA-
52	遵义和平投资建设有限责任公司	遵义市	AA-

	发行人中文名称	城市	主体评级
53	贵州凯里开元城市投资开发有限责任公司	黔东南苗族侗族自治州	AA
54	遵义市国有资本运营有限公司	遵义市	AA
55	贵州省珠江源实业集团有限责任公司	黔南布依族苗族自治州	AA

（三）区县级政府投融资平台评价

贵州省区县级政府投融资平台情况如表6-10所示，入榜企业以AA级和AA-级为主。从区域分布来看，AA级平台公司主要分布在贵阳市、六盘水市、遵义市等地。区县级企业中不乏评级为AA级的企业，能够为当地其他平台公司提供一定借鉴，但贵州省区县级平台缺乏AA+级企业，需要进一步推动企业转型发展，提振企业整体实力。

表6-10　贵州区县级政府投融资平台前35名

	发行人中文名称	城市	主体评级
1	仁怀市城市开发建设投资经营有限责任公司	仁怀市	AA+
2	安顺市西秀区工业投资（集团）有限公司	安顺市	AA
3	贵阳云岩贵中土地开发基本建设投资管理集团有限公司	贵阳市	AA
4	仁怀市水务投资开发有限责任公司	仁怀市	AA
5	贵州省红果经济开发区开发有限责任公司	六盘水市	AA
6	毕节市七星关区新宇建设投资有限公司	毕节市	AA-
7	贵阳泉丰城市建设投资有限公司	贵阳市	AA
8	贵阳白云城市建设投资集团有限公司	贵阳市	AA
9	贵阳白云工业发展投资有限公司	贵阳市	AA
10	金沙县建设投资集团股份有限公司	毕节市	AA
11	赤水市城市建设投资经营有限公司	赤水市	AA-
12	贵州宏财投资集团有限责任公司	盘州市	AA
13	清镇市城市建设投资有限公司	清镇市	AA
14	贵州金凤凰产业投资有限公司	黔西南布依族苗族自治州	AA
15	毕节市碧海新区建设投资有限责任公司	毕节市	AA-
16	贵州乌当经济开发区建设投资开发有限公司	贵阳市	AA
17	遵义市红花岗区国有资产投资经营有限责任公司	遵义市	AA
18	贵阳南明投资（集团）有限责任公司	贵阳市	AA
19	六枝特区水务有限责任公司	六盘水市	AA-
20	六盘水市水城区城市投资开发有限公司	六盘水市	AA

续表

	发行人中文名称	城市	主体评级
21	息烽县城市建设投资有限公司	贵阳市	AA-
22	贵州六盘水攀登房地产开发投资贸易有限公司	六盘水市	AA-
23	安龙县宏源国有资产经营有限责任公司	黔西南布依族苗族自治州	AA-
24	遵义市汇川区城市建设投资经营有限公司	遵义市	AA
25	金沙县路桥工程投资股份有限公司	毕节市	AA
26	贵州钟山开发投资有限责任公司	六盘水市	AA-
27	凯里市文化旅游产业投资发展有限公司	凯里市	AA
28	凯里正源城镇建设发展有限责任公司	凯里市	AA
29	遵义市播州区交通建设投资有限公司	遵义市	AA-
30	遵义市红花岗城市建设投资经营有限公司	遵义市	AA-
31	六盘水梅花山旅游文化投资有限公司	六盘水市	AA
32	普定县夜郎国有资产投资营运有限责任公司	安顺市	AA-
33	贵州水城水务投资有限责任公司	六盘水市	AA-
34	遵义鸭溪大地投资开发有限责任公司	遵义市	AA
35	六盘水市钟山区城市建设投资有限公司	六盘水市	AA

第四节 贵州省地方政府投融资平台转型发展建议

一、宏观政策背景

贵州省地处西部地区,经济发展水平和基础设施建设都比较落后,随着经济建设的推进和城市化的发展,贵州省各级政府的债务问题越发凸显。近年来,其总体债务率一直较高,而在贵州省整体负债结构当中,由地方政府投融资平台所产生的债务占据着相当大的比重。由于贵州省地理位置和客观发展条件的特殊性,贵州省地方政府投融资平台面临的问题尤为突出。

自实施西部大开发战略特别是党的十八大以来,贵州经济社会发展取得了重大成就。扶贫开发如期完成,生态环境不断改善,高质量发展取得新进展。近年来,贵州省不断加强政府自身建设,提高决策水平,提升信息披露水平、坚持完善监管制度,在推动开放型经济试验区建设,提升科技创新能力和债务管理制度建设等方面也取得了一定成效。2021~2022年全国及贵州省城投债发行相关的经济政策梳理，见表6-11。

表6-11 2021~2022年全国及贵州省城投债发行相关的经济政策梳理

政策颁布机构	文件名称	时间	主要内容
中国证券监督管理委员会	《公司债券发行与交易管理办法》	2021年2月	放松对地方政府融资平台发行债券的限制
贵州省人民政府	《贵州省人民政府办公厅关于推进开发区高质量发展的指导意见》	2021年3月	明确开发区功能定位，加强统筹规划，主攻首位产业，把开发区建设成为全省新型工业化发展的引领区，开放型经济建设的先行区
证券交易所	《上海证券交易所公司债券发行上市审核规则适用指引第3号——审核重点关注事项》《深圳证券交易所公司债券发行上市审核业务指引第1号——公司债券审核重点关注事项》	2021年4月	对公司债申报规模、募集资金用途和信息披露提出更详细、更审慎的要求
中华人民共和国国家发展和改革委员会	《2021年新型城镇化和城乡融合发展重点任务》	2021年4月	加大中央预算内投资和地方政府专项债券等财政性资金统筹支持力度，推进县城新型城镇化建设专项企业债
贵州省人民政府令（第202号）	《贵州省政府投资项目管理办法》	2021年10月	规范政府投资行为，提高政府投资效益，在限额内通过发行地方政府债券融资
国务院	《国务院关于支持贵州在新时代西部大开发上闯新路的意见》	2022年1月	建设西部大开发综合改革示范区，全面推进乡村振兴和新型城镇化，推动内陆开放型经济试验区建设提档升级，加快构建以数字经济为引领的现代产业体系

2021年10月13日，《贵州省政府投资管理办法》（以下简称《办法》），要求规范政府投资行为，提高政府投资效率，防范化解重大风险，激活社会投资。政府作为国家的一部分，政府投资应坚持质量第一、效率第一，立足民生、环境，以物为先，投向市场不能有效配置的社会公共服务、基础设施建设、农业农村、重大科技进步等公共领域。积极撬动社会和金融资本投入，要更好地发挥市场在资源配置中的决定性作用，如果政府投资项目确实需要政府举债，则只能通过在限额内发行地方政府债券的方式举债。建立健全政府投资项目决策与评价机制，积极开展评价与示范，严格监督，控制风险。

2022年，《国务院关于支持贵州在新时代西部大开发上闯新路的意见》（国发〔2022〕2号）（以下简称《意见》），为贵州如何平衡经济发展需求和地方债务困境给出指导意见。《意见》部署七个方面的主要任务：一是建设西部大开发综合改革示范区，加快要素市场化配置改革，深化国企国资改革，全面优化营商环境。二是全面推进乡村振兴和新型城镇化，接续推进脱贫地区发展，深入实施乡村建设行动，大力发展现代山地特色高效农业，全面推进以人为核心的新型城镇化。三是推动内陆开放型经济试验区建设提档升级，促进贸易投资自由便利，畅通对内对外开放通道，推进开放平台建设，加强区域互动合作。四是加快构建以数字经济为引领的现代产业体系，提升科技创新能力，实施数字产业强链行动，推进传统产业提质升级，促进文化产业和旅游产业繁荣发展。五是持之以恒推进生态文明建设，改善提升自然生态系统质量，深入打好污染防治攻坚战，健全生态文明试验区制度体系，积极推进低碳循环发展。六是提高保障和改善民生水平，提升劳动者就业能力和收入水平，推动教育高质量发展，推进健康贵州建设，完善公共服务体系。七是强化重点领域安全保障和风险防范，提高水安全保障和洪涝灾害防治水平，提升能源安全保障能力，防范化解债务风险。以上七项重点工作指明了贵州省的经济发展目标，有利于贵州省的持续稳步发展。

二、区域特色分析

贵州省地方政府投融资平台融资渠道主要是通过银行贷款，少量通过发行企业债券、信托融资、股权融资等方式。贵州省地方政府投融资平台主要投资于基础设施领域。"茅台化债"现象、贵安新区开发投资有限公司做大做强城投企业、独山县发展旅游业来化解债务问题成为贵州省的三大特色。

（一）"茅台化债"化解债务风险

贵州是债券市场关注的重点领域之一。近年来，随着贵州经济的快速发展，债务压力不断积聚，非标债务信用缺失事件时有发生，区域性内城投资企业再融资难度加大。为了解决融资问题，贵州省做出了巨大努力，"茅台化债"就是在这种背景下应运而生的。"茅台化债"实际上是贵州省政府通过对茅台这一优质国有资产进行资源整合和价值利用，通过公开资本市场获得收益或获取低息融资用来化解地方债务，其本质是对债务真正的消除，而不同于金融机构债务置换，仅仅是对债务的延期或重整，并没有消除债务。

"茅台化债"具体分三步：第一步，卖股票。贵州省国资委下属的茅台集团是贵州茅台的大股东。贵州国资公司陆续卖出贵州茅台股份，随后茅台集团再次给贵州国资公司无偿划转贵州茅台股份，即以"赠送"的方式把省国资委的子公司的部分股份划转给省财政厅的子公司，再变现化解债务压力。第二步，低息发债。贵州高速公路是贵州省公路行业的龙头企业，从事公路投资建设、运营管理、公路养护工程等业务，收入主要来自收费公路通行费。随着公路建设规模的不断扩大，贵州高速公路的收入逐年增加。受 2019 年新冠肺炎疫情影响，公司净利润开始下降，贵州高速公路陷入亏损困境。同时，贵州高速债务规模扩大，财务成本和利息支出压力加大。2020 年 11 月 3 日，贵州茅台（600519.SH）控股股东茅台集团宣布，公司将向专业投资者公开发行面值总额不超过 150 亿元的无担保公司债券用于收购贵州高速公路集团有限公司的股权。利率区间设为 2%～3.5%。这一发行利率堪比国债甚至更低。第三步，消化地方债，即让茅台系统帮忙消化地方城投债。2020 年 6 月 22 日，中国银行保险监督管理委员会贵州监管局一份文件批准茅台集团财务公司新增下列业务：①承销成员单位的企业债券；②固定收益类有价证券投资；③成员单位产品的买方信贷。这意味着，茅台集团财务公司获得了投资包括地方政府债等固定收益类有价证券的资质。作为贵州茅台的控股子公司、茅台集团的资金管理机构，茅台集团财务公司未来可以在一定程度上缓解当地城投债的销售压力，帮助贵州化解债务风险，并且能够提升市场对贵州城投债的认可度，起到增信的作用。

"茅台化债"利用国有资产，通过资本市场运作获取资金化债，其中蕴含了一个典型的"地方金控化债"模式，各地方政府都拥有一定的金融资产，可以通过整合拥有的金融资源设立地方金控集团来作为资本运作的平台，真正实现了以市场化的方式消化债务，化解地方金融风险，是缓解当前地方政府债务压力的重要手段。"山西化债"模式其实也是"地方金控化债"模式中的一部分，贵州的化债方案将两者有机融合，形成有效的化债机制，即由地方金控负责牵头全省的化债工作，各县（市、新区）成立国有资本运营公司，进行国有资产经营，成立化债专项工作组，在化债工作上统一受地方金控领导。

（二）做大做强城投企业，占领投资高地

贵安新区开发投资有限公司（以下简称"贵安开投"）属于贵州省头部城投企业之一，是以建设西部地区重要经济增长极、内陆开放型经济新高地、生态文明示范区的国家级贵安新区为使命的综合性投融资平台公司。短期来看，贵安开投作为贵安新区最重要的开发投资主体，在股权划转、债务偿还保障等方面获得了有力的外部支持。中长期来看，贵安开投在新区内的核心地位不会改变，在政策上的支持和保障力度也会持续倾斜和加大，贵安开投将在政府的引导帮扶下，规范管控，全面深化改革，加强做优做精核心业务，创新发展模式，开启高质量发展的模式。

贵安新区开发投资有限公司属于市级开发平台，把优化结构贯穿融资始终，按照"项目贷款，流动贷款，发行债券"的先后顺序，降低成本。截至 2021 年底，发行人口径有息债务余额 595.44 亿元，其中公司信用类债券余额 336.10 亿元；银行贷款余额126.34亿元，非银行金融机构贷款88.56亿元；其他有息债务余额44.43亿元。

（三）独山县——发展旅游特产特色化解债务

独山县，隶属于贵州省黔南布依族苗族自治州，地处贵州最南端，与广西南丹县接壤，是贵州省乃至大西南进入两广出海口的必经之地。东守两广、西望滇黔、南控东盟、北至天府，素有"贵州南大门""西南门户"之称，是贵州南部重要城镇，也是西部地区连接中、东部地区的开放前沿。

独山县由于固定资产建设项目增多，故除了大量占用工程款、向企业及个人高息举债，还大力发掘各种融资工具。债券方面，截至2021年底，独山县仅有贵州西南交通投资实业集团有限公司一个城投平台，并且该主体于2020年6月29日发行第一只城投债，目前城投债总规模为9.18亿。13年前，独山县负责人潘志立清晰地认识到该县存在农村基础设施落后、经济结构单一、工业底子薄弱和缺乏发展条件的问题，于是开始了借债求发展之路，2015~2016年起搭建融资平台，2017年融资平台总资产就超过了700亿元，2018年进一步拓宽融资渠道。独山县依靠这些融资平台，一步步债台高筑，最终达到了400亿元。但即便如此，独山县居民为了能够招揽到更多的旅游公司，特地建造了一个"天下第一水司楼"，水司楼是拥有布依族和苗族元素的一种建筑，而独山县的这座水司楼则是其中之最。水司楼主体建筑已经完工，内部装修工作等尚未完成，但其造型气派，宏伟壮观，仍吸引了很多游客在此合影拍照。

独山区位优势好，发展旅游行业在贵州省内得天独厚，所以想要化解债务，发展旅游业才是现实之路。旅游带动人气，人气提升地价，以"旅居"模式发展旅游地产，吸引全国游客来旅游并居住，可以从根源上解决独山县的债务问题。

除此之外，贵州省城投公司的转型拥有良好的基础环境。一是贵州省经济总量居于中游水平，贵州省经济发展势头良好和复苏动力强劲，经济基础雄厚，体制环境完善，城镇体系完整。二是贵州省的城投平台自身经营实力相对较强，有许多大型的投融资公司，不是纯粹做公益性项目的载体。三是在转型过程中受到政府的大力支持，国家政府高度重视投融资平台转型发展。所以，贵州省的城投公司可以在此基础上，全方位、多角度、多维度地拓展新的业务，促进资本转型升级，扩大公司规模，进而打造综合性的大型城投集团，实现高质量转型和创新转型。

一直以来，贵州省在人力资源、粮食安全等方面为其他各省的发展做出了巨大的贡献，从长远来看，贵州将促进生产要素自由流动，积极争取和融入对外开放机遇，走出一条有别于东西部其他省份的发展新路。

三、转型发展的原则

（一）以市县为主体推进融资平台转型，量入为出

贵州省为开展融资平台公司转型发展进行了大量的实地调研，特别是重点调研了普定县、余庆县、习水县、凯里市、从江县、松桃县、兴仁市、独山县、惠水县等十个建制县政府融资平台基本情况，得出了《贵州市县政府融资平台公司转型调研报告》和《贵州省普定县等十个建制县政府融资平台调研报告》两份报告。报告明确了本次转型方向以市县为主体整体推进地方政府融资平台公司转型工作，制订各地融资平台转型实施方案的结论。首先，以市县为主体推进融资平台转型，以参股形式支持财力薄弱的县县级政策性担保机构建设，促进经济发展，撬动和放大信贷资金支持实体经济发展。其次，应该量入为出，对于一些公益性项目投融资平台，因为这些平台主要从事的是一些无收益的项目，所以在进行项目建设规划时一定要尽可能给予财政补贴，弥补成本，或者提供一些与补贴金额相对应的国有资产注入企业。如果投融资平台和政府在进行项目规划时规定好了政府补贴额度，并且已经取得合同约定的补贴金额后，平台此时应该自负盈亏，不可以再向政府申请补贴。若投融资企业的补贴未收到，投融资平台可拒绝进行投资活动。所以贵州省在进行投融资转型发展时应量入为出，抑制盲目投资。

（二）政企分离，分类管理

过去地方政府投融资平台主要是落实贵州省地方政策性的项目，无自主选择投资项目的权力，且投融资平台管理人员多为政府官员。因此，地方政府在进行投融资转型升级时必须构建新型的政企关系，实现政企分离，成为独立自主的市场企业。

地方政府投融资平台项目分为公益性项目和经营性项目。公益性项目是包括教育、医疗、道路、税务等多个方面开展的建设，对于公益性项目管理，应该做到将投融资平台公司和具体项目承担机构相结合。经营性项目是地方政府投融资平台为了获得经济收益所确定的项目。对于经营性项目，平台公司应给予项目实施的具体子公司充分的自主权来负责管理。在项目管理技术层面，投融资平台可以设置项目一览表、数据库，针对项目的具体类别添加相关优先级与项目风险系数，针对具体数据分析，进行有的放矢的重点项目跟踪管理。

（三）提高合作，互利共赢

地方政府投融资平台存在多层委托代理和预算软约束，平台在成立之初效率低下。但是如果投融资项目能够获得利润，那么就会吸引民营企业加入，因此在进行地方政府投融资平台转型升级时可以大力推进与民营企业的合作，当政府和民营企业合作共同投资建设时，投融资平台作为合作项目下的专业公司不仅获得了民营资本投入，解决了投融资平台建设资金缺乏的问题，也因为民营企业的参与，进一步提高了贵州平台企业的运行效率。

四、转型发展的建议

（一）健全并完善投融资平台运作机制

首先健全并完善地方政府投融资平台的运作机制，明确地方政府的法人主体地位，分清政府和投融资平台双方的职责，尽量减少地方政府的干预程度。在投融资平台经营过程中，地方政府应当是委托人的身份，而平台则以独立的法人身份代理其政府在市场上从事投融资行为。其次两者之间还要建立"隔离"政策，即投融资平台拥有高度的决策权，以类似于企业的形式进行市场化经营、自主经营，并自负盈亏，政府不对其负有无限连带责任。再次政府和平台应合理分配投融资平台筹集的资金，确保投融资平台可以持续经营，正常运转。此外，建立健全地方政府投融资平台的信息披露和债务统计制度，地方政府投融资平台应定期公布相关信息，做到信息公开透明化、准确化、及时性。政府也应该积极地监督和管理地方政府投融资平台的经营运作，定期向社会公布债务信息，做到信息透明化，方便公众监督，也有利于金融机构及时了解平台的运作情况，从而规范确定贷款额度，有利于金融秩序规范。最后要建立并完善风险评估和分散制度，建立专业团队对项目进行风险评估，并通过多种融资渠道进行融资，分散风险并提高收益。

（二）对县级投融资平台进行合并重组

地方政府投融资平台级别分为省、市、县三级，贵州省地方政府投融资平台多为县、市级水平较低的投融资平台，平台数量多、分布散、资产营利能力差，因此不能集团化经营。所以可以针对以上问题对地方政府投融资平台进行集团调整，在各部门之间转移资源，降低风险，达到效益最大化。对于财力较弱的县级投融资平台应适当调整，进行专业化分工、专业化经营，原则上一个地方县区只保留一家，并将其打造为强势总部。投融资平台有必要按照项目统一整合不同类别的投融资平台，进行统一管理。可以将几个相关联的平台企业和国有资产经营公司、资产管理公司合并重组，实现"1+1>2"的目的，成立新型的、更大更强的投融资平台企业。

（三）加强地方政府投融资平台风险管控

地方政府投融资平台在运行过程中会面临很多风险，一旦管控不当就会给这些投融资平台造成不可估量的损失，因此在完成地方政府投融资平台转型与发展的过程中，如何有效防范和管理各类潜在的风险就显得尤为重要。首先是国家层面，规范地方政府投融资平台行为，制定相关法律法规和制度规范，同时不断改善地方政府投融资平台的运营环境，规避法律风险和道德风险的产生。其次是各级地方政府与平台自身层面，控制好投融资平台的债务规模，量入为出，适度举债。平台自身应规范经营行为，建立健全各种风险防范制度，降低风险。再次是银行层面，银行应合理对待投融资平台的融资行为，积极对融资行为进行管控，全盘考虑平台的信用情况和所投项目的收益和风险，并且长期监督平台所贷资金的用途和流向，银行间应该资源共享、互相交流、加强沟通，以降低贷款风险。银行还要加强与政府的沟通合作，明确政府的信用担保情况，尽量降低政府不能按时偿还贷款的风险。最后是各有关监管单位层面，应当加强对投融资平台的监管力度，中国银行业监督管理委员会、中国证券监督管理委员会以及其他监督机构等需要承担起各自的职责，严密监管地方政府投融资平台，使其规范化经营，从而控制风险。

（四）拓宽投资领域，提升"造血"功能

地方政府投融资平台不仅应该承担以地方政府为导向的且不以收益为目的的公益性项目，而且应该投资于以获取收益为目的的经营性领域。一些公益性项目在建设时要投入大量资金，并且很长时间才能收回成本，所以风险较高，导致平台运营风险增加。因此，地方政府投融资平台应拓宽投资领域，积极投资一些营利性较高且能产生商业性收入的经营性项目，弥补亏损。

第七章 地方政府投融资平台
转型发展评价

——以山东省为例

第一节 山东省经济财政情况分析

一、区域概况

山东省，简称鲁，省会济南。下辖济南、青岛、烟台等16个地级市，共58个市辖区、26个县级市、52个县。全省陆域面积15.58万平方公里，海洋面积15.96万平方公里。据2020年第七次人口普查显示，山东省常住人口为10152.7万人，[①] 人口依旧呈现稳定增长态势，且劳动力总量仍超过6000万，人口资源依然充沛。山东省有147种矿产资源，约占全国矿产资源种类的85.74%。山东省海洋资源得天独厚，近海海域占渤海和黄海总面积的37%，滩涂面积占全国的15%，此外山东是全国四大海盐产地之一，为山东省经济发展提供了有力支撑。

二、经济状况

（一）2021年山东省各辖市的GDP状况

山东省是我国的农业大省，近些年来经济运行稳中向好，据国家统计局数据显示，2021年GDP总量为83095.9亿元，位居全国第三。从产业分布上看，第二产业和第三产业并重，其中第三产业占比最大，经济增速稳定。近10年来，山东省GDP总量增长较快，增速稳定（见图7-1）。从经济结构来看，第一产业

---

① 资料来源：山东省人民政府官网。

保持稳定且相较于第二、第三产业增长趋势缓慢，2021年增加值为6029亿元，占比7.26%，在三次产业中的占比逐年降低。其中，农业发展稳中有增，农林牧渔业产值达到11468.0亿元，粮食总产量1100.1亿斤。第二产业相较于第三产业增速较为缓慢，2021年增加值为33187.2亿元，占比39.94%。而工业发展加速提质，其中建筑业实力增强，总产值达到16412.0亿元。第三产业发展较为迅速，2021年达到43879.7亿元，占比52.81%。

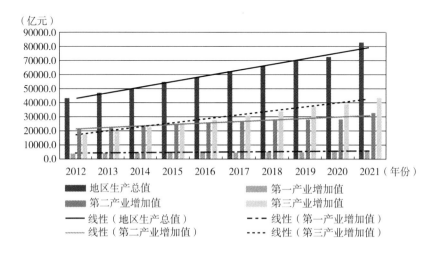

图7-1　2012~2021年山东省GDP及产业发展情况

资料来源：国家统计局。

从山东省所辖各市GDP总量上看，各市经济发展水平差异较大，青岛、济南、烟台、潍坊等城市经济发展水平较高，而其余城市经济发展水平较为落后。近些年来，济南GDP增速相对平稳，位居全省第二，但由于地理位置等因素限制，与排名第一的青岛相比，仍有较大差距。2021年，青岛市GDP总量超过14000亿元，而GDP总量排名第二的济南市未超过12000亿元，除了青岛、济南、烟台三市，其余各市均未超过8000亿元，大多数地级市的GDP总量未超过7000亿元，未超过青岛市GDP总量的一半（见图7-2）。

（二）山东省产业发展状况

山东省是我国主要发展重工业的省份，但近几年随着山东省坚决淘汰落后产能，压缩粗钢、生铁、焦化等重工业产业，培养经济发展新动能，大力推进制度创新、基金助理以及协会支撑，因此，山东省的第二产业增速放缓，第三产业的占比不断上升。从山东省的产业结构布局来看（见表7-1），2017~2021年山东省的第一产业增长缓慢，并且对地区生产总值的贡献率较低；第二产业优势相对

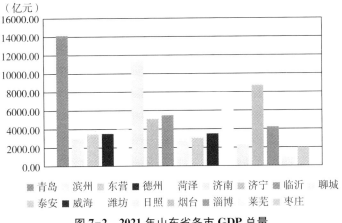

图 7-2　2021 年山东省各市 GDP 总量

资料来源：国家统计局。

明显，但近年来的增长有所放缓；第三产业发展迅猛，逐步成为省内主导产业。随着金融业、餐饮业、旅游业、房地产业、交通运输业以及邮政业的发展，近些年来第三产业迅猛发展，对 GDP 总量的贡献已经超越传统的第二产业。据数据显示，山东省产业结构转型形势总体向好，新旧动能转型稳步推进。

表 7-1　2017~2021 年山东省主要经济指标数据　　　单位：亿元

指标＼年份	2017	2018	2019	2020	2021
地区生产总值	63012.1	63012.1	70540.5	72798.2	83095.9
第一产业增加值	4832.7	4832.7	5117.0	5364.4	6029.0
第二产业增加值	26925.6	26925.6	28171.8	28456.7	33187.2
第三产业增加值	31253.8	31253.8	37251.7	38977.2	43879.7
农林牧渔业增加值	5114.7	5114.7	5477.1	5750.1	6449.5
工业增加值	22515.8	22515.8	22755.1	22986.5	27243.6
建筑业增加值	4441.0	4441.0	5532.8	5574.8	6094.5
批发和零售业增加值	8057.1	8057.1	9564.8	9810.8	11550.0
交通运输、仓储和邮政业增加值	3221.2	3221.2	3636.1	3478.6	4166.8
住宿和餐饮业增加值	983.7	983.7	1173.7	1071.0	1258.9
金融业增加值	3570.6	3570.6	4177.4	4522.3	4938.6
房地产业增加值	3469.4	3469.4	4073.7	4225.9	4524.5
其他行业增加值	11638.7	11638.7	14149.9	15378.9	16869.8
人均地区生产总值（元/人）	62993.0	62993.0	69901.0	71825.0	81727.0

资料来源：国家统计局。

三、财政状况

山东省经济总量和财政收入排名均位于全国前列，2021 年受新冠肺炎疫情影响 GDP 增速略有回落，但整体影响不大，GDP 总量仍然保持在全国第三，财政收入稳定，财政自给能力较强，因此总体运行态势平稳。

2017~2021 年山东省财政收支总体较为平衡，地方财政一般预算收入与支出均有所增长，其中地方财政一般预算支出的增速放缓，且一般收入与支出的差值相对较大（见图 7-3）。据 Wind 数据库显示，一般公共预算收入方面，2021 年山东省公共预算收入为 7284 亿元，较 2020 年增长 11%，税收收入为 5476 亿元，非税收收入为 1808 亿元，其中个人所得税和企业所得税增长速度最快。一般公共预算支出为 11709 亿元，较 2020 年增长 9.5%，其中住房保障支出和科学技术支出增幅最大，分别为 29.4% 和 28.3%。

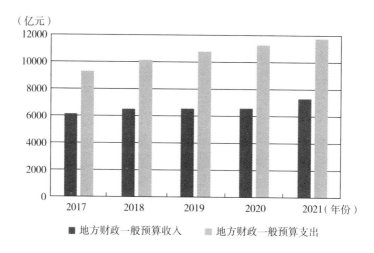

图 7-3　2017~2021 年山东省财政预算情况

资料来源：Wind 数据库。

2017~2021 年山东省政府的一般公共预算收入持续稳步增长，财政税收收入整体趋势上涨，2021 年税收收入 5476.00 亿元，同比增长 15.10%，非税收收入 1808.47 亿元，同比增长 0.34%（见表 7-2）。2021 年行政事业性收费收入增长较多，为 336.99 亿元，同比增长 9.30%。由于中央政府财政政策的支持，山东省整体上的财政实力不断增强。

表 7-2　2017~2021 年山东省财政预算收入情况　　　　单位：亿元

指标　　　　　　　　年份	2017	2018	2019	2020	2021
地方财政一般预算收入	6098.63	6485.40	6526.71	6559.93	7284.45
地方财政税收收入	4419.40	4897.92	4849.29	4757.62	5476.00
地方财政非税收入	1679.23	1587.47	1677.42	1802.31	1808.47
地方财政专项收入	310.39	351.96	347.44	360.11	378.93
地方财政行政事业性收费收入	320.28	303.52	307.22	308.32	336.99
地方财政罚没收入	180.23	194.96	208.78	225.16	—
地方财政国有资本经营收入	30.66	25.53	71.30	70.97	—
地方财政国有资源（资产）有偿使用收入	755.61	648.00	643.60	743.58	—
地方财政其他非税收入	82.06	63.50	99.07	94.16	473.35

注："—"为 2021 年数据未更新。

资料来源：国家统计局、Wind 数据库。

2017~2021 年，山东省的地方财政一般预算支出整体呈增长趋势。其中一般公共服务支出占比最大，增长逐年加快，2021 年为 1136.55 亿元，教育、科技、社保、卫生、住房保障等支出同样增长较快（见表 7-3）。

表 7-3　2017~2021 年山东省财政预算支出情况　　　　单位：亿元

指标　　　　　　　　年份	2017	2018	2019	2020	2021
地方财政一般预算支出	9258.4	10100.96	10739.76	11233.52	11709.11
地方财政一般公共服务支出	857.51	943.35	1061.95	1118.07	1136.55
地方财政外交支出	0.03	0.86	—	—	—
地方财政国防支出	15.99	15.10	19.42	15.67	—
地方财政公共安全支出	566.05	644.95	633.21	631.66	635.21
地方财政教育支出	1890.00	2006.50	2156.14	2283.84	2410.32
地方财政科学技术支出	195.77	232.74	305.76	298.62	370.87
地方财政文化体育与传媒支出	141.90	153.52	189.50	170.11	180.34
地方财政社会保障和就业支出	1131.96	1253.99	1444.63	1657.53	1863.90
地方财政医疗卫生支出	829.27	885.15	912.07	1045.50	1092.33
地方财政环境保护支出	236.84	287.20	306.50	291.54	—
地方财政城乡社区事务支出	1075.92	1109.72	1070.25	1053.86	1089.59

年份 指标	2017	2018	2019	2020	2021
地方财政农林水事务支出	953.59	998.50	1075.98	1065.29	1026.82
地方财政交通运输支出	367.31	412.79	377.76	375.89	326.59
地方财政资源勘探电力信息等事务支出	198.65	226.88	216.11	259.47	257.30
地方财政商业服务业等事务支出	83.96	102.20	55.83	74.28	84.84
地方财政金融监管支出	22.75	62.14	161.07	91.57	113.13
地方财政国土资源气象等事务支出决策数	144.63	129.17	135.51	131.11	136.13
地方财政住房保障支出	309.89	343.82	239.29	251.63	280.26
地方财政粮油物资储备管理等事务	27.77	29.93	35.60	45.89	24.97
地方财政国债还本付息支出	152.72	197.08	221.80	240.59	247.62
地方财政其他支出	32.52	34.32	27.18	25.19	76.39

注:"—"为2021年数据未更新。

资料来源:国家统计局。

第二节　山东省政府债务情况

一、总体债务情况

2021年,山东政府整体的债务规模处于全国31个省(自治区、直辖市)中等水平,债务率中等,总体的债务指标良好,但省内区域偿债能力不平衡,山东省政府债务余额持续增加。从近五年统计数据来看,山东省的债务余额由2017年的10196.80亿元增长到2021年的19992.28亿元,但是债务增长水平均并没有超过限额,这表明山东省的债务预算处于合理范围。山东省政府的专项债务也在持续增长,从2017年的4007.10亿元增长到2020年的9537.08亿元,但总体指标仍低于限额,符合财政部的监管要求。从财政自给率口径当中可以看出,虽然在2020年受新冠肺炎疫情等影响,山东省财政自给率下降到58.40%,但是在2021年财政自给率回升,达到了62.21%,表明山东省政府的财政平衡能力较好,经济活动较为繁荣,地方财政的"造血"能力较强,对于中央财政的转移支付能力以及依赖程度低。从负债率可以看出,虽然山东省近五年负债率和债务率有所提高,但仍在合理范围之内(见表7-4)。

表7-4　2017~2021年山东省地方政府债务情况

年份 指标名称	2017	2018	2019	2020	2021
地方政府债务限额（亿元）	11216.80	12547.80	14307.60	17899.60	21143.60
地方政府债务余额（亿元）	10196.80	11435.30	13127.50	16591.83	19992.28
一般债务（亿元）	6189.70	6371.00	6736.40	7054.75	—
专项债务（亿元）	4007.10	5064.30	6391.10	9537.08	—
财政自给率（%）	65.87	64.21	60.77	58.40	62.21
负债率（%）	16.18	17.16	18.47	22.69	24.06
负债率（宽口径）（%）	39.45	44.24	51.25	65.50	66.04
债务率（%）	72.94	66.71	70.03	83.10	93.15
债务率（宽口径）（%）	177.82	171.98	194.29	239.89	255.69

资料来源：Wind 数据库。

2021 年末，山东省地方政府债务余额和发债城投有息负债余额为 5.7 万亿元，居全国第三，高于经济体量相近的河南，与浙江债务规模接近。从债务压力来看，山东省债务率处于全国中游水平。窄口径债务率（地方政府债务余额/综合财力）为 93.9%，居全国（从高到低）第 20；宽口径债务率（地方政府债务余额+城投有息负债余额/综合财力）为 267.5%，居全国（从高到低）第 14。青岛市和潍坊市宽口径债务率分别达到 354.3% 和 298.7%，高于全省其他地级市，但两市财政实力尚可，财政自给率均在 70% 以上。财政实力偏弱但债务率略高的区域是济宁和泰安，两市宽口径债务率为 215.4%、184.9%，高于全省中位数（166.8%）水平，财政自给率为 60.6% 和 53.8%，低于全省中位数水平（64.9%）。①

2021 年山东省有 25 个区县城投债务率（一般预算财力口径）下降，17 个区县政府债务率（一般预算财力口径）下降。

二、城投债情况分析

城投债的发行成为山东省基础设施建设以及城市发展的重大财力支持。2021年，山东省主要依靠发行公司债、企业债以及银行间的债务进行债券的融资，其中主要发行的有超短期融资债券、定向工具、私募债券、项目收益票据、一般短期融资券、一般公司债、一般企业债、一般中期票据，总共的发行金额达到了4947.79 亿元。据 Wind 数据库显示，2021 年山东省的私募债券发行的数量最多，

---

① 资料来源：Wind 数据库。

达到了 244 只，发行规模达到了 1677.54 亿元；一般中期票据和超短期融资债券，发行规模分别为 887.50 亿元和 867.00 亿元（见表 7-5）。

表 7-5　2021 年山东省政府投融资平台各类债券发行的数量及规模

债券类型	发行数量（只）	发行规模（亿元）	占比（%）
超短期融资债券	89	867.00	0.15
定向工具	80	509.35	0.13
私募债	244	1677.54	0.41
项目收益票价	4	26.00	0.01
一般短期融资券	11	74.00	0.02
一般公司债	45	587.70	0.07
一般企业债	35	308.70	0.06
一般中期票据	93	887.50	0.15
总计	601	4937.79	1.00

资料来源：Wind 数据库。

城投债估值方面，根据 Wind 数据库，2021 年基本面改善明显的菏泽市、临沂市和潍坊市公募债平均估值分别为 6.8%、4.1% 和 6.4%，债务负担边际改善的枣庄市公募债平均估值为 3.8%。其中，临沂市经济财政实力处于省内中上游，债务率处于省内中下游。此外，烟台市经济财政实力较强，并且城投债务率和政府债务率（一般预算财力口径）双低，平均估值为 3.6%。

区县城投债方面，淄博临淄区、潍坊寿光市平均估值分别为 7.7%、7.9%，处于较高水平，考虑到其财力较强且债务率没有过高，以及 2021 年基本面数据有所改善，因此可以适当关注区域内主平台短期公募债。2021 年财政收入明显改善的济南莱芜区，私募债平均估值达 5.5%。

第三节　山东省及下辖区域地方政府投融资平台分析

一、地方政府投融资平台概况

山东省各地方投融资平台资质差异较大，且聚集性特点突出。全省 AAA 级平台中，济南市、青岛市占了大多数，其他区域政府投融资平台普遍集中于 AA

级，AA+级数量较少。从城投平台行政级别来看，贵州省共拥有 6 家省级、69 家市级、129 家区县级城投平台。从区域分布来看，青岛市共有 33 家平台公司，数量位居全省首位，潍坊市、济南市分别以 16 家、15 家位列全省第二、第三。紧随其后的临沂市、济宁市、威海市以及淄博市各有 14 家、12 家、11 家以及 11 家平台公司，其余各市均不足 10 家。

二、评价情况

从主体评级来看，山东省参与评价的 204 家企业中，评级为 AAA 级的有 19 家，评级为 AA+级的有 62 家、AA 级 110 家。主体评级为 AA 级及以上的企业占比为 93.63%，体现出山东省政府投融资平台具有较强的投融资能力（见表 7-6 至表 7-8）。从入选企业的层级看，省级平台入选企业均为 AAA 级，市级平台入选企业以 AA 级和 AA+级为主，区县级以 AA 级为主。其中，省级平台存在 6 家 AAA 级企业，市级平台存在 13 家 AAA 级企业，区县级平台有 35 家 AA+级企业，反映出贵州省各级投融资平台中都不乏有融资能力优秀的企业，能够为当地投融资平台的转型发展发挥重要引领作用。[①] 山东省各级地方政府投融资平台具体情况如下：

（一）省级政府投融资平台

山东省共有 6 家省级投融资平台企业上榜，主体评级均为 AAA 级，其中有 5 家位于济南市，可见济南市省级平台融资能力较强（见表 7-6）。

表 7-6　省级政府投融资平台

	公司名称	城市	主体评级
1	山东高速集团有限公司	济南市	AAA
2	水发集团有限公司	济南市	AAA
3	山东省鲁信投资控股集团有限公司	济南市	AAA
4	山东省财金投资集团有限公司	济南市	AAA
5	山东港口日照港集团有限公司	日照市	AAA
6	山东省土地发展集团有限公司	济南市	AAA

（二）地市级政府投融资平台

山东省地市级平台有 69 家，其中 AAA 级 13 家、AA+级 27 家、AA 级 28 家、无评级 1 家，反映出山东省地市级平台公司整体融资能力较强。分区域来看，

---

① 资料来源：Wind 数据库。

AAA 级主要分布在济南市、青岛市等地，AA+级、AA 级平台分布较为分散，分布于不同的城市（见表 7-7）。

表 7-7　地市级政府投融资平台

	公司名称	城市	主体评级
1	青岛海发国有资本投资运营集团有限公司	青岛市	AAA
2	临沂投资发展集团有限公司	临沂市	AA+
3	青岛国信发展（集团）有限责任公司	青岛市	AAA
4	青岛西海岸新区海洋控股集团有限公司	青岛市	AAA
5	山东公用控股有限公司	济宁市	AA+
6	淄博市城市资产运营有限公司	淄博市	AA+
7	菏泽投资发展集团有限公司	菏泽市	AA
8	临沂城市建设投资集团有限公司	临沂市	AAA
9	日照市城市建设投资集团有限公司	日照市	AA
10	淄博高新国有资本投资有限公司	淄博市	AA+
11	潍坊市城市建设发展投资集团有限公司	潍坊市	AAA
12	济南高新控股集团有限公司	济南市	AAA
13	青岛华通国有资本投资运营集团有限公司	青岛市	AA+
14	青岛地铁集团有限公司	青岛市	AAA
15	青岛西海岸新区融合控股集团有限公司	青岛市	AAA
16	济南城市建设集团有限公司	济南市	AAA
17	济宁城投控股集团有限公司	济宁市	AA+
18	山东高创建设投资集团有限公司	潍坊市	AA+
19	滨州城建投资集团有限公司	滨州市	AA+
20	青岛水务集团有限公司	青岛市	AA
21	东营市财金投资集团有限公司	东营市	AA+
22	济南轨道交通集团有限公司	济南市	AAA
23	潍坊水务投资集团有限公司	潍坊市	AA+
24	德州德达城市建设投资运营有限公司	德州市	AA+
25	威海产业投资集团有限公司	威海市	AA+
26	青岛西海岸公用事业集团有限公司	青岛市	AA+
27	济宁高新城建投资有限公司	济宁市	AA+
28	烟台业达城市发展集团有限公司	烟台市	AA+

续表

	公司名称	城市	主体评级
29	青岛城市建设投资（集团）有限责任公司	青岛市	AAA
30	聊城市兴业控股集团有限公司	聊城市	AA
31	济南城市投资集团有限公司	济南市	AAA
32	东营市城市资产经营有限公司	东营市	AA+
33	齐鲁财金（山东）经济发展有限公司	济南市	AA
34	临沂经济开发区城市建设投资有限公司	临沂市	AA
35	威海城市投资集团有限公司	威海市	AA+
36	潍坊滨城建设集团有限公司	潍坊市	AA
37	济宁市新城发展投资有限责任公司	济宁市	AA
38	临沂城市发展集团有限公司	临沂市	AA+
39	泰安市泰山财金投资集团有限公司	泰安市	AA+
40	泰安泰山城乡建设发展有限公司	泰安市	AA
41	德州财金投资控股集团有限公司	德州市	AA+
42	日照交通能源发展集团有限公司	日照市	AA+
43	聊城市财信投资控股集团有限公司	聊城市	AA+
44	中德联合集团有限公司	青岛市	AA
45	威海经济技术开发区国有资产经营集团有限公司	威海市	AA
46	临沂振东建设投资有限公司	临沂市	AA
47	青岛城市发展集团有限公司	青岛市	AA
48	潍坊市海洋投资集团有限公司	潍坊市	AA
49	烟台蓝天投资开发集团有限公司	烟台市	AAA
50	泰安泰山控股有限公司	泰安市	AA
51	山东海洋文化旅游发展集团有限公司	日照市	AA
52	威海市临港国有资产经营管理有限公司	威海市	AA
53	威海高新城市建设发展有限公司	威海市	AA
54	德州市城市建设投资发展集团有限公司	德州市	AA+
55	菏泽城投控股集团有限公司	菏泽市	AA+
56	日照市水务集团有限公司	日照市	AA
57	潍坊三农创新发展集团有限公司	潍坊市	–
58	枣庄市基础设施投资发展集团有限公司	枣庄市	AA+
59	菏泽市城市开发投资有限公司	菏泽市	AA
60	滨州市沾化区宏达财金投资集团有限公司	滨州市	AA

续表

	公司名称	城市	主体评级
61	山东菏建国有资本投资有限公司	菏泽市	AA+
62	潍坊高新区国有资本运营管理有限公司	潍坊市	AA
63	潍坊峡山绿色科技发展集团有限公司	潍坊市	AA
64	烟台业达经济发展集团有限公司	烟台市	AA+
65	潍坊凤凰山国有资本投资运营管理有限公司	潍坊市	AA
66	菏泽市金地土地开发投资有限公司	菏泽市	AA
67	烟台市财金发展投资集团有限公司	烟台市	AA
68	鲁南（枣庄）经济开发投资有限公司	枣庄市	AA
69	日照经济技术开发区城市发展投资集团有限公司	日照市	AA

（三）区县级政府投融资平台

山东省上榜的区县级企业有 129 家，其中 AA+ 级 35 家、AA 级 82 家、AA-级 6 家、无评级 6 家。山东区县级平台的整体实力不容小觑，山东省应积极发挥其优势，助力山东经济更好地发展（见表 7-8）。

表 7-8　区县级政府投融资平台

	公司名称	城市	主体最新评级
1	青岛市即墨区城市开发投资有限公司	青岛市	AA+
2	滕州信华投资集团有限公司	滕州市	AA+
3	淄博市临淄区公有资产经营有限公司	淄博市	AA
4	青岛胶州城市发展投资有限公司	胶州市	AA+
5	邹城市城资控股集团有限公司	邹城市	AA+
6	济宁市兖州区惠民城建投资有限公司	济宁市	AA
7	寿光市城市建设投资开发有限公司	寿光市	AA
8	青岛市即墨区城市旅游开发投资有限公司	青岛市	AA+
9	青岛全球财富中心开发建设有限公司	青岛市	AA+
10	青岛胶州湾发展集团有限公司	胶州市	AA+
11	滕州市城市国有资产经营有限公司	滕州市	AA+
12	青岛海创开发建设投资有限公司	青岛市	AA+
13	威海市中城公有资产经营有限公司	威海市	AA
14	荣成市经济开发投资有限公司	荣成市	AA
15	淄博市博山区公有资产经营有限公司	淄博市	AA

	公司名称	城市	主体最新评级
16	山东滕建投资集团有限公司	滕州市	AA
17	邹平市国有资产投资控股有限公司	邹平市	AA
18	平度市国有资产经营管理有限公司	平度市	AA
19	乳山市国有资本运营有限公司	乳山市	AA
20	兰陵县国有资产运营有限公司	临沂市	AA
21	山东省鑫诚恒业集团有限公司	青岛市	AA+
22	济宁市市中区城建投资有限公司	济宁市	AA
23	青岛世园（集团）有限公司	青岛市	AA+
24	平度市城市建设投资开发有限公司	平度市	AA+
25	沂南县城市发展集团有限公司	临沂市	AA
26	寿光市惠农新农村建设投资开发有限公司	寿光市	AA+
27	聊城市安泰城乡投资开发有限责任公司	聊城市	AA
28	滨州市滨城区经济开发投资有限公司	滨州市	AA
29	广饶县经济发展投资集团有限公司	东营市	AA
30	齐河县城市经营建设投资有限公司	德州市	AA
31	新泰市统筹城乡发展集团有限公司	新泰市	AA
32	淄博金财公有资产经营有限公司	淄博市	AA
33	山东赢城控股集团有限公司	济南市	AA
34	黄河三角洲融鑫集团有限公司	滨州市	AA
35	淄博般阳城市资产经营有限公司	淄博市	AA
36	青岛昌阳投资开发有限公司	莱西市	AA+
37	邹城市利民建设发展集团有限公司	邹城市	AA
38	郯城县城市国有资产运营有限公司	临沂市	AA-
39	山东省博兴县鑫达建设投资开发有限公司	滨州市	AA
40	临朐沂山实业有限公司	潍坊市	AA
41	青岛金水控股集团有限公司	青岛市	AA+
42	青岛市北城市发展集团有限公司	青岛市	AA+
43	龙口市城乡建设投资发展有限公司	龙口市	AA+
44	任兴集团有限公司	济宁市	AA+
45	青岛少海发展集团有限公司	胶州市	AA
46	青州市宏利水务有限公司	青州市	AA
47	济宁城乡振兴开发建设有限公司	济宁市	AA

续表

	公司名称	城市	主体最新评级
48	山东晟众城市建设综合开发有限公司	枣庄市	AA
49	荣成市财鑫投资有限公司	荣成市	AA+
50	桓台县金海公有资产经营有限公司	淄博市	AA
51	青岛融汇财富投资控股集团有限公司	青岛市	AA+
52	威海市文登区城市资产经营有限公司	威海市	AA
53	文登金滩投资管理有限公司	威海市	AA
54	新东港控股集团有限公司	日照市	AA
55	章丘市国有资产运营有限公司	济南市	AA
56	威海市环翠区城市发展投资有限公司	威海市	AA
57	高青县鲁青城市资产运营有限公司	淄博市	AA-
58	莒南县城市建设投资集团有限公司	临沂市	AA
59	山东东财建设投资集团有限公司	聊城市	AA
60	邹城市恒泰控股集团有限公司	邹城市	—
61	曹县商都投资有限公司	菏泽市	AA
62	诸城市龙城建设投资集团有限公司	诸城市	AA
63	威海蓝创建设投资有限公司	威海市	AA
64	青岛市即墨区丁字湾投资发展有限公司	青岛市	AA
65	鱼台县鑫达经济开发投资有限公司	济宁市	AA-
66	诸城市经济开发投资公司	诸城市	AA+
67	青岛动车小镇投资集团有限公司	青岛市	AA
68	潍坊市城区西部投资发展集团有限公司	潍坊市	AA
69	威海市文登区蓝海投资开发有限公司	威海市	AA+
70	山东信华发展有限公司	滕州市	AA
71	淄博市淄川区财金控股有限公司	淄博市	AA
72	青岛市北建设投资集团有限公司	青岛市	AA+
73	青岛海洋科技投资发展集团有限公司	青岛市	AA
74	荣成市城建投资开发有限公司	荣成市	AA
75	即墨国际商贸城开发投资有限公司	青岛市	AA+
76	淄博市张店区国有资产运营有限公司	淄博市	AA+
77	滕州市城市建设综合开发有限公司	滕州市	AA
78	日照市岚山区城市建设发展有限公司	日照市	AA
79	山东寿光金鑫投资发展控股集团有限公司	寿光市	AA

续表

	公司名称	城市	主体最新评级
80	诸城泰石投资控股集团有限公司	诸城市	AA
81	利津县城市投资发展建设有限公司	东营市	AA−
82	潍坊恒建集团有限公司	潍坊市	AA
83	青岛巨峰科技创业投资有限公司	青岛市	AA
84	青州市城市建设投资开发有限公司	青州市	AA
85	肥城市城市建设投资集团有限公司	肥城市	AA
86	肥城市城市资产经营集团有限公司	肥城市	AA
87	东营区财金投资发展有限责任公司	东营市	AA
88	寿光市滨海远景城镇建设开发有限公司	寿光市	AA
89	济宁市兖州区融通投资有限公司	济宁市	—
90	沂水城市建设投资集团有限公司	临沂市	AA
91	山东城资国有资产运营（集团）有限公司	临沂市	AA
92	青岛海诺投资发展有限公司	青岛市	AA+
93	烟台通元投资有限公司	烟台市	
94	沂源宏鼎资产经营有限公司	淄博市	AA
95	安丘市华安水务有限公司	安丘市	AA
96	青岛四维空间建设发展有限公司	青岛市	—
97	青岛市胶州新城建设发展有限公司	胶州市	AA+
98	青州市宏源公有资产经营有限公司	青州市	AA
99	乳山市产业投资发展集团有限公司	乳山市	AA
100	安丘市青云城市建设投资发展有限公司	安丘市	AA
101	高密华荣实业发展有限公司	高密市	AA+
102	潍坊潍州城建投资有限公司	潍坊市	AA
103	郓城县水浒城市建设投资有限公司	菏泽市	AA
104	禹城市众益城乡建设投资有限公司	禹城市	AA
105	青岛市城阳区阳光城阳控股集团有限公司	青岛市	AA+
106	高密市远大建设有限公司	高密市	AA
107	临沂罗美城市建设有限公司	临沂市	AA
108	青岛国际院士港集团有限公司	青岛市	AA+
109	潍坊潍州投资控股有限公司	潍坊市	AA
110	荣成市鑫海投资有限公司	荣成市	AA
111	青岛红建投资控股集团有限公司	青岛市	AA+

续表

	公司名称	城市	主体最新评级
112	济南章丘控股集团有限公司	济南市	AA+
113	金乡城建投资运营集团有限公司	济宁市	AA-
114	烟台芝罘财金控股集团有限公司	烟台市	AA+
115	济南历城控股集团有限公司	济南市	AA+
116	青岛融海投资控股有限公司	青岛市	—
117	安丘市华安国有资产经营有限公司	安丘市	AA
118	青岛崂山湾发展集团有限公司	青岛市	AA
119	微山县创达投资建设集团有限公司	济宁市	AA
120	昌乐县新城发展有限公司	潍坊市	AA
121	山东宁阳统筹城乡发展有限公司	泰安市	AA
122	诸城舜邦投资开发有限公司	诸城市	AA
123	济南民生实业有限公司	济南市	AA
124	菏泽高新城市建设投资集团有限公司	菏泽市	AA
125	潍坊创新投资集团有限公司	潍坊市	AA
126	临沂市振坪新农村建设有限公司	临沂市	AA-
127	邹城市隆城投资发展有限责任公司	邹城市	—
128	临沂市兰山区城市开发建设投资集团有限公司	临沂市	AA+
129	高密市国有资产经营投资有限公司	高密市	AA

第四节　山东省地方政府投融资平台转型发展建议

一、宏观政策背景

2020 年以来，山东省政府对于省会、胶东、鲁南三大经济圈的发展出台了一系列政策文件，力求在推动各个地区协调发展的基础上，推动三大经济圈一体化发展（见表 7-9）。山东省作为全国经济大省，更需要集中产业优势，加强金融创新和服务业创新，积极推动产业转型以及产业结构的升级，贯彻新发展理念，聚焦高质量发展，建设新时代现代化强省。而政策红利在促进经济发展的同时也会带来多种挑战，对于城投公司而言，需要在经济变革的大环境下，抓住机遇的同时也要应对各种挑战，山东省作为经济大省，城投公司较多，因此城投公司亟待市场化转型，城投债应更多发挥其市场职能。山东省的大部分区县级城投平台仍然依赖着大体量的非标债务，这使山东政府对其进行严格的"穿透式"监管，而对风险的严格把控也会增加投资者对山东区域的吸引力。如何化解隐性债务风险，减少债台高筑现象，是山东省城投公司在以后的发展道路上需要注意的方面。

表7-9　2018~2022年山东省相关经济政策

时间	文件名	主要内容
2018年1月	《山东新旧动能转换综合试验区建设总体方案》	探索建立创新引领新旧动能转换的体制机制，探索以全面开放促进新动能快速成长，探索产业发展与生态环境保护协调共进，为扎实推进去产能、振兴实体经济、构建创新创业良好制度环境、发展更高层次开型经济、形成绿色发展动能提供经验借鉴
2018年2月	《关于山东省2017年预算执行情况报告和2018年预算草案的报告》	政府出台相关风险的紧急预案，提出严格落实政府债务的管理和规定，需要严肃查处违规举债和担保融资等问题。2018年进行规范政府融资以及举债的行为，设立相关预警机制，尽可能地降低系统性风险。实行地方政府的债务风险防控，同时进行新债的发行，由统计可得发行的新债为1324.26亿元、置换债券和再融资债券达到了1172.02亿元
2019年1月	《关于山东省2018年预算执行情况报告和2019年预算草案的报告》	制定相关防范化解隐性债务风险的意见，实行新增债务事前审批制度，从而逐步建立起全面清单制度，建立政府举债融资的负面清单制度。进一步强化债务考核，引导各地减存量、控制增量、防范风险
2020年1月	《黄河三角洲高效生态经济区发展规划》	①进一步加大信贷支持力度，优化信贷资源配置。②推动资本市场加快发展，扩大直接融资比重。③促进保险业健康发展，提高风险管理和社会保障水平。④稳步推进金融改革，进一步完善金融组织体系。⑤积极开展金融创新试点，增强区域金融发展活力。⑥加强金融服务体系建设，提高金融运行效率
2020年2月	《关于山东省2019年预算执行情况报告和2020年预算草案的报告》	聚焦防控地方债务风险，制定相关的三级响应预案以及相关政策
2021年1月	《关于山东省2020年预算执行情况报告和2021年预算草案的报告》	稳妥推进政府管理改革，加快推进政府融资平台公司市场化转型，并建立起政府债务风险等级，防范化解债务风险

时间	文件名	主要内容
2021 年 4 月	《山东省国民经济和社会发展第十四个五年规划和 2035 年远景目标纲要》	主要领域现代化进程走在全国前列，新时代现代化强省建设取得突破性进展。综合实力专在前列，全省生产总值迈上新台阶，山东半岛城市群在黄河流域生态保护和高质量发展中的龙头作用凸显，成为国内大循环的战略节点、国内国际双循环的战略枢纽，成为国家新的经济增极。防范化解重大风险体制机制不断健全，发展安全保障更加有力，治理体系和治理能力现代化水平持续提升
2022 年 1 月	《关于山东省 2021 年预算执行报告和 2022 年预算草案的报告》	优化完善政府举债融资机制，有序地推进政府投融资平台市场化转型。2022 年将健全政府债务风险预警机制，坚决遏制新增隐性债务，分类推进融资平台市场化转型，守住政府债务风险的底线

资料来源：山东省各市财政厅。

二、区域特色分析

（一）发挥三大经济圈的辐射效应

2021 年 8 月，山东省召开了构建"一群两心三圈"区域发展总体布局会议，强调省会经济圈、胶东经济圈、鲁南经济圈的"十四五"一体化发展规划。这意味着以济南为核心，包括济南、淄博、泰安、聊城、德州、滨州、东营七市的省会经济圈；以青岛为核心，包括青岛、烟台、威海、潍坊、日照五市的胶东经济圈；包括临沂、枣庄、济宁、菏泽四市的鲁南经济圈，在未来几年之内逐步推进并实现一体化发展。

省会经济圈以济南为核心，推进淄博、泰安内核圈层同城化，辐射带动聊城、德州、东营联动圈层协同发展，建设沿黄文化旅游生态带，打造"泰安—济南—德州""淄博—济南—聊城"发展枢轴，构建"一心两圈层、一带两枢轴"发展布局。

胶东经济圈以青岛为核心，依托高铁、高速等交通轴和滨海发展带，培育壮大泛胶州湾区、泛芝罘湾区、泛莱州湾区，构建"中心引领、轴带展开、湾区带动、多点支撑"的陆海统筹发展布局。

鲁南经济圈以鲁南高铁（日东高速）为依托，大力发展临沂新区与菏泽新区，建设沿黄生态经济带、南部山区经济带、岚曹（鲁南段）高速发展带，打造济广—德上高速发展走廊、济徐高速（大运河）发展走廊、京沪高铁（京台高速）发展走廊、京沪高速发展走廊，构建"一轴带动、两区引领、三带协同、四廊支撑"发展布局。

在功能定位方面，省会经济圈抢抓黄河流域生态保护和高质量发展重大国家战略，扎实推进"强省会"战略，着力打造黄河流域生态保护和高质量发展引领区、全国区域一体化发展示范区、全国数字经济高地、世界级产业基地、国际医养中心、国际知名文化旅游目的地，建成中国北方强劲增长极。胶东经济圈以海洋经济发展走在全国前列为目标，昂起山东半岛城市群龙头，着力打造国际海洋创新发展高地、国际海洋航运贸易金融中心、新经济发展先行区、高水平改革开放引领区、海洋生态文明示范区。鲁南经济圈紧抓乡村振兴、淮河生态经济带、新时代革命老区振兴发展等重大战略机遇，着力打造乡村振兴先行区、转型发展新高地、淮河流域经济隆起带、革命老区振兴发展示范区。

（二）城投企业数量多、质量优

山东省是全国最发达的省份之一，经济实力和财政实力位于全国前列。从山东省的城投企业的主体信用评级可以看出，山东省的整体信用评级较高，产生信用风险的可能性较低。发债城投数量方面，截至 2020 年 5 月，山东省有存续债的城投企业共计 126 家，其中仅有私募债的企业 6 家，山东省整体发债城投企业家数较多。截至 2022 年 3 月底，山东省城市投资债券余额总计 1273 亿元，主要集中省级投资平台和青岛市、济南市、潍坊市等城市投资平台。近些年，山东省城市投资债券发行量基本保持在全国 6% 左右，城投债券发行体量较大。从有息债务区域分布看，山东省城投企业有息债务总额为 15826.3 亿元，其中省本级平台占比 28.91%、青岛市平台占比 22.73%，济南市和潍坊市各占 12.32% 和 10.06%。存量债券余额总计 4668.1 亿元，其中青岛市 1417.5 亿元，潍坊市、济南市和济宁市存量债券余额排名居前，分别为 621.8 亿元、612.2 亿元和 525.2 亿元，省级平台债券余额为 448.1 亿元。从存量债券占有息负债比重看，东营市占比最高达到 51.2%，此外，淄博市和济宁市占比也相对较高，分别为 46.7% 和 45.8%。[①]

（三）打造山东模式，占据创新高地

随着《山东省国民经济和社会发展第十四个五年规划和 2035 年远景目标纲要》的实施，山东省已经逐步探索到自己的发展模式，如今"生态、开放、活力、精致"的城市发展向度已经举棋落子，创新引领的力量正在为城市"造血"和"铸魂"。潍坊市城投集团由融资平台向产业投资转型，打出城市建设、城市服务、城市产业"组合拳"，通过 30 个重点项目、600 亿元资本运营以及 1000 亿元资产实力，一步步支撑现代化高品质城市建设。日照市城投集团发挥其第三

---

① 资料来源：Wind 数据库。

产业的优势，利用奥飞主体乐园等优质旅游项目，在经济高质量发展当中起到了一定的引领作用。同时，日照市的相关城投公司积极打造免费经济以及平台经济，实现从"建设城市"向"经营城市产业"的实体转变。临沂城投集团全面深推内部改革、三项制度、财务共享中心建设"三项改革"，加大产业整合、企业重组、资产清理、人员激励等力度，激发高质量发展的新动力。"山东模式"不仅带动了当地的就业和经济发展，而且推动了产业转型以及良性循环，为城投平台转型提供了强大的支撑力量。

三、转型发展的原则以及目标

（一）转型发展的原则

山东省作为全国财政经济实力较为靠前的省份，需要明确转型发展的原则，发挥其城投平台转型以及升级的带头作用，在《山东省国民经济和社会发展第十四个五年规划和 2035 年远景目标纲要》的指导下，立足于自身的优势，分门别类推动转型发展，防控地方政府债务和信用风险，整合政府以及投融资平台资源，做好中长期的城投发展规划，让地方政府投融资平台更好地发挥其市场作用，为市场经济注入活力，具体转型发展原则如下：

一是注重厘清职责边界。划清政府与融资平台公司职责范围，平台不承担政府融资职能，政府不承担平台偿债责任，更有效地做到政企分开。

二是突出市场化导向。支持平台通过市场化方式，做大做强实体产业，增强自身"造血"能力，依法合规进行融资建设。

三是坚持分类施策。立足各地实际，区分平台不同类型，采取差异化方式分类推进平台市场化转型。

四是注重可操作性。明确平台转型目标和工作重点，在剥离政府融资职能、加强资产管理、处置存量债务、健全工作推进机制等方面提出具体要求与措施。

（二）转型发展的目标

如今，随着政策的收紧，山东省投融资平台的转型发展势在必行。从转型效果初期来看，在转型方向、转型难度、资产质量提升、融资能力提升等方面存在较大差异。这与地方融资平台长期存在的问题密切相关，如部分地区债务结构中非标融资占比居高不下，企业违约风险较高，省内专业担保机构较少等。因此，山东省各地区在未来投融资平台发展中，应充分考虑当地资源禀赋，提高自身资产质量，坚持市场化转型、循序渐进、顺势而为，积极拓展多元化融资渠道。

对于省级投融资平台而言，山东省共有九家省级投融资平台，其中山东省财金投资集团有限公司实际控制人为山东省财政厅，其余八家平台实际控制人皆为山东省人民政府国有资产监督管理委员会（以下简称"山东省国资委"）。从职能上看，齐鲁交通发展集团有限公司、山东高速集团有限公司、山东高速股份有限公司主要负责山东省的高速公路建设与运营。山东铁路投资控股集团有限公司主要负责山东省内铁路的投资建设。水发众兴济源有限公司与水发集团有限公司则主要负责省内的水利基建、供水和污水处理等业务。山东铁路投资控股集团、山东高速股份有限公司为山东高速集团的子公司，水发众兴集团为水发集团的孙公司。这些省级投融资平台需要积极了解和落实山东省国资委的相关政策，对于山东省城投转型和发展应该起到引领示范作用。

对于市级以及下属区县级的投融资平台而言，山东省的下属区县级投融资平台数量较多，但是其融资方式更多依赖于非标准化融资，隐性债务风险较高，因此对于市级以及区县级的投融资平台更应该明确转型发展的目标，与此同时，地方监管部门应该加强监管，进一步防范债务风险。

四、转型发展的建议

（一）分类管理，分业经营

根据国有资产的战略定位和发展目标，结合企业责任的定位和发展方向，对国有企业进行分类管理。对平台的经营性质进行分类，第一类是纯经营性的平台，把同一政府的所有从事经营性质的融资平台进行资产整合重组，更加明确其市场化职能，开展更多的市场化的经营业务。第二类是准公益性质的融资平台，这类融资平台具有一定的收益权，今后可以进行混合所有制改革，进一步推动融资平台的逐步转型和升级。第三类是纯公益性质的平台，对这类投融资平台实施废除或者转入政府机构。商业国有企业充分参与市场竞争、依法独立经营、自担风险，公益性国有企业则是保障民生、服务社会、提供公共产品和公共服务，对此类国有企业应当提供扶持和保护。在省级投融资平台当中，山东省土地发展集团有限公司主要开展经营性项目以及土地整治业务，政府对于该公司的支持力度较大，杠杆结构和债务结构相对合理，可以为其他城投公司的发展转型起到示范作用。同时，各级融资平台公司主管部门要坚决贯彻落实上级要求，坚持市场化、法治化原则，理顺政府与融资平台公司之间的关系，剥离融资平台公司政府融资的职能，增强融资平台公司的"造血"功能，有序地消化存量隐性债务，提升财务管理水平。

（二）建立奖励和惩罚机制，激发城投平台创新活力

山东省政府应出台相关政策，对政府综合债务率控制在目标范围内、存量隐性债务化解力度大、不良贷款率控制较好及财政困难消除快的地区进行奖励。根据《山东省财政厅关于印发财政困难县激励性转移支付暂行办法的通知》（2021年），推进城投平台整合。对于一些隐性债务压力过大、不良贷款率较高的城投

企业，给予红色及橙色等级警示。其中，对政府综合债务率上升 20% 及以上的相关企业实行橙色风险等级，对政府综合债务率未下降为红色风险等级的财政困难县取消奖励资格。

（三）盘活存量资源，创新增量资产

对于能够产生稳定现金流的资金，通过资产证券化方式，解决资产支出和收益期限错配问题，盘活存量资源，提高既有资源的结构化效率，并大幅度优化平台自身收入结构和资产负债表。城投公司需要创新资产经营模式，具体在创新增量方面，对于城市特许经营权，可以通过政府授权经营、创新资产经营模式、提升公共服务水平，从而为城投平台带来可观的现金流和资产证券化的机会。对于主要承担公益性项目融资功能、依靠财政性资金偿还债务的城投类融资平台公司，应该在妥善处置存量债务、资产和人员等基础上依法注销。对于兼有政府融资和公益性项目建设运营的"混合类"融资平台公司，需要逐步分离其政府融资功能，进一步通过兼并重组等方式整合同类业务，推动融资平台公司的转型。对于具有相关的专业资质、市场化竞争性较强、规模较大、管理规范的市场型投融资平台公司，在妥善处置存量债务的基础上，应该大力支持其转型为商业类国有企业。同时，对于兼有不同类型融资功能的融资平台公司，也要进行市场化转型。山东省金融资产管理股份有限公司已在业务模式方面建立了盘活存量的规范流程，在技术手段方面逐步形成了价值获取、价值挖掘和价值实现的专业优势，在机构布局方面已经初步建立了遍及山东省的风险处置网络体系，因此今后需进一步加强风险处置网络体系的构建。

（四）建立现代企业制度，完善治理结构

第一，健全建立公司内部治理结构，改善行政管理混乱的现状，由政府化管理逐步转变为市场化的企业管理。需要投融资平台进一步明确与地方政府的关系，明确政府和企业责任，政府应当简政放权，减少行政干预，使地方投融资平台有足够的自治权和决策权。第二，建立产权明晰、权责明确、政企分开、管理科学、提高公司经营管理效率的现代企业制度。第三，建立人力资源管理和控制体系。加强人力资源开发，培训和引进培养一支高层次人才队伍；整合人力资源管理系统，完善人力资源配置机制，通过人才流动和优化配置加快人才培育和发展；进一步加强后备人才和青年人才的培养和利用，优化人才结构，为投融资平台的转型升级和可持续发展提供人力资源保障。

（五）加强监督管理，完善监督管理机制

第一，加强对融资平台公司的监督管理。各级财政、国资、金融监管部门，要加强对融资平台公司市场化转型监督管理。国资部门要履行监管职责，在融资平台公司市场化转型过程中制定相应的国有资产管理制度，明晰政府与公益类国有企业的产权关系，做好相关资产处置、移交、运营和管理。财政部门要督导转型后各类融资平台公司建立债务风险预警及应急处置机制，切实防范隐性债务风险。金融监管机构加强政策监管，督促金融机构密切关注公益类国有企业融资规模和信用支持方式，坚决防止违法违规举债融资。

第二，需要从严规范融资平台公司融资行为，原承担政府信用进行融资只能通过的各类融资平台公司，不得以政府信用进行融资。严禁新设具有政府融资功能的各类融资平台公司，严禁通过公立学校、公立医院等公益性事业单位变相为融资平台公司建设项目融资，严禁融资平台公司利用没有收益的公益性资产抵押贷款或者发行信托、企业债券等各类融资性金融产品。同时，当融资平台公司因参与公益性项目建设而在境内外融资时，必须在相关的借款合同、信息披露文件中声明其新增债务依法不属于政府债务，政府不应该承担任何偿债责任。

第三，进一步强调债务属地管理机制。根据《2019 年山东省政府一般债券（五期）信息披露文件》，山东省、市、县成立了政府主要负责同志任组长的政府性债务管理工作领导小组，落实政府债务属地管理责任，明确各级政府对本地区债务负总责。

（六）创新发展模式，实行多样化融资

创新投融资模式，培育多层次、多渠道、可持续的市场化融资新机制是平台公司实现助力地区经济发展的根基。强化地方平台公司对地方国有资本投资运营能力，支持和鼓励平台公司通过 PPP 模式、资产证券化、债券创新品种、产业投资基金等新型融资方式，丰富市场化投融资渠道，为区域发展和城市投资建设提供资本支撑。山东省作为全国经济大省，更应该支持国家相关的政策，实现多样化融资。根据山东省人民政府办公厅关于印发《山东省发挥信用信息应用价值助力中小微企业融资若干措施》（鲁政办发〔2022〕10 号）显示，在现在省综合金融服务平台暨地方征信平台的基础上，统筹建立完善地方融资信用服务平台。同时发挥好现有省中小微企业融资服务平台、省银税互动融资服务平台等作用，不断提升对全省小微企业的融资服务水平。此外，应该注重银行与企业之间的高效对接，积极组织和协调各类金融产品和服务，城投公司和银行之间应当注重多样化的融资方式的对接，拓宽地方投融资平台的融资模式。

第八章 地方政府投融资平台转型发展评价

——以重庆市为例

第一节 重庆市经济财政情况分析

一、区域概况

重庆市简称"渝",又称山城,是西部大开发的重要战略支点,是"一带一路"与长江经济带的重要纽带。重庆位于中国内陆的西南部和长江上游,地形复杂,以丘陵和山地为主,故有"山城"之称,是中国西南地区融贯东西、汇通南北的综合交通运输枢纽。重庆市下辖26个区、8个县、4个自治县,有204条街道、611个镇、193个乡、14个民族乡,总面积8.24万平方公里,常住人口3212.43万人。

重庆市是我国西南水陆交通运输枢纽和工商业重镇,是长江上游的经济、金融、航运和商贸物流中心,已经成为我国内地对外开放的新型城市。重庆市经济建设的格局以农业、工业、交通等为主,是西南部和长江上游地区最大的经济中心,是我国进行经济体制综合改革的试点城市之一。自1997年重庆市成为中国中西部地区唯一的直辖市以来,重庆发展取得十分显著的成就,战略性新兴产业蓬勃发展,经济高质量发展,经济结构加速转型升级。

二、经济情况

重庆市作为四大直辖市之一,获得中央的大力扶持,其GDP增长较快,产业结构属于第二、第三产业并重,八大支柱产业共同主导的布局。2019~2021年全年 GDP 总值分别是 23605.77 亿元、25002.79 亿元、27894.02 亿元，同比增长分别为 6.3%、3.9%、8.3%，2021 年 GDP 总值位居全国第 17 位。① 除 2020 年受到新冠肺炎疫情的冲击地区生产总值增速放慢之外，2019 年和 2021 年重庆的地区生产总值的增长速度都较快。

产业分布方面，重庆市立足于新发展阶段，加快推进成渝地区的经济圈建设，经济逐渐实现稳步前进和合理增长，建立了"十四五"时期的良好开局。重庆的"6+1"主导产业分别是消费品、能源工业、材料、电子制造、汽车制造以及装备制造，同时，正在大力发展新能源汽车、大数据、生物医药等新兴产业。2020 年重庆市第一产业、第二产业、第三产业的 GDP 分别为 1803.33 亿元、9992.21 亿元、13207.30 亿元；2021 年重庆市第一产业、第二产业、第三产业的 GDP 分别为 1922.03 亿元、11184.94 亿元、14787.05 亿元，同比增长分别为 7.80%、7.30%和 9.00%；2021 年重庆市三次产业结构比为 6.9∶40.1∶53.0。在新冠肺炎疫情的影响下，产业链受到严重冲击，2020 年的 GDP 增长略有下降，而新冠肺炎疫情后重庆市开始复工复产，产业链迅速恢复，2021 年的 GDP 增长开始回升，产业结构正在向好发展，其中第三产业受影响程度大，其他年度增速平稳，尤其是服务业受影响最大。2010~2021 年重庆市 GDP 增长情况如图 8-1 所示，2010~2021 年重庆市人均 GDP 增长情况如图 8-2 所示。

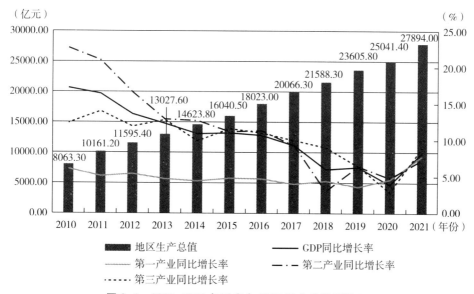

图 8-1　2010~2021 年重庆市 GDP 及产业发展情况

资料来源：国家统计局。

① 资料来源：重庆市人民政府官网。

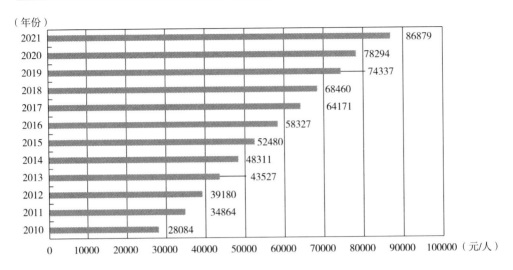

图8-2 2010~2021年重庆市人均GDP发展情况

资料来源：国家统计局。

重庆市的主城区、郊区以及下辖县之间存在一定的区域差异，整体呈现"西南强，东南和东北弱"的格局。主城区的发展程度较好，消费水平较高，经济活力较强，而周边区县的经济发展程度从内向外扩层层减弱。主城区是以第三产业为优势产业，尤其是旅游业、金融业和服务业；环主城区的优势产业主要是消费品、装备制造、清洁能源等；生态区的经济总量较低。

2021年，GDP占重庆市比重前五分别是渝北区、九龙坡、江北区、涪陵区以及江津区；人均GDP前五分别为涪陵区、荣昌区、九龙坡、渝北区以及巴南区。人均GDP排名靠前的区县大部分不属于主城九区，重庆市的经济重心主要偏向西部地区，整体呈现出"西南强，东南和东北弱"的格局，这表明重庆市内部存在区域经济发展不平衡的现象。在"十四五"时期，重庆市政府提出重庆各区县GDP增速预计达到6.0%以上，明确了主导产业和新兴产业的战略规划和目标。2021年重庆市各地区GDP结构与产业结构如表8-1所示。

表8-1 2021年重庆市各地区GDP结构与产业结构 单位：亿元，%

板块 \ 指标	人均GDP	GDP占全市的比重	第一产业GDP	第二产业GDP	第三产业GDP
重庆市	27894.02	100.00	1922.03	11184.94	14787.05
北碚区	717.87	2.57	18.61	351.48	347.78
巴南区	963.40	3.45	54.50	438.60	470.30

续表

指标 板块	人均 GDP	GDP 占 全市的比重	第一产业 GDP	第二产业 GDP	第三产业 GDP
璧山区	—	—	—	—	—
城口县	60.63	0.22	12.70	12.21	35.73
大渡口区	310.36	1.11	1.15	142.79	166.42
垫江县	502.60	1.80	63.90	215.10	223.60
大足区	800.30	2.87	68.42	402.70	329.17
丰都县	375.44	1.35	52.73	160.09	162.62
奉节县	—	—	—	—	—
涪陵区	1402.74	5.03	90.89	782.78	529.07
合川区	—	—	—	—	—
江北区	1507.10	5.40	1.20	315.10	1190.70
江津区	1258.00	4.51	127.20	706.00	424.70
九龙坡区	1736.38	6.22	7.51	623.60	1105.27
开州区	—	—	—	—	—
梁平区	549.44	1.97	62.18	265.46	221.80
南岸区	880.98	3.16	4.30	326.58	550.10
南川区	408.51	1.46	62.96	158.46	187.09
彭水苗族土家族自治县	—	—	—	—	—
黔江区	—	—	—	—	—
綦江区	742.33	2.66	82.56	334.45	325.32
荣昌区	813.47	2.92	66.28	449.83	297.36
沙坪坝区	1058.30	3.79	5.20	329.30	723.80
石柱土家族自治县	186.54	0.67	33.86	43.25	109.43
铜梁区	704.50	2.53	63.94	382.78	257.79
潼南区	539.35	1.93	84.28	236.18	218.89
武隆区	262.14	0.94	31.55	112.49	118.10
巫山县	208.80	0.75	35.6	64.05	109.19
巫溪县	120.83	0.43	26.88	27.79	66.17
万州区	1087.94	3.90	108.91	310.96	668.08
秀山土家族苗族自治县	—	—	—	—	—
渝北区	2235.61	8.01	31.16	765.16	1439.29
永川区	1144.20	4.10	83.30	604.40	456.50

板块 \ 指标	人均 GDP	GDP 占全市的比重	第一产业 GDP	第二产业 GDP	第三产业 GDP
酉阳土家族苗族自治县	212.47	0.76	40.28	33.98	138.21
云阳县	528.13	1.89	69.99	205.13	253.01
渝中区	—	—	—	—	—
长寿区	866.30	3.11	63.90	527.90	274.50
忠县	488.55	1.75	58.82	218.24	211.49

资料来源：Wind 数据库。

三、财政状况

2022 年 1~4 月，重庆市财政收入位居全国第 6[①]，税收与非税收收入均稳步增长。总体来说，重庆市的财政实力处于全国中等水平，财政收支的平衡性强、财政质量有待提高、财政实力有待进一步提升。在新冠肺炎疫情好转之后，经济迅速回升，财政收支增速排名开始不断提升。财政收入平稳运行的主要原因是支柱产业恢复、企业效益提高、区域协调发展等，而财政支出在重点领域得到了有力保障，通过不断改善民生、推进重点项目运行、有效配置公共财政资源等推动重庆市经济协调发展。

一般公共预算收入方面，2021 年重庆市一般公共预算收入为 2285.40 亿元，同比增长 9.1%，位居全国第 17，其中税收收入增速为 7.9%，低于非税收收入增速 11.7%（见表 8-3）。2016~2021 年，重庆市一般公共预算收入呈上升趋势，仅 2019 年和 2020 年的一般公共预算收入略有下降，财政收入的稳定性较强。由于 2020 年新冠肺炎疫情的冲击，重庆市政府对各个行业实行适度的减免税收政策，进而税收收入同比下降 7.2%。

一般公共预算支出方面，2021 年重庆市一般公共预算支出为 4835.10 亿元，同比下降 1.2%，财政收入增速高于财政支出。2021 年教育支出、科学技术支出、社保和就业支出、卫生健康支出、农林水支出、交通运输支出等分别为 794.9 亿元、92.8 亿元、1019.6 亿元、427.6 亿元、408.2 亿元、277.3 亿元（见表 8-2），其中教育、科学技术、社保和就业等基本支出只增不减。从 2021 年全年来看，财政运行十分平稳，未来将继续稳定经济大盘，保障了政府治理过程中的重大任务和重大目标，整体的财政自给率不断下滑。

---

① 资料来源：Wind 数据库。

表 8-2 2016~2021 年重庆市财政收支规模情况 单位：亿元

年份 指标	2016	2017	2018	2019	2020	2021
一般公共预算收入	2227.90	2252.00	2266.00	2134.90	2094.80	2285.40
地方财政税收收入	1438.44	1476.00	1603.00	1541.20	1430.70	1543.40
地方财政非税收入	789.46	776.05	662.50	593.70	664.10	742.00
一般公共预算支出	4001.87	4336.71	4541.00	4847.79	4893.90	4835.10
教育支出	574.20	626.71	681.52	728.25	754.90	794.90
科学技术支出	51.49	59.28	68.63	79.26	82.80	92.80
社保和就业支出	640.09	703.77	770.84	880.13	951.00	1019.60
城乡社区支出	683.17	820.50	782.97	818.19	434.40	—
卫生健康支出	331.60	359.22	—	383.19	511.00	427.60
农林水支出	347.94	345.76	364.26	384.14	416.80	408.20
交通运输支出	267.85	279.20	259.92	280.64	303.20	277.30

资料来源：重庆市财政局官网。

表 8-3 2016~2021 年重庆市财政收支增速情况 单位：%

年份 指标	2016	2017	2018	2019	2020	2021
地方财政一般公共预算收入	7.10	3.00	0.60	-5.80	-1.90	9.10
地方财政税收收入	6.00	7.30	8.60	-3.90	-7.20	7.90
地方财政非税收入	9.10	-4.20	-14.60	-10.40	11.90	11.70
地方财政一般公共预算支出	4.90	7.90	4.70	6.80	1.00	-1.20
教育支出	7.10	9.00	8.80	3.50	3.70	5.30
科学技术支出	12.70	14.80	15.70	15.60	4.50	11.90
社保和就业支出	12.40	9.90	9.70	14.00	8.10	7.20
城乡社区支出	8.80	19.80	-4.00	6.70	13.40	—
卫生健康支出	5.60	8.50		2.80	-36.10	-1.60
农林水支出	4.90	5.90	4.80	4.70	7.00	-2.00
交通运输支出	-8.90	4.20	-9.70	3.10	3.70	-8.60

资料来源：重庆市财政局官网。

重庆市大部分区县的财政收入都保持良好的增速，全年财政实现稳定增长，保持着较好的势头。但重庆市各个区县的财政收入情况存在较大的差异，主城区整体要高于环主城区和生态区，其中江北区、万州区、渝北区、江津区以及南岸区的财政收入情况排名靠后，主要是由于电子、材料、汽车等多个行业工业发展迅速，发展质量较高，不断促进财政税收和经济发展；而城口县、巫溪县、酉阳县、石柱县、秀山县的财务收入情况排名靠后，主要是由于地理位置较偏僻、地区工业基础薄弱、人口流失严重以及财政创收能力弱等造成的，首尾区县的财政收入规模有很大差距，存在严重的分化情况。

重庆市各个区县的财政支出基本大于财政收入，从整体来看，各区县的财政支出的规模也存在较大的差距。其中财政支出规模最大的是万州区，达到146.9亿元，也是唯一超过140亿元的地区。而重庆的各区县的财政支出的增速存在显著差异，表现为7个区县是正增长，31个区县是负增长。其中财政支出增速最高的长寿区，达到22.3%。[①]

第二节 重庆市地方政府债务状况

一、总体债务情况

重庆市的债务问题备受关注，2012年以前重庆市的债务迅速扩张，据Wind数据库统计，2012年负债率达到32.9%，2014～2019年逐渐下降，2020年有所上升。而在2018年重庆的城投平台正在不断进行产业转型，重庆经济出现"转型阵痛"，传统支柱产业受到严重的冲击，因此自2021年以来，重庆市在不断推进城投转型、积极推进债务置换、减少重庆负债率、减轻隐性负债的压力、降低地方债务风险，使债务状况逐渐良好。

重庆市地方政府债务规模和偿债压力均处于全国中等水平，据Wind数据库统计，2021年底重庆地方政府债务余额8610亿元，位居全国第12；2010～2012年重庆负债不断增加，在2012年负债率达到最高点32.9%；2014～2019年负债略有下降；2020年新冠肺炎疫情防控期间基础设施建设投入力度不断加大，使重庆负债有所上升，2021年负债率为30.9%，位居全国第10；2021年债务置换力度加大，地方政府债务限额使用率不断增加，2021年重庆地方债务余额增速位居全国前列，从2020年的90.2%升至96.1%。2017～2021年，重庆市地方政府债务余额不断增长，5年间达到8610亿元，主要是缘于专项债务的快速增长和特殊再融资债的发行等。将债务余额与一般公共预算收入规模进行对比，2021年重庆的地方政府债务余额是一般公共预算收入的3.77倍。2017～2021年重庆

---

① 资料来源：重庆市财政局官网。

市政府债务规模如表 8-4 所示。

表 8-4　2017~2021 年重庆市政府债务规模　　　　单位：亿元

指标名称 ＼ 年份	2017	2018	2019	2020	2021
地方政府债务限额	4383.40	5093.40	6049.40	7542.40	8903.00
地方政府债务限额：一般债务	2441.60	2590.60	2766.60	3086.60	3215.00
地方政府债务限额：专项债务	1941.80	2502.80	3282.80	4455.80	5688.00
政府性债务余额	4018.50	4690.60	5603.70	6799.20	8610.00
政府性债务余额：一般债务	2235.80	2356.00	2524.30	2678.80	3065.00
政府性债务余额：专项债务	1782.70	2334.60	3079.40	4120.40	5545.00

资料来源：Wind 数据库、重庆市财政局官网。

从 2021 年重庆市各区县的债务规模来看，各个区域的债务负担分化较明显，两江新区城投债务规模较大，负债率较高，主要集中于主城区和环主城区，生态区域的城投债务规模相对较小。部分区县的城投平台的短期债务和非标融资占比较高，其中，万州区和长寿区融资平台的短期债务占比较高，铜梁区和黔江区融资平台的非标融资占比偏高。重庆市各区县的政府债务规模余额在逐渐增加，重庆市各县区的地方政府性债务余额中专项债务大部分大于一般债务。2021 年，两江新区的政府债务规模最大，为 527 亿元；其次为沙坪坝区、九龙坡区和万州区，分别为 259 亿元、236 亿元、234 亿元；南岸区、高新区、江津、涪陵区、江北区和巴南区的债务余额规模相对接近，均处于 170 亿~230 亿元。2021 年重庆各区县政府债务规模如表 8-5 所示。

表 8-5　2021 年重庆各区县政府债务规模　　　　单位：亿元

指标名称	地方政府性债务余额	一般债务	专项债务
重庆市	8610	3065	5545
市级	2571	665	1906
区县	6039	2400	3639
两江新区	527	8	519
沙坪坝区	259	106	153
九龙坡区	236	82	153
万州区	234	73	161
南岸区	228	95	133
高新区	223	50	173

续表

指标名称	地方政府性债务余额	一般债务	专项债务
江津区	223	88	135
涪陵区	211	81	130
江北区	188	84	104
巴南区	175	43	132
璧山区	169	46	123
合川区	168	74	94
綦江区	161	92	69
永川区	154	74	80
长寿区	141	53	88
北碚区	139	53	86
大足区	137	59	78
开州区	136	61	75
黔江区	129	82	47
渝中区	128	50	78
铜梁区	118	52	66
云阳县	118	34	84
丰都县	111	56	55
荣昌区	108	55	53
梁平区	107	54	53
酉阳县	104	62	42
垫江区	101	45	56
南川区	100	62	38
大渡口区	99	63	36
奉节县	99	54	45
忠县	98	44	54
潼南区	95	40	55
彭水县	91	45	46
巫山县	88	49	39
秀山县	88	30	58
城口县	85	62	23
石柱县	76	49	27
万盛经开区	69	42	27
巫溪县	65	35	30
武隆区	65	42	23

资料来源：重庆市财政局官网。

二、城投债情况分析

(一) 全市各类城投债发行概况

2021 年，重庆市共发行城投债数量 338 只，总融资规模达到 2450.13 亿元。其中私募债发行数量最多，有 109 只，发行规模为 762.93 亿元，接近重庆市城投债发行总额的 1/3；一般中期融资债券发行数量次之，为 79 只，发行规模达556.10 亿元；定向工具、超短期融资债券和一般公司债的发行数量分别为 49 只、45 只和 21 只，发行规模在 250 亿~400 亿元；此外，一般企业债、一般短期融资债券的发行数量分别为 16 只、19 只，融资规模分别为 118.10 亿元和 103.60 亿元（见表 8-6）。

表 8-6 重庆市政府投融资平台 2021 年各类债券发行数量及规模

债券品种		发行量（只）	融资规模（亿元）
企业债	一般企业债	16	118.10
公司债	一般公司债	21	255.00
	私募债	109	762.93
银行间债务融资工具	定向工具	49	354.10
	超短期融资债券	45	300.30
	一般短期融资债券	19	103.60
	一般中期融资债券	79	556.10
合计		338	2450.13

资料来源：Wind 数据库。

从发行主体评级上看，2021 年重庆市城投债级别主要分布在 AA+ 和 AA 级别。在发行的 338 只城投债中，AA+ 级和 AA 级分别为 133 只和 163 只，发行规模为 1100.93 亿元和 866.53 亿元，总计发行规模超过全部发行规模的 3/4；37只城投债发行时主体评级为 AAA 级，总计发行规模 469.30 亿元；AA-级和暂无评级的城投债共 5 只，总规模不足 15.00 亿元（见表 8-7）。

表 8-7 2021 年重庆市城投债级别分布情况

发行时主体评级	数量（只）	发行规模（亿元）
AAA	37	469.30
AA+	133	1100.93
AA	163	866.53

续表

发行时主体评级	数量（只）	发行规模（亿元）
AA-	1	4.47
暂无	4	8.90
合计	338	2450.13

（二）重庆市城投债历史规模

2015~2021年，重庆市城投债发行规模总体呈现上升趋势（见图8-3）。2016年全国城投债规模大幅增加，重庆市扮演了主力角色，占据当年发行规模前三，增速也排名前列。2017~2020年，重庆市城投债发行规模逐年增加，占全国城投债发行规模的比例在4%~5%浮动。

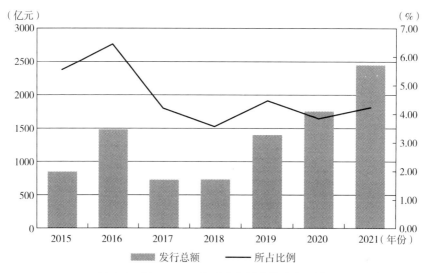

图8-3　2015~2021年重庆市城投债发行规模

第三节　重庆市地方政府投融资平台分析

一、地方政府投融资平台概况

据Wind数据库统计，重庆市共有10家市本级平台公司，86家下辖区级平台公司。从主体评级来看，高级别平台公司集中在市本级；从行业来看，重庆市地方政府投融资平台主营业务集中在基础设施建设、土地开发整理、公共事业、高速公路建设运营等领域。

二、评价情况

从主体评级来看，重庆市参与评价的 96 家企业中，评级为 AAA 级的有 9 家，评级为 AA+级的有 21 家，AA 级有 57 家。主体评级为 AA 级及以上的企业占比约 90.63%，体现出重庆市政府投融资平台总体具有较强的投融资能力。从入选企业的层级看，直辖市本级平台入选企业多为 AAA 级，直辖市下辖区级平台入选企业以 AA 级为主。其中，直辖市本级平台存在 8 家 AAA 级企业，市级平台存在 1 家 AAA 级企业和 21 家 AA+级企业。重庆市各级地方政府投融资平台具体评价情况如下：

（一）直辖市本级政府投融资平台

重庆市本级平台公司共有 10 家，其中 8 家为 AAA 级，分别是重庆水务环境控股集团有限公司、重庆市水利投资（集团）有限公司、重庆发展投资有限公司、重庆市城市建设投资（集团）有限公司、重庆渝富控股集团有限公司、重庆城市交通开发投资（集团）有限公司。相较于重庆下辖区级平台公司，省级平台公司的融资能力较强，能够发挥一定的引领作用（见表 8-8）。

表 8-8　重庆市本级政府投融资平台

	发行人中文名称	主体最新评级
1	重庆水务环境控股集团有限公司	AAA
2	重庆市水利投资（集团）有限公司	AAA
3	重庆发展投资有限公司	AAA
4	重庆市城市建设投资（集团）有限公司	AAA
5	重庆渝富控股集团有限公司	AAA
6	重庆城市交通开发投资（集团）有限公司	AAA
7	重庆市万盛经济技术开发区开发投资集团有限公司	AA
8	重庆市地产集团有限公司	AAA
9	重庆铝产业开发投资集团有限公司	AA
10	重庆高新开发建设投资集团有限公司	AAA

（二）直辖市下辖区级政府投融资平台

重庆市下辖区级平台公司共有 86 家，主体评级以 AA 级为主。平台数量较多且分布较散，因各区县经济、财政、债务等情况差异较大，各投融资平台公司综合实力差距明显。重庆市仍需加强对投融资平台的支持，推动平台公司转型发展，充分发挥当地平台公司的优势，助力区域经济发展（见表8-9）。

表8-9　重庆市下辖区级政府投融资平台

	发行人中文名称	主体最新评级
1	重庆市万州三峡平湖有限公司	AA
2	重庆市江津区华信资产经营（集团）有限公司	AA+
3	重庆市南川区城市建设投资（集团）有限公司	AA
4	重庆市合川城市建设投资（集团）有限公司	AA+
5	重庆国际物流枢纽园区建设有限责任公司	AA+
6	重庆长寿开发投资（集团）有限公司	AA+
7	重庆市南州水务（集团）有限公司	AA
8	重庆九龙园高新产业集团有限公司	AA
9	重庆百盐投资（集团）有限公司	AA
10	重庆渝隆资产经营（集团）有限公司	AA+
11	重庆万州经济技术开发（集团）有限公司	AA+
12	重庆缙云资产经营（集团）有限公司	AA+
13	重庆两江新区开发投资集团有限公司	AAA
14	重庆大足国有资产经营管理集团有限公司	AA
15	重庆鸿业实业（集团）有限公司	AA
16	重庆临空开发投资集团有限公司	AA+
17	重庆市兴荣控股集团有限公司	AA
18	重庆市涪陵国有资产投资经营集团有限公司	AA+
19	重庆市涪陵交通旅游建设投资集团有限公司	AA
20	重庆市铜梁区金龙城市建设发展（集团）有限公司	AA
21	重庆共享工业投资有限公司	AA
22	重庆长寿经济技术开发区开发投资集团有限公司	AA
23	重庆保税港区开发管理集团有限公司	AA+
24	重庆市永川区惠通建设发展有限公司	AA+
25	重庆市江北区国有资本运营管理集团有限公司	AA+
26	重庆南州旅游开发建设投资（集团）有限公司	AA
27	重庆西永微电子产业园区开发有限公司	AA+
28	重庆市双桥经济技术开发区开发投资集团有限公司	AA
29	重庆渝垫国有资产经营集团有限公司	AA
30	重庆渝中国有资产经营管理有限公司	AA+
31	重庆市江津区滨江新城开发建设集团有限公司	AA

续表

	发行人中文名称	主体最新评级
32	重庆市江北嘴中央商务区投资集团有限公司	AA+
33	重庆市茶园工业园区建设开发有限责任公司	AA
34	重庆市长寿生态旅业开发集团有限公司	AA
35	重庆开乾投资集团有限公司	AA
36	重庆迈瑞城市建设投资有限责任公司	AA+
37	重庆市南发城建发展有限公司	AA
38	重庆市南部新城产业投资集团有限公司	AA+
39	重庆市渝南资产经营有限公司	AA
40	重庆市武隆区建设投资（集团）有限公司	AA−
41	重庆市永川区兴永建设发展有限公司	AA
42	重庆市南川区惠农文化旅游发展集团有限公司	AA
43	丰都县国有资产经营投资集团有限公司	AA
44	重庆经开区开发建设有限公司	AA
45	重庆市黔江区城市建设投资（集团）有限公司	AA
46	重庆市通达投资有限公司	AA
47	重庆市武隆喀斯特旅游产业（集团）有限公司	AA−
48	重庆豪江建设开发有限公司	AA
49	重庆市潼南区城市建设投资（集团）有限公司	AA
50	重庆市江津区珞璜开发建设有限公司	AA
51	重庆盈地实业（集团）有限公司	AA
52	重庆三峡产业投资有限公司	AA
53	重庆市南岸区城市建设发展（集团）有限公司	AA+
54	重庆市綦江区东部新城开发建设有限公司	AA
55	重庆市通瑞农业发展有限公司	AA
56	酉阳县桃花源旅游投资（集团）有限公司	AA
57	重庆市万盛经开区城市开发投资集团有限公司	AA
58	重庆市万盛经开区交通开发建设集团有限公司	—
59	重庆新梁投资开发（集团）有限公司	AA
60	彭水县城市建设投资有限责任公司	AA
61	重庆空港新城开发建设有限公司	AA
62	重庆园业实业（集团）有限公司	AA
63	重庆悦来投资集团有限公司	AA+
64	秀山工业发展投资有限公司	AA−
65	重庆浦里开发投资集团有限公司	AA

	发行人中文名称	主体最新评级
66	重庆市涪陵区新城区开发（集团）有限公司	AA
67	重庆市金潼工业建设投资有限公司	AA
68	重庆市铜梁区龙廷城市开发建设有限公司	AA
69	重庆大晟资产经营（集团）有限公司	AA
70	重庆两山建设投资有限公司	AA+
71	重庆市四面山旅游投资有限公司	AA
72	重庆市綦江区城市建设投资有限公司	AA
73	重庆九黎旅游控股集团有限公司	AA
74	秀山华兴实业有限公司	AA-
75	石柱土家族自治县鸿盛经济发展有限公司	AA-
76	重庆经开区投资集团有限公司	AA+
77	重庆江来实业集团有限公司	AA
78	重庆市大足区大双实业发展有限公司	AA
79	重庆市巴南公路建设有限公司	AA
80	重庆建桥实业发展有限公司	AA
81	重庆宏烨实业集团有限公司	AA
82	云阳县人和投资开发（集团）有限公司	AA-
83	重庆市石柱国有资产经营管理集团有限公司	—
84	奉节县三峡库区生态产业发展有限公司	AA
85	重庆市鹏欣国有资产投资经营有限公司	—
86	重庆梁平工业园区建设开发有限责任公司	AA

第四节　重庆市地方政府投融资平台转型发展建议

一、宏观政策背景

2017 年 6 月，重庆市人民政府发布《重庆市人民政府办公厅关于加强融资平台公司管理有关工作的通知》（渝府办发〔2017〕74 号），对重庆的投融资平台进行规范，推进城投平台积极转型。在经济下行的压力下，重庆市融资平台政策环境愈加宽松，平台应该抓住机遇，结合城投企业自身的条件，推动城投公司积极转型，助力公司可持续发展。2021 年 10 月，中共中央、国务院印发了《成渝地区双城经济圈建设规划纲要》（以下简称《纲要》），党中央、国务院在纲要中强调，要高度重视成渝地区发展，努力推动整个成渝地区双城经济圈建设。因此，重庆市需要充分发挥经济建设区位优势、产业优势及生态优势等，加大对成渝地区双城经济圈合作功能平台、重大项目、重点企业的金融支持，通过"商行+投行"和"直接融资+间接融资"的全方位金融服务，支持成渝地区双城经济圈建设。

近年来，国家政策在引导推进各省市进行城投业务转型，对"空壳"公司予以清理，减少城投企业的公益项目的实施，剥离城投平台发行政府债进行融资的职能，转型成经营性企业，将企业做大做强。同时，对于城投平台市场化构建合理的治理结构，加强城投公司转型的合规性，"关、停、并、转"成为了未来城投转型的重要方向。因此重庆城投平台在推进转型过程中，要不断对经营业务进行创新拓展、积极开展试点改革、提升市场活力，利用科学技术来促进城投平台的升级转型，积极探索重庆投融资平台的转型之路。

二、区域特色分析

重庆"八大投"于 2002 年进行组建，是我国最早成立的一批城投公司，开创了具有重庆特色的"重庆模式"，被许多城市学习并借鉴。重庆"八大投"包括重庆城市交通开发投资（集团）有限公司、重庆市地产集团有限公司、重庆市能源投资集团有限公司、重庆市水利投资（集团）有限公司、重庆旅游投资集团有限公司、重庆高速公路集团有限公司、重庆水务环境控股集团有限公司、重庆市城市建设投资（集团）有限公司，重庆"八大投"的转型发展也正体现了我国各个城投平台的转型发展方向。此外，重庆还建立了重庆渝富控股集团有限公司，是国有资本的运营平台，与重庆"八大投"合称"8+1"投。重庆"8+1"投主要业务情况如表 8-10 所示。

表 8-10　重庆"8+1"投主要业务情况

公司简称	公司全称	主要业务
重庆高速	重庆高速公路集团有限公司	高速公路建设
重庆城投	重庆市城市建设投资（集团）有限公司	建设筹融资的总渠道、主城区的总账户、城建项目所需土地的总储备
重庆能投	重庆市能源投资集团有限公司	天然气、煤炭、液化气等
重庆旅投	重庆旅游投资集团有限公司	除高速公路外的公路进行投资、经营、组织建设、对旅游景点实施建设
重庆水利	重庆市水利投资（集团）有限公司	建设区县水利基础设施、推进水利工程建设

续表

公司简称	公司全称	主要业务
重庆交投	重庆城市交通开发投资（集团）有限公司	公共交通、轨道交通
重庆水务	重庆水务环境控股集团有限公司	对授权的国有资产进行经营管理、特许经营主城区供排水
重庆地投	重庆市地产集团有限公司	公租房建设、土地储备、旧房改造、用地征用
渝富集团	重庆渝富控股集团有限公司	债务重组、资金周转、投资

1994 年重庆市修建三峡大坝、1997 年重庆直辖市成立和 2000 年的"西部大开发"计划三次基础设施建设重要机遇，迅速推进建立重庆"八大投"的融资，这使得重庆市迅速发展。自 2002 年以来，重庆市政府充分发挥主导作用，改善城市基础设施状况，重庆"八大投"成功在投资基础建设和城市投融资主体方面扮演重要角色。自重庆"八大投"建立以来，重庆市政府在不断推动国有形式到市场化转变，建立了城市基础建设投融资体制市场化的"重庆模式"，推动重庆城投平台的迅速发展。

（一）重庆"八大投"的运作模式

重庆市作为国内较早建立城投平台的城市之一，重庆"八大投"融资的资金去向是用于城市基础设施的建造以及城市运营。重庆市政府对"八大投"注入资金的渠道有五种，分别是国债或地方债、土地、存量资产、规费、税收返还；融资的渠道也有五种，分别是银行贷款、上市融资、PPP、债券、非标，通过这些途径来获得所需的资金，再将资金投入重庆基础设施建设和城市运营中。重庆"八大投"注入的大量资金对重庆的经济建设和固定资产投资规模的扩张起到了重要的支撑作用，包括公租房建设、景区建设、水利工程建设、发电厂建设、污水处理等各种项目的投资建设。

（二）重庆"八大投"的经营现状

重庆"八大投"经营的存续债券占重庆市城投债的 80% 以上，总共涉及 14 家发债主体，债券余额为 717.3 亿元，重庆交投和重庆高速是发债的主力军，重庆"八大投"体系的存续城投债占重庆市级城投债的 84.5%。随着各项政策监管逐渐严格，重庆"八大投"在积极进行业务转型，大多数融资平台的公益性正在逐渐减弱，除了重庆交投、重庆城投和重庆地产还涉及部分公益性业务，其余主体基本很少涉及公益性业务，其中重庆能投的市场化程度最高，其经营业务的收入占比高达 87.8%。[①]

而近几年来，重庆"八大投"部分经营偏弱的城投平台主体的净融资在不

---

① 资料来源：Wind 数据库。

断减少，相较之下重庆高速的净融资相对稳定，表明部分融资平台逐渐向市场化经营转型。重庆"八大投"经历 20 年变化，在重庆的交通、土地、水利、水务、旅游、能源以及城市建设等方面不断推动重庆市公共基础设施的建设发展，实现资源的优化配置。由于国家整体政策的改变，现在政府基础设施建设由专项债方式发行，政府自身进行调控，使重庆"八大投"不得不顺应形势进行转型升级。

（三）"重庆能投"破产重组

在政策的引导下，各个城投平台开始转型为经营性企业，而面对新形势带来的挑战，出现一些企业被淘汰的现象。2022 年 4 月 11 日，重庆"八大投"之一的重庆市能源投资集团有限公司（以下简称"重庆能投"）及其子公司申请破产重组，其信用风险事件引起了社会的高度关注。重庆能投是重庆市天然气、煤炭、液化气等能源领域最大的企业，在 2006 年由原来"八大投"之一的重庆建投正式转型而成，将重庆燃气和重庆煤炭并入重庆建投，并且更名为重庆市能源投资集团有限公司。

2021 年，重庆能投对外公布公司在进行业务升级调整，实则是公司出现信用证和票据违约的情况，虽然市场对重庆能投的破产重组已有预期，但仍然对重庆市造成了一定的融资环境恶化。重庆能投的债务危机多年未解除，据 Wind 数据库显示，近几年的资产负债率高达 70%，截至 2021 年 6 月 30 日，重庆能投的资产总计 824.73 亿元，同比下降 18.82%，负债总计 607.38 亿元，同比下降 17.56%，2020 年净利润亏损 18.18 亿元，同比下降 25.03%，2021 年上半年亏损 2 亿元。2012~2021 年重庆能投资产负债情况如图 8-4 所示。

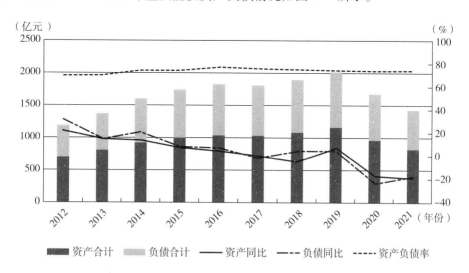

图 8-4　2012~2021 年重庆能投资产负债情况

资料来源：Wind 数据库。

重庆能投破产的主要原因有三个：第一，自身的盈利能力不足，大多数年份的净利润处于亏损。2012 年后重庆能投改为公司制，逐渐开始市场化经营，集团及其子公司通过 BT 项目模式开展业务。2020 年，政府关闭旗下全部煤炭公司进行整顿以及重庆能投将巨能集团无偿划拨，导致重庆能投受到重创，重庆能投的营业收入下滑 17%，净利润开始转为负数。第二，债务压力大、资产负债率高、短期偿债压力增大，重庆能投的债务结构十分不合理。第三，2016 年，重庆能投的债券净融资大多是负值，2020 年重庆能投发债减至 5 亿元，2021 年未发行债券，再加上重庆能投存在信用证和票据违约的现象，多件负面事件影响颇大，重庆能投的财务基本面恶化，对其信用产生冲击，政府和股东出于成本的考虑，只能同意其进行破产重整来减轻债务负担。

重庆能投申请的是破产重组而不是破产清算，虽然两者都是企业到期不能偿还债务所导致，但破产重组是设法对重庆能投进行挽救。对于积极转型为产业类国企的城投而言，正在逐渐减弱其对市场的信心，重庆能投为了减少隐性债务，从城投平台到经营性国有企业的转型，改变了其业务经营模式，而重庆能投的破产削弱了城投平台的国企信心。重庆能投的转型之路是整个城投行业发展的缩影，表明城投行业发展从"资本型"转变为"运营型"。重庆能投转型为经营性企业及其破产重组都是符合实际和政策引导的，重庆能投的破产重整问题应该引起重视，相信在未来城投平台转型中重庆能投不会是个例，这将会成为整个城投行业的警醒。这将警示城投在发展中应摆脱对政府的依赖，积极将新型理念与传统业务进行融合，增强自身的"造血"功能，完成城投转型之路。通过重庆能投的破产重组应该意识到，城投转型已是大势所趋，城投平台要主动推动转型发展，更加关注企业自身的盈利能力、经营情况、偿债能力、现金流等各项指标。

三、转型发展的原则

(一) 明确自身定位，提高自身核心竞争力

重庆投融资平台探索转型之路不仅是政策所需，也是当下的趋势，更是城投平台为了自身更好地发展所进行的创新改革。重庆地方政府投融资平台对重庆市经济发展起到至关重要的作用，投融资平台应明确自身的定位，以此为基础制定转型发展目标和战略，不断提升自身核心竞争力。重庆市一直走在改革转型的前沿，从企业的管理、服务、经营、资本运营、决策等各个方面不断提升，从而达到提升核心竞争力的示范效果。重庆市的各类投融资平台应明确自身的定位，找到适合自身的转型之路，加快促进投融资平台由政府主导者转变成市场经营者和合作者。

明确自身的定位，确定转型的方向需要立足于重庆城投存在的优势，不能随心所欲进行转型，把握好自身的优势，根据实际情况来不断调整转型方向，朝着具有核心竞争力的方向不断转型。重庆地方融资平台需要研究企业自身的状况，定位发展方向和目标，并且通过企业合作、产权转让和资源整合等方式来不断提升自身的竞争力，更好地适应重庆地方政府融资平台的转型需要。

（二）拓宽融资渠道，建立多元化融资体系

由于融资平台公司十分特殊，在未来很长一段时间依然承担着建设城市的重担，面临着很大的资金压力，而传统单一的融资模式存在弊端，资金问题亟须解决，因此重庆的投融资平台要重建投融资板块，在各类经营类、非经营类、准经营类板块不断拓展业务，拓宽企业的经营范围，建立多元化融资体系。拓宽融资渠道，主要是实现各投融资主体能够从政府部门主导转向非政府部门主导，确保投融资资金来源的稳定性和广泛性。各投融资平台多方位、立体化发展，来获得多元化收益，拓展多元化投融资渠道与方式，统筹各类资源，吸收社会资金，提升自身的盈利能力。

重庆各个投融资平台灵活运用多种手段，通过直接融资和间接融资拓宽融资渠道，拓展业务种类；通过自身积累、引入资金、资产注入等多元化方式，来获得丰富的资源；采用 ABS、PPP 和 BOT 等项目合作方式吸引大量资金投入，建立夯实的物质基础，充分发挥引导资金作用，拓宽融资渠道，提高项目融资能力，建立多元化的资金融通体系。

（三）防范债务风险，提高市场化发展质量

为了保证重庆地方政府投融资平台规范化转型，提高融资平台的市场化发展质量，融资平台企业应剥离政府的融资职能，不得举债政府债务，增强对风险的防范意识，完善债务管理制度。重庆市政府通过各项相关政策、文件，全面加强对投融资平台的监督，有效约束企业的各种行为，引导企业进行减债，强化对融资平台转型发展的支持力度。地方政府不为平台企业融资违规担保，及时建立地方政府与投融资平台的债务"防火墙"，完善投融资体系的体制机制，提高融资平台公司市场化转型的发展质量。2022 年重庆能投申请破产重组就是一个典型的例子，给重庆市各个投融资平台一个警示的作用，对于企业的债务问题应及时防范并且早日处理，否则会牵一发而动全身，个别融资平台债务风险很可能对重庆区域融资环境产生不利影响。

地方政府的投融资平台存在新旧债务堆积，融资模式骤变，从高度依赖政府转变为经营性企业，资金调转还需要适应，中短期资金压力较大，应及时做好资金规划和资金调度的调整，通过将各种存量债务进行甄别清理，化解平台企业的存量债务。融资平台还可以利用自身的运营优势，增强企业的资本实力，扩大经营能力，改善企业的资产质量，减少资金债务风险，规范投融资风险防范机制，提升企业的市场化发展质量。

四、转型发展的建议

（一）明确转型发展方向，增强自我"造血"功能

重庆市地方政府投融资平台在不断突破发展瓶颈，寻求市场化转型方向的同时，利用自身丰富的基础设施建设经验，减少自身被替代的风险，确定投融资平台转型发展的方向，加强对经营性业务的培养，增强自身的"造血"功能。在"43号"文件出台之后，重庆投融资平台的融资功能在逐渐减弱，未来政府自行发债即将成为趋势，重庆投融资平台需要明确转型发展方向，拓展融资渠道，提升盈利能力。

确定转型方向，则要立足于重庆各个投融资平台的优势，提升核心竞争力，重庆投融资平台在基础设施建设、重点项目投资等方面具有优势，可以利用其优势提供各种专业服务。重庆地方政府投融资平台存在流动资金少、成本大的问题，运用市场化融资来拓展融资渠道，通过资产证券化、上市国企混改、引入战略投资者等方式来优化重庆投融资平台的经营方式。重庆投融资平台应不断提升经营性盈利能力，扩大经营收入来源，加强对平台自身的培育与投入，鼓励其对技术的深入研发，培养高素质人才，拓展融资渠道，提升盈利能力，来增强自我"造血"能力。

（二）完善企业组织构架，防范平台债务风险

政府投融资平台通常庞大繁杂，业务众多，一般都是集团组织构架。21世纪以来，各地方政府的投融资平台不断开始转型创新，重庆地方政府的投融资平台首当其冲，在全国转型过程中起到重要示范作用。然而在转型之时，难免会存在治理不清晰、体制不完善等现象，因此重庆地方政府投融资平台转型时应完善投融资企业的构架，提高运营效率，防范平台债务风险，形成高效运转机制，规范投融资的监督管理，完善公司的奖惩机制，达到自我"造血"的目的。

重庆投融资平台的内部各个板块运行机制不够成熟，可采用操作管理模式，提高其产品和资金的运转效率，全面提升平台的业务管理能力，加强企业决策和组织能力。平台应明确自身跟政府之间的关系，积极与其进行沟通交流，保证所有行为的合规性，有效切除风险链条。除此之外，对于投融资平台公司而言，应保证公司阶层的清晰性，确保各项工作有序开展，实现对管理的有效控制。重庆地方政府投融资平台在不断快速发展，部分平台存在过度负债的问题，资金压力较大，应有效预防各种债务风险，做好风险防范工作，加强债务管理，科学规划债务还款计划，实现对债务的全面控制，合理规划融资规模，规范重庆投融资平台的责任制度，促进重庆市地方政府融资平台的顺利转型。

（三）转变地方政府职能，深化财政体制改革

重庆地方政府投融资平台除了依靠自身的转型之外，还需要重庆市政府和国家助力，应主动转变地方政府的职能，推动投融资平台的市场化转型。首先，重庆市政府应减少对投融资平台的干预，推进重庆投融资平台的市场化经营，转型成市场的主体。其次，重庆市政府应为其投融资平台的转型提供相应的监管机制，在给予优惠政策的同时，对其进行监管。最后，重庆市政府应完善政府投融资体系，通过发行地方债、政府购买等多种方式来筹集资金，减少对地方政府投融资平台的依赖。

中央政府层面也应该深化财政体制改革，对各级政府的关系进行细化，减少地方和政府的制度重叠部分，用法律来正式建立投融资平台的各项规章制度，有效解决中央与地方互相推卸责任的问题。由于中央与地方政府的财权和事权不平衡，导致部分地方政府需要利用投融资平台进行发债融资，通过立法来平衡中央与地方的权力与义务，深化财政体制改革，从根本上避免投融资平台的债务风险，从源头上扭转重庆投融资平台的收入少、支出大的困局，推动重庆市城市建设发展。

第九章 地方政府投融资平台转型发展评价

——以长江三角洲地区为例

第一节 长江三角洲地区经济财政情况分析

一、区域概况

长江三角洲（以下简称"长三角"）地区位于中国长江的下游地区，集"黄金海岸"与"黄金水道"于一身，具有良好的自然条件和优越的地理区位，自明清以来就成为中国经济最发达的地区。中华人民共和国成立之初，江浙沪的人口虽然只有全国的 1/10，但经济总量和工业总产值分别约占全国的 1/6 和 1/4。受计划经济体制和国家工业发展重点转移等因素的影响，江浙沪的经济和工业虽有一定发展，但发展步伐缓慢。1952~1990 年，江浙沪的经济总量占全国的比重仅由 16.14% 上升到 16.56%；工业总产值占全国工业总产值的比重也一直徘徊在 25% 左右。改革开放之后特别是自 20 世纪 90 年代以来，长三角地区经济发展进入了现代化的新阶段。

2019 年，安徽省被纳入长江三角洲地区。目前长三角地区包括上海市、江苏省、浙江省、安徽省 3 个省 1 个直辖市，共 41 个城市，区域面积达到 5.8 万平方千米。截至 2021 年末，江苏省总人口数达到 8505.4 万人，安徽省总人口数达到 6113 万人，浙江省总人口数达到 6540 万人，上海市总人口数达到 2489.4 万人，长三角地区总人口数达到 23647.8 万人。现在的长三角地区是"一带一路"倡议和长江经济带发展战略的重要交汇地，处在"T"字形国土空间开发轴上，是我国经济发展、对外开放程度和创新能力最强的区域之一，在全国经济社会发展中占有重要地位。

二、经济实力分析

长三角地区以上海为龙头，苏浙为两翼，是中国经济、科技、文化最发达的地区之一，也是中国最具活力与竞争力的经济区域之一。近年来，长三角地区经济增长情况与全国保持同步，呈现逐步下滑趋势，2020 年新冠肺炎疫情导致经济降幅扩大，但仍保持正向增长，并高于全国经济增速近 1 个百分点。2021 年中国疫情得到有效控制，加之 2020 年基数较低，在此之上全国及长三角地区的 GDP 增速均有大幅回升，长三角地区发展速度依旧领先全国平均水平（见表 9-1、图 9-1）。2021 年长三角城市群 GDP 总量达 27.59 万亿元，整体相较 2020 年 GDP 总量增加 3.12 万亿元，增幅为 12.75%。与全国相比，长三角地区经济总量占 24.13%，其中上海约占 3.78%，江苏约占 10.17%，浙江约占 6.43%，安徽约占 3.76%。长三角地区 2021 年人均 GDP 为 11.74 万元，高于全国平均水平 8.10 万元。长三角地区对全国经济影响力和带动能力不断增强，对全国经济贡献率持续提高，呈现出强劲增长特征（见图 9-2）。

表 9-1　2016~2021 年全国与长江三角洲地区 GDP 增速　　　单位：%

年份	全国 GDP 增速	长三角 GDP 增速
2016	6.7	7.8
2017	6.9	7.7
2018	6.6	7.1
2019	6.1	6.6
2020	2.3	3.2
2021	8.1	8.375

资料来源：国家统计局。

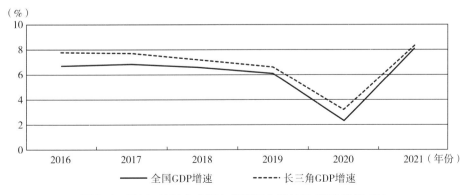

图 9-1　2016~2021 年全国与长江三角洲地区 GDP 增速对比

资料来源：国家统计局。

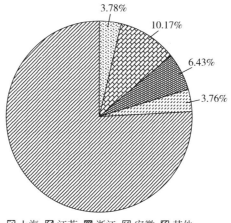

图 9-2　2021 年长江三角洲各省市 GDP 占比情况

资料来源：国家统计局。

2021 年国民经济运行情况简报显示，上海成为国内第二个 GDP 破 4 万亿元的城市，生产总值 43214.85 亿元，超过北京的 40269.6 亿元，稳坐全国"经济第一城"。按可比价格计算，比上年增长 8.1%，两年平均增长 4.8%。具体产业方面，集成电路、生物医药、人工智能三大产业制造业产值增长 18.3%；全社会研发经费支出相当于全市生产总值的 4.1%，每万人口高价值发明专利拥有量达到 34 件左右。

江苏方面，根据省统计局和国家统计局江苏调查总队发布 2021 年江苏经济运行简报，2021 年江苏省 GDP 达 116364.20 亿元，迈上 11 万亿元新台阶，比上年增长 8.6%，增速快于全国 0.5 个百分点；制造业增加值、社会消费品零售总额均超 4 万亿元，外贸规模突破 5 万亿元，财政收入首破万亿元。

浙江方面，作为全国经济第四大省，2021 年全省 GDP 总值 73516 亿元、增长 8.5%，一般公共预算收入增长 14%，城乡居民收入分别增长 9.2%、10.4%。其中外贸对经济拉动尤为明显，浙江 2021 年进出口总值达 4.14 万亿元，首次跻身全国前三。

安徽方面，2021 年全省 GDP 总值 42959.20 亿元，比上年增长 8.3%，2020 年、2021 年两年平均增长 6%。2021 年，在消费、投资、出口齐头并进的驱动下，安徽经济运行展现出强劲的韧性和活力（见表 9-2、图 9-3）。

对中国三大城市群比较来看，长期以来，长三角地区经济增速一直保持最高，体现了其作为经济增长引擎的实力和功能。江苏、浙江和安徽的经济增速提振作用明显，上海的总体经济增速也高于天津、河北。粤港澳地区则主要受香港和澳门经济疲软影响，尤其是澳门产业结构问题导致经济韧性不足。相反，长三角地区相对于另外两大城市群，在产业结构和经济内需等方面都有一定优势，有利于经济的可持续增长。

表 9-2　2020~2021 年长三角各省市经济发展情况

省（直辖市）	2021 年国内生产总值（亿元）	2020 年国内生产总值（亿元）	增量（亿元）	增长率（%）
上海	43214.85	38963.30	4251.55	8.1
江苏	116364.20	102807.70	13556.50	8.6
浙江	73515.80	64689.10	8826.70	8.5
安徽	42959.20	38061.50	4897.70	8.3

资料来源：国家统计局。

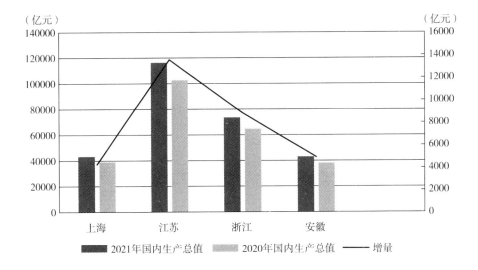

图 9-3　2020~2021 年长江三角洲各省市经济发展情况

资料来源：国家统计局。

三、财政状况

根据国家统计局数据，2021 年度长三角地区整体财政收入位于全国前列。长三角经济率先恢复性增长，再加上工业生产者出厂价格指数涨幅较高等因素拉动，整体收入水平较高。财政支出整体情况位于全国中上游，政府大力扶持经济发展。从收支对比来看，上海的财政自给率高于其他三省，浙江整体财政赤字规模适中，江苏、安徽财政赤字规模偏高。具体来看，安徽财政收入、支出总体水平及年增长率暂时落后于其他三地，但与本地历史水平相比，财政运行好于预期，投放更加精准，对全省经济社会发展支撑能力明显增强，财政实力稳步提升，并且完成年度目标任务。全省一般公共预算收入完成3498.00亿元，同比增长8.8%，增速高出年初预期3.8个百分点，财政实力进一步提升，财政运行呈现稳中向好、稳中提质的良好态势；在支出情况方面，全省财政支出完成7592亿元，同比增长1.6%，支出结构更加优化，助推全省经济社会发展稳步向好（见表9-3、表9-4）。

表9-3　2020~2021年长江三角洲各省市财政收入情况

省市	2021年财政收入（亿元）	2020年财政收入（亿元）	增量（亿元）	增长率（%）	税收比重（%）	2021全国排名
上海	7771.80	7046.30	725.50	10.30	85.00	4
江苏	10015.20	9059.40	955.80	10.60	81.60	2
浙江	8262.60	7248.00	1010.40	14.00	86.80	3
安徽	3498.00	3216.00	282.00	8.80%	68.30	10

资料来源：国家统计局。

表9-4　2021年长江三角洲各省市财政收支对比情况

省市	财政收入（亿元）	收入排名	财政支出（亿元）	支出排名	财政赤字（亿元）	赤字排名	财政自给率（%）	自给率排名
江苏	10015	2	14586	2	4571	4	68.66	6
浙江	8262	3	10215	6	1953	23	80.88	3
上海	7771	4	8430	8	659	30	92.18	1
安徽	3498	10	7592	11	4094	10	46.07	14

资料来源：国家统计局。

第二节　长江三角洲地区债务情况

一、总体债务情况

根据长三角各地发布的2021年省（市）政府预算执行报告，上海市政府债务限额为10603.1亿元，其中一般债务限额4639.5亿元，专项债务限额为

5963.6亿元,下属辖区内债务限额较高的有浦东新区、杨浦区和静安区,分别为1287.6亿元、642.5亿元和622.0亿元;政府债务余额为7356.8亿元,其中一般债务余额为3120.3亿元,专项债务余额为4236.5亿元,下属辖区内债务余额较高的分别是浦东新区812.09亿元、杨浦区606.94亿元和静安区435.41亿元。

浙江省全省地方政府债务限额18033.35亿元,其中杭州市以3451.60亿元的限额排在首位,其次是温州市2131.08亿元。绍兴市、台州市与嘉兴市的债务限额较为接近,分别为1449.09亿元、1416.10亿元和1328.60亿元。全省发行地方政府债券4235.78亿元。其中,新增债券2611.00亿元,再融资债券1624.78亿元。截至2021年底,全省地方政府债务余额为17427.10亿元,省内债务余额排名前五的分别是杭州市、温州市、绍兴市、台州市和嘉兴市,债务余额量分别为3369.26亿元、2126.66亿元、1437.32亿元、1396.88亿元和1319.03亿元。其中:一般债务7133.94亿元,占40.9%;专项债务10293.16亿元,占59.1%。地方政府债务余额控制在债务限额以内,符合预算法规定。

江苏省2021年政府债务限额20823.14亿元,省内债务限额排名前五的辖区分别是南京市、南通市、镇江市、苏州市和无锡市,分别为3208.88亿元、2030.33亿元、1974.42亿元、1941.78亿元和1680.94亿元。当年新增限额1816亿元全部为政府债券;年末债务余额预计为18963.76亿元,在核定限额之内;债务率为66.1%低于警戒线,风险总体可控。省级政府债务限额1078.67亿元,省内债务余额排名前五的下属辖区分别为南京市、镇江市、南通市、无锡市和江苏市,分别为2889.97亿元、1918.30亿元、1862.70亿元、1608.06亿元和1588.36亿元。江苏省2021年末债务余额为705.53亿元。地方政府债券当年发行3701.85亿元,其中新增债券1787.00亿元、再融资债券1914.85亿元。

安徽省2021年新增地方政府债务限额1827亿元,省内债务限额排名前三的下属辖区分别是合肥市、阜阳市与芜湖市,分别为1784.54亿元、1359.67亿元和944.46亿元。在新增地方政府限额中,一般债务164.00亿元,专项债务1663.00亿元。截至2021年底,全省政府债务限额12548.00亿元,债务余额11576.00亿元,债务余额低于债务限额,每一笔到期债务都按时偿还,债务风险总体可控。省内债务余额排在前三的下属辖区分别为合肥市、阜阳市和芜湖市,分别为1501.24亿元、1295.16亿元和919.30亿元。

二、城投债情况分析

2021年,长江三角洲地区共发行城投债数量3896只,总融资规模达到24815.53亿元。其中:私募债发行1181只,发行规模8126.94亿元,为发行规模最大的债券品种；超短期融资债券，发行数量为 829 只，发行规模达 4293.45 亿元；定向工具、一般中期票据发行数量分别为 765 只、597 只，发行规模均超过 4000 亿元。一般公司债、一般短期融资券和一般企业债发行数量均在 100~200 只，发行规模在 1000 亿~2000 亿元（见表 9-5）。

表 9-5　长江三角洲地区政府投融资平台 2021 年各类债券发行数量及规模

债券品种		发行数量（只）	融资规模（亿元）
企业债	一般企业债	153	1320.90
公司债	一般公司债	189	1577.16
	私募债	1181	8126.94
银行间债务融资工具	定向工具	765	4255.36
	超短期融资债券	829	4293.45
	一般短期融资债券	182	1088.48
	一般中期票据	597	4153.24
合计		3896	24815.53

资料来源：Wind 数据库。

从发行主体评级上看，2021 年长江三角洲地区城投债发行时主体评级主要分布在 AA+级和 AA 级。在发行的 3896 只城投债中，AA+级和 AA 级分别为 1854 只和 1468 只，发行规模为 12610.90 亿元和 7355.83 亿元，总计发行规模超过全部发行规模的 80%；525 只城投债发行时主体评级为 AAA 级，总计发行规模 4583.77 亿元；AA-级及以下评级的城投债共 12 只，总规模 58.50 亿元（见表 9-6）。

表 9-6　2021 年长江三角洲地区城投债发行时主体评级分布情况

发行时主体评级	数量（只）	发行规模（亿元）
AAA	525	4583.77
AA+	1854	12610.90
AA	1468	7355.83
AA-	12	58.50
A	3	24.00
暂无	34	182.53
合计	3896	24815.53

第三节 长江三角洲地方政府投融资 平台转型发展建议

一、宏观政策背景

2019 年，中共中央、国务院印发了《长江三角洲区域一体化发展规划纲要》。习近平总书记在首届中国国际进口博览会上宣布，支持长江三角洲区域一体化发展并上升为国家战略，着力落实新发展理念，构建现代化经济体系，推进更高起点的深化改革和更高层次的对外开放，同"一带一路"建设、京津冀协同发展、长江经济带发展、粤港澳大湾区建设相互配合，完善中国改革开放空间布局。

2022 年，我国新冠肺炎疫情出现了自 2020 年以来的最大一次反弹，其中上海遭受重大影响。作为长江三角洲地区的核心，上海经济发展处于举足轻重的地位，为此，上海市人民政府于 2022 年 5 月 29 日印发《上海市加快经济恢复和重振行动方案》，要求全力发挥政府投资的关键性作用。在债务管理方面，2022 年 5 月上海政府招标发行一批再融资债券，包括再融资一般债券 269.8 亿元和再融资专项债券 385.0 亿元，规模合计 654.8 亿元。根据 2021 年上海市财政局发布的《关于上海市 2021 年预算执行情况和 2022 年预算草案的报告》，2022 年政府性基金预算收入预计和支出安排中已经说明，市级政府性基金预算收入 757.7 亿元，其中地方政府专项债务收入 538.8 亿元，此次发行的再融资专项债券，契合上海市财政局 2022 年预算。

与此同时，江苏、浙江和安徽三省不断通过加强政府投融资建设，推出各项政策支持实体经济。江苏省《关于进一步帮助市场主体纾困解难着力稳定经济增长的若干政策措施》指出，政府加大财税支持力度，省财政安排 12 亿元专项资金对工业企业"智改数转"项目给予贷款贴息和有效投入奖补；依托"e 企云"等平台，加快建设中小企业"智改数转"云服务平台；制定"上云用平台"产品目录，每年重点培育 1000 家星级上云企业。

浙江省为贯彻落实国务院扎实稳住经济一揽子政策措施，从 8 个方面推出 38 条稳经济政策措施。在债务管理方面，2022 年浙江省争取增发政府专项债券 2325 亿元，截至目前已发行 1633 亿元，有力带动了有效投资。专项债具体发行方面，一方面政府抓紧发行完毕今年的专项债券，同时也要加强专项债项目储备，优先支持新型基础设施、新能源等领域项目；另一方面要坚决遏制高耗能项目盲目发展。投资方面，作为拉动经济增长"三驾马车"之一，投资是稳增长的"压舱石"。2022 年 1~4 月，浙江省固定资产投资同比增长 12%。接下来浙江省的投资方向重点在政策引导、项目推进、要素保障、争先创优，全力推动有效投资稳定增长。具体政策包括研究出台《浙江省构建现代化基础设施体系的实施方案》《浙江省进一步盘活存量资产扩大有效投资的实施方案》，推广政府和社会资本合作（PPP）投资建设铁路模式，探索轨道交通项目、保障性租赁住房等开展基础设施领域不动产投资信托基金试点，持续激发民间投资活力。

安徽省于 2022 年 2 月编印《支持实体经济发展政策清单》。内容包括政府支持省信用担保集团、省科技融资担保公司以"发债主体+担保"模式与市县政府性融资担保机构联动。对接上海国际金融中心，加快建设合肥国际金融后台基地，引进培育各类金融中介、评级、征信、交易、结算等市场主体和基础设施。对政府投资参股的各类种子、天使、风投、创投基金，整体考核基金所投全部项目，从基金投资运营全周期评价整体投资收益。加大对特色小镇建设的投入力度，支持发行地方政府专项债券用于特色小镇有一定收益的产业配套设施、公共服务设施、市政公用设施等项目建设。推进 20 亿元的省级种子投资基金投资，重点对接科技企业孵化器、加速器和众创空间项目，培育种子期、初创期前端企业。

二、区域特色分析

（一）城市群战略引领发展

随着经济全球化的推进，城市群作为国家经济的重要核心，其主导国家参与全球竞争和国际分工的能力在逐渐增强。城市群的经济增长和经济空间演化影响着区域以及国家的竞争力。当前中国经济已经由高速增长阶段向高质量发展阶段转变，作为中国经济实力最强、经济最具活力和开放程度最高的地区之一，长三角城市群协调发展的过程中，既要处理好核心城市与周边城市的关系，如发挥大城市的核心作用、构建合理的区域产业体系，又要扩大开放实现资源的有效配置，从而能够促进城市群之间分工协调发展，促进和带动长江经济带发展，服务全国发展大局，向市场化的目标前进。从城市群协调发展的角度来看，区域内各省市城投平台在满足本地发展的特色需求之外紧密联系，共同致力于推动长三角一体化高质量发展。

上海是我国政府投融资平台的发源地，也是城投转型浪潮中的先行者，具有良好的转型基础。在公司的转型过程中，上海市城投平台自身经营实力较强，并受到政府的大力支持，平台不仅是公益项目的载体，而且又能在融资的过程中发挥着"政府附属机构"的功能。未来，上海市城投公司通过进一步厘清政企关系、全方位创新经营业务、拓宽投融资渠道，来实现平稳化的高质量转型。据Wind 数据库统计，截至 2021 年浙江省共有城投公司 450 家，江苏省共有城投公司 679 家，江浙地区城投公司数量占全国总量的 30.49%，城投债的发行规模仍保持快速增长。2021 年以来，江浙地区城投债资金涉及的用途更广，且对于经济发展相对更快的地区而言，其资金更多用于经营市场化业务。基于如此大体量的城投市场，虽然拓展市场化的业务经营有利于城投公司优化业务结构、获取资金流，但也存在资金的行政化占用比例较高、资金使用效率较低等相关问题。因此，江浙地区城投公司在转型过程中应更加注意提升转型的实际效率，从而能够更好地发挥其规模优势。安徽省城投公司以基建、土地开发整理、棚改和保障房建设为主。从区域分布来看，合肥市共有 20 家城投公司，位于安徽省内市级行政区之首。截至目前，合肥市通过蔚来、长鑫存储和京东方的成功试验成功探索出一条独具特色的产投之路，形成了一系列相关配套制度，拥有了一批专业化的技术团队以及一系列多元化的投融资平台。合肥市通过不断创新发展，优化投融资结构，带动整个安徽省在产业投资方面加速发展。

（二）产业布局持续优化升级

长三角作为东部沿海地区代表城市群，由于拥有较有利的港口优势，开放时间较早，在国家政策投资的影响下吸引了大量的制造出口加工企业，在第二产业方面形成了较强的专业化优势。然而，随着工业专业化分工的深化和服务外置化趋势的发展，一些部门从原来的工业体系中分离出来，形成独立的服务性行业，使产业经济活动中服务业比重逐步上升，第三产业专业化优势逐渐显现，总体表现为第三产业增长性较强、产业结构较为合理，处于经济发展的第一梯队，整体呈现"二三一"格局。

其中，上海市特殊的区位优势使其在各产业发展，特别是第三产业的发展上比江苏省各地区优势明显。金融作为长三角地区的标志性名片，对促进长三角城市群更高质量一体化的发展大有助益。长三角城市群更高质量一体化发展的重要目标就是打造世界级城市群和建成上海国际金融中心。上海与江苏各区域城市也在不断加强合作。例如，上海与苏州地域相近、文化背景相似，而且各自的经济实力都较为雄厚，两地之间通过大都市圈的发展政策，取得许多产业一体化建设成果。目前，上海、南京、杭州、苏州等国家一线与新一线城市的"一日生活圈""一小时通勤圈"范围扩大。毗邻上海的江苏昆山，也积极通过交通运输建设融入长三角一体化建设进程。上海市高度重视一体化发展，积极参与长三角生态绿色一体化发展建设活动等。在交通设施、创新发展机制、生态建设、公共服务等方面，上海市与都市圈内以及长三角城市争取加强合作，以推进现代化产业体系示范区的构建。

浙江省具有相对较好的自然生态环境,在促进生态型节点城市方面积极参与长三角一体化发展。湖州市作为生态型节点城市,秉承"绿水青山就是金山银山"理念,坚定生态优先的发展战略,通过"生态经济化"和"经济生态化"的路径,积极参与长三角一体化发展建设。总体来看,浙江省与江苏省的经济发展水平较为相当,但是产业结构相异。浙江省轻工业较为发达,民营经济活跃,而江苏省重工业较发达,国有经济比重较大,但重工业的发达也导致江苏省的生态环境相较浙江省全域而言要弱一些。

江苏省在重工业制造方面极具优势,第一、第二产业的发展势头不容小觑。南京作为江苏省会城市,其经济与文化发展水平在江苏 13 个城市之中位处前列。在《南京都市圈发展规划》中,南京市人民政府针对"长三角一体化"政策,产业体系建设方面明确指出要在制造业、服务业、农业等各大产业都促进都市圈内城市间产业的分工协作,从而共建现代化产业体系;苏州作为江苏省另一大经济强市,其第二产业已经超过上海成为全国最大的工业城市,成为世界级的工业城市,并打造了世界级的先进制造业的产业集群。

对于安徽省而言,"合肥模式"以股权投资/风险投资的思维做产业导入,以投行的方式做产业培育,建立了多元化科技投融资体系,形成了创新资本生成能力,积极投入科技创新、产业创新。同时,安徽城投平台积极响应国企改革,合肥建投、合肥产投作为国企代表充分发挥国有资本投资运营公司的平台功能,促进产业链、创新链和资本链的深度融合,为合肥经济高质量发展注入新动力。

(三)数字化创新率先发展

数字经济是继农业经济、工业经济之后的主要经济形态,其发展速度之快、辐射范围之广、影响程度之深前所未有,正推动生产方式、生活方式和治理方式深刻变革,成为重组全球要素资源、重塑全球经济结构、改变全球竞争格局的关键力量。2020 年 8 月,习近平总书记在扎实推进长三角一体化发展座谈会上再次强调,长三角区域要勇当我国科技和产业创新的开路先锋,率先形成新发展格局。由此可见,推动长三角区域的产业结构升级不仅是实现长三角高质量发展战略目标的重要任务,也是带动其他地区实现经济高质量发展的关键。

2021 年 7 月,浙江省根据《浙江省国民经济和社会发展第十四个五年规划和二〇三五年远景目标纲要》《浙江省数字经济促进条例》和数字化改革等工作部署,制定《浙江省数字经济发展"十四五"规划》,规划期限为 2021～2025 年,展望至 2035 年。

2021 年 7 月,安徽省开始实行《安徽创新型省份建设促进条例》(以下简称《条例》)规定原始创新应当支持量子科学、磁约束核聚变科学、脑科学与类脑科学等战略性前沿基础研究，技术创新应当支持人工智能、量子信息、集成电路、生物医药等重点领域。《条例》强化金融支持，规定县级以上人民政府可以依法发起设立或者参与设立科技成果转化等创业投资引导基金和科技融资担保机构；支持符合条件的科技型企业通过发行股票、发行债券等方式开展融资。

2021 年 10 月，上海市人民政府办公厅印发《上海市全面推进城市数字化转型"十四五"规划》。

2022 年 5 月 23 日，江苏省人力资源和社会保障厅制定了《全省人力资源社会保障系统服务数字经济发展若干措施》，从支持数字技术创新体系建设、促进产业数字化转型升级、深化数字经济人才发展机制创新、推进数字经济领域就业创业等方面提出 20 条具体措施，助力数字经济高质量发展。

三、转型发展原则

目前，地方政府投融资平台的转型应考虑两方面问题：一方面是城投转型应选择哪个方向，且在转变外部方向的同时，考虑如何并行企业内部结构改革；另一方面是如何处理城投与政府之间的关系。2022 年下半年，随着新冠肺炎疫情逐渐和缓，城投平台需及时考虑如何稳妥化解近年来为应付新冠肺炎疫情冲击而不断积累的地方政府隐性债务。基于以上两方面考量，城投平台应在现有的以土地为主的经营模式下，尽快引入产业投资和资本运营，结合地区经济发展以及企业自身情况，最终实现向产业类国企及公益类国企的转变，迎合国家经济高质量发展的需要。同时，调整与政府关系，保证平台的相对独立性，完成自身债务的稳步化解。

（一）明确转型目标，把控转型节奏

根据目前经济高质量发展的要求，各城投公司首先应明确如何调整公司未来的转型方向，立足自身，深挖公司特色。在确立好转型方向后不断研究和开发能够增强技术创新能力，助力 2025 "中国智造"。同时也要注意行业规模调整，优化资源配置，稳步推进产业绿色转型，避免资源高度集中造成利用率过低的问题。同时，城投平台在转型中要注重稳妥化解存量债务，循序渐进摆脱对政府的过度依赖，立足自身融资，优化资本结构。

（二）区域统筹发展，省市各展所长

2019 年，中共中央、国务院印发了《长江三角洲区域一体化发展规划纲要》（以下简称《规划纲要》）。根据《规划纲要》要求，首先，在确立长三角地区各省市城投平台转型原则时，应统筹把控，确立有利于整个地区全面协调发展的原则，让城投转型深耕于区域一体化。坚持始终协调共进。着眼于一盘棋整体谋划，切勿顾此失彼，推动城乡区域融合发展和跨界区域合作，加强各省市城投公司间的交流，提升区域整体竞争力，向市场化的目标迈进。

其次，应根据实际情况充分发挥各地资源优势，对省市城投平台的转型进行差异化定位，进一步发挥上海龙头带动作用，江苏、浙江、安徽各扬所长。根据上海市的区域特色及其在我国特殊的政策定位，上海市的城投公司在转型过程中应积极融入长江经济带发展，凭借长江经济带横跨东、中、西三大板块的区位优势，积极承担省市级重大发展任务。一方面可以优化长三角综合交通体系；另一方面也可以使城投公司由主要经营传统业务转向多元化业务发展，做大做强平台资产规模，强化自身"造血"能力。建设国际经济、金融、贸易、航运、科技创新"五大中心"，提高城市综合经济实力、金融资源配置、贸易枢纽、高端航运服务、科技创新能力、综合制造业等非大城市核心功能有序发挥。

最后，对于近些年经济势头逐渐强势的江苏、浙江、安徽而言，一方面要积极响应宏观政策号召，与上海市加强公共事业投融资合作，以合作促发展，以货币资金的大范围快速流动，带动资源配置持续优化升级；另一方面对于省级单位而言，还应注重打造本地特色产业发展模式，在省会城市进行创新试验拉动全省。最终形成合理分工、优势互补、各具特色的协调发展模式。充分发挥江苏制造业发达、科教资源丰富、高度开放的优势，推进沪宁沿线产业创新园区建设，加快苏南自主创新示范区、南京江北新区建设，打造具有全球影响力的科技产业创新中心和具有国际竞争力的先进制造业基地。我们将发挥浙江数字经济领先、生态环境优美、民营经济发达的独特优势，大力推进大湾区大花园大通道大都市区建设，整合升级一批发展平台，打造国家数字经济创新高地、对外开放重要枢纽、绿色发展新基准。充分发挥安徽创新活力强、制造业特色鲜明、生态资源优越、内陆腹地广阔等优势，推动安徽沿江城市带协调发展，加快合芜蚌国家自主创新示范区建设，打造科技创新的重要源泉、新兴产业集群和绿色发展示范区。

四、转型发展建议

（一）投资项目优化升级

对旗下业务进行分类改革是城投在转型过程中转型企业市场化发展的一大举措。旗下业务被分为平台类、运营类和经营类三大类。平台类项目集中于城投总部，由总部完成融资建设，运营类项目由旗下全资公司或控股公司进行运营，管理项目采取控股或参股的方式，通过商务团队的运作，提高经济效益，充当集团的利润中心，反馈项目建设。城市投资公司业务分类改革有效地避免了公益项目与市场化项目管理模式的重叠，提高了集团及其子公司的管理效率，同时厘清了管理思路，为其评价指标的优化指明了方向。对于营利能力不同的企业，各自的发展方向也不尽相同。初创期城投公司应集中整合优质资产。首先，城投公司需要进一步扩大基础设施项目的范围和规模，增强自身的区域地位，提高区域排他性。其次，城投公司需要梳理区域内现状，确保相关城市建设和运营维护资产及业务充分注入。例如，停车场和收费桩、垃圾处理、公园物业和风景区的运作，这些资产和相关服务很容易被城投公司忽视，但它们在未来城市发展中起着至关重要的作用。最后，城投公司可以整合地方特有资源和优势产业。在成长期，城市投资企业已具备一定的经营规模和生产资源，发展势头良好，竞争力得到提高。从企业战略管理的角度出发，企业开始尝试业务范围的多元化，从基础设施硬件开发过渡到配套软件服务，从投融资平台过渡到城市综合服务运营商。详细展开来说，首先，利用城投公司的股东优势，获得对该市业务的独家使用权，即公用事业的经营特许权，以确保其服务和收入的可持续性。此外，根据企业战略管理理论，企业成长期更倾向于扩张和积累战略资源，实现横向或纵向一体化发展。从城投公司的经营属性来看，特许经营是最好的切入点。其次，城投子公司往往存在业务重叠或不匹配现象，城投公司可以通过集团化管理重新整合业务部门，采用分业经营、分级管理和分类指导的模式，即一级公司规模做大、二级子公司做强、三级子公司做好，从而解决了这一问题。由于一些公用事业的半公益性质，城投公司不具备市场化经营的条件，因此需要地方政府的支持。在成熟期，城市投资公司的市场化转型主要采取多元化投资战略，即建立控股集团，最常见的方式是上市公司的所有权，这样可以引进新的产业，优化业务结构，增强协同效应。具体来说，首先，市政建设类型的城投公司进入上市公司可以发展经营业务，提高业务协同效应。其次，园区型城投公司进入上市公司可以实现产业引导和投资，从而带动园区的经济发展。最后，投资型城投公司进入上市公司可以促进产业升级，推动区域产业发展。从内部治理的角度来看，现阶段的企业内部结构比较成熟，管理者更倾向于做出低风险的决策。同时，组织系统越复杂、部门沟通成本越高、实施效率越低，上述问题可能导致投资机会的错失或未来回报不能达到预期。因此，专业人才的选拔、管理人才的引进以及内部结构的优化，成为城市投资公司内部治理成熟阶段的关键。

（二）融资关系优化升级

作为时代的独特产物，政府融资平台的命运完全由政府主导。首先，政府是平台公司的核心客户，更是融资平台的控股股东。因此，融资平台公司应该正确处理和理顺与政府的管理和业务往来等关系，在转型方面获得政府对平台公司的全力支持。处理和理顺与政府的管理和业务往来，最重要的是形成政企分开的局面。目前绝大多数政府融资平台不区分政府和企业，很难在短期内与政府脱钩，但可以逐步从政府债务中分离出来，同时建立和完善政府对融资平台的运行评估机制，建立健全现代企业制度，完善公司治理结构，借鉴国有企业改革的经验，以促进政府从"管理"向"监督"职能转变，采取市场化手段而不是政府行政手段来指导融资平台的转型和发展。

近年来，地方政府融资平台债务规模较大，增长速度较快。许多地方政府融资平台存在一定的债务偿还风险，能否妥善处置这些地方政府融资平台的股票债务，是其在转型中取得最终成功的关键。对于股票债务的处置，需要确定的是融资平台公司形成的债务是由经营性项目还是公益性项目引起的。对于经营性项目，融资平台公司形成的债务是由经营性项目引起的，融资平台公司应该依靠项目通过经营性收入来偿还，而对于由债务形成的公益性项目，应该在政府的指导和支持下妥善处理。

长期以来，政府融资平台一直承担着城市基础设施建设的重任。平台产生的债务规模巨大，债务置换等方法不足以处理存量债务，同时，平台的持续运行和发展也会形成新的债务，这就要求平台公司充分利用市场资源，拓宽融资渠道，在尽快完成债务偿还的前提下，努力保证平台公司的正常运行。

（三）数字城投，创新转型

目前，中国各省份的城市投资集团在某种意义上仍然是传统企业。这四个主要行业的业务也没有多少共同点，它们的意识也需要提高，城市投资信息化建设和数字化改造整体出现起步晚、发展不平衡的局面。为满足数字经济发展需要，城投平台应加大科技投入推动数字化转型发展。集团完成数字化转型重点在于管理变革的过程。从没有相关机构、计划和制度，到成立信息化领导小组，制定信息化建设管理措施，编制规划和行动计划，实行网络安全责任制，实现全面数字化转型和发展。

城投公司的数字化转型过程中，作为地方政府的重要国有企业，平台的转型不是私事，而是关系到政府、企业和职工的利益。因此，政府和平台公司需要创建新的智库，由地方高校和行业领袖共同发起，并借鉴专业智库的成熟经验，将其成果纳入转型决策，科学合理地设计转型方案，以确保融资平台的顺利转型。

（四）建立和完善风险预警及监管体系

建立和完善融资平台的风险预警体系，要从融资平台公司自身出发，加强平台公司的风险运营管理能力，严格控制从预算到决算的成本，促进财务预警等程序的规范化，根据平台的风险状况和风险承受能力选择合适的风险管理工具，促进平台公司的主动风险管理。同时，建立风险应急机制，当发生重大风险危机时，要确保有健全的风险应对处置计划。

结合大数据平台，建立完善的监管体系。大多数城市投资平台没有信息披露制度，监管当局就难以对其进行有效的监督。因此，城投转型过程中应建立专门的融资平台信息披露制，实施投资项目和债务大数据监管。同时要保证政府信息的透明度，定期审查信息披露的质量，提高信息的透明度。

【案例篇】

第十章 伊犁哈萨克自治州财通国有资产经营有限责任公司转型发展案例分析

伊犁哈萨克自治州财通国有资产经营有限责任公司（以下简称"伊犁财通公司"）是伊犁哈萨克自治州重要的基础设施建设和国有资产管理运营主体。伊犁财通公司通过区域内资产整合以及对相关产业进行梳理，实行规模化经营。伊犁财通公司转型主要依靠"资产整合+业务拓展"的模式，一方面，伊犁财通公司在资产整合注入方面得到了伊犁州国资委的大力支持，伊犁财通公司陆续整合了一批优质资产，使伊犁财通公司资产规模及营业收入大幅增加，成为伊犁州规模最大的国有企业。另一方面，伊犁财通公司依靠区域资源优势，挖掘开拓旅游资源、草场租赁、农产品贸易等业务，拓展经营业务板块多元化。目前，伊犁财通公司除承担着伊犁哈萨克自治州内基础设施建设、城市供热供水、粮食收储贸易及有色金属供销主要业务外，还涉足旅游、租赁及担保等多个行业，多元化经营，区域专营性较强。

第一节 公司基本情况

一、公司简介

伊犁财通公司是 2010 年经伊犁州政府批准成立的国有独资公司，初始注册资本为 600.00 万元。2018 年 1 月，国开发展基金有限公司通过专项建设基金向伊犁财通公司注资，并获得 2.13% 的股权。2018 年 12 月，伊犁财通公司控股股东由伊犁州财政局变更为伊犁州国资委。截至 2021 年末，伊犁财通公司合并报表范围内一级子公司有 20 家，主要涉及投资管理、旅游服务业、金融服务、建筑业、工程管理、矿业等方面，近年来，公司积极参与、服务伊犁州直经济建设，为推进伊犁州直经济高质量发展发挥了积极作用。

二、所在区域情况

根据《伊犁哈萨克自治州 2021 年国民经济和社会发展统计公报》数据，地区生产总值统一核算结果，伊犁哈萨克自治州地区生产总值（GDP）2667.18 亿元，比上年增长 7.2%。其中，第一产业增加值 691.45 亿元，增长 7.4%；第二产业增加值 717.56 亿元，增长 8.6%；第三产业增加值 1258.17 亿元，增长 6.3%。第一产业增加值占地区生产总值比重为 25.9%，第二产业增加值比重为 26.9%，第三产业增加值比重为 47.2%。全年人均地区生产总值 57579 元，比上年增长 7.0%。一般公共预算收入 206.88 亿元，比上年增长 22.1%。地方财政支出 1015.76 亿元，比上年增长 0.4%。其中，一般公共预算支出 799.53 亿元，下降 0.6%。州直全年地方财政收入 176.30 亿元，增长 28.7%。总体而言，2021 年伊犁州经济财政实力继续增强，公司仍面临较好的外部环境。

三、公司业务情况

（一）主营业务情况

当前，公司业务共分为五个业务板块：第一，粮食贸易业务，包括伊犁州下属县市粮食收储贸易业务；第二，基础设施建设业务，包括基础设施项目和保障房项目等；第三，有色金属购销业务，涉及产品包括电解铜、锌锭、铅锭及铝锭等；第四，供热供水业务，包括城市供水和供热业务；第五，其他业务，主要包括租赁和旅游业务，其中，租赁业务为所属草场资产、土地使用权及房屋等的租赁，旅游业务为地理、水体、生物景观、文物古迹、民俗风情、休闲健身六类旅游资源运营。2021 年，伊犁财通实现营业收入为 49.23 亿元，毛利润为 5.54 亿元，较 2020 年变动分别为 0.08% 和 -3.25%，变化幅度较小。

从各业务板块产品构成的收入来看，公司营业收入中基础建设和粮食销售板块占比较大。基础建设业务的营业收入较上年同期变动 67.57%，毛利率变动 -44.85%，主要是 2021 年国内新冠肺炎疫情情况有所稳定，建设项目陆续恢复工程施工所致；粮食销售业务的营业收入较去年同期变化为 -0.99%，毛利率变动为 -28.80%，变化较小。其他业务板块对公司的营业收入相对贡献较少，公司供热供排水、煤炭、建材销售板块的营业收入和毛利率变动主要受当地煤炭市场价格的上升影响，公司的旅游、房屋销售、车辆销售等业务板块的营业收入和毛利率变动主要是随着 2021 年新冠肺炎疫情的好转有所增加。

公司经营范围广，这也有效增强了其综合经营能力。作为伊犁州重点构建的国有企业，多元化的经营和政府的政策支持使公司在各主要行业均处于主导性地位，为公司提供了较为稳定的收入来源。伊犁财通各业务板块收入成本情况如表10-1所示。

表10-1　伊犁财通各业务板块收入、成本、毛利率情况

业务板块	2021 年				2020 年			
	营业收入（亿元）	营业成本（亿元）	毛利率（%）	收入占比（%）	营业收入（亿元）	营业成本（亿元）	毛利率（%）	收入占比（%）
有色金属销售	0.10	0.00	100.00	0.20	9.52	9.41	1.07	19.35
基础建设	14.46	13.91	3.79	29.37	8.63	8.03	6.87	17.54
供热供排水	2.26	2.68	−18.68	4.59	2.13	2.14	−0.69	4.33
粮食销售	14.05	13.42	4.50	28.55	14.19	13.29	6.32	28.84
旅游	0.77	0.42	46.40	1.57	0.23	0.26	−11.53	0.47
租赁	0.84	0.00	100.00	1.71	0.83	0.00	100.00	1.69
房屋销售	0.36	0.33	10.48	0.74	0.20	0.17	17.71	0.41
煤炭、建材销售	3.65	3.43	6.17	7.42	2.32	2.24	3.49	4.72
农产品销售	0.06	0.00	100.00	0.12	2.97	2.97	−0.13	6.03
内销	8.68	7.83	9.84	17.64	3.67	3.51	4.24	7.45
车辆销售	1.25	1.24	1.23	2.54	0.60	0.60	0.89	1.23
其他业务	2.74	0.45	83.58	5.56	3.91	0.84	78.41	7.94
合计	49.23	43.69	11.24	100.00	49.19	43.47	11.63	100.00

资料来源：Wind 数据库。

（二）伊犁财通公司主营业务分析

1. 粮食贸易业务

公司主要的粮食贸易产品包括水稻、小麦、玉米等，且以商品粮购销为主。伊犁财通公司粮食贸易业务范围覆盖伊犁州地方本级、新源县、伊宁县、尼勒克县、特克斯县、霍城县、察布查尔县等地，业务范围较广。伊犁财通公司主要通过下属的粮油采购站或直接向农户进行采购，然后向其他粮食经销商进行销售，客户主要集中在伊犁地区。

2. 基础设施建设业务

伊犁财通公司基础设施建设业务包括政府回购业务、委托代建业务、保障房销售业务及工程施工业务等。其中，政府回购业务通过BT方式开展，且均已签

署 BT 协议（2012 年前签署）；委托代建业务则通过委托代建方式开展，竣工验收后与当地政府或相关部门签订建设移交合同；保障房销售业务主要通过市场化销售方式开展，业务规模相对较小；工程施工业务则通过同项目业主签署建设工程施工合同方式进行，单个项目规模一般较小。

3. 有色金属购销业务

伊犁财通公司有色金属购销业务涉及产品主要包括电解铜、锌锭、铅锭及铝锭等。公司同供应商签订长期物资供需协议，采购电解铜、铝锭等有色金属并向下游销售，盈利来源于上游采购和下游销售之间的价差。采购上，公司采用预付货款方式；销售上，采用先款后货方式，向下游客户收取一定比例的保证金，在货物指定仓库进行线上交割，减少资金回款的风险。同时，因上游供应商主要为伊犁州所辖国有企业，极大地降低了货权与资金的风险。

4. 供热供水业务

伊犁财通公司供热供水业务承担了伊犁州部分县市的供热供水业务以及供热供水管网的建设、管理和维护等，业务范围覆盖新源县、特克斯县、伊宁县、尼勒克县、霍城县、昭苏县等。

四、公司财务状况

（一）主要资产情况

截至 2021 年末，伊犁财通公司资产总额为 600.14 亿元，伊犁财通公司的流动资产和非流动资产在资产中占比分别为 36.21% 和 63.79%，资产结构较为稳定、合理。

1. 流动资产

如表 10-2 所示，公司流动资产主要由货币资金、应收账款、其他应收款和存货构成。货币资金主要由银行存款构成；应收账款主要为开展基建业务形成的应收伊犁州及下属县市财政局的项目款项；公司流动资产中其他应收款占比最高，为 15.22%，主要由特克斯县财政局、伊宁市国有资产投资经营有限责任公司、察县财政局等往来款构成；存货主要由原材料、库存商品、包装物、合同履约成本、开发成本及开发产品构成。

表 10-2　伊犁财通公司流动资产情况

项目	2021 年末		2020 年末	
	金额（万元）	占比（%）	金额（万元）	占比（%）
货币资金	181750.21	3.03	214712.78	3.91

续表

项目	2021 年末		2020 年末	
	金额（万元）	占比（%）	金额（万元）	占比（%）
以公允价值计量且其变动计入当期损益的金融资产	4127.48	0.07	2733.77	0.05
应收票据	40.00	0.00	831.21	0.02
应收账款	367698.45	6.13	290800.64	5.30
预付款项	122983.95	2.05	196358.15	3.58
应收代偿款	80870.73	1.35	69335.53	1.26
存出担保保证金	370.00	0.01	402.50	0.01
其他应收款	913300.99	15.22	694169.50	12.65
存货	297931.55	4.96	373742.52	6.81
合同资产	105432.73	1.76	—	—
其他流动资产	98586.68	1.64	56171.73	1.02
合计	2173092.77	36.21	1899258.32	34.60

资料来源：Wind 数据库。

2. 非流动资产

如表 10-3 所示，伊犁财通公司非流动资产主要由长期应收款、固定资产、在建工程、无形资产和其他非流动资产构成。长期应收款主要由新疆中汇鑫源投资控股有限责任公司、察布查尔锡伯自治县住房和城乡建设局等的借款构成；固定资产主要为房屋及建筑物、机器设备、运输工具、办公及其他设备构成；在建工程主要由尚未办理竣工结算的基础设施建设项目构成；无形资产主要由土地使用权构成；其他非流动资产主要由伊宁县国资局 2016 年无偿划入子公司伊宁县国有资产投资经营有限公司 176700.00 亩草场使用权构成。

表 10-3　伊犁财通公司非流动资产情况

项目	2021 年末		2020 年末	
	金额（万元）	占比（%）	金额（万元）	占比（%）
发放贷款和垫款	2072.52	0.03	2899.22	0.05
可供出售金融资产	—	—	126162.68	2.30
其他权益工具投资	153100.55	2.55	—	—
长期应收款	522678.83	8.71	512643.98	9.34

续表

项目	2021 年末		2020 年末	
	金额（万元）	占比（%）	金额（万元）	占比（%）
投资性房地产	13524.23	0.23	13230.00	0.24
固定资产	499765.33	8.33	389079.21	7.09
在建工程	896678.99	14.94	863973.91	15.74
生产性生物资产	29145.21	0.49	29513.70	0.54
无形资产	527872.76	8.80	471206.77	8.58
商誉	7370.41	0.12	7370.41	0.13
长期待摊费用	2801.70	0.05	1075.26	0.02
递延所得税资产	5601.85	0.09	5393.92	0.10
其他非流动资产	1167696.71	19.46	1167696.71	21.27
合计	3828309.09	63.79	3590245.76	65.40

资料来源：Wind 数据库。

（二）主要负债情况

截至 2021 年末，伊犁财通公司负债总额为 344.65 亿元，伊犁财通公司的流动负债和非流动负债在负债中占比分别为 39.80% 和 60.20%，负债结构较为稳定、合理。

1. 流动负债

如表 10-4 所示，伊犁财通公司流动负债规模以短期借款、其他应付款和其他流动负债为主。伊犁财通公司短期借款主要包括抵押借款、信用借款、质押借款和保证借款等；其他应付款主要由下属子公司因开展基础设施项目、保障性住房项目及易地扶贫搬迁项目等建设，自相关政府部门或单位收到项目建设资金，相关项目尚未完工，故未进行项目款结算所致；其他流动负债主要由公司业务扩张产生的资金需求进行超短期融资所致。

表 10-4　伊犁财通公司流动负债情况

项目	2021 年末		2020 年末	
	金额（万元）	占比（%）	金额（万元）	占比（%）
短期借款	376505.31	10.92	297462.64	9.85
应付票据	52360.00	1.52	7847.21	0.26
应付账款	130648.54	3.79	74210.21	2.46
预收款项	16649.15	0.48	47631.45	1.58

续表

项目	2021 年末		2020 年末	
	金额（万元）	占比（%）	金额（万元）	占比（%）
合同负债	23992.44	0.70	—	—
应付职工薪酬	974.32	0.03	980.63	0.03
应交税费	10386.18	0.30	9400.18	0.31
其他应付款	357438.65	10.37	332684.42	11.02
担保赔偿准备	11817.08	0.34	11565.05	0.38
短期责任准备金	11431.50	0.33	11015.94	0.36
一年内到期的非流动负债	74315.00	2.16	385313.49	12.77
其他流动负债	305102.01	8.85	253047.94	8.38
流动负债合计	1371620.18	39.80	1431159.16	47.41

资料来源：Wind 数据库。

2. 非流动负债

如表 10-5 所示，伊犁财通公司非流动负债由长期借款、应付债券、长期应付款和其他非流动负债构成。公司长期借款以质押借款、抵押借款、信用借款和保证借款为主；公司应付债券主要由企业债和私募债构成，2021 年末较 2020 年末增加幅度为 100.00%，主要是新发行 21 伊财 01、21 伊财 02、21 伊财 03 所致；公司长期应付款包括长期应付款和专项应付款，长期应付款（不含专项应付款）主要是公司下属子公司因开展基础设施项目、保障性住房项目及易地扶贫搬迁项目等建设，自相关政府部门或单位收到项目建设资金，相关项目尚未完工，故未进行项目款结算所致，专项应付款人主要是开展基础设施项目、保障性住房项目及易地扶贫搬迁项目等建设收到的财政专项资金，相关项目尚未完工，故未进行项目款结算所致；其他非流动负债较上年末增加 107.51%，主要是新发行 21 伊犁财通 MTN001、21 伊犁财通 MTN002、21 伊犁财通 MTN003、21 伊犁财通 MTN004 所致。

表 10-5 伊犁财通公司非流动负债情况

项目	2021 年末		2020 年末	
	金额（万元）	占比（%）	金额（万元）	占比（%）
长期借款	784530.60	22.76	711235.09	23.56
应付债券	205585.44	5.97	—	—
长期应付款	596296.93	17.30	625968.55	20.74

续表

项目	2021 年末		2020 年末	
	金额（万元）	占比（%）	金额（万元）	占比（%）
递延收益	49878.65	1.45	38427.19	1.27
递延所得税负债	708.32	0.02	621.41	0.02
其他非流动负债	437847.53	12.70	211000.00	6.99
非流动负债合计	2074847.46	60.20	1587252.24	52.59

资料来源：Wind 数据库。

（三）盈利及偿债能力分析

如表 10-6 所示，2021 年，伊犁财通公司营业收入和营业成本分别为 492283.57 万元和 530084.46 万元，较去年均保持稳定。利润总额和净利润均较去年增加，主要是公司各业务板块的营业收入增加所致；公司经营活动产生的现金流量净额为负，主要是支付其他与经营活动有关的现金规模较大所致。在开展基础设施项目建设时，公司结合项目建设进度向委托方不定期申请资金支持或项目专项资金，相关款项在"收到其他与经营活动有关的现金"中列示；2021 年，因公司重大融资需求有所下降，且伴随着前期贷款陆续到期及其产生的利息支出规模较大影响，使筹资活动产生的现金流量净额呈净流出状态；公司资产负债率、流动比率和速动比率均保持在合理的范围内且较上年同期变化较小，保持稳定，说明公司长短期偿债能力均较好。

表 10-6　伊犁财通公司盈利及偿债能力分析

项目	2021 年	2020 年	同比变动（%）
营业收入（万元）	492283.57	491925.66	0.07
营业成本（万元）	530084.46	514712.99	2.99
利润总额（万元）	16255.98	11314.98	43.67
净利润（万元）	13752.14	10523.37	30.68
经营活动产生的现金流净额（万元）	714.21	932.82	-23.44
投资活动产生的现金流净额（万元）	-205262.37	-168877.54	21.55
筹资活动产生的现金流净额（万元）	159337.61	204191.41	-21.97
EBITDA 全部债务比	17.08	19.14	-10.76
现金利息保障倍数	0.01	0.02	-50.00
资产负债率（%）	57.43	54.99	4.44
流动比率	1.58	1.33	18.80

续表

项目	2021 年	2020 年	同比变动（%）
速动比率	1.37	1.07	28.04

资料来源：Wind 数据库。

（四）外部支持方面

伊犁财通作为伊犁哈萨克自治州人民政府授权管理国有资产、开展资本营运的国有独资公司、州人民政府重点构建的国有资产运营管理公司，在资产注入、项目获取和运营等方面得到了政府的大力支持。在资产注入方面，2021 年，公司获得政府补贴 4.90 亿元，较 2020 年增加 49.85%，政府对公司的支持力度逐年上升。近年来，公司承担了多个市县的市政道路建设、供热工程建设、供排水管网建设、新城建设、旧城区改造、保障房投融资建设等多项任务。综合来看，多元化的经营和政府的政策支持使得公司在各主要行业均处于主导性地位。

五、融资情况

如表 10-7 所示，截至 2021 年末，有息债务合计金额为 218.38 亿元，公司信用类债券余额 94.30 亿元，占有息债务余额的 43.18%；银行贷款余额 121.93 亿元，占有息债务余额的 55.83%；其他有息债务余额 2.16 亿元，占有息债务余额的 0.99%。

截至 2021 年末，公司在存续的债券有 21 伊犁财通 SCP004、21 伊犁财通 SCP005、21 伊犁财通 CP001、18 伊犁财通 PPN001、17 伊犁财通 PPN001、22 伊犁财通 SCP001、22 伊犁财通 SCP002、22 伊犁财通 CP001、21 伊犁财通 MTN002、21 伊财 02、21 伊犁财通 MTN004、21 伊财 01、21 伊犁财通 MTN001、21 伊财 03、21 伊犁财通 MTN002。公司及下属子公司已发行的债券及债务融资工具均按时还本付息，无违约情况发生。

公司融资渠道主要包括银行借款、债券发行等，银行借款以长期为主；银行借款以质押借款和保证借款为主，其中质押物主要为房产、土地等。

表 10-7　伊犁财通公司盈利及偿债能力分析　　单位：亿元

有息债务类别	2021 年	2020 年
短期借款	37.65	29.75
一年内到期的非流动负债	7.43	38.53
其他流动负债	30.51	25.30
长期借款	78.45	71.12

续表

有息债务类别	2021 年	2020 年
应付债券	20. 56	0. 00
其他非流动负债	43. 78	21. 10
合计	218. 38	185. 81

资料来源：Wind 数据库。

第二节　转型发展分析

一、公司转型的背景及特点

自 2012 年财政部、中国人民银行印发《关于制止地方政府违法违规融资行为的通告》（财预〔2012〕463 号）以来，国有企业通过注入公益性资产扩大公司规模的方式被终结。国有企业转向根据企业自身业务发展需求构建核心竞争优势和自身"造血"功能。

二、公司转型的路径

（一）促进区域资源整合，注入优质资产

伊犁财通公司作为伊犁哈萨克自治州人民政府授权和批准的负责国有资产经营和基础设施建设的骨干企业，公司在伊犁州政府的资金和政策支持下，得到大力发展。伊犁财通公司前后多次得到伊犁州政府资金注入，以及州直企业股权注入和业务整合的大力支持。2013 年，伊犁财通公司取得伊犁州政府增资并取得 AA 级主体信用评级，从而成功发行公司第一单企业债券进行直接融资。后续在伊犁州政府的大力支持下，伊犁财通公司吸收了部分优质资产并进行业务整合。于 2017 年，伊犁财通公司获得 AA+级主体评级，成为伊犁州主体信用等级最高的国有投融资公司。

（二）拓展多元化经营，增强自身"造血"功能

伊犁财通公司在伊犁州政府的大力支持下，开展了具有较强政策性支持的粮食贸易、基础设施建设和供热供水业务。此外，伊犁财通公司根据新疆区位特点和资源优势拓展了有色金属购销、旅游、担保及农产品销售等多个行业。伊犁财通公司依照《伊犁州全域旅游发展规划（2020—2035）》的战略部署，为打造

"塞外江南、诗画伊犁"世界级旅游品牌和建设"伊犁国际旅游谷"世界级旅游目的地，旅游业务将作为公司重点发展领域，真正把文化旅游产业打造成公司乃至整个伊犁州的支柱型产业。凭借区域资源优势，打造极具特色的旅游产业集群，增强自身"造血"功能。此外，公司利用自身优势，建立独特的贸易合作伙伴、渠道和团队，努力逐步形成粮食、有色金属以及煤炭等事务贸易的龙头地位。

（三）拓展融资渠道，控制融资成本

2014年，伊犁财通公司首次发行企业债券，正式登陆资本市场。伊犁财通公司积极开拓直接融资渠道，通过银行间市场和交易所市场双渠道推动公司融资来服务业务发展，发行了多期信用债券，包括但不限于企业债券、公司债券以及银行间债务融资工具等。在公司整合发展的过程中，借助信用债券来调节公司债务结构并控制公司融资成本，奠定公司在区域的核心地位。

三、转型效果分析

伊犁财通公司于2013年获得AA主体评级，并于2017年获得AA+主体评级，成为伊犁州主体信用等级最高的国有投融资运营主体。在融资规模、融资成本等方面优势明显，公司自成立以来，积极参与、服务州直经济建设，为推进州直经济高质量发展发挥了积极作用。

目前，伊犁财通公司以城市基础设施建设业务、粮油购销业务和国有资产经营管理业务为主，同时涉及马场经营、文化旅游、客运运输、水力发电和融资担保等多个行业。经营范围广，行业之间相互支持发展，有效地增强了公司的综合经营能力和抵抗单一行业的经营风险的能力。多元化的经营和政府的政策支持使未来公司在各主要行业均有潜力处于主导性地位。

融资渠道和资产整合方面近年来成功发行多只债券，包括定向工具PPN、私募债和短期融资券等。随着优质国有资产不断注入伊犁财通公司，公司投融资的主体地位显著上升，资产规模显著上升，资本实力进一步增强，营业收入大幅增长，未来在债券融资中占有更有利的地位。

第三节　转型经验启示

一、整合区域资源，调整业务结构

夯实资本是城投公司转型的强有力保障。区域内资源整合，使公司获得优质资源，优质资产的注入，可以使公司规模快速扩大，提升盈利能力，增强国有企业"造血"功能，有效发挥国有资产的效益，实现国有企业对资产保值增值的职责。除整合区域资源外，还需对业务进行优化，对公司业务结构进行调整，寻找新的增长点，延伸拉长业务板块，不断提升企业市场化运作水平。一方面以基础设施建设、土地开发等传统业务定为转型的基础；另一方面城投公司应在承担传统业务的同时，依托政府渠道和自身的资源配置优势，发展资本投资和运营功能。

二、转变经营角色，拓展多元化经营

转型公司应合理平衡政府代建项目与产业经营的资源投入关系，切实在组织功能上从融资平台转向投资平台发展，培育和壮大产业发展规模。城投公司的立身之本是落实城市建设与发展规划，是城市建设意图的有力推进者与实施者，这是城投公司发展必不可少的功能性一元。同时，城投公司的发展更要强化市场化一元，这是当前市场化转型的主要方向。

伊犁财通公司在凭借伊犁地区旅游资源优势及当地政府的大力支持，依照《伊犁州全域旅游发展规划（2020—2035）》的战略部署，为打造"塞外江南、诗画伊犁"世界级旅游品牌和建设"伊犁国际旅游谷"世界级旅游目的地，旅游业务将作为公司重点发展领域，真正把文化旅游产业打造成公司乃至整个伊犁州的支柱型产业，打造极具特色的旅游产业集群，增强自身"造血"功能。

三、提升信用等级，拓展融资渠道

积极引入央企、大型国企、省级平台公司等优质信用主体，通过设立基金、成立合资公司、组成联合体等形式进行合作，提升整体信用等级。培育多层次、多渠道的持续的市场化融资新机制，多渠道灵活筹集资金，为新型城镇化建设提供有力载体。此外，在拓展多元化融资渠道的同时，还应不断提升直接融资的比重，使用企业债券、公司债券、中期票据、项目收益债、资产证券化、融资租赁等融资工具进行融资，不断实现下属单位资产经营和自我融资能力的提升。

第十一章 北京市丰台区国有资本运营管理有限公司转型发展案例分析

第一节 公司基本情况

北京市丰台区国有资本运营管理有限公司（以下简称"丰台国资"）是北京市丰台区公共服务和基础设施建设领域的重要运营实体，目前从事基础设施建设、房地产开发、物业管理及服务等重要任务，在北京市丰台区具有不可替代的重要地位。公司转型主要靠"资产注入+业务转型"的模式，一方面在资产注入上得到丰台区人民政府的有力支持，不断获得优质资产的划转，资产规模和营业收入大幅增长，最新主体等级为 AA+，评级展望为稳定，城投地位显著提升；另一方面丰台国资抓住"城南行动计划"、丽泽金融商务区建设等的历史机遇，在基础设施建设、土地一级开发、物业管理及服务具有较强的区域垄断性。

一、公司简介

丰台国资原名为北京市丰台区国有资本经营管理中心，2010 年 5 月 31 日，根据北京市丰台区人民政府《关于成立北京市丰台区国有资本经营管理中心的批复》（丰政函〔2010〕115 号），将北京市丰台区综合投资公司等 11 家企业的出资人统一变更为丰台国资。将中关村科技园区丰台园产业基地办公室所持有的北京市丰台科技园建设发展有限公司 29.25% 股权无偿划转到丰台国资。根据丰台国资 2010 年 6 月 20 日申请注册时的《企业国有资产占有产权登记表》，其占用的国家资本总额为 660000 万元。2021 年 12 月 31 日，丰台国资完成公司制改制，企业类型由"全民所有制"变更为"有限责任公司（国有独资）"，公司名称变更为"北京市丰台区国有资本运营管理有限公司"，北京市丰台区国有资产监督管理委员会为唯一股东和实际控制人。

截至 2022 年 3 月末，丰台国资拥有 13 家全资或控股二级子公司，主要涉及城市基础设施建设、房地产开发、物业管理及服务、其他服务四个方面。近年来，随着丰台区政府的不断支持和企业的不断发展，丰台国资资产规模不断扩大，发展质量效益持续提高，社会影响力不断增强。

二、所在区域情况

2021 年，丰台区经济水平实现平稳较快增长，全年实现地区生产总值2009.7 亿元，同比增长 8.2%。其中，第一产业实现增加值 0.7 亿元，同比增长6.6%；第二产业实现增加值 328.9 亿元，同比增长 7.4%；第三产业实现增加值1680.1 亿元，同比增长 8.3%；三次产业结构为 0.04：16.4：83.6，第三产业占比依然较高。固定资产投资方面，2021 年丰台区固定资产投资（不含农户）同比增长 7.2%，其中基础设施投资同比下降 8.8%，建安投资同比增长 7.5%。分产业看，2021 年丰台区第一产业投资同比下降 75.9%；第二产业投资同比下降42.6%；第三产业投资同比增长 9.2%，对全区固定资产投资的带动作用较为突出。

财政收入方面，2021 年，丰台区实现一般公共预算收入 140.04 亿元，同比增长 7.8%，其中税收收入占比为 91.52%；实现政府性基金预算收入 211.02 亿元，较 2020 年基本持平。得益于新冠肺炎疫情形势的稳定，2021 年丰台区一般公共预算支出同比下降 9.0%，为 216.34 亿元，当期财政平衡能力较 2020 年大幅提升（见表 11-1）。

表 11-1　2019~2021 年丰台区财政收支概况　　　　单位：亿元

年份 项目名称	2021	2020	2019
一般公共预算收入	140.04	129.88	127.70
其中：税收收入	128.17	113.38	113.67
政府性基金预算收入	211.02	217.14	189.72
一般公共预算支出	216.34	237.78	212.90
财政平衡率（%）	64.73	54.62	59.98
债务余额	360.91	336.51	299.46

资料来源：Wind 数据库。

政府债务方面，截至 2021 年末，丰台区政府债务余额 360.91 亿元，其中一般债务余额 147.51 亿元，专项债务余额 213.40 元。总体来看，得益于新冠肺炎疫情形势的稳定，2021 年丰台区经济水平和财政实力实现平稳较快提升，为公司发展提供了良好的外部环境。

三、公司业务情况

（一）丰台国资主营业务情况

丰台国资主营业务主要包括基础设施建设、房地产开发、物业管理及服务、其他业务等，其他业务主要包括商品零售及担保业务等。其中，基础设施建设主要是履行丽泽商务区的园区建设、丰台区重要工程建筑施工及代建等职责，丰台国资收入主要来源于基础设施建设（见表 11-2）。

表 11-2　公司主要板块收入结构及占比　　　　　　单位：亿元，%

类型	2021		2020		2019	
	收入	占比	收入	占比	收入	占比
基础设施建设	6.31	52.11	5.73	42.76	5.38	44.28
房地产开发	0.02	0.17	3.35	25.03	1.88	15.47
物业管理及服务	4.15	34.27	3.31	24.70	3.06	25.19
其他业务	1.63	13.46	1.00	7.51	1.82	15.06
合计	12.11	100.00	13.39	100.00	12.15	100.00

资料来源：Wind 数据库。

（二）丰台国资主营业务分析

1. 基础设施建设板块

丰台国资基础设施建设板块包括土地一级开发、建筑施工和工程代建三类业务。近几年内，公司仍未实现土地一级开发收入，但得益于建筑施工收入的稳步增长，公司基础设施建设板块收入持续提升（见表 11-3）。

表 11-3　公司基础设施建设板块收入情况　　　　　　单位：亿元

类型	2021	2020	2019
土地一级开发	0.00	0.00	0.00
建筑施工	5.70	5.12	4.73
工程代建	0.61	0.61	0.65
合计	6.31	5.73	5.38

资料来源：Wind 数据库。

（1）土地一级开发。

丰台国资土地一级开发业务由子公司北京丽泽金融商务区控股有限公司（以下简称"丽泽控股"）和北京市丰台区综合投资集团有限公司（以下简称"丰台综投"）负责。其中，丽泽控股主要承担北京丽泽金融商务区范围内的土地开发整理任务，近几年内业务模式未发生变化。但自 2021 年起，丽泽控股土地开发资金均由财政拨付，其后续资金压力有所减轻；同时，经丰台区人民政府与银行协商，丽泽控股土地开发项目前期形成借款均由财政接管，丽泽控股不再承担还本付息责任，其债务压力亦大幅减轻。2021 年，丽泽金融商务区土地规划进行优化升级，全年仍未进行土地出让，公司亦未确认土地一级开发收入；同时，经规划调整，丽泽控股在开发土地项目概算总投资规模有所提升，预计后续仍需投入约 200 亿元，但考虑到丽泽控股后续开发资金均由财政拨付，且丽泽金融商务区土地计划于 2022 年下半年起上市出让并实现回款，丽泽控股实际资金压力较小。

丰台综投主要承担丰台火车站征地拆迁工作，其开发资金均由中国铁路北京局集团有限公司（以下简称"北京局集团"）拨付，相关投入成本及北京局集团拨付资金分别计入公司存货和其他应付款科目。截至 2021 年末，该项目已基本完工，累计投入约 73.37 亿元。2021 年，根据北京局集团出具的《关于北京铁路枢纽丰台站改建工程项目征地拆迁成本权属及成本预结转的确认函》，公司已将存货中该项目全部投入成本预结转至北京局集团，其他应付款亦相应减少。

（2）建筑施工。

丰台国资建筑施工业务由子公司北京市丰房建筑工程有限公司（以下简称"丰房建筑"）负责，近几年内业务模式未发生变化。2021 年，丰房建筑新签合同金额虽受疫情等因素影响持续减少，但得益于续建项目规模较大，当期建筑施工收入仍有所提升。丰房建筑作为丰台区内唯一一家具有建筑施工一级资质的国有企业，具备一定的区域资源和品牌优势，其业务稳定性和可持续性均较强。

（3）工程代建。

丰台国资工程代建业务由子公司北京恒政通房地产开发管理有限责任公司（以下简称"恒政通"）和北京恒盛宏大道路投资有限公司（以下简称"恒盛宏大"）负责，其中恒政通主要负责区内水务、文教和卫生等市政工程代建；恒盛宏大主要负责区内道路工程代建。近几年内，公司工程代建业务运营模式未发生变化。

2021 年，公司工程代建业务投入规模和代建管理费收入保持稳定。截至 2021 年末，公司在建工程代建项目 13 个，已投资合计 137.81 亿元；拟建工程代建项目 1 个，总投资 0.21 亿元。

此外，公司子公司丰台综投还进行部分其他基础设施项目的代建，公司不作为立项或建设主体，仅承担资金划付职能，亦不确认收入。公司将收到的建设款项计入其他应付款，将支付的工程款计入其他应收款，待项目完工后相互抵销。总体来看，近几年内丽泽金融商务区内土地仍未进行出让，公司亦未实现土地开发收入；丽泽控股后续土地开发资金均由财政拨付，且前期形成债务均由财政置换，其资本支出及还本付息压力大幅减轻；建筑施工业务新签合同金额虽持续下滑，但收入规模仍有所增长；工程代建业务保持稳定。

2. 房地产开发业务

丰台国资房地产开发业务由子公司北京市丰台区城市建设综合开发集团有限公司（以下简称"城建开发"）和北京市丰台区鸿华房地产开发经营有限公司（以下简称"鸿华房地产"）负责，业务模式未发生变化。目前，公司无新增完工房地产项目，其房地产开发收入主要来自在建的丰台区长辛店老镇西区经济适用住房项目。2021 年，该项目未达到收入确认的进度条件，公司房地产开发收入有所下滑。

截至 2021 年末，丰台国资在建房地产项目 2 个，项目规划面积合计 42.90 万平方米，总投资合计 34.65 亿元，已完成投资 27.29 亿元，未来投资压力尚可（见表 11-4）。

表 11-4　截至 2021 年末公司在建房地产项目情况

单位：亿元，万平方米

类型	建设周期	规划面积	总投资	已投资	建设主体
租赁收入	2008~2025 年	40.05	24.37	23.40	城建开发
物业管理收入	2017~2025 年	2.85	10.28	3.89	鸿华房地产
合计	—	42.90	34.65	27.29	—

资料来源：Wind 数据库。

此外，经丰台区人民政府授权，城建开发将承担五里店棚户区改造项目的开发职责。该项目概算总投资 135.75 亿元，开发资金均由财政拨付。截至目前，城建开发已收到财政拨付资金约 15 亿元，已逐步形成投入，后续将根据开发进度确认一定比例的管理费收入。

总体来看，近两年丰台国资房地产项目未达到收入确认的进度条件，其房地产开发收入有所下滑；在建项目待投资规模不大，资本支出压力较小。

3. 物业管理及其服务

丰台国资物业管理及服务板块涵盖物业租赁、物业管理和供暖业务。近几年来，公司物业管理收入和供暖收入保持稳定，租赁收入有所增长，该板块收入规模持续提升（见表11-5）。

表11-5　公司物业管理及服务板块收入情况　　　单位：亿元

类型 \ 年份	2021	2020	2019
租赁收入	3.04	2.18	2.26
物业管理收入	0.59	0.63	0.47
供暖收入	0.52	0.50	0.34
合计	4.15	3.31	3.06

资料来源：Wind 数据库。

公司租赁业务由子公司北京丰贸投资经营管理有限公司（以下简称"丰贸投资"）负责。截至 2021 年末，丰贸投资共有经营租赁网点 446 个，可租赁面积约 34.24 万平方米，出租率约为 83%，平均租赁价格约为 2.21 元/平方米/天。2021 年，随着可租赁面积的增加以及租金减免政策的取消，公司租金收入有所提升。

丰台国资物业管理和供暖业务仍主要由城建开发旗下北京丰台城建物业管理有限公司负责。公司物业管理区域包括角门东里、嘉园一里、望园东里和望园西里等小区及部分办公楼，截至 2021 年末物业管理面积约 145 万平方米。供暖业务方面，公司拥有角门和望园 2 个供热厂，主要供暖客户为供热厂周边小区及单位，截至 2021 年末供暖面积约 132 万平方米。近几年内，公司物业管理业务和供暖业务保持稳定，对公司营业总收入和现金流形成良好补充。

总体来看，公司物业管理收入和供暖收入保持稳定，租赁收入有所增长，物业管理及服务板块收入规模持续提升。

4. 其他业务

丰台国资担保业务由公司本部和子公司北京诚信佳融资担保有限公司（以下简称"诚信佳"）负责。公司本部方面，公司作为丰台区重要的城市开发建设主体，承担了很多市、区级重点项目及"城南行动计划"重点项目的贷款担保。诚信佳方面，诚信佳为丰台区区属唯一的政策性担保机构，致力于扶持丰台区中小企业发展，解决丰台区中小企业融资难问题，促进区域经济发展。2021 年，诚信佳实现营业总收入 0.32 亿元，较 2020 年稳步提升。

截至 2021 年末，诚信佳期末在保余额 23.01 亿元，较 2020 年末稳步增长，期末反担保覆盖率 100%，代偿风险可控。2021 年，诚信佳代偿金额 0.07 亿元，当期代偿回收额 0.04 亿元（见表 11-6）。

表 11-6　2019~2021 年诚信佳担保业务情况　　　　单位：亿元，%

类型 ＼ 年份	2021	2020	2019
期末在保余额	23.01	19.41	13.62
当期代偿额	0.07	0.17	0.03
当期代偿回收额	0.04	0.00	0.03
期末反担保覆盖率	100	100	100

资料来源：Wind 数据库。

总体来看，公司本部对外担保均有政策支持；诚信佳担保规模稳步增长，且均有反担保措施，公司整体担保业务风险可控。

四、公司财务状况

（一）主要资产情况

2019~2021 年，丰台国资资产总额分别为 6612680.22 万元、7479343.64 万元和 7305829.58 万元，资产总额保持稳步增长趋势。丰台国资资产主要由货币资金、预付款项、其他应收款、存货、投资性房地产以及其他非流动资产构成。2019~2021 年，丰台国资的流动资产总额分别为 4843044.97 万元、5302778.82 万元和 4665367.51 万元，在总资产中的占比分别为 73.24%、70.90% 和 63.86%。发行人非流动资产主要由其他非流动资产、投资性房地产、在建工程、长期股权投资等构成。2019~2021 年，公司非流动资产总额分别为 1769635.25 万元、2176564.82 万元和 2640462.07 万元，在总资产中的占比分别为 26.76%、29.10% 和 36.14%（见表 11-7）。

表 11-7　2019~2021 年丰台国资资产情况

项目	2021 年 6 月 30 日 金额（万元）	2021 年 6 月 30 日 占比（%）	2020 年 12 月 31 日 金额（万元）	2020 年 12 月 31 日 占比（%）	2019 年 12 月 31 日 金额（万元）	2019 年 12 月 31 日 占比（%）
货币资金	552539.26	7.56	863896.97	11.55	660173.66	9.98
交易性金融资产	1350.00	0.02	—	—	—	—
应收票据及应收账款	20571.14	0.28	14705.90	0.20	15477.58	0.23
预付款项	271590.55	3.72	288036.86	3.85	322548.17	4.88
其他应收款	387411.62	5.30	296079.98	3.96	349307.44	5.28

续表

项目	2021年6月30日		2020年12月31日		2019年12月31日	
	金额（万元）	占比（%）	金额（万元）	占比（%）	金额（万元）	占比（%）
存货	3365095.58	46.06	3799483.87	50.80	3288981.22	49.74
一年内到期的非流动资产	13319.80	0.18	22000.00	0.29	200000.00	3.02
其他流动资产	41610.16	0.57	18575.24	0.25	6556.91	0.10
流动资产合计	4665367.51	63.86	5302778.82	70.90	4843044.97	73.24
债权投资	105329.43	1.44	—	—	—	—
可供出售金融资产	—	—	42054.19	0.56	45628.02	0.69
其他债权投资	5500.00	0.08	—	—	—	—
长期股权投资	159935.09	2.19	80088.35	1.07	91232.48	1.38
其他权益工具投资	38350.53	0.52	—	—	—	—
投资性房地产	255037.72	3.49	151742.56	2.03	39345.77	0.60
固定资产	35561.58	0.49	33939.14	0.45	30027.01	0.45
在建工程	94449.92	1.29	113085.25	1.51	35635.01	0.54
使用权资产	7420.94	0.10	—	—	—	—
无形资产	11702.42	0.16	11893.22	0.16	11949.37	0.18
长期待摊费用	3279.15	0.04	3121.01	0.04	3257.22	0.05
递延所得税资产	6118.67	0.08	5824.25	0.08	4869.51	0.07
其他非流动资产	1906011.03	26.09	1734816.85	23.19	1507690.85	22.80
非流动资产合计	2640462.07	36.14	2176564.82	29.10	1769635.25	26.76
资产合计	7305829.58	100.00	7479343.64	100.00	6612680.22	100.00

资料来源：Wind 数据库。

丰台国资货币资金主要由银行存款构成，近几年内有所下降；预付款项主要为预付工程款，近几年内保持稳定；其他应收款主要为丰台综投代建项目投入和应收国有企业间往来款，近几年内有所上升；存货主要为公司土地开发和房地产项目投入，近几年内随着丰台火车站征地拆迁成本结转而有所下降；投资性房地产主要为对外租赁物业资产，近几年内有所上升是外购物业资产及在建工程转入所致；其他非流动资产主要为公司工程代建项目投入和代付拆迁款，近几年内随着工程代建项目建设投入而有所增长。

（二）主要负债情况

2019~2021 年，丰台国资总负债分别为 5170531.33 万元、6033246.86 万元、

5848780.18 万元，资产负债率分别为 78.19%、80.67%、80.06%，资产负债率保持较高水平，非流动负债占比较高（见表 11-8）。

表 11-8　2019～2021 年公司主要负债及所有者权益情况 单位：万元，%

年份 项目名称	2021	2020	2019
其他应付款	2936326.19	1539413.73	1008476.97
一年内到期的非流动负债	198046.98	904912.00	823111.00
长期借款	288101.65	1646289.34	1645894.98
应付债券	203682.19	200000.00	200000.00
租赁负债	7921.39	—	—
长期应付款（合计）	1904301.98	1615277.77	1329971.93
负债合计	5848780.18	6033246.86	5170531.33
实收资本（或股本）	1250819.71	1246390.10	1244983.00
资本公积金	28535.31	28461.42	26014.72
未分配利润	149800.38	142287.69	142126.07
所有者权益合计	1457049.40	1446096.78	1442148.89
短期债务	198046.98	904912.00	823111.00
总债务	5848780.18	6033246.86	5170531.33
资产负债率	80.06	80.67	78.19

资料来源：Wind 数据库。

丰台国资流动负债主要由应付账款、其他应付款和一年内到期的非流动负债等构成。2019～2021 年，公司流动负债分别为 1986399.59 万元、2565014.41 万元和 3283293.40 万元，占负债总额的比例分别为 38.42%、42.51% 和 56.14%。

发行人非流动负债主要由长期借款、长期应付款和应付债券等构成。2019年至 2021 年末，丰台国资非流动负债分别为 3184131.73 万元、3468232.45 万元和 2565486.78 万元，占负债总额的比例分别为 61.58%、57.49% 和 43.86%。

其中，公司其他应付款中应付北京局集团款项虽随存货同步结转，但随着公司有息债务的逐步置换，其应付丰台区财政局款项持续提升，期末其他应付款规模仍大幅增加；一年内到期的非流动负债和长期借款得益于债务置换而大幅下降；长期应付款得益于项目建设专项资金的拨付而持续提升。所有者权益方面，近几年内公司实收资本得益于丰台区国资委增资而小幅增至 125.08 亿元；未分配利润得益于利润累积而略有增长，公司整体资本实力小幅提升。

（三）盈利及偿债能力分析

2019~2021 年，丰台国资的主营业务收入分别为 12.15 亿元、13.39 亿元和 12.11 亿元，主营业务成本分别为 7.00 亿元、9.25 亿元和 8.38 亿元，主营业务毛利润分别为 5.15 亿元、4.14 亿元和 3.74 亿元，主营业务毛利率分别为 42.39%、30.92% 和 30.84%。

2021 年，丰台国资主营业务回款情况良好，但受往来款收支由净流入转为净流出影响，公司经营活动净现金流由正转负，呈大额净流出态势；同时，公司委托贷款回收规模较小而投资支出较大，投资活动净现金流亦呈大额净流出态势；筹资活动方面，公司债务本息偿付规模有所减少，筹资活动现金流净流出规模有所收缩；偿债能力指标方面，2021 年公司经营活动净现金流和 EBITDA 对债务本息的保障能力均较弱（见表 11-9）。

表 11-9　2019~2021 年公司现金流及偿债指标情况　　　　　单位：亿元

项目名称　　　　　年份	2021	2020	2019
经营活动净现金流	-14.24	21.26	-5.11
投资活动净现金流	-15.57	4.10	-0.17
筹资活动净现金流	-1.33	4.99	-24.49
总债务/经营活动净现金流	-4.85	12.94	-52.22
经营活动净现金流/利息支出	-1.12	1.84	-0.38
总债务/EBITDA	23.28	86.32	61.27
EBITDA/利息支出	0.23	0.28	0.32
货币资金/短期债务	2.79	0.95	0.80

资料来源：Wind 数据库。

截至 2022 年 3 月末，公司共获得银行授信额度 359.82 亿元，其中未使用额度为 306.15 亿元，公司备用流动性充足，整体偿债能力较强。

（四）外部支持情况

丰台区经济水平和财政实力平稳较快提升，为公司发展提供了良好的外部环境。作为丰台区最重要的城市开发建设和国有资产经营主体，丰台国资持续获得丰台区人民政府的有力支持。资金注入方面，2021 年和 2022 年一季度，丰台区国资委分别向公司增资 0.44 亿元和 0.20 亿元，公司实收资本增至 125.28 亿元。政府补助方面，2021 年，公司收到政府补助 0.48 亿元，包括供暖补助和稳岗补贴等，有力保障了公司日常经营活动的开展。债务置换方面，丰台区人民政府持续对公司土地开发业务前期所形成的债务进行置换，置换债务规模约 203 亿元，公司债务规模大幅下降，还本付息压力大幅减轻。

五、融资情况

近几年来，公司债务规模得益于丰台区财政局的持续置换而大幅压降，截至 2022 年 3 月末余额 47.78 亿元，其中短期债务仅 12.18 亿元。同时，公司资产负债率虽变化不大，但总资本化比率大幅下降，截至 2022 年 3 月末仅为 24.74%。银行授信方面，截至 2022 年 3 月末，公司共获得银行授信额度 359.82 亿元，其中未使用额度为 306.15 亿元，公司备用流动性充足。

第二节　转型发展分析

转型发展是我国经济新常态下城投公司发展的必然要求，丰台国资在丰台区人民政府的领导下，根据国务院《关于加强地方政府性债务管理的意见》、国务院国企改革办《关于全面完成国有企业公司制改革有关事项的通知》等文件精神，坚持"做优国有资本运营，更好地服务经济社会发展"，着力推进公司转型工作。

一、集中公司资源，重组主要业务板块

丰台国资作为丰台区最重要的基础设施建设和国有资产经营管理主体，一方面承担丰台区重大基础设施工程的融资、建设职能，另一方面努力构建规模化、专业化和多元化的发展模式，不断对其各大业务板块进行整合，改变各板块散小乱弱局面，形成以基础设施建设、房地产开发、物业管理及服务等为主的业务发展框架。2021 年，丰台国资基础设施建设板块和物业管理收入稳步增长，分别实现收入 6.31 亿元和 4.15 亿元，房地产开发业务收入大幅收缩，基础设施建设、物业管理及服务核心业务保持稳定增长。

二、完成企业改制，建立现代企业制度

根据北京市丰台区人民政府国有资产监督管理委员会《关于北京市丰台区国有资本经营管理中心改制方案的批复》（丰国资函〔2021〕79 号），"北京市丰台区国有资本经营管理中心"于 12 月 31 日正式更名为"北京市丰台区国有资本运营管理有限公司"，由全民所有制企业整体改制为国有独资公司。丰台国资不断推进现代企业制度建设，完成企业全民所有制向公司制改造，根据《中华人民共和国公司法》对章程进行修订，建立以股东丰台区国资委为领导核心、以董事会为决策机构、以监事会为监督机构、以经营层为执行机构的经营管理架构，治理结构进一步完善。

三、规范与政府关系，坚持市场化运作

厘清企业与政府业务工作关系是城投公司转型发展中的重要内容，丰台国资在发展过程中曾经直接承担着部分土地一级开发的融资、土地出让等相关工作，在发展过程中不断根据政策的要求调整其业务职能和政府关系。自 2021 年起，丰台国资重要子公司丽泽控股土地开发资金均由财政拨付，经丰台区人民政府与银行协商，丽泽控股土地开发项目前期形成借款均由财政接管，丽泽控股不再承担还本付息责任，其与政府间业务关系进一步厘清。

第三节　转型经验启示

丰台国资秉承"做优做强国有资本、服务区域经济发展"的使命与责任，将"专业、规范、服务、创新"作为宗旨贯穿公司发展全过程，高质量参与区域重点产业建设，更好地发挥国有企业的战略支持和保障作用。丰台国资在发展的过程中不断进行城投转型相关工作，城投转型经验丰富。

一、坚持城投属性和市场运作相结合

丰台国资紧紧依托"城南行动计划"，服务区域发展，聚焦保障民生，积极承担政府重点项目建设任务，实现国有资产保值增值。另外，积极应对市场竞争环境变化，做大做强市场化业务，结合资源禀赋，明确企业定位，不断探索企业发展新方向，履行社会责任。针对房地产开发、物业管理、商贸业务等市场化比较强的业务，以经济效益为导向，积极参与公开市场竞争，以增强国有经济活力、放大国有资本功能、实现国有资产保值增值为主要目标。针对基础设施建设、市政公用事业等业务，以实现社会效益、完成战略任务或重大专项任务为主要目标。

二、坚持盘活存量和引导增量相结合

构建并完善"造血功能"是城投转型的核心环节，近年来丰台区不断统筹

非首都功能疏解和产业结构调整，通过注入经营性资产增强地方国有企业"造血"功能的同时吸引战略合作者，增大国有经济体量。基础设施建设板块和物业管理及服务板块是丰台国资主要业务板块，随着这两大板块的持续发展，丰台国资的市场竞争力、融资能力得到进一步增强。结合丰台国资的转型发展经营，整合现有土地、物业等有形资产，以及房地产开发资质、承包资质、绿化资质等无形资产，同时积极引入其他有社会资本合作，可以起到激活存量、提质增效等作用。

三、坚持以现代企业制度促进内部提升

"内因"是矛盾发展的主要因素，构建"产权清晰、权责明确、政企分开、管理科学"的企业发展体系是企业可持续发展的重要保障，2021年12月31日丰台国资正式由全民所有制企业整体改制为国有独资公司，公司治理得到明显提升。城投转型的过程中首先应致力于构建现代企业制度，打通企业的"任督二脉"，在内部积蓄发展力量，落实主体责任、促进激励机制形成，以产业发展升级为切入点，以市场化为核心，突出主业，努力创新，提升核心竞争力。与此同时，加强外因作用因素，通过合作共赢、资本拓展等手段，拓展企业发展新空间。

四、依托区域发展战略谋求转型发展

丰台国资肩负着产业投资、国有资产管理等多重职能，公司围绕建设"一轴两带四区"发展战略格局，依托"城南行动计划"，以资本运营促进资源整合和优化配置，完成产业布局调整和产业结构优化，推动丰台区域经济发展。丰台国资发挥下属企业主营业务的优势，将按照企业化、市场化、专业化的原则，充分体现国有企业在引导产业发展以及城市基础设施建设、服务社会民生的优势和作用。城投公司诞生于地方政府，根植于城市产业运营，成长于市场竞争，城投转型过程也是城市资产做大做强的过程，丰台国资应充分整合区域内优势资源，以地区优质资源为核心打造市场竞争力，以市场竞争力促进地区基础设施建设水平提升、产业升级、招商引资。

第十二章　焦作市投资集团有限公司转型发展案例分析

焦作市投资集团有限公司（以下简称"焦作投资"或"公司"），是焦作市最大的投融资主体，受焦作市政府委托管理和组织所属国有资本运营，行使国有资本投融资主体职能，盘活国有资产，放大城市和产业资产增量，优化政府资源配置，完善公共基础设施，支持高新技术产业发展，引导产业结构优化调整，促进城市经济社会全面进步。公司自成立之初，便肩负着焦作市的艰苦转型使命，经过长期的顽强拼搏，不断向市场化方向转型，通过一系列重大项目的实施，不断实现发展壮大。公司最新主体等级为 AA+，评级展望为稳定，在转型发展过程中为区域经济的提升和城市发展做出了应有的贡献。

第一节　公司基本情况

一、公司简介

公司成立于 2009 年 5 月 13 日，是焦作市人民政府出资设立的国有独资公司。公司的实际控制人为焦作市人民政府，焦作市人民政府国有资产监督管理委员会代为履行出资人职责。公司注册资本为 90 亿元，由焦作市人民政府国有资产监督管理委员会分期出资。

截至 2022 年 6 月末，公司纳入合并范围内的子公司共 50 家，其中一级子公司 11 家，分别是焦作市建设投资（控股）有限公司、焦作市盛通地产经营有限公司、焦作市通良资产经营有限责任公司、焦作市盛达投资发展有限公司、焦作市煤炭储备基地有限公司、焦作市城乡投资发展有限公司、焦作市智慧城市投资发展有限公司、焦作焦投绿色转型发展产业投资基金合伙企业（有限合伙）、焦作市智慧金融服务有限公司、焦作市信息产业投资有限公司、焦作通财创业投资有限责任公司。公司的所属行业为土木工程建筑业，主要的经营范围有：对全市优良资产进行整合，提高资产利用率，对城市基础设施及社会事业等公益性项目、土地、旅游、矿产、森林等资源性项目进行开发建设和经营管理，对城市特许经营权等资源进行经营管理（以上范围中凡涉及专项许可的项目，凭许可证或有关批准文件经营）。

公司经过多年的经营发展，已基本形成了城市基础设施建设、产业投资、金融服务和新业态四大主要业务板块。未来公司决心以"集团化、多元化、市场化"为目标，牢牢围绕"服务社会经济发展，谋求企业经营利润、实现员工自我价值"企业核心价值观，大力弘扬"说了算、定了干、再大困难也不变"的精神，以更加饱满的热情、昂扬向上的斗志、扎实认真的态度，凝心聚力，顽强拼搏，为焦作市早期跻身全省第一方阵，在中原崛起中更加出彩做出新的更大的贡献。

二、所在区域情况

焦作位于河南省西北部，地处我国南北交会点，东西接合部，又是新欧亚大陆桥在中国境内的中心地带，具有承东启西、沟南通北的枢纽地位。

（一）有得天独厚的区域位势

焦作是河南全省唯一的郑州都市圈、洛阳都市圈"双圈"叠合城市，是郑州大都市区门户城市、中原城市群和豫晋交界地区的区域性中心城市，正紧抓黄河流域生态保护和高质量发展、中部地区崛起、都市圈建设等重大机遇，打造郑洛"双圈"联动优先发展区，实施"沿山沿黄""南北新城""绿色发展综合示范区"等重大布局，加快融入新发展格局。

（二）有坚实雄厚的工业基础

焦作是全国著名的"百年煤城"和老工业基地，现已形成装备制造、汽车及零部件、食品等十大产业，拥有1个国家级高新区、8个省级产业集聚区，是国家火炬计划汽车零部件特色产业基地、国家铝工业基地。目前，5G、大数据、云计算、人工智能等数字经济加快突破，华为、阿里、浪潮、颐高等行业龙头纷纷布局，新兴动能加速壮大。

（三）有闻名世界的文旅品牌

焦作是人类非物质文化遗产——太极拳的发源地，云台山、青天河、神农山3个AAAAA级景区共同组成的云台山世界地质公园闻名遐迩，正在联动郑州建设"云台山、嵩山和太极拳、少林拳""两山两拳"区域生态文化旅游融合示范带，全力打造"世界太极城、中原养生地"。

三、公司业务情况

（一）主营业务情况

公司主营业务包括城市基础设施建设、土地整理、房产销售、商品销售、委贷、担保等六大板块。2021 年，公司实现营业收入 19.16 亿元，同比增长14.50%。从业务收入构成上，城市基础设施建设、自有土地销售、商品销售为公司主要业务来源，2021 年分别实现收入 3.96 亿元、5.68 亿元和 6.36 亿元，占营业收入的比例分别为 20.68%、29.64% 和 33.19%。公司 2021 年营业毛利率为 13.27%，主营业务营利能力较好。

2020 年、2021 年及 2022 年 1~6 月，公司营业收入构成如表 12-1 所示：

表 12-1　2020 年、2021 年及 2022 年 1~6 月公司营业收入情况

业务板块	2022 年 1~6 月		2021 年		2020 年	
	金额（万元）	占比（%）	金额（万元）	占比（%）	金额（万元）	占比（%）
城市基础设施建设	20007.31	13.28	39614.55	20.68	12185.56	7.28
自有土地销售	45000.00	29.87	56789.73	29.64	77500.00	46.31
担保业务	246.78	0.16	5468.20	2.85	10805.62	6.46
房产销售	367.19	0.24	7812.48	4.08	—	—
商品销售	75290.24	49.98	63593.49	33.19	59228.27	35.40
委贷业务	3663.84	2.43	8357.21	4.36	1448.97	0.87
其他业务	6053.56	4.02	9969.51	5.20	6165.65	3.68
合计	150628.92	100.00	191605.18	100.00	167334.07	100.00

资料来源：Wind 数据库。

（二）主营业务分析

1. 城市基础设施建设业务板块

公司承担了焦作市内主要道路、桥梁等交通基础设施的建设，以及热力管线、电力管网、污水排放管道等地下管网建设项目。为秉承"打造焦作旅游山水品牌"的发展战略，公司还相继承担了普济河、翁涧河、群英河、黑河的综合治理工程项目、生活垃圾无害化处理项目。根据焦作市委、市政府安排，公司先后负责组织实施了焦作市人民路（总投资额 6.04 亿元）、体育中心（总投资额16.28 亿元）、职教园区（总投资额 6.69 亿元）、西部工业集聚区路网建设及整体开发（总投资额 30.03 亿元）等工程建设，新增和改造城市道路里程 50.23 千米，拓展城市空间 20 平方千米。

2. 自有土地销售业务

公司的自有土地销售业务主要依托城市基础设施建设业务，以基础设施和土地开发"捆绑建设"回收资金，以土地收益平衡重大项目投资。2020 年和 2021 年，公司自有土地销售收入分别为 7.75 亿元和 5.68 亿元。

3. 房地产业务

公司房地产板块由二级子公司焦作市盛业房地产开发有限公司（以下简称"盛业地产"）开展。根据焦作市政府的统一规划，盛业地产通过"招拍挂"方式取得土地，项目的实施方案交由专业设计公司设计，并提交公司董事会同意后上报市政府批准实施。截至目前，公司在建房地产项目包括盛业清华园、盛业润华园、龙佰福园和龙佰桂园项目，另有两处拟建项目处于前期筹备阶段。

4. 担保业务

公司担保业务主要由二级子公司焦作中小企业融资担保集团有限公司（以下简称"焦作担保"）开展，焦作担保成立于 2005 年 8 月 11 日，是经焦作市人民政府批准成立的国有控股的专业信用担保机构，定位是受焦作市国资委委托，负责中小企业信用担保资金筹措，为焦作市中小企业提供信用担保，是焦作市最大的国有控股的专业信用担保机构。焦作担保的担保业务分为融资性担保和非融资性担保。公司担保业务的开展为焦作市中小企业提供了有效的信用支持，大大提升了焦作市中小企业经济活力。

5. 商品销售业务

公司商品销售业务主要由合金铝、建材、药品贸易及纸类销售构成。具体来看，子公司焦作经开通港物流有限公司自 2019 年 5 月开始与焦作万方集团有限公司开展合金铝销售业务；子公司焦作市城投物资供应有限公司于 2019 年设立，主要为焦作市大型城市建设项目提供建材供应；公司于 2021 年 6 月增资控股焦作市云台山医药股份有限公司，云台山医药主营药品批发；公司于 2021 年 7 月增资控股武陟县三丰纸业有限公司，该公司主要生产复写纸、打印纸、牛皮纸等高端纸品。

6. 委托贷款业务

公司通过与中信银行、交通银行合作向焦作市范围内小微企业发放贷款，为焦作市小微企业发展注入活力。委托贷款业务的开展主要依赖小微企业增信集合债券的发行，公司分别于 2017 年 4 月、2020 年 11 月、2021 年 11 月和 2022 年 1 月发行 4 期小微企业增信集合债券，募集资金 19.90 亿元，截至 2021 年末，公司委托贷款余额 5.60 亿元。

7. 其他业务

公司的其他业务中主要包括补充耕地指标转让、租金、信息产业、培训费、公用事业等业务板块。2021 年，其他业务实现毛利润 3957.05 万元，占当年营业毛利润的比例为 15.57%，主要由信息产业业务产生。公司信息产业业务主要由控股子公司焦作市信息产业投资有限公司开展，该公司成立以来，按照市委、市政府整体部署和市政务服务和大数据管理局工作安排，先后承接了焦作市大数据平台、焦作市政务业务中台、"焦我办"城市门户 App 等数字政府核心底座类项目，配合开发上线了工程建设项目审批管理系统、政务一窗受理平台、不动产交易"刷脸办"等一系列特色项目，有效服务了焦作市"放管服"改革纵深推进，得到市领导的充分认可和肯定。

四、公司财务状况

根据公司 2020 年、2021 年及 2022 年 1~6 月的财务报表，可以对其财务状况做出如下分析。

（一）主要资产情况

2020 年末、2021 年末及 2022 年 6 月末，公司总资产分别为 320.56 亿元、353.59 亿元和 362.39 亿元，呈持续增长态势。2021 年末，公司流动资产和非流动资产占比分别为 65.08% 和 34.92%，资产结构稳定、合理。

2020 年末、2021 年末和 2022 年 6 月末，公司资产结构详细情况如表 12-2 所示：

表 12-2　公司资产结构

项目	2022 年 6 月末		2021 年末		2020 年末	
	金额（万元）	占比（%）	金额（万元）	占比（%）	金额（万元）	占比（%）
货币资金	189337.49	5.22	215537.27	6.10	141072.94	4.40
交易性金融资产	11845.25	0.33	40067.43	1.13	10695.49	0.33
应收票据	—	0.00	558.81	0.02	1478.89	0.05
应收账款	538005.86	14.85	474307.13	13.41	412569.72	12.87
预付账款	345483.45	9.53	348975.94	9.87	322337.34	10.06
其他应收款	200186.46	5.52	170750.52	4.83	198261.40	6.18
存货	1030682.03	28.44	1042241.47	29.48	1037496.91	32.37
合同资产	861.44	0.02	848.18	0.02	—	0.00
其他流动资产	41951.80	1.16	38307.12	1.08	27738.84	0.87
流动资产合计	2358353.76	65.08	2331593.88	65.94	2151651.52	67.12
可供出售金融资产	—	0.00	—	0.00	125088.75	3.90

续表

项目	2022 年 6 月末		2021 年末		2020 年末	
	金额 （万元）	占比 （%）	金额 （万元）	占比 （%）	金额 （万元）	占比 （%）
长期股权投资	186839.78	5.16	167700.43	4.74	180190.44	5.62
其他权益工具投资	126015.18	3.48	144274.73	4.08	—	0.00
投资性房地产	147955.95	4.08	147920.89	4.18	147398.24	4.60
固定资产	10134.07	0.28	8311.06	0.24	4486.53	0.14
在建工程	67084.11	1.85	54918.07	1.55	191197.86	5.96
使用权资产	767.66	0.02	767.66	0.02	—	0.00
无形资产	184798.11	5.10	184805.47	5.23	184763.72	5.76
长期待摊费用	2621.00	0.07	2446.26	0.07	2811.93	0.09
递延所得税资产	4761.28	0.13	4761.28	0.13	1071.40	0.03
其他非流动资产	534592.53	14.75	488384.89	13.81	216948.59	6.77
非流动资产合计	**1265569.66**	**34.92**	**1204290.74**	**34.06**	**1053957.45**	**32.88**
资产总计	**3623923.42**	**100.00**	**3535884.61**	**100.00**	**3205608.96**	**100.00**

资料来源：Wind 数据库。

　　公司资产主要由应收账款和存货等构成。应收账款方面，主要包括城市基础设施建设项目结算款、土地销售款项和应收代偿款。存货方面，开发成本占比较高，包括土地使用权、城市基础设施开发成本及房地产开发成本。

　　（二）主要负债情况

　　2020 年末、2021 年末及 2022 年 6 月末，公司总负债分别为 166.94 亿元、202.22 亿元和 208.87 亿元，呈持续增长态势，主要是公司经营及业务规模不断扩张所致。

　　2020 年末、2021 年末和 2022 年 6 月末，公司负责结构详细情况如表 12-3 所示。

表 12-3　公司负债结构

科目	2022 年 6 月末		2021 年末		2020 年末	
	数额 （万元）	占比 （%）	数额 （万元）	占比 （%）	数额 （万元）	占比 （%）
短期借款	118532.79	5.67	148955.63	7.37	87105.00	5.22
应付账款	26051.44	1.25	18907.74	0.93	1837.85	0.11

续表

科目	2022 年 6 月末 数额（万元）	2022 年 6 月末 占比（%）	2021 年末 数额（万元）	2021 年末 占比（%）	2020 年末 数额（万元）	2020 年末 占比（%）
预收款项	140718.55	6.74	131480.94	6.50	156211.47	9.36
合同负债	48830.62	2.34	26260.32	1.30		
应付职工薪酬	677.16	0.03	1013.49	0.05	327.81	0.02
应交税费	1197.14	0.06	1890.27	0.09	10355.45	0.62
其他应付款	145415.89	6.96	144940.28	7.17	128262.42	7.68
一年内到期的非流动负债	553016.26	26.48	393474.72	19.46	348245.41	20.86
其他流动负债	68700.40	3.29	68791.83	3.40	1499.42	0.09
流动负债合计	**1103140.25**	**52.81**	**935715.21**	**46.27**	**733844.82**	**43.96**
长期借款	334133.31	16.00	330923.61	16.36	330193.93	19.78
应付债券	496617.66	23.78	589218.51	29.14	471773.01	28.26
租赁负债	626.54	0.03	697.98	0.03		
长期应付款	136482.01	6.53	149487.11	7.39	129966.09	7.79
递延收益	—	—	—		919.70	0.06
递延所得税负债	2659.36	0.13	2659.36	0.13	2717.98	0.16
其他非流动负债	15073.37	0.72	13531.81	0.67		
非流动负债合计	**985592.24**	**47.19**	**1086518.37**	**53.73**	**935570.70**	**56.04**
负债合计	**2088732.49**	**100.00**	**2022233.58**	**100.00**	**1669415.52**	**100.00**

资料来源：Wind 数据库。

公司负债主要由长期借款、应付债券、一年内到期的非流动负债构成，主要为有息债务。

（三）现金流量分析

公司现金流量结构较为合理，符合公司的行业特点、业务发展阶段特点。同时公司不断优化资金管理制度、提高市场化独立经营能力，主营业务持续稳定发展，使得公司期末现金及现金等价物规模保持稳定，为公司提供了较好的流动性支持。2020 年、2021 年和 2022 年 1~6 月，公司与现金流量相关的指标如表 12-4 所示。

表 12-4　公司现金流量情况　　　　　　　　单位：万元

项目	2022 年 1~6 月	2021 年	2020 年
一、经营活动产生的现金流量			
经营活动现金流入小计	293553.71	292143.48	218959.90
经营活动现金流出小计	265186.21	196623.78	155999.46
经营活动产生的现金流量净额	28367.50	95519.70	62960.43
二、投资活动产生的现金流量			
投资活动现金流入小计	4129.75	64816.36	78144.35
投资活动现金流出小计	27175.41	253854.70	139451.10
投资活动产生的现金流量净额	−23045.66	−189038.34	−61306.74
三、筹资活动产生的现金流量			
筹资活动现金流入小计	360694.44	802412.06	829876.69
筹资活动现金流出小计	398379.49	646659.26	797942.05
筹资活动产生的现金流量净额	−37685.05	155752.80	31934.64
四、汇率变动对现金的影响	4.88	−138.83	−3.45
五、现金及现金等价物净增加额	−32358.33	62095.33	33584.87

资料来源：Wind 数据库。

公司筹资活动现金流量总体变化不大，体现出融资渠道通畅、融资能力较佳的特点。近年来，公司的融资以银行借款和发债融资为主，未出现融资渠道发生较大变化的情况。具体来说，2020 年、2021 年、2022 年 1~6 月，公司的筹资活动现金流入分别为 82.99 亿元、80.24 亿元和 36.07 亿元，融资规模较大，一方面是公司规模增长，在建项目有持续资金需求，另一方面也受到了区域风险事件因素的影响，为防范风险，加大了融资力度所致。

（四）盈利能力分析

2020 年、2021 年及 2022 年 1~6 月，公司营业毛利润如表 12-5 所示：

表 12-5　公司近年来的毛利润

业务板块	2022 年 1~6 月		2021 年		2020 年	
	金额（万元）	占比（%）	金额（万元）	金额（%）	占比（万元）	金额（%）
城市基础设施建设	275.75	1.17	311.87	1.23	1496.97	4.11
自有土地销售	10000.00	42.38	10228.53	40.23	21105.92	57.91
担保业务	233.61	0.99	3255.31	12.80	8942.37	24.54
房产销售	253.69	1.08	695.04	2.73	—	—

续表

业务板块	2022 年 1~6 月		2021 年		2020 年	
	金额（万元）	占比（%）	金额（万元）	金额（%）	占比（万元）	金额（%）
商品销售	8225.48	34.86	3874.34	15.24	152.45	0.42
委贷业务	2672.24	11.32	3100.17	12.19	957.45	2.63
其他业务	1937.85	8.21	3957.05	15.57	3788.97	10.40
合计	23598.62	100.00	25422.31	100.00	36444.12	100.00

资料来源：Wind 数据库。

2020 年、2021 年及 2022 年 1~6 月，营业毛利润分别为 3.64 亿元、2.54 亿元和 2.36 亿元，主要来源于自有土地销售、商品销售业务。2021 年营业毛利润下降，主要原因是 2021 年自有土地销售业务收入减少，且 2021 年公司城市基础设施建设、自有土地销售、担保等业务毛利率有所下滑。

公司近年来毛利率构成情况如表 12-6 所示：

表 12-6　公司近年来毛利率构成情况　　　　　　单位：%

业务板块	2022 年 1~6 月	2021 年	2020 年
城市基础设施建设	1.38	0.79	12.28
自有土地销售	22.22	18.01	27.23
担保业务	94.66	59.53	82.76
房产销售	69.09	8.90	—
商品销售	10.93	6.09	0.26
委贷业务	72.94	37.10	66.08
其他业务	32.01	39.69	61.45
综合毛利率	15.67	13.27	21.78

资料来源：Wind 数据库。

2020 年、2021 年及 2022 年 1~3 月，公司营业毛利率分别为 21.78%、13.27% 和 15.67%，整体毛利率水平较高。2021 年，受疫情影响，公司城市基础设施建设、自有土地销售、担保业务、委贷业务营业毛利率均较 2020 年有所下降。

2020 年、2021 年公司自有土地销售业务毛利率分别为 27.23% 和 18.01%，主要原因是土地销售定价参照销售时市场价值，2021 年销售的部分土地坐落于修武县，近年来修武县土地较市区土地增值幅度较小，因此当年土地销售毛利率有所下降。

公司担保业务收入包括保费收入和追偿收入，因此担保业务毛利率较高。近年来，公司逐步收缩担保业务。受行业监管要求政策性担保公司降低担保费率，担保费率不高于 1.5%，追偿收入规模减小，2021 年担保业务毛利率大幅下降。

此外，2020 年、2021 年及 2022 年 1~6 月，公司投资收益分别为 0.60 亿元、1.31 亿元和 0.30 亿元，主要对河南省内、焦作地区公司进行财务投资获得稳定持续的分红和投资收益。公司持有中旅银行、云台山旅游、中原农业保险，河南省中豫融资担保、风神轮胎和中原传媒等优质公司的股权。上述企业具有较好的经营水平及行业前景，随着核心投资企业的稳健经营，公司未来将持续获得稳定分红的投资收益。

（五）偿债能力分析

2020 年末、2021 年末及 2022 年 6 月末，公司主要偿债能力指标如表 12-7 所示：

表 12-7 近年来公司主要偿债能力指标 单位：倍，次，%

项目	2022 年 6 月末	2021 年末	2020 年末
流动比率	2.14	2.49	2.93
速动比率	1.20	1.38	1.52
资产负债率	57.64	57.19	52.08
EBITDA 利息保障倍数	—	1.43	0.96
贷款偿还率	100.00	100.00	100.00
利息偿付率	100.00	100.00	100.00

资料来源：Wind 数据库。

从短期偿债指标来看，截至 2020 年末、2021 年末及 2022 年 6 月末，公司流动比率分别为 2.93、2.49 和 2.14，速动比率分别为 1.52、1.38 和 1.20，公司短期偿债能力较好。

从长期偿债指标来看，截至 2020 年末、2021 年末及 2022 年 6 月末，公司资产负债率分别为 52.08%、57.19% 和 57.64%，低于行业平均水平，长期还款能力较好。2020 年末及 2021 年末，公司 EBITDA 利息保障倍数分别为 0.96 和 1.43，利息保障倍数有所增长，偿债能力增强。

公司未曾发生未按时兑付债务本息的情形，资信情况良好。总体来看，公司拥有良好的偿债能力。

（六）政府支持

基于公司的业务属性以及在焦作市城市基础设施建设领域做出的贡献，为了支持其持续发展，2012 年 9 月 11 日焦作市人民政府发文《焦作市人民政府印发关于支持焦作市投资集团发展若干意见的通知》（焦政文〔2012〕149 号），主要内容包含对公司财政支持、政策支持、项目补偿机制、优质资产注入、土地资源注入等。

公司在推动国有资产、资本、资金、资源"四资"整合，拓宽融资渠道，加大对城市基础设施投资力度，促进产业转型升级等方面进行了积极探索和大胆实践，为焦作市经济社会发展做出了积极贡献，焦作市政府根据"焦政文〔2012〕149 号"文件中的精神，于 2020 年和 2021 年，分别给予公司补贴 3.44亿元和 4.83 亿元。

五、融资情况

（一）公司有息债务情况

2020 年末、2021 年末，公司有息负债余额和类型如表 12-8 所示：

表 12-8　公司有息债务余额和类型

项目	2021 年末		2020 年末	
	金额（万元）	占比（%）	金额（万元）	占比（%）
短期借款	148955.63	9.42	87105.00	6.78
一年内到期的非流动负债	393427.71	24.88	348245.41	27.11
其他流动负债	64988.92	4.11	—	—
长期借款	330923.61	20.93	330193.93	25.70
应付债券	589218.51	37.26	471773.01	36.72
租赁负债	—	—	—	—
长期应付款（付息项）	53736.95	3.40	47475.00	3.70
合计	1581251.33	100.00	1284792.35	100.00

资料来源：Wind 数据库。

2020 年末、2021 年末，公司有息负债融资方式分类情况如表 12-9 所示：

表 12-9　公司有息债务与融资方式分类

项目	2021 年末		2020 年末	
	金额（万元）	占比（％）	金额（万元）	占比（％）
银行借款	444807.06	28.13	308936.75	24.05
债券融资	922674.80	58.35	765730.60	59.60
信托融资	122600.00	7.75	140900.00	10.97
融资租赁	91169.46	5.77	69225.00	5.39
其他融资	—	—	—	—
合计	1581251.33	100.00	1284792.35	100.00

资料来源：Wind 数据库。

公司有息负债主要由银行借款、债券融资和非银行金融企业借款构成。截至2021 年末，公司银行借款余额 44.48 亿元，债券融资余额 92.27 亿元，非银行金融企业借款余额 21.38 亿元，三者占比分别为 28.13％、58.35％和 13.52％。公司直接融资渠道通畅，融资成本相对较低。

（二）公司获得主要贷款银行的授信情况及使用情况

公司资信状况良好，与多家大型金融机构建立了长期、稳定的战略合作关系，并获得了较高的授信额度，间接债务融资能力较强。截至 2021 年末，公司共在各家银行获得授信额度为 116.56 亿元人民币，尚未使用授信额度为 38.18亿元人民币。具体情况如表 12-10 所示：

表 12-10　近年来公司银行授信情况　　　　　　　单位：亿元

授信银行	2021 年末			2020 年末		
	授信总额	已使用额度	待使用额度	授信总额	已使用额度	待使用额度
山阳农信社	0.99	0.99	0.00	0.91	0.53	0.39
中原银行	8.00	6.00	2.00	8.00	6.00	2.00
郑州银行	10.10	5.20	4.90	16.25	16.25	0.00
国家开发银行	13.35	8.20	5.15	34.70	26.35	8.35
中国工商银行	24.61	14.86	9.75	26.61	13.32	13.29
光大银行	9.39	9.39	0.00	9.49	9.49	0.00
中旅银行	7.50	6.86	0.64	11.00	11.00	0.00
平顶山银行	—	—	—	3.00	0.00	3.00
广发银行	1.00	1.00	0.00	2.00	2.00	0.00
交通银行	5.59	3.59	2.00	3.59	3.59	0.00

续表

授信银行	2021 年末			2020 年末		
	授信总额	已使用额度	待使用额度	授信总额	已使用额度	待使用额度
渤海银行	9.44	3.40	6.04	2.10	1.75	0.35
恒丰银行	3.00	3.00	0.00	3.10	1.75	1.35
华夏银行	7.04	3.44	3.60	5.60	3.40	2.20
中信银行	4.50	1.90	2.60	2.50	0.00	2.50
远东租赁	3.15	3.15	0.00	3.00	0.00	3.00
九鼎金租	3.00	3.00	0.00	—	—	—
邦银租赁	2.00	2.00	0.00	—	—	—
浦发银行	2.40	2.40	0.00	—	—	—
邮储银行	0.50	0.00	0.50	—	—	—
洛阳银行	1.00	0.00	1.00	—	—	—
合计	**116.56**	**78.38**	**38.18**	**131.85**	**95.43**	**36.43**

资料来源：Wind 数据库。

公司未发生违约情况，信用记录良好，公司多元化融资渠道为公司经营发展提供了良好的资金保障。

（三）公司及主要子公司境内外债券发行情况

截至 2022 年 6 月 30 日，公司及其子公司已发行尚未兑付的债券余额为110.05 亿元，明细如表 12-11 所示：

表 12-11　截至 2022 年 6 月 30 日公司及其子公司
尚未兑付的债券情况

单位：亿元，%

序号	债券简称	发行主体	发行日期	回售日期	到期日期	债券期限	发行规模	票面利率	余额
1	20 焦作 01	焦作市建设投资（控股）有限公司	2020-08-12	—	2022-08-14	2	4.00	4.98	4.00
2	20 焦作 02	焦作市建设投资（控股）有限公司	2020-08-12	—	2023-08-14	3	6.00	5.50	6.00
3	21 焦投 01	焦作市投资集团有限公司	2021-03-25	2023-03-30	2026-03-30	2+2+1	4.00	5.80	4.00
4	21 焦投 02	焦作市投资集团有限公司	2021-06-08	2023-06-11	2026-06-11	2+2+1	5.00	4.60	5.00

续表

序号	债券简称	发行主体	发行日期	回售日期	到期日期	债券期限	发行规模	票面利率	余额
5	21 焦投 03	焦作市投资集团有限公司	2021-08-20	2024-08-25	2026-08-25	3+2	6.00	4.50	6.00
6	21 焦投 04	焦作市投资集团有限公司	2021-10-12	2024-10-15	2026-10-15	3+2	5.00	4.78	5.00
7	21 焦作 01	焦作市建设投资（控股）有限公司	2021-12-17	—	2024-12-22	3	2.00	5.80	2.00
公司债券小计	—	—	—	—	—	—	32.00	—	32.00
8	19 焦作投资 PPN001	焦作市投资集团有限公司	2019-04-24	—	2022-04-26	3	5.00	4.96	5.00
9	20 焦作投资 PPN001	焦作市投资集团有限公司	2020-03-27	—	2023-03-31	3	5.00	4.39	5.00
10	20 焦作投资 PPN002	焦作市投资集团有限公司	2020-06-16	—	2023-06-18	3	5.00	4.80	5.00
11	20 焦作建投 PPN001	焦作市建设投资（控股）有限公司	2020-07-22	—	2023-07-24	3	5.00	5.85	5.00
12	17 焦作投资 MTN001	焦作市投资集团有限公司	2017-06-19	2020-06-22	2022-06-20	3+2	10.00	3.95	8.65
13	21 焦作建投 MTN001	焦作市建设投资（控股）有限公司	2021-07-14	—	2024-07-16	3	5.00	3.75	5.00
14	22 焦作投资 PPN001	焦作市投资集团有限公司	2022-02-21	—	2025-02-23	3	5.00	4.05	5.00
15	22 焦作投资 SCP001	焦作市投资集团有限公司	2022-05-23	—	2023-02-23	0.74	9.00	2.50	9.00
债务融资工具小计	—	—	—	—	—	—	49.00		47.65
16	20 焦作投资小微债 01	焦作市投资集团有限公司	2020-10-30	2023-11-10	2025-11-10	3+2	5.00	4.53	5.00
17	21 焦作投资小微债 01	焦作市投资集团有限公司	2021-09-24	2024-11-17	2026-11-17	3+2	5.00	4.50	5.00
18	22 焦作投资小微债 01	焦作市投资集团有限公司	2022-01-21	2023-11-10	2025-11-10	3+2	5.00	4.08	5.00

续表

序号	债券简称	发行主体	发行日期	回售日期	到期日期	债券期限	发行规模	票面利率	余额
企业债券小计	—	—	—	—	—	—	15.00	—	15.00
19	美元债	焦作市投资集团有限公司	2022-1-20	—	2023-1-20	0.99	7.00	5.50	7.00
20	债券融资计划	焦作市投资集团有限公司	2021-5-27	—	2022-11-27	1.5	5.00	5.70	5.00
21	债券融资计划	焦作市建设投资（控股）有限公司	2020-8-18	—	2022-6-18	1.83	1.00	6.00	1.00
22	债券融资计划	焦作市建设投资（控股）有限公司	2019-8-12	—	2022-8-12	3	2.00	6.50	1.20
23	债券融资计划	焦作市建设投资（控股）有限公司	2019-8-30	—	2022-8-30	3	2.00	6.50	1.20
其他小计	—	—	—	—	—	—	17.00	—	15.40
合计	—	—	—	—	—	—	113.00	—	110.05

注：上述美元债发行金额为 1 亿美元，按汇率 7.00 进行折算。

资料来源：Wind 数据库。

总体来看，公司的融资体系多元且稳定，融资成本相对较低，这为公司的良好发展提供了强有力的保障。

第二节　转型发展分析

一、公司转型的背景及特点

焦作市因煤而兴，从 19 世纪中叶大规模开采煤炭开始，煤炭开采历史早已超过百年。中华人民共和国成立后，焦作成为全国著名的"煤城"，煤炭产业一度在全市国民经济中占据统治地位，资源型企业增加值占工业增加值的比重曾经达到 90% 以上。但是，20 世纪 80 年代以来，随着煤炭资源开始枯竭，资源型企业效益急剧下滑，经济增长速度缓慢，引起焦作市财政收入和工业增加值大幅下降，引发失业、环境污染等各种社会问题。在这样的背景下，焦作市开始了艰苦的产业转型。

2008 年 5 月，焦作市被国家发展和改革委员会正式列为全国首批资源型城市转型试点。转型意味着必须加快各项接续产业的建设，推进焦作市经济结构调整和发展方式的根本转变。而成立于 2009 年的焦作市投资集团有限公司，是焦作市人民政府出资设立的国有独资公司，自成立之初，便肩负着焦作市的艰苦转型使命。

截至 2021 年末，公司资产总额 353.59 亿元，主体信用评级为 AA+，是焦作市唯一一家主体信用等级 AA+ 的国有企业，目前已经形成城市基础设施建设、产业投资、金融服务和新业态等四大业务领域。在城投公司转型发展的新阶段，公司立足新发展阶段，贯彻新发展理念，构建新发展格局，围绕"十四五"发展规划，聚焦全市经济发展大局，主动抢抓黄河流域生态保护和高质量发展、国内大循环、建设现代流通体系、郑洛都市圈建设优先发展区等战略机遇，进一步明确功能定位、做优目标设计、做好规划引领，开展多元化、市场化业务经营，逐步推进转型升级，实现集团的长期和可持续发展。

二、公司转型的路径

（一）深度参与城市建设，提高运营能力

公司深度参与城市建设项目，逐步减少对基础设施代建业务的依赖。近年来，公司自主运营城市基础设施建设类项目主要包括产业园、城市管网和房地产开发项目。截至目前，公司在实施的项目主要包括焦作市东部静脉产业园、焦作市西部商砼产业园、通港物流园区、城乡一体化供水管网、新河商务区高压线路归并改造工程、"三供一业"改造等项目，同时公司正在开发盛业清华园、盛业润华园等房地产项目，逐步开展项目市场化经营。

焦作盛业清华园、润华园、龙佰福园、龙佰桂园等项目由子公司焦作市盛业房地产开发有限责任公司开发建设，该公司具备建筑业二级资质，目前盛业清华园项目正处于收尾阶段，已完成部分交付和回款。

（二）新设、合并子公司，开展多元化经营

近年来，公司通过新设、合并等方式，不断扩大经营业务范围，实现多元化经营。截至 2022 年 6 月末，公司纳入合并报表范围的子公司共 50 家，涉及基础设施建设、土地开发、融资担保、垃圾处理、仓储物流、贸易、投资、不良资产处置、房地产开发、物业管理等。除了公司传统的核心优势业务（城市基础设施建设业务、土地销售业务、房屋销售业务），近年来，公司通过新设、合并其他企业，进行资产、资源、资金等要素整合，壮大资产规模，逐步拓展了商品销售业务、担保业务、委贷业务、不良资产处置、信息产业业务、创投及基金管理业

务等，有效地推进业务多元化经营。

（三）开展股权战略投资，谋求新的增长极

公司积极挖掘优质企业，通过财务投资、战略投资，广泛布局金融、文旅传媒、实业制造领域，助力实体经济发展，提升了自身的竞争力、影响力和抗风险能力。在金融业务领域，公司主要投资银行、保险企业和融资担保企业，先后投资参股了焦作市中旅银行股份有限公司（已被中原银行股份有限公司吸收合并，以下简称"中旅银行"）、焦作农村商业银行股份有限公司（以下简称"焦作农商行"）、河南省中豫融资担保有限公司（以下简称"中豫担保"）和中原农业保险股份有限公司（以下简称"中原农险"）。在文化旅游业务领域，公司投资了云台山旅游股份有限公司（以下简称"云台山旅游"）和中原大地传媒股份有限公司（股票简称"中原传媒"，股票代码"000719"）。在实业制造领域，公司投资参股了风神轮胎股份有限公司（股票简称"风神股份"，股票代码"600469"）、河南正旭科技股份有限公司（股票简称"正旭科技"，股票代码"835290"）、河南卓立膜材料股份有限公司、焦作科瑞森重装股份有限公司、焦作蓝天资源循环有限公司等。

三、转型效果分析

截至 2021 年末，公司总资产规模达 353.59 亿元，净资产达 151.37 亿元，当年实现营业收入 19.16 亿元，净利润 2.58 亿元，转型成果初现。通过深度参与城市基础设施项目的运营，公司逐步从传统工程项目代建模式向自有项目开发建设方向转变，进一步提升了项目运营管理能力，收入的稳定性将得到提高。

公司通过新设、合并子公司的形式开展多元化经营，拓宽了营收渠道，逐步摆脱了对城市基础设施代建和土地销售等传统业务的严重依赖。2020 年和 2021 年，公司商品销售业务收入分别为 5.92 亿元和 6.36 亿元，占当期营业收入比重分别为 35.40% 和 33.19%；2020 年和 2021 年，公司委贷业务收入分别为 0.14 亿元和 0.84 亿元，占当期营业收入比重分别为 0.87% 和 4.36%；2020 年和 2021 年，公司担保业务收入分别为 1.08 亿元和 0.55 亿元，占当期营业收入比重分别为 6.46% 和 2.85%。以上业务为发行人营业收入做了有益的补充，也使公司实现了多维度、多元化的业态发展模式，从而增强了自身的"造血"机制，提升了公司的效益。

公司将继续以服务重大项目建设、促进经济社会发展为出发点，通过优化整合资源、壮大资产规模，不断提升自身实力，承担起促进焦作市快速发展建设的重要角色，保证自身及各个子公司在焦作市的相关业务领域内做出突出贡献。

第三节 转型经验启示

一、发挥专营优势，契合区域发展政策

作为焦作市最重要的投融资主体和基础设施建设领域的实施主体，焦作市政府赋予焦作投资城市基础设施、公益性和旅游项目建设的职能，焦作投资在焦作市区域范围内具有特许经营权，竞争能力强。焦作投资找准并认清自身定位，积极响应焦作市的发展政策，与政府部门协同合作，发挥自身优势，促进了焦作市"煤城"的成功转型，既有利于自身长远发展，也提升了政府的形象和口碑，形成良性循环、互利共赢。

二、推动业务多元化发展，整合区域优势资源

焦作投资在城市基础设施建设和土地销售等传统业务的基础上，结合当地城市发展状况和需求，抓住机会整合区域优势资源，充分利用自身优势、政策红利和平台资源，通过设立、合并区域内公司、投资河南省内优质企业，实现了业务版图的扩大，推动了公司业务的多元化发展。通过这一系列转型，焦作投资逐步向城市运营、金融服务、股权投资等市场化业务转型，实现做大做强自身、支持社会发展的双赢，保证了国有资本的保值增值。

三、完善自身机制，坚定深化改革

在公司业务层面，公司利用自身的资源优势，积极合并或股权投资于其他优质的企业，早已不再局限于单一的融资功能，而是开拓了多元化产业结构，极大地激发了公司向前发展的活力，有助于国有资产的保值升值；在公司治理层面，焦作投资采用现代化科学的人才管理机制，且坚持市场化的选人用人机制，保证了公司始终具备优秀人才，确保了公司发展的内在动力；在融资方式层面，焦作投资采用多元化的融资方式，广泛拓宽债券融资渠道，发行债券品种包括公司债、企业债、中期票据、超短期融资和定向融资工具等市场主流品种。

第十三章 泸州产业发展投资集团有限公司转型发展案例分析

泸州产业发展投资集团有限公司（以下简称"泸州发展集团"）作为泸州市重要的基础设施建设及国有资产经营主体，是泸州产业发展和资本运作重要平台。泸州发展集团着力构建"4+1+N"立体化产业体系，力争打造为多元化业务、专业化经营、资本化运作的投资控股集团。"4+1+N"立体化产业体系："4"即做强医药大健康、能源产业、化工及新材料和酒类产业四个主导产业板块；"1"即做优一个产业金融服务板块；"N"即做特N个辅业及新产业板块。本章简要介绍了泸州发展集团的基本情况，深入剖析其主要业务情况及财务状况，并结合其业务模式和发展战略，总结其转型发展经验，以期为其他城投平台提供思路和启示。

第一节 公司基本情况

一、公司简介

2014年5月19日，原泸州鸿阳国资集团整体改组成泸州工投集团。2021年5月19日，为深入贯彻落实泸州市委、市政府关于进一步推动市属功能性企业优化重组的决策部署，泸州发展集团更名为泸州产业发展投资集团有限公司。2022年4月，泸州市国资委对公司注资9.27亿元，截至2022年8月末，公司注册资本达46.27亿元，公司实际控制人及控股股东为泸州市国资委，持股比例为88.14%。

泸州发展集团经营范围涉及投融资、非融资担保、资本运营及咨询服务、资产经营管理、贸易经济与代理等，产业领域涵盖酒业、化工、新材料、类金融、医药健康等。截至 2021 年末，泸州发展集团总资产为 500.81 亿元，净资产为 163.89 亿元；2021 年，泸州发展集团实现营业收入 292.57 亿元，净利润 5.12 亿元。截至目前，公司控股泸天化集团、川酒集团、融通安防等企业 160 家，直接管理西南医投、能源投资公司、国资公司、建设集团、融资租赁、泸州发展担保等企业 17 家，合并报表企业 177 家，主体信用评级为 AA；公司资产规模、融资规模、收入利润等主要经营指标，增幅均较成立初期增长 30 倍以上，各项指标体量均居全市功能性平台公司第二位，增速居第一位，集团规模实力跨越提升，产业支撑作用逐渐凸显，经济效益和社会效益同步提升。

二、所在区域情况

泸州市重点产业包括白酒（食品）产业、电子信息（数字经济）产业、装备制造产业、现代医药产业、纺织新材料产业、能源化工产业和绿色建材产业。白酒产业方面，泸州是浓香型白酒发源地、全国重要的白酒生产基地和"世界十大烈酒产区"之一，拥有泸州老窖、郎酒两大名酒之花；2012 年，经中国文物学会、中国名城委共同审议，一致赞成泸州市冠名"中国酒城"。电子信息产业方面，依托高新区、自贸试验区川南临港片区、江南科技产业园和云溪数字经济产业园四个园区载体，初步形成"一业四园"电子信息产业发展格局。装备制造产业方面，泸州是全国九大工程机械生产基地之一，是国家高性能液压件高新技术产业化基地，是大中型全液压汽车起重机、挖掘机制造中心。现代医药产业方面，泸州市立足于自身道地中药材及医疗卫生资源、精细化工产业基础等条件，将医药产业作为全市重点突破发展的新兴产业之一。

近年来，泸州市加快构建新发展格局，特色优势产业加快发展。2019～2021 年，泸州市分别实现地区生产总值 2071.00 亿元、2157.22 亿元和 2406.08 亿元，GDP 增速分别为 8.00%、4.20% 和 8.50%；泸州市一般公共预算收入分别为 159.64 亿元、170.07 亿元和 190.15 亿元。

三、公司业务情况

（一）公司主营业务基本情况

泸州发展集团致力于主营业务多元化，整合资源，重点投资了具有高度协同效应的医药、能源等行业，积极培育支柱产业、核心产业。公司主营业务形成贸易、化肥化工、保障性住房、建筑工程及医药五大板块。2020～2021 年，公司主营业务分别为 261.07 亿元和 292.67 亿元，主营业务细分板块具体情况如表 13-1 所示：

表 13-1　泸州发展集团主营业务细分板块收入成本情况

业务板块	2021 年				2020 年			
	收入（亿元）	成本（亿元）	毛利率（%）	收入占比（%）	收入（亿元）	成本（亿元）	毛利率（%）	收入占比（%）
贸易业务	180.19	179.49	0.39	61.57	172.21	171.45	0.44	65.96
合成氨、尿素产品	53.60	40.87	23.75	18.31	46.79	39.06	16.52	17.92
酒类销售	22.22	14.06	36.70	7.59	11.72	8.41	28.27	4.49
建筑工程及安装	13.99	12.15	13.16	4.78	10.36	8.94	13.68	3.97
医药销售	4.81	4.18	13.11	1.64	4.74	4.20	11.43	1.82
能源销售	3.34	2.90	13.09	1.14	2.31	1.94	16.15	0.88
新材料产品	3.19	3.56	−11.76	1.09	4.10	3.68	10.37	1.57
保安及相关服务	2.45	1.77	27.66	0.84	2.18	1.56	28.64	0.84
油脂产品销售	2.18	1.91	12.54	0.75	1.92	1.63	14.80	0.73
融资租赁	1.03	0.55	46.55	0.35	0.54	0.28	48.61	0.21
运输服务	0.96	0.93	2.68	0.33	0.33	0.32	5.65	0.13
环保工程及劳务	0.67	0.52	22.53	0.23	0.69	0.57	17.17	0.27
混凝土销售	0.58	0.53	8.37	0.20	0.71	0.59	16.27	0.27
资产租赁	0.45	0.04	91.64	0.16	0.33	0.04	88.39	0.13
砂石销售	0.38	0.34	12.29	0.13	0.16	0.13	13.44	0.06
会展服务	0.38	0.24	37.31	0.13	0.28	0.17	39.95	0.11
担保业务	0.36	0.00	100.00	0.12	0.25	0.00	100.00	0.10
物业管理	0.35	0.35	−1.23	0.12	0.26	0.18	30.24	0.10
医疗相关业务	0.25	0.18	26.98	0.08	0.20	0.13	32.29	0.07
医疗教育	0.15	0.15	1.26	0.05	—	—	—	—
招标代理及管理	0.15	0.06	62.80	0.05	0.10	0.04	55.28	0.04
商品房销售	0.15	0.12	18.49	0.05	—	—	—	—
采砂权经营	0.13	0.11	13.18	0.04	0.19	0.08	56.71	0.07
检测业务	0.11	0.05	52.76	0.04	0.12	0.05	53.59	0.04
咨询服务	0.10	0.03	73.97	0.04	0.00	0.00	84.24	0.00
其他	0.51	0.41	18.84	0.17	0.57	0.47	17.91	0.22
合计	292.67	265.50	9.28	100.00	261.07	243.94	6.56	100.00

资料来源：Wind 数据库。

泸州发展集团 2021 年主营业务收入较 2020 年增加 31.60 亿元，增长了

12.10%，盈利能力较为稳定。从收入构成上看，公司主要业务板块为贸易业务、化肥化工产品（合成氨、尿素产品）、酒类销售、建筑工程及安装、医药销售、能源销售、新材料产品、保安及相关服务和油脂产品销售，上述板块合计占主营业务收入的97.70%。

化肥化工产品业务方面，公司2021年毛利率较2020年增长43.77%，主要系2021年国内煤价走高，国际油价、气价等能源价格走高，化肥化工产品市场景气度持续攀升，主要化肥化工产品价格均有上涨。

酒类销售业务方面，公司2021年收入较2020年增长89.59%，主要是公司控股的川酒集团酒类板块销量的提升。

融资租赁业务方面，公司2021年收入较2020年增长90.74%，随着资金渠道及客户的扩展，业务量也随之增长。

（二）公司主营业务分析

1. 贸易板块

公司贸易板块主要由控股子公司川酒集团的下属子公司川酒贸易承担。川酒集团依托股东四川商投投资有限责任公司搭建贸易平台，与国内大型大宗商品贸易企业陆续建立了良好的合作关系，因此川酒集团也凭借其明显的平台优势，在区域内具有较强的竞争力。除此之外，川酒集团非常重视对客户资信情况的调查，对资信优质的客户采取了较优惠的贸易政策，从而稳定了下游关系，建立起了牢固的贸易链条。

2. 化肥化工板块

公司化肥化工板块主要由控股子公司泸天化股份承担。泸天化股份具有50多年的化工企业管理经验、拥有完备的营销体系及自主研发机构，具有品牌与市场优势、产业链优势、原料结构多元化及技术人才优势，经营管理及生产规模处于同行业领先水平，在行业内具有较强竞争力。

3. 保障性住房板块

公司保障性住房业务主要由子公司发展建设集团负责，公司作为泸州市政府指定的安置房建设工程修建业主单位之一，承担了泸州市部分保障房建设项目。在未来一段时间内，作为最重要的民生问题之一，保障性住房建设必将持续获得当地政府各方面的大力支持，因此公司相关业务板块也将获得持续性的业务机会。

4. 建筑工程板块

公司建筑工程业务主要为基础设施项目建设，主要由子公司白酒投集团、合江工投和川酒集团负责实施，目前承担了多个四川省省级重点项目的建设任务。其中，四川自贸区川南临港片区自贸区总部基地项目是落实中央关于加大西部地区门户城市开放力度以及建设内陆开放战略支撑带的要求，打造内陆开放型经济高地，实现内陆与沿海沿边沿江协同开放的重点项目，作为该项目的建设方，公司不仅能够获取政府的政策支持，同时也将提升公司在泸州市以及四川省相关领域的知名度与影响力。

5. 医药板块

公司医药销售业务主要由全资子公司西南医投集团的下属子公司医药公司承担。虽然医药公司成立的时间较短，但医药公司目前在泸州市药品批发企业中的竞争力靠前。目前在泸州地区医药销售市场上与公司处于竞争地位的主要是国药集团药业股份有限公司、上海医药集团股份有限公司、华润医药集团有限公司和九州通医药集团股份有限公司等上市医药企业，这些上市医药公司的主要优势是与上游药品生产企业（特别是海外企业）之间的合作关系较为紧密，但与泸州市当地医药客户之间的沟通及拓展能力较差。医药公司作为本地国字号医药销售企业，能够及时满足客户需要，灵活应对市场变化，在开拓和维系区域终端客户方面具有较强竞争力。

四、公司财务状况

（一）资产负债结构

1. 资产结构

资产方面，近年来泸州发展集团业务规模不断扩大，资产规模迅速增加。截至 2020 年末、2021 年末和 2022 年 6 月末，公司资产总计分别为 480.96 亿元、500.81 亿元和 523.03 亿元，呈现稳定增长的趋势，资产构成情况如表 13 - 2 所示：

表 13-2 泸州发展集团 2020 年末、2021 年末和 2022 年 6 月末资产构成情况

项目	2022 年 6 月末		2021 年末		2020 年末	
	金额（万元）	占比（%）	金额（万元）	占比（%）	金额（万元）	占比（%）
货币资金	853141.18	16.31	621921.01	12.42	659412.04	13.71
交易性金融资产	103288.83	1.97	90438.30	1.81	27271.59	0.57
应收票据	1526.14	0.03	11617.26	0.23	19909.84	0.41
应收账款	286399.26	5.48	336944.44	6.73	215095.35	4.47
应收款项融资	5882.53	0.11	14511.87	0.29	6112.74	0.13
预付款项	128115.93	2.45	137577.70	2.75	87871.97	1.83
其他应收款	400796.23	7.66	367214.87	7.33	242704.55	5.05
存货	579869.36	11.09	532552.18	10.63	487242.69	10.13

续表

项目	2022 年 6 月末		2021 年末		2020 年末	
	金额（万元）	占比（％）	金额（万元）	占比（％）	金额（万元）	占比（％）
合同资产	3432.81	0.07	7820.56	0.16	—	—
一年内到期的非流动资产	89975.09	1.72	60305.96	1.20	32475.92	0.68
其他流动资产	105863.84	2.02	131969.82	2.64	93439.57	1.94
流动资产合计	**2558291.20**	**48.91**	**2312873.97**	**46.18**	**1871536.26**	**38.91**
其他债权投资	299.35	0.01	299.35	0.01	50000.00	1.04
长期应收款	115982.94	2.22	111999.47	2.24	91732.02	1.91
长期股权投资	158261.83	3.03	157678.71	3.15	117033.25	2.43
其他权益工具投资	382979.20	7.32	413619.67	8.26	445304.80	9.26
投资性房地产	691492.63	13.22	667570.87	13.33	659913.90	13.72
固定资产	666754.13	12.75	677385.27	13.53	862492.11	17.93
在建工程	171738.98	3.28	181001.43	3.61	262343.55	5.45
生产性生物资产	49.52	0.00	29.97	0.00	—	—
使用权资产	2435.65	0.05	2307.49	0.05	2516.76	0.05
无形资产	254863.34	4.87	260442.54	5.20	220262.73	4.58
开发支出	7111.40	0.14	289.65	0.01	1267.10	0.03
商誉	4608.32	0.09	4568.52	0.09	4994.57	0.10
长期待摊费用	14147.55	0.27	12610.20	0.25	12229.95	0.25
递延所得税资产	13040.27	0.25	15518.98	0.31	14080.23	0.29
其他非流动资产	188280.48	3.60	189938.77	3.79	193899.56	4.03
非流动资产合计	**2672045.59**	**51.09**	**2695260.89**	**53.82**	**2938070.53**	**61.09**
资产总计	**5230336.78**	**100.00**	**5008134.86**	**100.00**	**4809606.79**	**100.00**

资料来源：Wind 数据库。

截至 2020 年末、2021 年末和 2022 年 6 月末，公司流动资产分别为 1871536.26 万元、2312873.97 万元和 2558291.20 万元，占总资产的比例分别为 38.91%、46.18% 和 48.91%，占比逐年增加，反映了公司的资产流动性较强，同时流动资产中货币资金占比较大；2020 年末、2021 年末和 2022 年 6 月末，公司非流动资产分别为 2938070.53 万元、2695260.89 万元和 2672045.59 万元，占总资产的比例分别为 61.09%、53.82% 和 51.09%，非流动资产主要由投资性房地产、固定资产及在建工程构成。

2. 负债结构

负债方面，截至 2020 年末、2021 年末和 2022 年 6 月末，公司负债总计分别为 3179813.28 万元、3369273.85 万元和 3542685.47 万元，资产负债率分别为 66.11%、67.28% 和 67.73%，负债构成情况如表 13-3 所示：

表 13-3　泸州发展集团 2020 年末、2021 年末和 2022 年 6 月末负债构成情况

项目	2022 年 6 月末		2021 年末		2020 年末	
	金额（万元）	占比（%）	金额（万元）	占比（%）	金额（万元）	占比（%）
短期借款	669113.17	18.89	601170.27	17.84	503758.67	15.84
应付票据	429436.19	12.12	421537.58	12.51	168619.96	5.30
应付账款	159251.77	4.50	204257.67	6.06	209708.37	6.59
预收款项	5035.73	0.14	1887.33	0.06	1353.13	0.04
合同负债	251901.02	7.11	220873.68	6.56	148201.87	4.66
应付职工薪酬	14047.25	0.40	30908.12	0.92	21769.64	0.68
应交税费	29510.38	0.83	48831.52	1.45	29885.21	0.94
其他应付款	188712.16	5.33	235709.54	7.00	338401.84	10.64
未到期责任准备金	2094.02	0.06	1661.69	0.05	1337.64	0.04
担保赔偿责任准备金	1417.38	0.04	1171.89	0.03	901.08	0.03
一年内到期的非流动负债	259028.46	7.31	358735.73	10.65	276177.72	8.69
其他流动负债	15226.98	0.43	18127.77	0.54	10747.72	0.34
流动负债合计	2024774.49	57.15	2144872.79	63.66	1710862.86	53.80
长期借款	666962.99	18.83	395128.86	11.73	489254.16	15.39
应付债券	448609.57	12.66	452961.05	13.44	595008.90	18.71
租赁负债	2289.49	0.06	2239.00	0.07	2481.58	0.08
长期应付款	170860.29	4.82	126122.36	3.74	125158.30	3.94
长期应付职工薪酬	500.10	0.01	500.10	0.01	714.84	0.02
预计负债	1318.39	0.04	1318.39	0.04	1205.33	0.04
递延收益	143792.04	4.06	154944.49	4.60	155942.56	4.90
递延所得税负债	83545.34	2.36	89966.01	2.67	96620.74	3.04
其他非流动负债	32.77	0.00	1220.82	0.04	2564.01	0.08
非流动负债合计	1517910.98	42.85	1224401.06	36.34	1468950.42	46.20
负债总计	3542685.47	100.00	3369273.85	100.00	3179813.28	100.00

资料来源：Wind 数据库。

截至 2020 年末、2021 年末和 2022 年 6 月末，公司流动负债分别为 1710862.86 万元、2144872.79 万元和 2024774.49 万元，占总负债的比例分别为 53.80%、63.66% 和 57.15%；2020 年末、2021 年末和 2022 年 6 月末，公司非流动负债分别为 1468950.42 万元、1224401.06 万元和 1517910.98 万元，占总负债的比例分别为 46.20%、36.34% 和 42.85%。

（二）营利能力

2020 年和 2021 年，泸州发展集团分别实现营业收入 2642270.52 万元和 2975691.97 万元，利润总额分别为 77398.02 万元和 61540.47 万元，净利润分别为 67967.62 万元和 51215.24 万元，EBITDA 分别为 230087.44 万元和 223189.23 万元，营业毛利率分别为 7.08% 和 9.77%（见表 13-4）。

表 13-4　泸州发展集团 2020 年和 2021 年营利能力数据及指标

项目	2021 年	2020 年
营业收入（万元）	2975691.97	2642270.52
营业成本（万元）	2684987.35	2455073.93
营业毛利润（万元）	290704.62	187196.59
营业利润（万元）	60847.66	70479.11
利润总额（万元）	61540.47	77398.02
净利润（万元）	51215.24	67967.62
EBITDA（万元）	223189.23	230087.44
营业毛利率（%）	9.77	7.08
营业利润率（%）	1.72	2.57
平均总资产回报率（%）	1.04	1.60
加权平均净资产收益率（%）	3.13	4.79

资料来源：Wind 数据库。

（三）营运能力

截至 2020 年末和 2021 年末，泸州发展集团存货周转率分别为 5.47 和 5.27，应收账款周转率分别为 15.14 和 10.78，总资产周转率分别为 0.62 和 0.61（见表 13-5）。

表 13-5　泸州发展集团 2020 年和 2021 年营运能力数据及指标

项目	2021 年末	2020 年末
存货周转率	5.27	5.47
应收账款周转率	10.78	15.14

续表

项目	2021 年末	2020 年末
总资产周转率	0.61	0.62

资料来源：Wind 数据库。

（四）偿债能力

截至 2020 年末和 2021 年末，泸州发展集团资产负债率分别为 66.11% 和 67.28%，流动比率分别为 1.09 和 1.08，速动比率分别为 0.81 和 0.83，EBITDA 全部债务比分别为 0.11 和 0.09。公司偿债能力数据及指标总体保持在合理范围内（见表 13-6）。

表 13-6　泸州发展集团 2020 年和 2021 年偿债能力数据及指标

项目	2021 年末	2020 年末
资产负债率（%）	67.28	66.11
流动比率	1.08	1.09
速动比率	0.83	0.81
全部债务（万元）	2355655.85	2157977.71
EBITDA 全部债务比	0.09	0.11

资料来源：Wind 数据库。

（五）外部支持情况

作为泸州市重要的产业投资平台，泸州发展集团在资产注入、资产配置、财政补贴和政策支持等方面获得泸州市政府较大力度的支持，公司不断整合泸州市国有资产，资本实力得到增强。

政府补贴方面，作为泸州市重要的基础设施建设及国有资产经营主体，2021 年，泸州发展集团收到政府补助 1.75 亿元，较上年增加 0.61 亿元，主要包括酒业园区管委会补助、招商引资补助等。政策支持方面，2020 年 1 月中共泸州市委、泸州市人民政府发布泸委印发《泸州市推进白酒产业高质量突破发展若干政策》（〔2020〕1 号文件），文件明确表示，将支持龙头企业和酒业园区突破发展，支持名优酒企投资发展，支持扩大优质产能，鼓励企业上档升级，鼓励企业做强品牌开拓市场。

五、融资情况

（一）有息债务情况

截至 2021 年末，泸州发展集团有息债务余额为 1866777.72 万元，其中银行借款 1171592.51 万元，占比为 62.76%；公司债券 347562.64 万元，占比为 18.62%；企业债券 83323.87 万元，占比为 4.46%；债务融资工具 99102.39 万元，占比为 5.31%（见表 13-7、表 13-8）。

表 13-7　泸州发展集团 2021 年末有息债务情况（按科目）

科目	金额（万元）	占比（%）
短期借款（不含利息）	600905.72	32.19
一年内到期的非流动负债（不含利息）	349929.43	18.75
长期借款	395128.86	21.17
应付债券	452961.05	24.26
长期应付款中的融资租赁款	67852.66	3.63
合计	1866777.72	100.00

表 13-8　泸州发展集团 2021 年末有息债务情况（按种类）

科目	金额（万元）	占比（%）
银行借款	1171592.51	62.76
公司债券	347562.64	18.62
企业债券	83323.87	4.46
债务融资工具	99102.39	5.31
其他	165196.31	8.85
合计	1866777.72	100.00

资料来源：Wind 数据库。

（二）银行授信情况

泸州发展集团与多家商业银行建立了良好的合作关系，间接融资渠道较畅通，截至 2022 年 6 月末，公司获得的商业银行授信额度为 308.40 亿元，累计已使用授信 148.75 亿元，剩余信贷额度规模尚可。

（三）债券发行情况

截至目前，公司已发行债券品种主要有：公司债券（上交所私募债、上交所小公募、深交所私募债、深交所小公募）、企业债券、债务融资工具（中期票据、短期融资券），具体情况如表 13-9 所示：

表 13-9　截至 2022 年 8 月末泸州发展集团债券发行情况

债券简称	起息日	到期日	期限（年）	发行规模（亿元）	本金余额（亿元）	票面利率（%）	债券类别
公司债券							
21 泸发 02	2021-12-22	2026-12-22	5	1	1	5.50	深交所小公募
21 泸发展	2021-12-02	2026-12-02	5	8	8	5.50	深交所小公募
20 泸工 01	2020-11-20	2025-11-20	5	10	10	6.50	深交所私募债
19 泸工 01	2019-11-28	2022-11-28	3	10	10	7.00	上交所私募债
18 泸工 02	2018-11-08	2023-11-08	5	6	6	6.50	上交所私募债
18 泸工 01	2018-09-26	2023-09-26	5	9	0	7.40	上交所私募债
16 泸工债	2016-03-25	2021-03-25	5	10	0	5.39	上交所小公募
15 泸工投	2015-11-12	2018-11-12	3	10	0	7.20	上交所私募债
小计	—	—	—	**64**	**35**	—	—
企业债券							
18 泸工投债	2018-04-12	2025-04-12	7	10	6	7.20	企业债券
小计	—	—	—	**10**	**6**	—	—
债务融资工具							
20 泸州工投 MTN001	2020-07-23	2025-07-23	5	10	10	5.88	中期票据
16 泸州工投 CP001	2016-10-21	2017-10-21	1	10	0	4.00	短期融资券
小计	—	—	—	**20**	**10**	—	—
合计	—	—	—	**94**	**51**	—	—

资料来源：Wind 数据库。

第二节　转型发展分析

一、公司转型的背景及特点

（一）泸州发展集团转型的背景

推动成渝地区双城经济圈建设，有利于形成优势互补、高质量发展的区域经济布局，有利于拓展市场空间、优化和稳定产业链供应链，基于成渝地区双城经济圈建设重大决策部署，泸州市抢抓重大发展机遇，成立泸州市推动成渝地区双城经济圈建设工作领导小组，编制《泸州市全面融入成渝地区双城经济圈建设"六大建设"实施方案》，聚焦建设区域医药健康中心、打造优势特色产业集群发展区，系统谋划、主动作为，助推成渝地区双城经济圈南翼跨越发展取得积极进展。

在成渝地区双城经济圈建设的大背景下，泸州发展集团作为泸州市重要的基础设施建设及国有资产经营主体，响应上述《实施方案》，发力于"4+1+N"立体化产业体系，全资子公司西南医投集团着力打造泸州市区域医药健康中心，能源产业、化工及新材料、酒类产业和产业金融服务板块也齐头并进，共创优势特色产业集群发展区。

（二）泸州发展集团转型的特点

1. 产融结合，创新驱动

2021年，公司旗下发展租赁公司与浙商银行合作，获得"区块链应收款"电子数据凭证的授信融资，该笔业务以发展租赁公司融资租赁项目中双方的应付应收款项为基础，以公司信用为依托，通过网银线上提交材料并签发融资申请，浙商银行线上审批，最终完成线上放款，实现了资金的快速回笼，这是泸州发展集团完成的首单线上平台的数字融资业务，践行了"产融结合，创新驱动"的经营理念，实现了流动性的高效补充，在资金融通方面探索出了具有公司特色的新方案。

2021年，发展担保公司联合邮储银行泸州市分行成功推出小微易贷线上担保贷款业务，双方签订《小微易贷线上担保业务合作协议书》，该业务充分利用邮储银行搭建的大数据风控平台，通过系统抓取客户的经营相关信息，自动进行授信额度测算，发展担保公司对其贷款提供信用担保；该业务由发展担保公司承担90%风险责任，邮储银行承担10%风险责任，实现银担合作风险新突破。

2. 市场化转型，高质量发展

公司旗下发展资管公司一直在探索新型经营方式，从管理资产向经营资产的转型发展，公司以简·舍青年公馆作为其创新发展、转型升级的一个重要抓手，采取品牌输出和轻资产运营的模式，为泸州市构建新时代区域创新人才聚集地贡献国企力量。国兴投资公司自优化重组以来，已成为一家财务投资和股权投资相结合的、以股权投资为主的专业化综合性国有资本运营平台公司，承载着集团产业投资、金融服务、资本运作三大业务，充分发挥集团旗下重要资本运营平台作用。国兴投资公司用市场化手段作为实施路径，推动产业投资并购和一二级市场投资联动，积极开展国有资本投资业务。

二、公司转型的路径

（一）聚焦融资主责，以更高层次展现资本运作新水平

泸州发展集团资信状况良好，与多家商业银行建立了良好的合作关系，间接融资渠道较畅通；公司已发行的债券品种包含公司债券、企业债券及协会产品，债券品种丰富，发行场所涵盖银行间市场及沪深交易所市场。

为提升融资能力，公司以创建 AA+级为工作统揽，全面夯实集团信用保障基础，实施以下举措：

在业务方面，2018 年，泸州发展集团通过实施资产重组，将持有的煤气化公司 48.76%的股权无偿划转给控股股东泸州市国资委，同时泸州市国资委将其持有的泸天化集团 100.00%的股权、白酒投集团 56.20%的股权和港投集团 7.00%股权无偿划转给泸州发展集团，上述股权置换完成后，公司将涉及过剩产能的煤炭业务板块置出，同时增加了化肥化工及园区建设等业务，从而使产业布局更加多元化，公司作为市属优质产业投资平台的地位进一步加强。

在财务方面，泸州发展集团积极争取政府支持，在资产注入、资产配置和财政补贴等方面获得泸州市政府较大力度的支持，公司不断整合泸州市国有资产，资本实力得到增强，集团规模实力显著提升，注册资本由 2015 年初的 15 亿元增长至目前的 46.27 亿元，增长 200%以上；净资产由 2015 年初的 73 亿元增长至目前的 168 亿元，增长近 130%。

（二）聚焦投资主业，以更高追求搭建产业布局

泸州发展集团以"4+1+N"立体化产业体系基础，聚焦投资主业，致力于做强化工及新材料、酒业产业、医药大健康和能源产业四个主导产业板块。在化工及新材料方面，公司重点发展新型肥料、精细化学品、绿色化工新材料三大产业，培育发展生物化工等具有核心竞争力的技术型产业；在酒业产业方面，充分发挥"川酒甲天下"的影响力，整合白酒企业和四川基酒优势资源，贯彻片区协作、集聚发展战略，集中资源、倾力打造全球白酒原产地地域品牌；在医药大健康方面，把医药、医教、医疗、医养的创新性协调发展作为主线，着力提高基本大健康服务的覆盖面和质量水平，进一步优化和完善医疗健康服务体系，形成"健康养老、医疗保健、医学产教结合、医药产销结合"的产业协同发展体系。重点提高资产盈利能力，拓展多元化融资渠道，提升负债管理水平；在能源产业方面，夯实成品油产业基础，系统布局石油化工产品储备批发和零售市场，搭建能源销售网络体系。推进电力产业跨越式发展，稳步推进实施智慧化能源供给侧高质量发展项目。积极发展页岩气就地转化利用和绿色循环产业链，大力推进页岩气产业成为泸州市新的千亿产业发展目标。

（三）聚焦金融赋能，以更高水平开启产融协同新篇章

泸州发展集团坚持"产业为基础，金融为支撑"的发展理念，使金融板块成为集团新的利润增长点，助力集团成为西南一流、成渝领先的国有资本投资运营公司。目前，公司已有融资租赁、供应链、担保金融服务等金融板块业务，公司将适时补充其他金融手段，实现金融对全产业链条的培育和辅助，实现产融结合高质量发展。

公司金融板块重点发展方向主要分为拓展宽度和强化深度两个方面。一是拓展金融板块宽度。业务区域上，扎根泸州，拓展成渝，辐射全国，实现集团各类金融板块业务能力的大幅度提升、业务地域的大面积拓展、业务范围的多方位开展。在业务品种上，协同基金、担保、租赁、保理、供应链、股权交易等板块，在原有类金融牌照基础上，根据发展需求，适时增加新品种，优化金融资源配置和金融服务手段强化，秉承优势互补的原则，推动合作模式创新，利润来源增加，经营风险降低，形象不断提升。二是强化金融板块深度。做深做精类金融企业，包括对服务企业的精细化、融资手段多样化、产品创新化、切实以解决实体产业资金和资本运作为目的，围绕集团四大主导产业，深入产业上下游，开发对应的金融服务产品，推动整个产业链条流动性和成本结构优化，依托信息链建设，促进创新链、产业链、资金链有效结合。以内部联动协同为重要基础，嫁接有效资源，以金融支持实体发展，提高主营业务核心竞争力，完善现代企业管理体系，努力实现符合条件的产业实体（含资产）证券化的目标。

三、转型效果分析

（一）多层次、多渠道融资体系基本构建

泸州发展集团聚焦融资主责，已基本构建起发债直接融资、信贷间接融资和基金募资多层次、多渠道的融资体系。泸州发展集团成功创建并保持 AA 级主体信用等级，成功开辟三大直接融资渠道，相继打通证监会、发展和改革委员会、交易商协会三个直接融资发债窗口，陆续发行 64 亿元公司债券、10 亿元企业债券、10 亿元短期融资券及 10 亿元中期票据，在资本市场站稳脚跟。

信贷间接融资方面，公司积极探索融资新方案，旗下发展租赁公司与浙商银行合作落地首单线上平台数字融资，该笔业务以发展租赁公司融资租赁项目中双方的应付应收款项为基础、以公司信用为依托，通过网银线上提交材料并签发融资申请，浙商银行线上审批，最终完成线上放款，实现了资金的快速回笼。旗下西南医投集团与泸州银行签订合作协议，按照"养老+金融"联动的思路，创新推出针对老年家庭的融资需求，新开发个人养老消费信用贷款产品"康养贷"，以其纯信用、手续简便、利率低等优势，切实降低老人家庭的养老支付难度，同

时也为新建养老项目的健康运营提供金融支持，成为新时期撬动老龄经济培育发展的有力杠杆。

基金募资方面，公司积极响应泸州市产业发展引导基金相关政策，转变财政资金支持产业发展方式，有效发挥财政资金的引导作用，带动社会资本进入实体经济，促进集团产业快速健康发展。

（二）各产业板块齐发力，产出优异成绩

化工及新材料方面，泸州发展集团在技术创新及军民融合发力。技术创新方面，公司围绕绿色化工新材料、精细化工、生物能源等方向，深化与川内高校合作，在产品升级、资源综合利用、节能环保等领域开展联合攻关，加快研发纳米级氧化锌、生物航空煤油、酚醛树脂、二氯甲苯吸附分离、新能源电池等一批提档升级产品。

军民融合方面，公司重点围绕纤维素醚产业、建设、高端化工及新材料产业园，与泸州北方共同打造军民融合纤维素醚产业示范集群，采取"股权出资+增资扩股"方式，整体深度融入泸州北方纤维素醚产业群。

酒业产业方面，泸州发展集团以"国家品牌计划"为突破口，塑造代表中国原酒酿造一流水平的"川酒原酒"品牌形象，利用直播平台，迅速扩大品牌影响力。医药大健康方面，泸州发展集团积极响应《泸州市全面融入成渝地区双城经济圈建设"六大建设"实施方案》之"建设区域医药健康中心"，主动将医养产业融入泸州市整体发展战略。能源产业方面，泸州发展集团旗下能源投资公司紧紧抓住国家大力推进石油、天然气、电力等领域能源体制改革的政策机遇，确立了"打造成川渝滇黔结合部区域性综合能源服务商"的发展定位，构建了"121"（即夯实一个基础：成品油销售；布局两大产业：电力、页岩气及氢能源；探索一条新路：智慧能源上市）的产业布局，实现了与大型央企的友好合作，与中石油集团成立合资公司共同开发加油站、LNG站，与中石化集团积极合作推进成品油直销，力争成为全市第三大成品油销售企业。

（三）金融赋能作用稳定发挥，产融协同引领区域发展

2022年，发展担保公司充分发挥政府性融资担保机构职能，结合公司实际，连续发布系列担保费减免通知，在风险可控的情况下，通过简化担保流程、降低反担保要求等一系列措施，为全市小微及"三农"企业纾困解难，助力泸州经济稳定发展。2022年1~5月，发展担保公司共为78户小微及"三农"企业提供7.49亿元融资担保服务，持续发力破解实体经济融资难的问题。2022年1~5月，在保主体、稳经济中，发展担保公司为40户小微及"三农"企业的近4.34亿元贷款实施担保费减免近300万元，切实缓解实体经济融资贵的问题，提振企业发展信心。发展租赁公司通过规范化、科学化的管理机制，实现了业绩的稳步提

升。截至 2021 年末，累计实现营业收入超 30 亿元，累计实现净利润 1.2 亿元。发展租赁公司聚焦融资工作，实现流贷、租赁保理、银行承兑汇票、区块链应收款电子收据凭证等多种金融工具的综合运用，截至 2021 年末，累计合作落地金融机构 20 家，累计融资额超 30 亿元。

第三节　转型经验启示

一、挖掘区域特色，打造产业体系

城投公司需要跳出传统的思维盒子，深度挖掘区域内符合区域发展布局的其他有价值的资源和产业加以整合利用，并以此作为突破口，实现长远发展。泸州发展集团围绕泸州"三大千亿产业"战略部署，着力构建"4+1+N"产业布局。秉承创新专业的发展思路，坚持走专业化、精细化、特色化和新颖化的发展路线，促进"专精特新"综合竞争力发展，更好地发挥国有企业的示范引领带动作用，最终将集团打造成为西南一流、成渝领先，以产业投资为重点、金融服务为支撑、资本运作为纽带的国有资本投资运营公司。

二、整合优质资源，创新融资模式

泸州市委、市政府出台《关于进一步推动市属国有国企结构调整和重组的实施意见》，明确提出国有企业以功能作用有效发挥、资源配置更趋合理、发展质量明显提升为目标，调整国有企业结构，优化资源配置。泸州市 10 户功能性企业按照"2+4"（即 1 户城市综合运营集团、1 户产业投资集团、4 户园区投资集团）企业格局进行整合和优化。2021 年 5 月 19 日，泸州发展集团以全市国企改革为契机，由原泸州工投集团优化重组而成。泸州发展集团通过优质资源的整合使得公司业务板块进一步拓展，形成"4+1+N"立体化产业体系，进而为全市产业发展发挥重要支撑作用。

在城投平台剥离政府信用的背景下，融资渠道更为收紧，城投公司转型要实现融资转型，必须积极拓展融资渠道。泸州发展集团进一步聚焦融资主责，一是以创建 AA+ 为工作统揽，全面夯实集团信用保障基础，不断提高直接融资占比，降低融资成本；二是通过打造学习型企业，提高集团融资软实力；三是全方位多层次开辟融资种类，通过旗下基金、担保、租赁、保理、供应链、股权交易等子公司不断扩展融资渠道，在资金融通方面探索出了具有集团特色的新方案。

三、服务重大战略，开拓川渝市场

城投公司应积极响应国家、地方的重大战略部署，在重大战略部署中，主动靠前、担当作为。泸州发展集团紧紧把握成渝地区双城经济圈建设的重大战略方向，各项积极开拓川渝地区市场，积极与核心经济圈紧密结合，寻求合作共赢的机遇，以此唱好"双城记"。发展租赁公司将目标客户锁定在位于双城经济圈内的重庆区域优质企业，着重开发，现已在重庆区域投放多笔融资租赁业务，承租方主要为当地重要国企。公司旗下发展担保公司于2020年为成都某公司的贷款提供担保，在巩固好本地市场的基础上，努力开辟成都等市场，通过进一步加强与双城经济圈内金融机构的紧密联系，为更多的中小微企业、三农和新兴产业等领域的企业发挥信用增信功能，缓解企业融资难、融资贵问题，支持实体经济的发展。

第十四章　浙江金华转型发展案例分析

第一节　区域基本情况

一、浙江金华经济、财政、政府债务情况

（一）浙江省金华市经济情况

金华古称婺州，因"金星与婺女双星争华"而得名。金华历史悠久，稻作文明史超过 1 万年，至今已有 2200 多年建制史。金华市域面积 1.1 万平方千米，常住人口 712 万，居全省第 4 位，辖婺城区、金义新区（金东区）2 区，兰溪、东阳、义乌、永康 4 市和浦江、武义、磐安 3 县，是重点培育建设的浙江省第四大都市区。

2021 年金华市经济运行情况良好：

（1）经济总量方面，2021 年金华市实现地区生产总值 5355.44 亿元，比上年增长 9.8%，增速居全省第 1 位，两年平均增长 9.8%。

（2）产业结构方面，第一产业增加值 150.31 亿元，较上年增长 1.9%，两年平均增长 1.9%；第二产业增加值 2208.71 亿元，较上年增长 12.3%，两年平均增长 6.2%；第三产业增加值 2996.41 亿元，较上年增长 8.5%，两年平均增长 6.6%。第一、第二、第三产业对 GDP 增长的贡献率分别为 0.6%、49.4%、50.0%。全市人均 GDP 为 75524 元（按年平均汇率折算为 11706 美元），增长 8.1%。三次产业增加值结构为 2.8∶41.2∶56.0。

（3）工业持续领跑。全市规模以上工业增加值 1198.3 亿元，比上年增长 21.3%，增速高于全省 8.4 个百分点，连续十个月居全省首位，两年平均增长 12.2%。全市 33 个工业行业大类中，32 个行业实现正增长，其中电气机械和器

材制造业增长 86.9%，计算机通信和其他电子设备制造业增长 39.7%、汽车制造业增长 27.3%。

（4）服务业稳定恢复。2021 年 1~11 月，全市规模以上服务业实现营业收入 689.5 亿元，比上年增长 23.2%，居全省第 4 位，两年平均增长 10.3%。10 个服务业行业门类中，9 个均实现增长，其中水利、环境和公共设施管理业，文化、体育和娱乐业，交通运输、仓储和邮政业增速超过 30%，分别增长 61.5%、36.6%、33.9%。

（5）投资较快增长。全年固定资产投资增长 16%，居全省第 2 位，高于全省平均 5.2 个百分点，两年平均增长 9.9%。其中，项目投资增长 9.5%，两年平均增长 7.3%；房地产开发投资增长 27.6%，两年平均增长 14.3%。结构性指标中，民间投资，生态环保、城市更新和水利设施投资，制造业投资，高新技术产业投资分别增长 25.2%、18.1%、12.1%、7.6%，分居全省第 1、第 4、第 9 和第 10 位。

2021 年，金华市主要经济指标出现良好反弹，主导产业发展、结构调整、平台优化等工作积极推进，一大批国家和省部级试点、重大发展平台落地实施等诸多利好因素，为金华市加快发展创造了有利条件。

（二）浙江省金华市财政情况

2021 年，全市财政总收入 800.06 亿元，比上年增长 17.5%，其中：上划中央财政收入 307.74 亿元，增长 19.5%；一般公共预算收入 492.32 亿元，增长 16.3%。一般公共预算收入中，税收收入 446.59 亿元，增长 17.4%；其中增值税 161.58 亿元，增长 15.0%；企业所得税 63.63 亿元，增长 61.3%；个人所得税 21.72 亿元，下降 5.5%。全市一般公共预算支出 792.44 亿元，增长 12.7%。2021 年一般公共预算支出的 72.4% 用于保障和改善民生。其中，文化旅游体育与传媒支出、卫生健康支出、社会保障和就业支出、农林水支出、教育支出分别增长 25.0%、11.0%、8.7%、24.5%、9.2%（见表 14-1）。

表 14-1　2017~2021 年浙江省金华市地方财政指标

指标项 \ 年份	2021	2020	2019	2018	2017
一般公共预算收入（亿元）	492.32	423.25	411.3	392.62	357.71
一般公共预算支出（亿元）	791.41	703.41	664.49	574	536.69
转移性收入（亿元）	504.95	432.5	360.11	289.45	270.5
税收收入（亿元）	446.59	380.4	358.14	345.01	310.46
政府性基金收入（亿元）	1576.89	844.39	699.95	649.74	395.89

续表

指标项＼年份	2021	2020	2019	2018	2017
国有资本经营收入（亿元）	5.35	1.01	0.97	1.11	1.18
国有资本经营支出（亿元）	4.12	0.37	0.48	0.67	0.92
政府性基金支出（亿元）	1369.54	857.45	708.54	651.88	389.79
土地出让收入（亿元）	1459.73	770.58	648.26	569.43	336.98
转移支付收入（亿元）	189.47	203.97	180.98	166.38	166.15

资料来源：Wind 数据库。

依托长三角一体化发展国家战略的推进以及雄厚的经济实力，金华市财政收支规模进一步壮大、结构进一步优化、质量进一步提升，为经济社会发展提供了坚实的物质基础和财力保障。

（三）浙江省金华市政府债务情况

浙江省金华市政府债务情况见表14-2。

（1）政府债务限额：2021 年，省政府核定全市政府债务限额 1173.56 亿元，其中市本级债务限额 143.68 亿元。

（2）政府债务余额：2021 年，全市政府债务余额 1167.30 亿元，其中市本级债务余额 143.39 亿元。

（3）政府债券举借情况：2021 年，全市举借政府债券 266.74 亿元，其中市本级举借政府债券 25.33 亿元。

（4）还本支出情况：2021 年，全市安排政府债务还本支出 131.55 亿元，其中市本级政府债务还本支出 13.98 亿元。

表 14-2 2017~2021 年浙江省金华市政府债务指标

指标项＼年份	2021	2020	2019	2018	2017
地方政府债务余额（亿元）	1167.30	1002.17	808.02	694.98	592.42
地方政府债务限额（亿元）	1173.56	1034.62	808.62	701.13	594.63
财政自给率（%）	62.21	60.17	61.9	68.4	66.65
负债率（%）	21.8	21.3	17.72	16.38	15.39
债务率（%）	45.25	58.91	54.88	52.14	57.78
一般债余额（亿元）	520.35	459.87	416.37	393.98	360.55

续表

指标项 \ 年份	2021	2020	2019	2018	2017
专项债余额（亿元）	646.96	542.3	391.64	301	231.86
一般债限额（亿元）	523.5	466.75	416.55	397.63	362.7
专项债限额（亿元）	650.06	567.87	392.07	303.5	231.94
贷款（本外币）（亿元）	11594.9	—	8402.7	7356.37	6696.39

资料来源：Wind 数据库。

2019~2021 年，金华市新增专项债券累计发行 322.93 亿元，年均增长率 −3.34%，其中，2019 年发行 91 亿元，2020 年发行 149.74 亿元，2021 年发行 82.19 亿元。2019~2021 年新增专项债券平均发行期限分别为 5.71 年、14.63 年、13.41 年，其中，2020 年同比延长 8.92 年，2021 年同比缩短 1.22 年。金华市 2019~2021 年新增专项债券平均发行利率分别为 3.30%、3.55%、3.32%，其中，2020 年同比上升 25BP，2021 年同比下降 23BP。2019~2021 年金华市新增专项债券发行项目涵盖市政和产业园区基础设施、社会事业、交通基础设施、保障性安居工程、农林水利、生态环保、城乡冷链等物流基础设施、能源等领域，应用领域广，项目类型多。其中，2021 年发行规模前三分别为交通基础设施、社会事业、保障性安居工程，金额分别为 29.21 亿元、29.12 亿元、14.20 亿元。金华市 10 个区县（含金华市本级）中，金华市本级 2019~2021 年新增专项债券发行总规模位列金华市第一，其次是义乌市、武义县。

二、浙江省金华市政府投融资特点及存在的问题

（一）浙江省金华市政府投融资特点

1. 金华市整体经济财政实力较强，城投平台整体信用资质较好

2021 年金华市一般公共预算收入为 492.32 亿元，增长 16.3%，在新冠肺炎疫情下实现了一般公共预算收入快速增长，且一般公共预算收入以较为稳定的税收收入为主，占比 90.71%，预计金华市未来一段时间内经济财政实力仍会处于较强水平，整体来看金华市财政实力增长前景较好，地方财政在保障对城投平台承担公益性业务的回款方面压力相对可控，城投平台整体信用资质较好。

2. 城投平台以区县级平台为主

从发债情况来看，浙江省发债以区县级平台为主，地级市平台占比为 33%，区县级平台占比为 67%。义乌市、婺城区、金东区城投数量较多，东阳市、兰溪市、永康市次之，其余地区无城投平台。

3. 主营业务多元化

浙江省金华市地方政府投融资平台主营业务相对较多元化，作为城市基础设施项目的投融资主体和建设主体，主营业务相对集中于所在区域的城市基础设施建设项目，同时兼具市场经营、会展服务、旅游服务、商品销售、中小学教育培训等业务与角色功能。目前，金华市平台公司业务及收入来源较为丰富，近年来，在政府政策引导下，平台公司积极转型发展，近年来各级城投平台公司业务范围逐渐扩大，收入与盈利结构不断优化，平台经营可持续性不断增强。

综合来看，金华市地方政府投融资平台正处于不断深化转型发展的阶段，各项拓展性业务收入及盈利能力不断增长，对其转型发展和结构优化有显著的促进作用。

（二）浙江省金华市政府投融资存在的问题

1. 金华市内不同区域分化较大

金华市下属区县的经济差距较大，GDP 最高的义乌高达千亿元，而最低的磐安区 GDP 只有 100 多亿元。金华市下属区县排名分别为义乌市、东阳市、婺城区、永康市、兰溪市、武义县、金东区、浦江区和磐安区，其中，婺城区和金东区为主城区。金华市内地方政府投融资平台主要集中在义乌市，婺城区和金东区，在共计 24 个城投平台中，义乌市有 6 个，婺城区与金东区各 5 个，三地区城投平台占全市比例 66.67%。

2. 城投平台以 AA 级主体居多，高评级城投平台数量少

在市级、区县级共 24 个城投平台中，没有 AAA 级主体评级，有 6 个主体评级为 AA+，占比 25%，17 个主体评级为 AA，占比 70.83%，1 个暂无主体评级。从总体评级情况看，金华市地方政府投融资平台评级主要为 AA 级，而 AA+级及以上主体数量相对不足。

3. 地方政府投融资平台债务负担较高

截至 2022 年 9 月 8 日，金华市城投债存续数量 146 只，存量余额 1250.18 亿元，占全省存量余额比例达 6%；其中将在 2024 年末之前面临兑付的金额为 660.28 亿元，占比达 52.81%，到期偿付压力较大。

三、浙江省金华市（市级、区县级）政府投融资平台情况

（一）金华市级政府投融资平台排名情况

浙江金华市政府投融资平台共计 8 家，其中主体评级为 AA 的投融资平台 5 家，主体评级为 AA+的投融资平台 2 家，暂无主体评级的 1 家，以下对平台企业展开说明。

金华融盛投资发展集团有限公司是金华经济技术开发区重要的城市基础设施投资与建设主体，近年来主要从事城市基础设施建设、土地开发整理、保障性住

房建设等业务。公司作为金华经济技术开发区管理委员会直属的国有独资企业，其城市基础设施建设、土地开发整理等业务在开发区内处于行业垄断地位。公司所在行业受政府监管严格，且初始投资规模大、项目周期长，具有较高的行业壁垒。预计公司可长期保持行业区域垄断地位，获得较为稳定的收益。公司的整体业务发展一直得到金华经开区管委会的大力支持，金华经开区管委会对公司人事结构、资金安排、发展规划等方面做出安排。作为公司直接管理机构，金华经开区管委会通过增资、专项补贴等方式增强公司的营运能力和发展后劲，授权公司进行开发区内的土地开发整理业务和基础设施建设业务，使其获得稳定的收入来源。2022 年 1~6 月，公司实现营业总收入 6.83 亿元，净利润 1.27 亿元。截至 2022 年 6 月，公司总资产 548.12 亿元，总负债 360.75 亿元，净资产 187.38 亿元，资产负债率为 65.81%。

浙江省金华金义新区发展集团有限公司实际控制人为金华市国资委，公司营业范围包括市政设施管理；园林绿化工程施工；污水处理及其再生利用；土地整治服务；工程管理服务；土石方工程施工；生态资源监测；会议及展览服务；广告设计、代理；环保咨询服务；物业管理；组织文化艺术交流活动；供应链管理服务；资源循环利用服务技术咨询；文具用品批发；商业综合体管理服务；建筑工程用机械制造；文具用品零售；互联网销售。2022 年 1~6 月，公司实现营业总收入 7.51 亿元，净利润 1.30 亿元。截至 2022 年 6 月，公司总资产 303.01 亿元，总负债 154.01 亿元，净资产 149.01 亿元，资产负债率为 50.82%。

金华市城市建设投资集团有限公司实际控制人为金华市国资委，公司主要负责金华市重点区块的土地整理、开发与基础设施代建业务、房产销售，以及部分以自有房产租赁为主的经营性业务。2022 年 1~6 月，公司实现营业收入 16.88 亿元，净利润 1.51 亿元。截至 2022 年 6 月，公司总资产 552.61 亿元，总负债 285.55 亿元，净资产 267.06 亿元，资产负债率为 51.67%。

金华市交通投资集团有限公司是经金华市政府批准，按照"政府主导、市场运作、企业经营"的原则组建的一类国有企业集团。自 2018 年 8 月 22 日完成工商变更登记以来，在市委、市政府和市国资委的坚强领导下，在各县（市、区）、开发主体、市级各部门的鼎力支持下，各项工作进展良好。2022 年 1~6 月，公司实现营业收入 19.10 亿元，净利润 0.61 亿元。截至 2022 年 6 月，公司总资产 524.41 亿元，总负债 285.29 亿元，净资产 239.11 亿元，资产负债率为 54.40%。

金华金开国有资本投资有限公司原名为金华金西投资开发有限公司，成立于 2003 年 4 月 29 日，成立时注册资本 1000 万元。经营范围包括国家法律法规允许的国有资本投资；土地开发经营；房屋拆迁服务（不含爆破）；建筑劳务分包；

房地产开发；房屋建筑工程设计、施工；市政公用工程、水利水电工程（不含电力设施工程）设计及施工，土石方工程施工，道路工程施工，园林绿化工程施工，旅游项目开发；物业管理，符合城市管理要求的区域内提供停车管理服务；自有房屋租赁；信息技术服务、技术咨询。批发、零售：花卉、苗木、化工产品及原料、建筑材料等。2022 年 1～6 月，公司实现营业总收入 0.05 亿元，净利润-0.06 亿元。截至 2022 年 6 月，公司总资产 152.64 亿元，总负债 101.64 亿元，净资产 51.00 亿元，资产负债率为 66.59%。

金华金开国有资本控股集团有限公司经营范围为电子产品技术开发；节能技术开发、环保技术开发、技术转让、技术咨询、技术服务；计算机软硬件研发。2022 年 1～6 月，公司实现营业总收入 6.83 亿元，净利润 1.27 亿元。截至 2022 年 6 月，公司总资产 562.70 亿元，总负债 366.29 亿元，净资产 196.41 亿元，资产负债率为 65.10%。

金华市轨道交通集团有限公司是根据中共金华市委办公室、金华市人民政府办公室关于印发《金华市本级国有企业整合重组总体方案》（金委办发〔2018〕15 号）的通知，由金华市国资委出资创建国有独资公司。经营范围为轨道交通项目投资、建设和运营管理；轨道交通沿线配套土地的开发；房地产开发经营；物业服务；广告服务（除网络广告）；轨道交通运营资源开发与经营；轨道交通技术咨询；餐饮服务（限分支机构经营）；停车服务；国家法律法规允许的，无须前置许可的货物和技术进出口。2022 年 1～6 月，公司实现营业收入 0.98 亿元，净利润 0.05 亿元。截至 2022 年 6 月，公司总资产 273.88 亿元，总负债 140.62 亿元，净资产 133.26 亿元，资产负债率为 51.34%。

金华市多湖中央商务区建设投资有限公司，作为金华市多湖中央商务区重要的投资建设主体，在资本金注入、项目资金拨付和业务运营等方面获得了政府较大力度的支持。公司在金华市多湖中央商务区的开发建设市场中，地位突出，具有一定的垄断性，无论是在土地开发还是委托代建业务中均得到了金华市国资委的大力支持。公司经营范围为市政基础设施建设投资；政府指定范围内的土地开发经营；安置房（保障房）建设；国有资产经营管理；国家法律法规允许的项目投资。2022 年 1～6 月，公司实现营业总收入 8.59 亿元，净利润 1.83 亿元。截至 2022 年 6 月，公司总资产 154.55 亿元，总负债 98.57 亿元，净资产 55.98 亿元，资产负债率为 63.78%。

（二）金华区县级政府投融资平台评级情况

浙江金华市区县级政府投融资平台共计 16 家，其中主体评级为 AA 的投融资平台 11 家，主体评级 AA+的投融资平台 4 家，暂无主体评级的 1 家（见表14-3）。

表14-3 金华区县级政府投融资平台评级情况

公司	区县	主体评级
义乌市国有资本运营有限公司	义乌市	AA+
东阳市国有资产投资有限公司	东阳市	AA+
兰溪市城市投资集团有限公司	兰溪市	AA
义乌市城市投资建设集团有限公司	义乌市	AA+
金华市金东城市建设投资集团有限公司	金东区	AA
兰溪市兰创投资集团有限公司	兰溪市	AA
义乌市建设投资集团有限公司	义乌市	AA
义乌市双江湖开发集团有限公司	义乌市	AA
浙江金汇五金产业集团有限公司	永康市	AA
金华市婺城区城乡建设投资集团有限公司	婺城区	AA
浙江武义城市建设投资集团有限公司	武义县	AA
永康市国有资本投资控股集团有限公司	永康市	AA+
浦江县国有资本投资集团有限公司	浦江县	AA
义乌市水务建设集团有限公司	义乌市	AA
义乌经济技术开发区开发有限公司	义乌市	AA
东阳市交通投资建设集团有限公司	东阳市	AA

注：评价样本是截至2021年末仍有存续的公开发行债券的地级市、区县两级地方政府投融资平台，对于过去发行过但已无存续债券的地方政府投融资平台没有纳入样本中。投融资平台排名依据为存量债券总额。

资料来源：Wind金融终端、相关整理计算。

第二节 转型发展分析

一、整合优质资源，改善财务状况

夯实资产资本是城投公司转型的强有力保障，提升融资能力，实现健康、可持续发展，其自身能否形成经营性现金流是关键。城投公司要加大资源整合力度，促进优质资源开发，注入优质资产，特别是资产规模较大、现金流较多、有利润的国有资产和经营性公司，有效发挥国有资产的效益，提高优质资源的开发经营价值，不断扩大城投公司净资产规模，提升盈利能力，有条件地发挥融资筹资职能。

2022 年 5 月，金华市人民政府国有资产监督管理委员会拟将持有的金华市水务集团 100.00% 的股权、金华市社发集团 99.70% 的股权、金华山旅发集团 90.00% 的股权以及金华市石门农场 100.00% 的股权无偿划转至金华市城投集团。本次股权划转涉及的金华市水务集团、金华市社发集团、金华山旅发集团和金华市石门农场 2021 年末净资产规模合计 98.14 亿元，占金华市城投集团 2021 年末经审计净资产的 59.09%，本次重大资产重组是为深化国资国企改革，做强做优做大金华市国有企业并进行的市属国有企业整合提升，在本次资产重组完成后，预计公司的总资产、净资产、营业收入将会进一步提升，现金流情况将进一步改善。

二、整合提升金华市各类开发区，加快转型升级

2022 年 5 月 18 日，在浙江省人民政府关于同意设立金华金义新区的批复中明确指出：暂时保留金华高新技术产业园区牌子，同时整合金华新兴产业集聚区、金义都市新区等省级以下产业平台。金华金义新区要融入长三角区域一体化发展、"一带一路"建设等国家倡议，全力落实省委、省政府"四大建设"决策部署，完善大湾区"一环一带一通道"发展格局，高效发挥金义综合保税区等平台带动作用，坚持节约集约，优化资源配置，突出主导产业，加快转型升级，深化产城融合，着力打造全国国际贸易综合改革先行区，全省海陆开放大通道示范区、浙江中西部崛起引领区、金义都市区一体化发展新城。在 2020 年婺城区的政府工作报告中明确提出：力推婺城新城区发展。加快婺城新城区"二次出发"，着力理顺园区管理体制和运行机制，整合提升各工业分区，创建省级经济开发区。

三、"点碳成金"助企绿色转型

目前，金华市为 4000 多家规上工业企业建立"碳账户"。随着《金华市企业"碳账户"金融试点方案》印发，中国人民银行金华市中心支行、金华市生态环境局、国网金华供电公司等部门联合推动，将"碳账户"信息共享运用到金融领域，引导金融机构创新基于"碳账户"信息的绿色金融产品和服务，助力"双碳"行动。2022 年，金华市立足企业绿色发展、绿色转型融资需求，引导金融机构创新环境权益抵（质）押融资服务，开展排污权、碳排放权、用能权抵押贷款等新业务，让企业的无形资产转化为真金白银，推动生态文明建设和经济稳进提质。截至目前，全市发放排污权抵押贷款 3140 万元、"碳账户"贷款 4.29 亿元，这两类贷款惠及企业 60 余家。

四、发挥区域优势，实现利润增长

目前，金华市城投公司正积极拓展业务，紧密结合城市发展所需，实现多元化经营，形成新的企业利益增长点。近年来，金华市城投集团全力推动婺州古城争创 AAAA 级旅游景区，瞄准城市旅游目的地、历史文化展示区、都市休闲生活街三大目标，古城有机更新驶入了快车道。经过多年发展和布局，古城几大区块的业态分工越来越清晰，飘萍路、八咏街主要定位旅游休闲购物区，兼有古玩字画、旅游用品零售等业态，酒坊巷为古婺风情街和文化体验区，老六中区块目标是文化艺术产业区，万佛塔周边则是佛禅文化区，未来将有效地实现客流互引、产业互依、功能互补。

第三节　转型发展启示

一、提升产城融合水平，构建产业生态

突出以产促城、以城兴产、以城聚人的发展理念，集聚一批重量级未来产业及先进制造业，培育行业领军型企业，构建集产业链、创新链、人才链、服务链、资金链于一体的高端产业生态圈，着力打造数字经济等若干世界一流产业集群。统筹产业与城市空间布局，促进生产、生活、生态融合发展，打造集高端技术服务、高品质生活服务、高标准公共服务于一体的配套体系，推动功能单一的工业园区向功能多元的城市空间转变，打造"产、城、人、文"融合发展的现代化产业新城。

二、突破体制机制，提升开放创新水平

破解平台"碎片化"难题，推行"党工委（管委会）+"体制，形成集中统一、精简高效的体制架构。以"最多跑一次"改革为牵引，营造市场化、法治化、国际化、便利化的营商环境，基本实现区内事区内结。完善开发区（园区）管委会自主运营模式，探索龙头企业主导运营和引进区外专业企业运营等多种模式。建立适应市场化和专业化要求的班子配备及人才队伍建设机制，鼓励按程序实行全员聘任和末位淘汰制。同时，充分发挥开发区（园区）的对外开放平台作用，激发对外经济活力，推动投资贸易便利化，集聚高质量外资，加强国际双向投资，发展更高层次开放型经济，加快形成国际竞争新优势。瞄准世界科技前

沿领域，加速建成一批具有国际先进水平的科创中心和研发平台，加速催生新技术、新产品、新业态、新模式，优化创新发展生态体系，推动产业迈向全球价值链中高端。

三、以融投资模式为核心重构城投公司的经营结构

城投公司在推动资产、业务重组整合时应该着眼于短期结构改善与长期经营效益的可持续为目标，扎实推动重组整合，不盲目做业务增项，不盲目将没有经营价值的资产装进来。在充分考虑隐性债务对融资能力影响的前提下，城投公司要集中全力推动城投公司增信，做大资产与收入对平台公司进行四资（资产、资本、资源、资金）注入，特别是注土地、注特许经营权、注资产、注股权，在不违规的情况下，把区域最优质的经营性资产注入，增加账面资产、提高并表收入。同时，注意现金流问题，经营收入与现金流要匹配，避免应收款虚高，减少向其他单位（无股权关系）直接资金输送，改善经营性现金净流量。

第十五章　南昌市国资系统
企业转型发展案例分析

第一节　南昌市国资系统企业基本情况

一、转型前南昌市国资系统企业基本情况

转型前，南昌市国资系统"9+1"企业包括南昌市政公用投资控股（集团）有限责任公司、南昌城市建设投资发展有限公司、南昌轨道交通集团有限公司、南昌工业控股集团有限公司、南昌水利投资发展有限公司、南昌经济技术开发区投资控股有限公司、南昌市红谷滩城市投资集团有限公司、进贤城市建设投资发展集团有限公司、江西赣江项目建设有限公司和江铃汽车集团有限公司。

南昌市政公用投资控股（集团）有限责任公司（更名为南昌市政公用集团有限公司）于2002年7月28日正式挂牌成立。集团公司是经营管理南昌市政公用企业国有资产的国有独资法人企业，以城市供水、城市供气、城市公交出租、城市市政道路桥梁、房地产业五大板块为核心战略，打造跨地区、跨行业、跨所有制多元化经营的现代一流大型企业集团。

南昌轨道交通集团有限公司成立于2008年10月6日，注册资本261518万元人民币，所属行业为商务服务业，经营范围包括：负责轨道交通项目的工程投资、建设、工程咨询、设计、负责轨道交通的营运；负责轨道交通的通信及其他特许经营权的经营；负责轨道交通项目周边相关资产经营管理；等等。

南昌经济技术开发区投资控股有限公司成立于2008年5月20日，注册资本100000万元人民币，所属行业为商务服务业，经营范围包括高科技产业投资、项目开发、资产经营咨询、土地及商品房开发、城市公共服务设施及基础设施项

目的投资及咨询、国内贸易、物业租赁、管理。

南昌市红谷滩城市投资集团有限公司成立于 2004 年 10 月，注册资本 4.98 亿元，下辖 6 家全资子公司、6 家控股公司、2 家参股公司，主营业务包括：市政建设、房地产经营、会展业、旅游业、商业地产、酒店业及物业管理，是一家综合控股性集团公司。

进贤城市建设投资发展集团有限公司成立于 2005 年 6 月 16 日，注册资本 40000 万元人民币，所属行业为房地产业，经营范围包括各类工程建设活动、房地产开发经营、住宅室内装饰装修。

江铃汽车集团有限公司是我国汽车整车出口基地和轻型柴油商用车最大的出口商之一。作为国内商用车市场的"领头羊"和江西省汽车工业龙头企业，江铃集团坚决贯彻"做强商用车，做优特种车，坚定实施新能源汽车战略"理念，积极创新，适应发展，与时俱进。

（一）资产情况

转型前南昌市政公用投资控股（集团）有限责任公司、南昌轨道交通集团有限公司、南昌市红谷滩城市投资集团有限公司和江铃汽车集团有限公司的流动资产、流动负债和总资产均逐年增加，4 家企业储备了大量的资产；南昌经济技术开发区投资控股有限公司的流动资产逐年增加，非流动资产和总资产呈现先增后减的趋势；南昌经济技术开发区投资控股有限公司的流动资产、非流动资产和总资产均呈现先增后减的趋势；进贤城市建设投资发展集团有限公司的流动资产和总资产逐年增加，非流动资产先减后增（见表 15-1）。

（二）负债情况

转型前南昌市政公用投资控股（集团）有限责任公司、南昌轨道交通集团有限公司和进贤城市建设投资发展集团有限公司的流动负债、非流动负债和总负债均逐年增加；南昌经济技术开发区投资控股有限公司的流动负债、非流动负债和总负债均呈现先增后减的趋势；南昌市红谷滩城市投资集团有限公司的流动负债逐年增加，非流动负债先减后增，总负债逐年增加；江铃汽车集团有限公司的流动负债先减后增，非流动负债和总负债均先增后减。由此可见，南昌市政公用投资控股（集团）有限责任公司、南昌轨道交通集团有限公司和进贤城市建设投资发展集团有限公司和南昌市红谷滩城市投资集团有限公司的负债控制不够好，其余两家正在改善负债情况（见表 15-2）。

（三）营利能力

转型前南昌市政公用投资控股有限责任公司的净利润逐年增加，经营状况良好，净资产回报率逐年下降，可以看出所有者权益逐年增加，更吸引股东；南昌轨道交通集团有限公司净利润先快速下降后快速上升，经营状况有所改善，净资

表15-1　公司2019~2021年资产情况

单位：万元

企业名称	资产结构								
	2019年12月31日			2020年12月31日			2021年12月31日		
	流动资产	非流动资产	资产总计	流动资产	非流动资产	资产总计	流动资产	非流动资产	资产总计
南昌市政公用投资控股（集团）有限责任公司	5133200.34	8235731.40	13368931.74	5933351.54	8721204.33	14654555.87	6755573.29	9073831.60	15829404.89
南昌轨道交通集团有限公司	987345.82	6889167.62	7876513.44	1000847.51	8195585.01	9196432.52	1251270.19	9355628.38	10606898.57
南昌经济技术开发区投资控股有限公司	1390636.42	583405.59	1974042.01	2494201.72	748309.91	3242511.63	1696024.12	574687.63	2270711.75
南昌市红谷滩城市投资集团有限公司	1249502.23	448516.79	1698019.02	1823230.63	518191.05	2341421.69	2586676.05	766381.46	3353057.51
进贤城市建设投资发展集团有限公司	1247553.93	111248.31	1358802.23	1320780.10	94855.00	1415635.10	1408847.29	98611.73	1505459.03
江铃汽车集团有限公司	4486707.09	2315436.78	6802143.87	4639676.55	2526632.82	7166309.37	4651998.09	2765395.76	7417393.85

资料来源：Wind 数据库。

表 15-2　公司 2019~2021 年负债情况

单位：万元

企业名称	负债结构								
	2019 年 12 月 31 日			2020 年 12 月 31 日			2021 年 12 月 31 日		
	流动负债	非流动负债	负债合计	流动负债	非流动负债	负债合计	流动负债	非流动负债	负债合计
南昌市政公用投资控股（集团）有限责任公司	5008245.10	4296738.30	9304983.40	5755129.75	4476549.75	10231679.50	6532385.42	4491248.55	11023633.97
南昌轨道交通集团有限公司	612381.40	3044574.25	3656955.65	1126586.44	3347629.14	4474215.58	1934299.51	3463150.69	5397450.20
南昌经济技术开发区投资控股有限公司	1106642.30	171703.31	1278345.61	2070985.17	195256.29	2266241.47	1060924.89	66117.76	1127042.65
南昌市红谷滩城市投资集团有限公司	441788.58	468374.35	910162.92	1087487.62	419785.41	1507273.03	1430730.36	946621.35	2377351.71
进贤城市建设投资发展集团有限公司	310362.45	530897.96	841260.41	315024.50	541834.80	856859.30	348441.10	585651.76	934092.87
江铃汽车集团有限公司	4083277.79	548715.57	4631993.37	4058643.80	838439.43	4897083.23	4541356.82	694132.48	5235489.30

资料来源：Wind 数据库。

产回报率先下降后上升，究其原因是净利润在 2021 年迅速上升；南昌经济技术开发区投资控股有限公司和南昌市红谷滩城市投资集团有限公司的净利润均逐年下降，经营状况不好；进贤城市建设投资发展集团有限公司和江铃汽车集团有限公司的净利润均先上升后急速下降，2021 年经营状况欠佳（见表 15-3）。

表 15-3　公司 2019~2021 年盈利能力

企业名称	营利能力								
	2019 年 12 月 31 日			2020 年 12 月 31 日			2021 年 12 月 31 日		
	净利润	ROA	ROE	净利润	ROA	ROE	净利润	ROA	ROE
南昌市政公用投资控股（集团）有限责任公司	139460.84	2.89	1.75	172932.62	3.06	1.71	199911.02	3.14	1.63
南昌轨道交通集团有限公司	78341.48	1.13	1.93	50744.76	0.66	1.14	166936.74	1.74	3.43
南昌经济技术开发区投资控股有限公司	11185.34	0.86	1.67	10621.61	0.51	1.27	9435.75	0.47	0.89
南昌市红谷滩城市投资集团有限公司	9497.46	1.91	1.33	7277.82	1.02	1.25	2307.39	1.43	0.28
进贤城市建设投资发展集团有限公司	11025.07	1.15	2.73	12565.64	0.97	2.05	6433.14	1.21	2.22
江铃汽车集团有限公司	83885.57	1.38	4.50	108536.98	1.95	3.10	57994.35	2.08	3.93

资料来源：Wind 数据库。

（四）偿债能力

转型前南昌市政公用投资控股（集团）有限责任公司近年来偿付负债的能力良好，但是存货等资产较多，EBIT 高于利息，总负债低于总资产，总体来看，企业状况良好；南昌轨道交通集团有限公司近两年流动比率低于 1，负债较多，EBIT 高于利息，总负债低于总资产，企业状况一般；南昌经济技术开发区投资控股有限公司的流动资产可以很好地偿还流动负债，但是存货等资产较多，企业状况良好；南昌市红谷滩城市投资集团有限公司的流动比率先增后降，债务有所增加，获息倍数较低，风险较大；进贤城市建设投资发展集团有限公司的流动比率、速动比率和获息倍数均较高，企业偿债能力较强，企业状况优良；江铃汽车集团有限公司的偿债能力一般（见表 15-4）。

表 15-4　公司 2019~2021 年偿债能力

企业名称	偿债能力											
	2019 年 12 月 31 日				2020 年 12 月 31 日				2021 年 12 月 31 日			
	流动比率	速动比率	获息倍数	资产负债率	流动比率	速动比率	获息倍数	资产负债率	流动比率	速动比率	获息倍数	资产负债率
南昌市政公用投资控股（集团）有限责任公司	1.02	0.77	2.47	69.60	1.03	0.82	2.53	69.82	1.03	0.73	2.67	69.64
南昌轨道交通集团有限公司	1.61	1.17	163.68	46.43	0.89	0.76	38.41	48.65	0.65	0.57	279.07	50.89
南昌经济技术开发区投资控股有限公司	1.26	0.98	14.85	64.76	1.20	0.99	0	69.89	1.60	0.80	30.48	49.63
南昌市红谷滩城市投资集团有限公司	2.83	0.58	2.07	53.60	1.68	0.44	1.61	64.37	1.81	0.68	1.32	70.90
进贤城市建设投资发展集团有限公司	4.02	2.05	11.03	61.91	4.19	2.02	11.07	60.53	4.04	1.89	4.91	62.05
江铃汽车集团有限公司	1.10	0.86	2.85	68.10	1.14	0.86	3.91	68.33	1.02	0.75	5.47	70.58

资料来源：Wind 数据库。

二、转型后南昌市国资系统企业基本情况

2022 年 6 月 22 日，南昌市新闻发布会通报市属国有企业整合重组情况，整合重组后，市属国有企业由"9+1"整合重组为"4+2"。6 家企业分别为南昌市产业投资集团有限公司、南昌市建设投资集团有限公司、南昌轨道交通集团有限公司、南昌市政公用集团有限公司、南昌市交通投资集团有限公司和江铃汽车集团有限公司。

（一）资产情况

转型后南昌市产业投资集团有限公司、南昌市建设投资集团有限公司、南昌轨道交通集团有限公司、南昌市政公用集团有限公司和南昌市交通投资集团有限公司的非流动资产均高于流动资产，江铃汽车集团有限公司的流动资产高于流动资产，风险较小（见表 15-5）。

表 15-5　截至 2022 年 6 月 30 日整合后 6 家公司资产情况　　单位：万元

公司名称	资产结构		
	流动资产	非流动资产	资产总计
南昌市产业投资集团有限公司	3116301.10	5919003.96	9035305.07
南昌市建设投资集团有限公司	5567925.99	7868270.10	13436196.08
南昌轨道交通集团有限公司	1035755.53	9619057.52	10654813.05
南昌市政公用集团有限公司	7470991.85	9367681.60	16838673.45
南昌市交通投资集团有限公司	9634292.32	14589030.68	24223323.00
江铃汽车集团有限公司	4381444.86	2741361.64	7122806.50

资料来源：Wind 数据库。

（二）负债情况

转型后南昌市产业投资集团有限公司、南昌市建设投资集团有限公司、南昌轨道交通集团有限公司和南昌市交通投资集团有限公司的非流动负债均高于流动负债，风险较大；南昌市政公用集团有限公司和江铃汽车集团有限公司的流动负债均高于非流动负债，风险较小（见表 15-6）。

表 15-6　截至 2022 年 6 月 30 日整合后 6 家公司负债情况　　单位：万元

公司名称	负债结构		
	流动负债	非流动负债	负债合计
南昌市产业投资集团有限公司	2139457.73	2824194.16	4963651.89
南昌市建设投资集团有限公司	1570953.10	7805790.84	9376743.94
南昌轨道交通集团有限公司	1716768.20	3819114.10	5535882.30
南昌市政公用集团有限公司	7513925.79	4517250.14	12031175.93
南昌市交通投资集团有限公司	6964305.42	7084123.61	14048429.03
江铃汽车集团有限公司	4240305.46	669013.30	4909318.76

资料来源：Wind 数据库。

（三）营利能力

转型后南昌市产业投资集团有限公司、南昌市建设投资集团有限公司、南昌轨道交通集团有限公司、南昌市政公用集团有限公司和南昌市交通投资集团有限公司的净资产回报率均较低，净利润偏低，江铃汽车集团有限公司的净资产回报率较高，净利润较高（见表 15-7）。

表 15-7　截至 2022 年 6 月 30 日整合后 6 家公司盈利能力

公司名称	营利能力		
	净利润（万元）	ROA 总资产报酬率（%）	ROE 净资产回报率（%）
南昌市产业投资集团有限公司	3563.54	1.07	0.10
南昌市建设投资集团有限公司	2164.08	0.10	0.11
南昌轨道交通集团有限公司	-11077.35	-0.28	-0.43
南昌市政公用集团有限公司	35118.04	1.41	0.37
南昌市交通投资集团有限公司	60262.81	1.35	0.05
江铃汽车集团有限公司	57994.35	1.89	3.87

资料来源：Wind 数据库。

（四）偿债能力

南昌市产业投资集团有限公司的流动资产可以很好地偿还流动负债，风险较低，负债远低于总资产；南昌市建设投资集团有限公司的存货等资产较多，流动性较差；南昌轨道交通集团有限公司和南昌市政公用集团有限公司的流动比率和速动比率均较低，企业流动性差，偿债能力差；南昌市交通投资集团有限公司和江铃汽车集团有限公司的存货等资产较多，偿债能力较差（见表 15-8）。

表 15-8　截至 2022 年 6 月 30 日整合后 6 家公司偿债能力

公司名称	偿债能力指标			
	流动比率	速动比率	获息倍数	资产负债率（%）
南昌市产业投资集团有限公司	1.46	1.20	1.16	54.94
南昌市建设投资集团有限公司	3.54	0.53	2.25	69.79
南昌轨道交通集团有限公司	0.60	0.49	0	51.96
南昌市政公用集团有限公司	0.99	0.66	2.35	71.45
南昌市交通投资集团有限公司	1.38	0.78	2.96	58.00
江铃汽车集团有限公司	1.03	0.74	13.30	68.92

资料来源：Wind 数据库。

三、转型前后南昌市国资系统企业对比及结果

（1）业务经营方面：转型前，10 家企业的业务经营范围分散，1 家企业可以经营很多业务，但竞争力不够，转型后，把经营业务类似的企业总共合并为 6 家

企业，6家企业竞争优势明显，业务多，有强势业务，并且有自己的主营业务，更有利于集聚资源。

（2）资产结构方面：转型前，10家企业集聚了更多的流动资产和非流动资产，更有利于转型后的企业重组。转型后企业的流动资产和非流动资产均有所增加。

（3）负债结构方面：转型前，几家企业的流动负债和非流动负债均较高，转型后二者有所下降，特别是江铃汽车集团有限公司，转型前后流动负债和非流动负债规模有所下降。

（4）营利能力方面：几家公司转型前后净利润变动不大。

（5）偿债能力方面：江铃汽车集团有限公司转型后偿债能力增加，经营风险下降，流动资产能够很好地偿还流动负债，其余几家企业转型前后流动性也有所增加，偿债能力下降。

第二节　转型发展分析

一、投融资平台资产整合

（一）资产整合理论

资产整合是通过剥离公司的非核心业务，处置不良资产，重组优质资产，优化资产结构，来提高公司资产的运营效率和质量。公司资产整合方式可以分为四种，分别是并购重组、资产置换、资产划入和资产划出。现如今，国有企业通过资产整合来进行转型，企业通过资产整合来不断将公司做强做大。下面具体介绍资产整合的四种方式：

一是资产划出分为无偿划出和无偿转让两种形式。资产划出会对公司的净资产规模、总资产规模、利润和营业收入等产生一定的负面影响，但其影响的大小与资产的质量和规模有很大关系。如划出的资产占比较高并且属于主营业务，则划出资产会对企业造成很大负面影响，但如果划出资产的质量较差，不利于企业的营利能力，采用资产划出则会对企业有一定的正面影响。许多城投平台都会选择资产划出这种方式来进行资产整合，从而完成城投平台转型。

二是资产划入主要有增资入股和无偿划入两种形式。在正常情况下，资产划入会对公司带来许多有利的影响，增强企业的营利能力、扩大企业的资产规模等，但是仍然需要考虑这些操作具体会不会与公司现有业务产生一些协同效应。

三是资产置换，是指两家或者多家企业之间通过互换资产的方式来提升企业的业务核心竞争力，对公司产生积极影响，优化公司业务结构。公司通常需要考虑资产置换之后的资产结构变化、资产质量变化、财务指标变化以及与公司原有业务产生的协同效应衡量资产置换对公司产生的影响。

四是并购重组，地方政府投融资平台的并购重组主要的方式有通过企业或股权合并形成新公司，上市公司采用发行股份或支付现金的方式来购买股权以及通过资产划转和重组来推动平台公司上市等，并购重组在整体划转、吸收合并以及股权转让等各种方式中均有涉及。

（二）资产整合政策背景

为了规范定义投融资平台和国企集团之间的关系，不能简单地将投融资平台等同于国企集团，党的十八届三中全会上中共中央发布《关于全面深化改革若干重大问题的决定》，各地国有企业开始通过资产整合重组来实现企业升级转型，激发企业的创新力和活力，促进地方经济的可持续发展。2020年6月出台了《国资国企改革三年行动计划（2020—2022年）》以及各地也相应推出关于国资国企改革的政策，推进国有经济结构优化，畅通产业循环，不断把国有资本向关键领域和行业集中，深入推动国资国企的改革转型，同时进行国企改革和平台转型，更好地推动投融资平台的市场化转型发展，战略性国企改革成为实现平台公司"十四五"时期快速转型发展的关键一环。

2022年5月南昌市印发了《南昌市属国有企业集团整合重组方案》，市属国有企业由"9+1"整合重组为"4+2"，标志着南昌市国资国企改革进入到新阶段。这次整合重组是基于南昌市的发展进行的，既能突出主责主业的发展，又能有利于南昌市国有经济的战略布局集中在部分服务民生等领域，不断提升企业的核心竞争力、影响力和创新力。

（三）淡马锡资产整合案例

投融资平台资产整合比较具有借鉴意义的是新加坡淡马锡公司的转型案例。淡马锡是属于财政部百分之百所有的政府企业单位，是政府通过其直接或者间接参与各项业务活动的平台公司，其代表的就是政府意图，主要负责许多电力、航空、运输等基础产业领域。进入20世纪90年代，新加坡开始对政府关联企业进行资产整合重组，推进企业民营化。自此，淡马锡开始强化投资机构的职能，获取了大量的投资收益，实现下属企业的股权多元化，更加突出其民营属性，强调利益最大化。淡马锡企业拥有一个特色的定位——政联企业，其存在的意义就是需要替政府赚钱，如果不赚钱就允许其破产，这和我国的国有企业操作运行机制是不太一样的，这能够增加企业运营的效率，提高公司的透明度，实现高效专业化的管理。淡马锡对我国的国企改革具有重大的借鉴意义，主要有以下四个方面：一是坚持对国有企业进行改革，根据国家的政策形势，进行循序渐进式转型，并非盲目学习别人的经验，而是走出一条以国有企业为主体的独特发展道路；二是以国有企业为平台，将政府管理职能和股东职能分离开，借鉴新加坡的经验，今后我国的国有企业改革应该运用"政府—国有控股公司—国有企业"的三级运营模式，防止造成政府公权私用的后果；三是尊重国有控股公司的自主性和独特性，国有控股公司代表政府对国有企业行使股东的权利，但也作为独立个体，有一套自身的经营管理的体系，保证国有控股公司的独立性，专门设立国际化小组，表示与政府产生分离；四是把握机会，面对挑战，尽力平衡企业和国家的关系，防止不正当竞争。

二、资产整合路径

（一）基本路径

为了规范地方投融资平台的运行，通过国有企业转型升级、国有资产整合重组来对地方政府的国有资源进行整理，以扩大国有企业的资产规模，建立一个规范的国有企业集团，成功进行市场化转型。但现阶段，由于地方国有企业存在杂乱多的问题，并且由于地域不同和资源分配不一致，使其国有企业的资产整合的路径都因地制宜，虽然各地的国有企业资产整合路径各有不同，但主线都比较相似，主要的整合路径有以下几点：

1. 国有资源、资产整理

资产整合的过程中首先就是进行资产清查，按照市场的要求，遵循"公平、公正、公开、全面、真实、客观"的原则，对国有资产、资源进行梳理，对资产进行分类和规范化管理，梳理出经营性资产以及可改造资产，依据最后的分类结果选择通过划转、增资、重组等方式来使得国有企业集团进行积极转型。

2. 国有企业并购重组

根据各种法律法规，通过市场化方式和政府的行政手段将两个或者多个公司进行合并重组，成为一个新公司或者互相进行参股。通过将一些各自为政的国有企业进行并购重组，迅速将资产扩大，产生有利的规模优势。

3. 整合业务，规划方向

国资国企根据自身的优势特点，积极拓展业务板块，实现业务的多元化发展，不断提升资产质量、扩大资产规模，从而得到了市场化运营的基础能力。同时深度分析国有企业自身的业务情况，立足于自身的优势，不断培养具有综合竞争力的业务板块，增强核心业务板块的竞争力，根据实际情况对国有企业集团的发展方向进行规划，使整合后的集团做大做好做强。

4. 优化管控，规范治理

国有企业内部的管理升级是要不断提升国有企业的组织管控以及规范结构治

理，为健全国有企业的规范制度提供一个良好的保障。由于整合重组之后资产不断扩大，业务范围也进一步增加，而原有的公司结构体制无法适应新的公司运营形式，因此要优化企业的组织管控，规范公司的治理架构，使国有企业集团有一个清晰明确的管控模式，从而使得集团的效率提升。

（二）南昌市国资国企整合路径

2022 年 6 月 22 日，南昌市举行新闻发布会，通报南昌市属国有企业集团整合重组的情况。在发布会之前，举行了新机构——南昌市建设投资集团有限公司（以下简称"建投集团"）、南昌市产业投资集团有限公司（以下简称"产投集团"）、南昌市政公用集团有限公司（以下简称"市政公用集团"）和南昌市交通投资集团有限公司（以下简称"交投集团"）集中揭牌活动，南昌市成功进行整合重组，完成了由"9+1"到"4+2"的整合重组，标志着南昌市的国资国企改革进入新阶段。南昌市国资系统企业发生战略重组，打造"4+2"南昌市属国有企业集团（"市政公用集团、建投集团、交投集团、产投集团"+"轨道集团、江铃集团"），国有资本的运行效率得到提高，不断推动南昌市的高质量发展。

2021 年，南昌市邀请德勤华永会计师事务所对南昌市属国有企业进行资产、负债、业务等梳理，通过深思熟虑以及研究提出了南昌市属国有企业整合重组的方案。此次的南昌市国资国企的整合重组是对南昌市属国有企业的主营业务和产业资源进行整合，将原有 10 家市属一级国有企业集团整合重组为四大集团。不断强化业务板块的运营，做到产业优势互补，提升核心竞争力，打造高质量发展的优质国资国企集团。

其中，交投集团是由原南昌水投公司为主体，整合了原南昌城投公司、原南昌国资产业集团的交通旅游类企业、原南昌旅游集团和原国控汽车集团，从而组建成南昌市交通投资集团有限公司。而目前交投集团的主业要是城市交通和文旅，通过此次整合将旅游和交通一体化，达到"一枢纽四中心"的战略目标，使资源得到有效配置，增强国企的内生动力。轨道集团和江铃集团进行独立营运，干部管理层级不变，由南昌市交投集团并表。

产投集团以原工业控股集团为基础，吸收了原南昌国资产业集团主体，从而组建成新的南昌市产业投资集团有限公司。根据"十四五"规划，产投集团将以产业投资为主业，不断打造六大板块——产业投资、产业金融、建设产业、高端制造、资产运营。通过此次整合将产业投资在南昌市起到引领作用，推动南昌产业工业的不断发展，达到产城融合的目的。

市政公用集团以原市政控股为主体，划入原南昌水投下属的环保以及其他市属国企的林业、农业、粮食类的企业，组建成南昌市政公用集团有限公司，之后将会围绕市政领域进行发展，主要的业务有环保、水务和现代农业。通过此次整合推动市政建设，强化业务的内部联动，提升国有企业经营效率。

建投集团以原南昌城投公司为基础，合并南昌市城市规划设计研究总院，划入原南昌国资产业集团的房地产、建筑类企业、原工业控股集团，整合成南昌市建设投资集团有限公司。其主要的业务是城市建设开发，范围跟城投业务联系紧密。通过此次整合在城市建设领域打造平台，完善业务布局，为投资发展助力。

三、转型效果分析

近年来，南昌市不断深化国资国企改革，南昌市属国资国企较好地助力经济社会的发展，取得了显著的成效，在南昌市的经济可持续发展中起到了很好的支撑和保障作用。此次南昌国资国企的整合重组，是根据南昌市的实际情况，从促进南昌改革发展的角度出发，把南昌市国有企业的经济布局集中在国计民生、产业引领、公共服务等领域。南昌市的国有企业的资产总额高达 10082 亿元，成为全省首个资产总额突破万亿元的城市。

（一）城市建设

南昌市国资系统企业的资产整合转型在城市建设方面取得了良好的成效，发挥了主力军的作用。在南昌市重大城市建设项目方面，南昌建投集团、南昌市政公用集团等国有企业积极参与城市建设项目，在城市形象和城市面貌方面得到了很好的改变，一大批建成项目进入使用中，各种隧道、桥梁、道路、地铁等项目不断完工。南昌市交投集团在水利交通方面也在不断助力南昌市经济发展，建成码头、泊位以及赣抚尾闾工程，打造了南昌市山水林湖草生命共同体生态区，构建良好的水系连通体系。

（二）产业发展

南昌市国资系统企业引领南昌市经济产业的发展，不断获得资金的支持，由南昌市产投集团为主导来引导重点产业吸引投资资金，很好地推动南昌市经济产业发展。同时南昌市产投集团在不断强化园区建设发展，通过引进优质企业，建设产业园区建设高达 200 万平方米，不断带动南昌市就业人口增加。江铃集团通过做大做强企业建设，实现汽车销量高达 40.07 万辆，营业收入和利润不断增加，打造南昌特色产业发展。

（三）服务民生

南昌市国资委系统企业承担着保障民生的作用，在各种供气、供水、地铁、公交等生活相关的民生领域具有使命担当，能够保障南昌市的民生服务稳定运行。在公共交通方面，南昌市的交通线达 400 多条，日客流量也较多，城市的供水、供气方面也得到了很好的保障。在文化旅游方面，南昌市有滕王阁等

AAAAA 级景区，南昌交投也在致力于打造南昌市经典景区，带动南昌市旅游业的发展，不断丰富南昌市居民的文化生活，促进南昌居民的消费，对南昌市经济发展具有积极影响。

第三节　转型经验启示

一、资产整合是地方国有企业转型的重要手段之一

"十四五"时期，我国进入新发展阶段，发展环境发生复杂深刻的变化，改革开放到了新的历史关头。习近平总书记强调："改革是解放和发展社会生产力的关键，是推动国家发展的根本动力。"《中共中央关于制定国民经济和社会发展第十四个五年规划和二〇三五年远景目标的建议》（以下简称《规划纲要》）特别强调，"十四五"时期经济社会发展要以深化供给侧结构性改革为主线。2019 年 8 月起南昌市开展"十四五"规划编制工作，深入贯彻习近平总书记关于全面深化改革的重要论述和视察江西重要讲话精神，把加快深层次市场化改革摆在十分重要的位置，作出了战略部署。《规划纲要》建议，国家、省规划纲要以及我市国土空间规划等保持紧密衔接，重点研究新发展阶段和新发展格局带来的新机遇、新挑战，充分考虑经济社会发展趋势，呼应社会各界对南昌未来发展的期许，努力做到"五个结合"。在《规划纲要》指导下，南昌市国有企业有序开展资产整合，目标实现南昌市属国有企业和县区属国有企业总额双破万亿元，市属企业营业收入突破 3000 亿元，在全市打造 5 家资产过千亿元，4 家资产过 500 亿元，有较强市场竞争力的国有企业集团。

二、地方国有企业要结合自身实际选择合适的整合路径

城投公司转型有三种进阶模式选择：信贷型资产整合重组、资本型资产整合重组及价值型资产整合重组。当前国企城投基本上都已经越过信贷型重组，总体上还是以资本型重组为主要考虑，但价值型重组已经嵌入其中，混合并用成为实践性的选择。资本型整合重组，以实现更高层次的市场化资本市场融资为目标，着重考虑报表式重构，业务体系更多以资产规模来构建；而价值型整合重组以业务价值的评估为重点，侧重以业务经营重组资产，考虑业务经营的规模性、成长性及潜在价值。未来，各省市国企城投集团资产整合重组将有序展开。各地国有企业应理性评估自身实力及业务特色并结合当地及中央经济政策指导规划，补足

短板发挥特长逐步完成公司的转型发展，省会引领转型地方积极响应，让城投转型更具科学性、持久性和全面性。

三、资产整合最终走向什么结局

南昌市此次国企重组意在整合原各家国企的主营业务和产业资源，强化业务经营，提升组织效能，做到产业优势互补，打造核心竞争力，实现国资平台的转型高质量发展。总体上将原有 10 家市属一级国有企业整合重组为四大国企集团，整合重组后，市属国有企业由"9+1"整合重组为"4+2"。此次国有化资产整合是从南昌改革发展的大局出发，从有利于工作、有利于事业、有利于发展的角度考虑，既尊重历史、照顾现实，又突出主责主业，促进优势互补，把南昌市国有经济的布局进一步集中在战略引导、产业引领、国计民生、公共服务等领域，使国有企业竞争力、创新力、影响力和抗风险能力得到提升。作为市场化转型及国企改革的重要部分，国企城投资产整合重组能有效提升资产整体效能、提高运营效率，做大做强国有企业、整合优质资源。

第十六章　石家庄国控城市发展投资集团有限责任公司转型发展案例分析

第一节　公司基本情况

一、公司简介

石家庄国控城市发展投资集团有限责任公司成立于 2010 年 6 月 2 日，公司前身为石家庄国控投资集团有限责任公司，原为石家庄市兼营基础设施建设与公共服务运营并重的综合性国有资本运营主体。石家庄国控投资集团有限责任公司在剥离原有轨道交通建设及运营、公交运输、自来水供应及污水处理、酒店运营管理等公共服务运营板块后，更名为石家庄国控城市发展投资集团有限责任公司，成为聚焦于城市基础设施建设和保障房建设、土地开发利用、城市更新等城市建设领域的专业化国有主体。

石家庄城发投集团注册资本为 300 亿元人民币，唯一股东为石家庄市国资委，主要控股子公司包括石家庄城控投资集团有限责任公司、石家庄市城市建设投资控股集团有限公司、石家庄市地产集团有限公司、石家庄城市更新集团有限公司、石家庄市城市更新建设发展基金有限公司、石家庄城控投资集团有限责任公司等 14 家子公司。截至 2021 年末，石家庄城发投集团总资产 1904.65 亿元，净资产 787.48 亿元，2021 年度实现营业收入 106.56 亿元，实现净利润 6.00 亿元；2022 年 6 月末，石家庄城发投集团总资产 2214.43 亿元，净资产 802.64 亿元，2022 年 1~6 月实现营业收入 56.60 亿元，实现净利润 1.40 亿元。

二、业务情况

作为石家庄市最重要的基础设施建设及运营主体，石家庄城发投集团自 2021 年以来承担了大量城市更新项目，包括综合片区改造、老旧厂区及老旧小区改造、保障房建设、土地一级开发整理等业务，同时配套部分城市供热、停车场运营、物业管理等。

2021 年以来发行人基础设施及保障房业务大幅增长，2021 年该项业务实现 79.70 亿元收入，较 2020 年增加 42.64 亿元，增幅为 115.06%，有效弥补了公交、轨道交通、供水业务的损失（见表 16-1）。

表 16-1　2020 年、2021 年和 2022 年 1~3 月，石家庄城发投集团的主要收入情况

营业收入	2022 年 1~3 月		2021 年		2020 年		2019 年	
	金额（亿元）	占比（%）	金额（亿元）	占比（%）	金额（亿元）	占比（%）	金额（亿元）	占比（%）
基建设施及保障房	8.55	73.33	79.70	74.79	37.06	39.86	49.21	61.31
公交运输	—	—	—	—	2.24	2.41	4.72	5.88
轨道交通	—	—	—	—	1.06	1.14	1.73	2.16
城市供水及污水处理	—	—	—	—	14.43	15.52	10.33	12.87
供热业务	0.87	7.46	1.88	1.76	0.74	0.80	0.66	0.82
其他	2.24	19.21	24.98	23.44	37.45	40.28	13.61	16.96
合计	11.66	100.00	106.56	100.00	92.98	100.00	80.26	100.00

资料来源：Wind 数据库。

（一）基础设施建设业务

基础设施建设业务主要由石家庄市城市建设投资控股集团有限公司（以下简称"城投集团"）和石家庄滹沱新区投资开发有限公司负责，分别主要负责石家庄市内和正定新区的相关基础设施建设。

城投集团主要负责石家庄市内城市道路、桥梁、隧道等建设。目前，城投集团承担了天山大街、华星路、建华大街南延等石家庄市重点道路建设工作。

滹沱投资正定新区基础设施建设和保障房业务的主体，已完成石家庄市规划馆、石家庄市图书馆、正定新区青少年宫等基础设施建设项目，目前在建项目为正定新区水系统项目、正定新区起步区项目等。主要模式为委托代建，公司与石家庄正定新区财政局签订《石家庄正定新区起步区工程建设项目框架协议》，公

司每年末将项目投资成本报送正定新区财政局，正定新区财政局根据评审结果加成12%固定收益与滹沱投资结算项目收入，正定新区财政局根据资金情况一般在项目完工后5年内付清所有应付款项。

（二）保障房建设业务

保障房建设业务主要由石家庄市住房开发建设集团有限责任公司（以下简称"住建集团"）和石家庄滹沱新区投资开发有限公司（以下简称"滹沱投资"）负责，分别主要负责石家庄市内和正定新区的保障房建设。截至2022年3月末，住建集团管理石家庄市内四区保障房约5.6万套，负责集中建设的保障房项目已建设完工并交付使用。

（三）土地开发整理业务

土地开发整理业务主要由子公司石家庄市地产集团有限公司负责，地产集团为石家庄市政府指定的市区内做地主体，可参与全市范围内的做地项目。目前，地产集团已参与开发石家庄市中央商务区新华片区做地项目、前太保城中村改造项目等9个石家庄市区内城中村改造项目等石家庄城市更新重点项目的前期开发工作。

（四）城市运营业务

除承担重要的城市基建、保障房、土地开发利用等建设任务外，公司以"投资方、建设方、经营方、管理方"一体化身份对城建项目开发过程中形成的资产进行运营，逐步加强对新划入资产整合、盘活和经营，提升资产运营效率。目前公司城市运营板块中城市供热、停车场运营、物业管理等初具规模。公司供热业务主要为向市内四区约5万余户居民用户供热，以及向石家庄西郊供热有限公司等其他供热公司销售热能。该项业务可为石家庄城发投集团提供稳定的现金流，2021年公司供热业务板块实现收入1.88亿元。

三、公司财务情况

（一）财务分析

1. 资产方面

石家庄城发投集团自2021年以来承接较多城市基础设施建设项目，因此存货规模持续上升，2022年3月末较2021年末增加83.16亿元，增幅为31.44%，进而导致公司资产规模上升。虽然石家庄城发投集团于2021年重组后，原子公司轨道交通、水务集团等划出导致2021年末资产较2020年末有所下降，但公司总资产仍保持较大规模（见表16-2和表16-3）。

表 16-2　近年来公司资产构成情况　　　　　单位：亿元，%

项目	2022 年 3 月末		2021 年末		2020 年末		2019 年末	
	金额	占比	金额	占比	金额	占比	金额	占比
货币资金	177.58	8.71	137.84	7.24	187.99	8.10	217.37	10.27
其他应收款	303.88	14.91	307.34	16.14	276.67	11.92	200.08	9.45
存货	347.70	17.06	264.54	13.89	399.68	17.22	330.42	15.61
流动资产合计	**913.79**	**44.83**	**787.84**	**41.36**	**962.92**	**41.48**	**842.52**	**39.80**
长期应收款	92.61	4.54	92.61	4.86	112.26	4.84	109.75	5.18
固定资产	342.15	16.79	342.09	17.96	599.24	25.82	525.17	24.81
在建工程	199.03	9.76	195.12	10.24	497.63	21.44	473.05	22.35
其他非流动资产	318.62	15.63	318.6	16.73	33.78	1.46	59.32	2.80
非流动资产合计	**1124.53**	**55.17**	**1116.82**	**58.64**	**1358.33**	**58.52**	**1274.41**	**60.20**
资产总计	**2038.32**	**100.00**	**1904.65**	**100.00**	**2321.25**	**100.00**	**2116.93**	**100.00**

资料来源：Wind 数据库。

表 16-3　石家庄城发投集团与同行业企业发展对比分析　单位：亿元，%

项目	石家庄城发投集团	福州城市建设投资集团有限责任公司	南昌市政公用投资控股有限责任公司	乌鲁木齐城市建设投资（集团）有限公司
地区	石家庄	福州	南昌	乌鲁木齐
GDP	6490.31	11324.48	6650.53	3691.57
一般公共预算收入	654.06	749.85	484.84	377.93
总资产	1904.65	2074.06	1582.94	1945.03
净资产	787.48	890.31	480.58	907.17
营业收入	106.56	352.55	563.07	49.83
利润总额	6.67	20.61	29.88	2.64
净利润	6.00	14.96	6.03	1.65
资产负债率	58.65	57.07	69.64	53.36

注：相关数据均为 2021 年数据。

资料来源：Wind 数据库。

2. 偿债能力

从偿债指标来看，2019～2021 年，公司 EBITDA 利息保障倍数分别为 0.86 倍、1.13 倍和 0.84 倍，符合行业特征。公司流动比率分别为 2.08 倍、2.52 倍和 2.544 倍，速动比率分别为 1.26 倍、1.48 倍和 1.68 倍，均大于 1，可见公司短期偿债能力较强。公司融资渠道较为通畅，筹资活动产生的净现金流较大，且持续获得政府补助，对缓解公司流动性压力和债务偿付贡献较大（见表16-4）。

表 16-4　偿债能力　　　　　　　　　单位：亿元，%

项目名称	2022 年 1~3 月	2021 年	2020 年	2019 年
经营活动净现金流	-76.25	-79.43	-60.91	-12.29
投资活动净现金流	-17.09	-73.87	-96.49	-161.98
筹资活动净现金流	133.09	100.36	127.68	232.94
收入现金比	1.68	0.40	0.74	0.55
流动比率	3.06	2.54	2.52	2.08
速动比率	1.90	1.68	1.48	1.26
经营活动净现金流/利息支出	-15.74	-2.80	-1.49	-0.40
总债务/EBITDA	—	30.44	21.14	32.11
EBITDA 利息保障系数	—	0.84	1.13	0.86
货币资金/短期债务	2.53	1.96	2.35	1.66

资料来源：Wind 数据库。

3. 营利能力

2021 年重组后，公司净利润较 2020 年增加 3.18 亿元，增幅为 110.80%，毛利率由负转正，同时期间费用率较 2020 年度有所下降，表明经专业化经营后，公司营利能力、管理能力有所上升（见表16-5）。

表 16-5　主要盈利指标　　　　　　　　　单位：亿元，%

项目	2021 年	2020 年	2019 年
净利润	6.05	2.87	6.16
期间费用率	23.60	30.50	15.82
总资产回报率	1.08	1.33	0.97
毛利率	6.36	-0.46	-7.95

资料来源：Wind 数据库。

（二）政府支持情况

石家庄城发投集团在资金和资产划入、政府补贴及承接重大项目等方面持续得到股东的大力支持。

资金注入方面，2021 年及 2022 年 1~3 月，石家庄城发投集团分别获得股东增资 2.60 亿元和 4.00 亿元，资本实力进一步增强。资产划转方面，2021 年以来公司划入了石家庄中央商务区建设发展有限公司、石家庄市市政建设总公司等 15 家公司，拟将公司打造成集投融资及建设管理运营于一体的城建全链条国有企业。截至 2022 年 3 月末，公司注册资本变更为 300.00 亿元，未来拟将通过划转企业净资产注入、市财政统筹资金和实物资产注入等方式逐步增加资本金。

财政补贴方面，为支持公司各项业务的发展，股东给予了一定的政府补贴，2021 年，公司获得计入其他收益的政府财政补贴等 13.89 亿元。项目开展方面，公司作为石家庄市最重要的基础设施建设主体，承担了石家庄市 2021 年以来 42 个城市更新重点项目中的 37 个项目，其中部分城市更新类、棚改类等重点项目的推进对于优化城市空间布局、提升城市形象品质等具有重要意义，对公司的业务持续性也形成了良好保障。

四、融资情况

近年来，公司有息负债规模逐年增加，公司有息负债包括短期借款、长期借款、一年内到期非流动负债、长期应付款和应付债券等，债务融资方式较为多样，融资渠道畅通。

（一）银行授信情况

石家庄城发投集团与多家银行保持长期合作关系，且 2021 年定位为石家庄市城市建设的主体后，随着基础设施项目建设规模的逐步增加，公司银行授信规模亦有所增长。截至 2022 年 3 月末，公司获得各类金融机构授信额度共计 1793.85 亿元，未使用授信额度 1481.13 亿元（见表 16-6）。

表 16-6　石家庄城发投集团授信情况

截止时间	授信总额	已使用授信	未使用授信
2022 年 3 月 31 日	1793.85	312.72	1481.13
2021 年 3 月 31 日	1676.40	747.27	929.13
2020 年 12 月 31 日	1770.27	723.64	1046.63
2020 年 6 月 30 日	1602.07	633.09	968.98
2020 年 3 月 31 日	1603.70	574.53	1029.17
2019 年 12 月 31 日	1814.22	486.50	1327.72
2019 年 9 月 30 日	1970.05	545.16	1424.89
2019 年 6 月 30 日	1735.64	548.67	1186.97

资料来源：Wind 数据库。

（二）存续债券情况

截至目前，石家庄城发投集团已发行尚未付息的债券总额为 131.10 亿元，其中企业债券共计 38.10 亿元，中期票据共计 68.00 亿元，定向融资工具共计 25.00 亿元，尚无交易所品种债券。具体情况如表 16-7 所示：

表 16-7　石家庄城发投集团债券情况　　　　　　　单位：亿元

序号	债券简称	债券类型	起息日期	回售日期	到期日期	债券期限	发行规模	发行利率	余额
1	21 石国投 01	企业债	2021 年 1 月 27 日	2026 年 1 月 27 日	2028 年 1 月 27 日	7	20.00	4.18	20.00
2	21 石国投 02	企业债	2021 年 1 月 27 日	—	2026 年 1 月 27 日	5	10.00	4.06	10.00
3	15 正定棚改项目债	企业债	2015 年 12 月 24 日	—	2025 年 12 月 24 日	10	18.00	5.28	8.10
企业债小计							**48.00**		**38.10**
4	20 石国投 MTN001A	中期票据	2020 年 7 月 23 日	2025 年 3 月 23 日	2027 年 3 月 23 日	7	10.00	3.74	10.00
5	20 石国投 MTN001B	中期票据	2020 年 7 月 23 日	—	2027 年 3 月 23 日	7	10.00	4.19	10.00
6	20 石国投 MTN002	中期票据	2020 年 7 月 6 日	—	2025 年 7 月 6 日	5	20.00	3.90	20.00
7	19 石国投 MTN001	中期票据	2019 年 11 月 8 日	—	2024 年 11 月 8 日	5	10.00	4.17	10.00
8	20 滹沱投资 MTN001	中期票据	2020 年 4 月 20 日	—	2023 年 4 月 20 日	3	13.00	4.44	13.00
9	22 滹沱投资 MTN001	中期票据	2022 年 3 月 2 日	—	2025 年 3 月 2 日	3	5.00	3.62	5.00
中期票据小计							**68.00**		**68.00**
10	22 石家国控 PPN001	定向融资工具	2022 年 4 月 27 日	—	2025 年 4 月 27 日	3	25.00	3.39	25.00
定向融资工具小计							**25.00**		**25.00**
合计							**141.00**		**131.10**

资料来源：Wind 数据库。

第二节　转型发展分析

一、公司转型的背景及特点

（一）政策环境背景

发展壮大国有经济、做强做优做大国有企业是党中央国务院的一贯要求。2020 年 6 月，中央全面深化改革委员会召开第十四次会议，会议审议通过了《国企改革三年行动方案（2020—2022 年）》，提出"推动国有企业围绕主责主业大力发展实体经济，做到国有资本有进有退。促使国有资本向关系国家安全、国民经济命脉的重要行业领域集中，向关系国计民生、应急能力建设、公益性的行业领域集中，向战略性新兴产业集中。对于需要进的领域，我们以做强做优做精为明确的目标，支持相关的企业进行并购和专业化整合，充分发挥龙头作用，提高他们整体竞争力。在退的方面，对那些不具备竞争力的非主营业务和不良资产坚决退出"。2021 年 5 月，河北省政府印发《河北省国企改革三年行动实施方案》，指出要"加快国有经济布局优化和结构调整，深化瘦身健体，加快转型升级，推进创新发展，提升价值创造能力"。

（二）区域背景

"十四五"时期，京津冀协同发展将进一步向广度、深度拓展。北京非首都功能疏解、京津冀交通一体化、深化产业协同合作；同时河北省委、省政府提出"要大力建设美丽省会，全面提升省会建设管理水平，加快建设建筑优质美观、设施国内一流、服务公平高效、生活舒适便利、生态环境优美的现代化省会"。上述政策都为石家庄市未来发展提供了有利外部条件。在此基础上，石家庄市政府提出了"截至 2025 年，经济总量超过万亿元，质量效益大跃升"的重要目标。

根据《石家庄市国民经济和社会发展第十四个五年规划和 2035 年远景目标纲要》，未来将加快建设以石家庄为核心的现代化都市圈，加强都市圈内人口流动、交通连接、产业协作、生态共治、制度联动创新，打造全国区域发展增长极。

（三）自身发展原因

重组之前，石家庄国控城市发展投资集团有限责任公司主营业务为：城市基础设施建设、轨道交通、公交运输、城市供水及污水处理等，各业务板块关联性差且由不同子公司主要经营，导致集团公司总体定位不清，各板块难以协调发展，不能充分发挥各板块运营优势。同时，由于集团不能对各子公司业务提供有效指导，对各子公司管控能力不足；集团内部资源有限，难以兼顾各业务板块的发展，导致部分板块在专业人员、资金设备、生产技术等方面不能及时响应市场变化。

因此，公司原有业务板块过多且缺乏关联性，导致各板块间难以形成协同效应，部分业务难以形成竞争优势，在一定程度上造成资源运转低效。

二、公司转型方案分析

（一）股权划转

为解决公司资产运营低效、战略定位不清的问题，根据《石家庄市市属国有企业重组整合总体实施方案》，公司定位为石家庄市城市基础设施建设的主体，将原有轨道交通、公交运输等交通板块划出至石家庄交通投资发展集团有限责任公司；将供水和污水处理等板块划转至石家庄水务投资集团有限责任公司；将酒店及部分旅游资源划转至石家庄文化旅游投资集团有限公司。

围绕基础设施建设领域，公司保留原有土地整理、基础设施建设等核心板块外，将石家庄中央商务区建设发展有限公司、石家庄市市政建设总公司、石家庄发展投资有限公司等城市建设相关企业划转入集团，重组后公司仍是石家庄市最重要的基础设施建设主体，并进一步聚焦主责主业，主要规划设置了城市基础设施和保障房建设、土地开发利用、城市更新、城市运营等业务板块。

（二）项目运作

明确公司定位后，石家庄国控城市发展投资集团有限责任公司积极参与城市更新各个项目建设，公司承担了石家庄市2021年以来42个城市更新重点项目中的37个项目，包括综合更新片区、老旧厂区、老旧小区、老旧街区和城中村等城市更新重点任务。公司城市更新类项目主要由子公司城投集团、住建集团和城市更新集团负责。

目前，石家庄国控城市发展投资集团有限责任公司承担了一系列石家庄标杆性、地标性项目的建设任务，包括石家庄市高铁片区城市更新项目、石煤机项目改造项目、复兴大街市政化改造项目、石家庄中央商务区建设项目、太平河城市片区项目、石家庄市9个城中村改造高品质示范区项目等。

（三）优化融资渠道

1. 设立城市更新基金，撬动社会资本

城市基础设施建设项目资金需求量大、回报周期长，为解决项目建设资金问题，石家庄城发投集团设立城市更新基金公司，总规模为100亿元，其中石家庄市财政局出资20亿元，由外部基金投资人或基金管理公司以债权的方式出资80

亿元。基金通过与有实力的房地产资本、建设资本、物业管理资本、产业资本、金融资本等社会资本，共同发起设立若干子基金，拉动社会投资 500 亿元。

石家庄城市更新基金管理架构如图 16-1 所示。

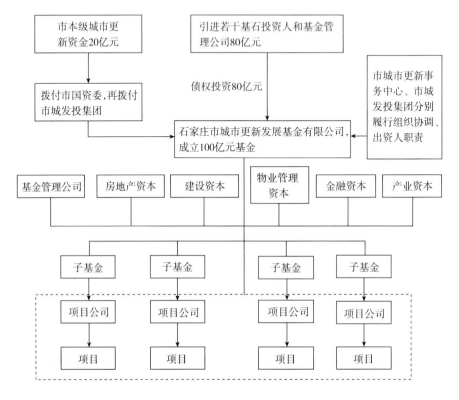

图 16-1　石家庄城市更新基金管理架构

2. 积极对接银行，深化银企合作

为筹集项目建设资金，石家庄城发投集团积极对接各类银行，在石家庄市政府的推介、引导下，公司积极同各类金融机构对接，在授信规模保证企业经营运作的基础上，持续压低融资成本，多方询价，丰富授信评估，降低新增业务融资成本。凭借石家庄城发投集团在石家庄城市建设发展中的重要作用，公司不断增强在金融机构中的议价能力，持续获得低成本增量资金。

3. 发行各类债券产品，增加直接融资渠道

石家庄城发投集团根据自身资金需求和长期发展规划，积极筹备各类债券融资，计划发行企业债券、公司债券、债券融资工具、中期票据等各类产品，在资本市场中不断提升自身声望。2022 年 4 月 27 日，石家庄城发投集团发行 25 亿

元、3 年期债券融资工具，票面利率为 3.39%。

第三节 转型经验启示

一、明确自身定位，做专做强主业

从发展模式上看，城投公司应该要保持专业化，推动主责主业能够实现专业化经营，在区域经济中具有重要的地位与价值，甚至在同行业内具有较强的竞争力。石家庄城发投集团根据自身传统资源优势，结合石家庄未来经济发展需求，定位为石家庄市城市建设的主体，对非专业资产进行剥离重组，打造城市建设专业化主体。

二、以制度为基础，强化企业管理

受限于历史原因，城投公司与一般现代企业相比具有显著特征，体现为政策敏感度高、职能定位特殊、经营目标复杂、人员管理多样等，导致城投公司在市场竞争中表现为治理机制复杂、项目决策缓慢、执行效率较低。为此城投公司应该：其一，建立规范的城投公司治理体系，明确党组织、董事会、监事会、经理层等治理主体的定位、职权及议事规则；其二，建立精简高效、科学合理的组织架构和部门岗位体系；其三，建立规范化、科学化、标准化管理体系，设立各类管理制度进行顶层设计，在具体执行阶段引进专业化团队进行项目管理。

三、创新融资模式，拓宽融资渠道

随着中央政策与地方证券债务管理力度的不断增强，城投公司进行市场化运营成为主流，仅依靠银行借款融资难以满足地方基础设施建设的资金需求，因此城投公司必须创新融资模式，拓宽融资渠道。石家庄城发投集团为筹集城市更新建设资金，通过设立引导基金的模式，与各类社会资本方合作；参加各类银企对接会，与银行签订长期框架合作协议；通过发行公司债、企业债、债务融资工具等各类金融产品直接融资的方式，多元化筹集项目建设资金，在满足城市更新项目推进的同时，降低了自身财务风险。

第十七章　保定市国控集团有限责任公司转型发展案例分析

第一节　公司基本情况

一、公司简介

保定市国控集团有限责任公司（以下简称"保定国控"）于 2016 年 8 月 18 日成立，初始注册资本 500000 万元，其中保定市财政局出资 500000 万元。2021 年 8 月 9 日，保定国控注册资本增加至 1000000.00 万元，新增 500000 万元由保定市财政局以货币形式认缴。2021 年 8 月 10 日，保定国控出资人变更为保定市人民政府国有资产监督管理委员会，成为公司唯一控股股东和实际控制人。截至 2021 年末，保定国控总资产 769.82 亿元，净资产 294.70 亿元，2021 年实现营业收入 22.42 亿元，实现净利润 2.27 亿元；2022 年 6 月末，保定国控总资产 833.97 亿元，净资产 283.15 亿元，2022 年 1~6 月实现营业收入 13.90 亿元，实现净利润 0.23 亿元。

目前，由保定国控履行出资人职责的一级子公司共 7 家，包括保定市鑫诚城市建设发展有限公司、保定市国控资产运营有限公司、保定市国控能源科技有限责任公司、保定市国控城市运营服务有限公司、保定市发展投资有限责任公司、保定市城市建设投资集团有限公司、保定市高铁新城建设发展有限责任公司。

二、公司业务情况

保定国控作为保定市重要的基础设施和保障房建设主体，在保定市主城区城中村改造工作中承担重要职能，业务涉及项目代建业务、水费收入（自来水销售）业务、房地产销售业务、热力销售业务、物业业务、工程业务等几大板块。保定国控代建业务及自来水销售业务，主要由公司子公司运营，代建业务和自来水销售业务产生的收入为公司主要收入来源。

（一）主营业务

2020 年、2021 年和 2022 年 1~6 月，保定国控的主要收入情况如表 17-1 所示：

表 17-1　保定国控的主要收入情况

项目	2022 年 1~6 月		2021 年		2020 年	
	金额（万元）	占比（%）	金额（万元）	占比（%）	金额（万元）	占比（%）
项目代建	59542.14	45.36	71548.93	34.30	81400.22	39.82
水费收入（自来水销售）	31170.61	23.75	61432.39	29.45	60687.45	29.69
房地产销售	11.41	0.01	17273.59	8.28	11725.15	5.74
热力销售	5930.62	4.52	12108.34	5.81	16520.60	8.08
污水处理	837.33	0.64	1987.66	0.95	1732.60	0.85
物业收入	3969.76	3.02	10818.39	5.19	8264.24	4.04
工程收入	16803.32	12.80	22889.25	10.97	8213.72	4.02
商品销售收入	741.29	0.56	1081.85	0.52	880.18	0.43
监理费	1122.86	0.86	2297.62	1.10	1604.80	0.79
其他	11139.28	8.48	7139.56	3.42	13385.07	6.55
合计	131268.63	100.00	208577.57	100.00	204414.01	100.00

资料来源：Wind 数据库。

收入构成方面，公司主营业务以项目代建业务和水费收入（自来水销售）业务为主。2021 年公司总体主营业务实现平稳增长，2021 年项目代建业务实现收入 7.15 亿元，水费收入 6.14 亿元。

1. 项目代建

公司代建业务主要依托一级子公司保定市城市建设投资集团有限公司、保定市国控资产运营有限公司及其下属公司开展。主要委托方包括保定市人民政府、保定市执法局、保定市土地储备中心、保定市市区集中供热管理办公室和保定市保障性安居工程领导小组办公室等政府部门及其相关单位。保定国控代建项目资金来源为保定国控自有资金、银行贷款及财政预算资金。项目建设期间各个年度发生的代建投资额由委托方确认，并出具项目完工进度确认单。公司根据完工进度确认单向委托方申请确认收益及应收款。委托方对公司的申请进行审核后，确认支付义务，并支付代建项目回购款。截至2022年6月末保定国控代建业务实现收入为59542.14万元。

2. 自来水销售

保定国控自来水销售业务主要由二级子公司保定供水和三级子公司荣投水务负责。保定供水承担着保定主城区居民和工商企业的生产生活供水任务，也承担了河北省城市供水水质监测网保定监测站的工作任务，水质检测能力达到120余项，满足国家《生活饮用水卫生标准》，部分指标达到了欧盟标准；荣投水务主要承担保定市清苑区居民和工商企业的生产生活供水任务。荣投水务供水区域主要为保定市清苑区，承担保定市清苑区居民和工商企业的生产生活供水任务。荣投水务自身不生产水，主要从供水公司采购，通过管网输送，进入厂区蓄水池，再进行二次加压、水质检测等工序，输送给终端用户。

3. 房地产销售

保定国控房地产销售业务主要包括三级子公司保定市广惠房地产开发有限公司开展的限价房销售业务和三级子公司保定市华科房地产开发有限公司开展的产业园区写字楼销售业务。保定国控房地产销售业务主要由下属子公司保定市广惠房地产开发有限公司负责，广惠房地产具备房地产开发三级资质，保定国控限价房项目由公司自主投资建设，并通过招投标确定工程施工单位，待项目竣工后对工程进行结算，通过出售给安置对象取得收入，实现资金回流。保定国控园区销售业务主要由下属子公司华科房地产开展，园区销售项目由华科房地产自主投资建设，并通过招投标确定工程施工单位，待项目竣工后对工程进行结算，通过出售取得收入，实现资金回流。

4. 热力销售

保定国控热力销售业务主要由二级子公司发投热力和三级子公司高新热力负责。高新热力于1993年10月成立，主要承担高新区居民及企业的集中供热及运营服务。高新热力主要向深能保定热力有限公司、大唐保定供热有限责任公司采购热力，销售给高新区内居民及企业用户。发投热力于2014年12月成立，主要承担保定市主城区部分老旧小区居民的分布分散式供暖。发投热力供热主要原材料为电力、天然气，主要供应商为国网河北省电力有限公司保定供电分公司和保定新奥燃气有限公司。

5. 污水处理

保定国控污水处理业务主要由子一级公司保定市城市建设投资集团有限公司所管理的保定市溪源污水处理厂和二级子公司保定市满城区城市建设投资有限责

任公司所管理的大册营污水处理厂开展。大册营水处理公司成立于 2008 年 12 月，是保定市满城区大册营镇造纸集中区主要的污水处理业务平台，在满城区大册营镇污水处理行业中具有较强的区域专营性，设计处理能力为日处理污水 3.00 万立方米。保定市溪源污水处理厂成立于 2008 年 9 月，为保定国控一级子公司城投公司的下属子公司。公司管理的污水处理工程及排水工程包括溪源污水处理厂、银定庄污水处理厂、鲁港污水处理厂、主城区排水防涝补短板建设（二期）工程、保定市污水处理厂升级改造工程、保定市鲁岗污水处理厂深度处理工程、保定市城镇污水处理厂污泥处理中心和保定市银定庄污水处理厂深度处理工程、市本级排水管道等。

（二）保定国控核心优势

《京津冀协同发展规划纲要》中明确提出打造京津保一小时交通圈、推动京津保地区率先联动发展等目标要求，明确了保定市在京津冀协同发展战略中的重要地位。随着京津冀协同发展战略不断向纵深推进，雄安新区加快建设，保定市聚焦首都都市圈建设，着力打造与京津一体化发展先行区，加快构建京雄保一体化发展新格局，区位优势明显。

保定国控以提升企业核心竞争力为目标，以扩大规模、提高效益、规范管理、协同发展为发展理念，以投融资、资本运营、资产管理为服务手段，通过国有企业的重组、改制、上市、退出等，实现国有资产向国有资本的转变；用国有资本引导社会资金进行投资，发挥国有资本的引导力、影响力、带动力和服务、调节作用，提高国有资本的运营效率，实现国有资产保值增值。保定国控已初步搭建起了集基础设施建设业务、供暖业务、供水业务、房地产业务以及土地转让等业务于一体的多元化业务板块。未来保定国控将积极探索和拓展资本运作的实现途径，明确经营运作着力点，创新具体业务盈利模式，创造协同价值，立足市场需求，持续推进现有业务板块发展。

三、公司财务情况

（一）财务分析

1. 偿债能力

2021 年，公司营业收入较上年有所增加，利润实现对政府补助依赖较高，公司整体盈利能力尚可，2021 年营业收入 22.42 亿元，同比上涨 0.85%。

从短期偿债指标来看，2021 年和 2022 年 1~6 月，保定国控流动比率分别为 3.27 和 3.01，速动比率分别为 1.85 和 1.76，短期偿债能力处于较高水平，对短期债务的偿还能力较强。

从长期偿债指标来看，2021 年和 2022 年 1~6 月，保定国控资产负债率分别为61.72%和66.05%，呈上升趋势，但仍处于合理水平，保定国控长期偿债能力良好。近期保定国控 EBITDA 利息保障倍数分别为 2.86 倍和 1.58 倍，EBITDA 利息保障倍数有所下滑，主要是因为该年度保定国控长期借款大幅增长，使利息支出增加所致，但总体而言，保定国控 EBITDA 利息保障倍数仍在合理区间。近期保定国控未出现逾期应付债务或利息（见表17-2）。

表17-2　保定国控合并口径主要财务指标

项目	2022 年 1~6 月	2021 年	2020 年
流动比率	3.01	3.27	2.65
速动比率	1.76	1.85	1.20
资产负债率（%）	66.05	61.72	59.11
债务资本比率（%）	0.54	0.49	0.36
营业毛利率（%）	13.38	14.77	18.22
平均总资产回报率（%）	0.03	0.40	0.84
加权平均净资产收益率（%）	0.08	1.02	1.97
EBITDA（亿元）	——	6.57	5.06
EBITDA 全部债务比（%）	——	2.34	6.03
EBITDA 利息保障倍数	——	1.58	2.86
应收账款周转率	6.10	11.64	13.80
存货周转率	0.05	0.09	0.12
贷款偿还率	——	100.00	100.00
利息偿付率	——	100.00	100.00

资料来源：Wind 数据库。

总体而言，保定国控长短期偿债能力指标总体表现良好，整体偿债能力较强。

2. 现金流量

公司受对外拆借往来款大幅增加影响，公司经营活动现金流仍为净流出且规模较大，2022 年上半年情况有所好转。投资活动现金流受对外股权投资影响仍未净流出，随着公司在建项目的推进，公司未来存在一定的筹资需求。

2021 年和 2022 年 1~6 月，公司经营活动产生的现金流入分别为 134.62 亿元和 68.11 亿元。2021 年，公司收到其他与经营活动有关的现金流较 2020 年增加 69.20 亿元，增幅为 147.75%，主要因为保定国控 2021 年收到市执法局拨付的专项债资金和公司城中村改造项目的大规模开展，与保定市各区县乡镇单位的往来现金流大幅增加。

公司投资活动现金流入主要来源于收回投资收到的现金、取得投资收益收到的现金。2021 年及 2022 年 1~6 月，公司投资活动现金流入分别为 0.59 亿元和 0.43 亿元。2021 年公司投资活动现金流入较 2020 年减少 0.51 亿元，降幅为 46.23%，主要原因是 2021 年公司取得投资收益和处置固定资产、无形资产和其他长期资产收到的现金有所减少（见表 17-3）。

表 17-3　保定国控现金流量情况　　　　　　　单位：万元

项目	2022 年 6 月末	2021 年	2020 年
一、经营活动产生的现金流量			
经营活动现金流入小计	681081.22	1346156.44	661992.00
经营活动现金流出小计	615967.78	2953236.64	1102778.89
经营活动产生的现金流量净额	65113.45	-1607080.21	-440786.89
二、投资活动产生的现金流量			
投资活动现金流入小计	4294.46	5912.85	10996.58
投资活动现金流出小计	150715.26	247831.36	114439.04
投资活动产生的现金流量净额	-146420.80	-241918.51	-103442.46
三、筹资活动产生的现金流量净额			
筹资活动现金流入小计	712244.75	2595326.75	613829.53
筹资活动现金流出小计	282420.24	395253.29	177570.53
筹资活动产生的现金流量净额	429824.50	2200073.46	436259.01
四、汇率变动对现金及现金等价物的影响			
五、现金及现金等价物净增加额	348517.15	351074.74	-107970.33
加：期初现金及现金等价物余额	924429.38	565281.55	673251.89
六、期末现金及现金等价物余额	1272946.53	916356.29	565281.55

资料来源：Wind 数据库。

（二）政府支持情况

保定国控是由保定市国资委实际控制的国有企业，与政府有着深厚的联系。保定国控长期以来承担着保定市基础设施建设领域履行政府公用基础设施建设的职能，长期以来得到了保定市政府的大力支持，未来保定市政府也将在资金、项目资源、土地资源、税收管理等诸多方面给予保定国控极大的支持和保障。自公司成立以来，保定国控在政府的大力支持下，公司的经营规模和能力得到了大幅提升，特别是在保定市城市基础设施建设领域，保定国控长期处于行业垄断地位，持续营利能力较强，经营的资产均具有长期稳定的投资收益。为了确保保定国控可持续发展，保定市人民政府、保定市执法局等政府部门与保定国控签订委托建设协议，因此，保定国控拥有长期的项目建设经验，有持续的盈利能力。市政府的大力支持，增强了保定国控的竞争能力和经营的稳定性与可持续性。

四、公司融资情况

近年来，公司总债务规模持续快速增加，偿债压力加大，随着融资规模的扩大，近年来公司负债总额持续增长，且增速较快，债务融资方式较为多样，融资渠道通畅。

（一）银行授信情况

保定国控与多家银行保持长期合作关系，且近年完成资产重组后成为保定市基础设施投资建设主要主体，随着基础设施项目建设规模的逐步增加，公司银行授信规模亦有所增长。截至 2022 年 6 月末，保定国控银行授信额度为 519.89 亿元，其中已使用额度为 308.95 亿元，未使用额度为 210.94 亿元，具体情况如表 17-4 所示：

表 17-4　保定国控银行授信构成情况　　　　单位：亿元

获得授信的主体	授信/贷款银行	授信额度	已使用额度	未使用额度
国控集团	国家开发银行	175.00	57.06	117.94
国控集团	中国工商银行	50.00	41.00	9.00
国控集团	保定银行	40.00	29.75	10.25
国控集团	河北银行	25.00	19.75	5.25
国控集团	中国建设银行	11.00	11.00	—
国控集团	保定农商行	17.00	15.27	1.73
国控集团	中国农业银行	15.00	14.79	0.21
国控集团	邯郸银行	10.00	9.80	0.20
国控集团	兴业银行	3.00	2.99	0.01
国控集团	交通银行	6.00	6.00	—
国控集团	华夏银行	1.00	0.98	0.02
国控集团	邢台银行	5.00	4.90	0.10
国控集团	中国银行	5.00	5.00	—
国控集团	中信银行	4.80	4.80	—
国控集团	平安银行	3.00	3.00	—

续表

获得授信的主体	授信/贷款银行	授信额度	已使用额度	未使用额度
国控集团	光大银行	4.00	4.00	—
住房投资	国家开发银行	96.85	37.63	59.22
荣之旅	中国农业发展银行	2.00	0.22	1.78
荣清国控	河北银行	1.40	1.38	0.02
荣投水务	光大银行	0.10	—	0.10
荣尚环境	光大银行	0.08	—	0.08
荣汇文旅	光大银行	0.05	0.05	—
发投热力	河北银行	0.20	0.10	0.10
发投热力	北京银行	0.10	0.10	—
创发科技	农业银行	4.25	0.10	4.15
保定高新	河北银行	5.00	5.00	—
保定高新	沧州银行	1.50	1.50	—
高新热力	邢台银行	0.40	0.40	—
尚泉供水	中国农业发展银行	8.00	8.00	—
城建开发	保定银行	5.00	5.00	—
财兴资产	保定银行	10.00	10.00	—
满城城投	中国银行	0.67	0.67	—
清泰创新	邯郸银行	2.00	2.00	—
满城城投	中国银行	1.49	0.71	0.78
城投	保定银行	6.00	6.00	—
合计		**519.89**	**308.95**	**210.94**

资料来源：Wind 数据库。

（二）存续债券情况

截至目前公司已发行尚未兑付的债券总额为 20.00 亿元，现存量公司债券共两只，具体使用情况如表 17-5 所示：

表 17-5　存量公司债券

债券简称	债券代码	发行日期	发行金额（亿元）	具体用途	期限（年）	尚未使用余额
21 保控 01	178452.SH	2021-05-20	10.00	用于补充流动资金	3+2	0.00
21 保控 02	196710.SH	2021-07-29	10.00	用于补充流动资金	3+2	0.00

资料来源：Wind 数据库。

随着公司承接的保定市重点项目的增多，对资金的需要增加，公司拓宽外部融资渠道，银行借款增加。截至 2021 年末和 2022 年 6 月末，公司长期借款分别为 234.48 亿元和 261.40 亿元，占负债总额的比重分别为 49.35% 和 47.46%。公司截至 2021 年末长期借款余额较 2020 年末增加 1552082.63 万元，增幅为195.80%，增幅较大（见表 17-6）。

表 17-6　保定国控长期借款构成情况　　　　　单位：万元

项目	2022 年 6 月末	2021 年末	2020 年末
质押借款	370960.00	374330.00	363870.00
抵押借款	17970.66	13741.86	12178.31
保证借款	67800.00	452900.00	—
信用借款	1632820.00	1474500.00	460000.00
抵押+保证借款	627619.03	63800.00	—
质押+保证借款	85090.00	80000.00	—
长期借款应付利息	—	21.08	
减：一年内到期的长期借款	188240.00	114522.00	43360.00
合计	2614019.69	2344770.94	792688.31

资料来源：Wind 数据库。

第二节　转型发展分析

一、公司转型的背景

（一）政策环境背景

《河北省"十四五"规划和 2035 年远景目标建议》指出，持续调整优化经济结构。坚决去、主动调、加快转，建立健全市场化法治化化解过剩产能长效机制，推动总量去产能向结构性优化产能转变。完善支持政策，培育新技术、新产品、新业态、新模式，推动产业向价值链高端攀升。开展质量提升行动，完善质量基础设施，推动标准、质量、品牌、信誉联动建设；大力提升产业链供应链现代化水平。持续锻长板补短板，形成具有更强创新力、更高附加值、更安全可靠的产业链供应链。健全河北省与央企常态化协调对接机制。强化要素支撑，优化产业链供应链发展环境；大力发展战略性新兴产业。深入推进战略性新兴产业集群发展工程，加快省级以上战略性新兴产业示范基地建设。鼓励企业技术创新，提升核心竞争力，防止低水平重复建设，构建各具特色、优势互补、结构合理的战略性新兴产业发展格局。

（二）区域背景

保定市 2021 年政府工作报告指出，"十四五"时期保定市经济社会发展主要目标有：经济实力显著增强，在推动经济高质量发展方面走在全省前列。生产总值年均增长 8% 以上，全员劳动生产率年均增长 8% 以上。实体经济和先进制造业、生命医药健康产业、数字经济加快发展，"创新保定"动能增强，"智造保定"取得重大进展。

（三）自身发展原因

保定国控重组之前在市场上竞争力并不明显，主营业务板块局限于委托代建等传统板块，各业务板块之间关联性较低导致集团层面对于子公司及下属公司职责与定位不清，存在难以协调的情况，同时对下属子公司管控能力较为不足。

因此，结合保定国控自身发展要求和市场政策要求，企业转型和整合资产可有效解决上述问题，在一定程度上提升企业竞争优势，提升企业资源运行效率。

二、公司转型方案分析

（一）股权划转

近年来保定国控共完成两个重大资产重组，2020 年 8 月 24 日，保定市人民政府出具《关于划转保定市财兴资产经营有限责任公司等 10 家公司股权及实物资产的通知》（保政函〔2020〕38 号），将原保定市财政局持有的保定市财兴资产经营有限责任公司、保定市鑫荣资产运营有限公司、保定市城兴市政建设投资有限公司、保定市鑫诚城市建设发展有限公司划转至保定国控。2021 年 8 月 24 日，保定市人民政府出具《关于划转保定市新秀投资有限公司等 24 家公司股权及实物资产的通知》将企业划转至保定国控及其子公司名下。划转完成后集团公司保留原有核心业务包括代建业务、供水业务、房地产销售和其他业务，扩展了供热板块和污水处理板块，重组后的集团公司仍为保定市重要的基础设施建设主体，并进一步聚焦主责主业，承担城市基础设施投资及建设内容。

（二）项目运作

保定市政府在未完成资产整合以前融资渠道单一，主要依赖于地方政府一般债券和专项债券进行融资，保定国控的资产整合，有效地化解了地方政府融资难的问题，承担了保定市一系列基础设施建设项目，包括深圳园建设项目、城市基础设施补短板项目、高新区道路、雨水、绿化、供热等城市建设项目，公司还参与到排水管网、银定庄、鲁港污水处理厂及提升改造工程、2018~2019 年主次干道工程、乐凯大街工程等重点项目中。

保定国控以服务业务广和运营市场化的方式不断提升资产运作能力和公司治理能力，以服务保定市建设为目标，以经营城市资产和资本为核心，不断拓展融资渠道，整合城市优质资源，开拓多元化经营范围，促进保定市城市化发展进程。

（三）优化融资渠道

通过资源整合，保定国控增强了资本实力、提升了竞争力。以城市功能建设为基础，以高新产业和战略性产业投资为引领，以多元渠道融资为手段，以规范公司管理为保障，形成以激活城市资源价值、经营城市资源为核心目标，集投资、运营、建设、服务和资金保障为主线的城市一体化运营模式；逐步扩大资产规模、增强持续经营能力、完善现代企业制度。公司经营能力增强的同时，信用评级稳步上升，融资渠道进一步拓宽，融资成本也会降低。

第三节　转型经验启示

一、建立健全现代化公司治理体系

城投公司应大力发挥其市场作用，因城投公司成立之初主要是由地方政府为引领，决定权、资金、人力基本来自政府，所以在后期企业发展阶段执行项目时政府牵涉较多，平台企业的市场功能发挥受限较大。因此平台公司应尽快建立现代化公司治理体系，形成决策层、管理层、执行层的整体架构，再加以股东（大）会、董事会、监事会的法人治理体系，平台就能够根据市场情况与自身经营目标选择承接相应的项目，逐步成为"收益自享，风险自担"的市场化投融资主体。

保定国控公司制定了董事会议事规则和监事会议事规则，董事会和监事会运行情况良好，董事和监事严格按照公司章程和董事会议事规则行使自己的权利。制定了"一定位、三目标、四板块、五支撑"的战略规划，确定了打造基建/地产、公共事业、城市服务、金融业务四板块，构建党建、改革、政策、创新、管理五支撑的"1345"战略格局。

二、提升企业自身综合经营能力

保定国控通过整合保定市现有国有资源，扩大经营范围，盘活存量资产，对新的业务板块应当积极探索，以便实现更好的转型升级。城投公司应对具有市场竞争力的产业进行扶持，集中自身的优势资源，采取重点突破的方式，根据产业特色发展规律，将特色产业的规模逐渐扩大，实现由点及面的发展，以点带面，促进整体产业发展。在打造特色产业发展过程中，城投公司应当对于自身的核心业务以及增长业务等情况进行合理的资源分配，由于城投公司负担的城市建设任务，因此在整体产业调整中城投公司依旧需要对传统产业板块进行发展，这就使城投公司的整体产业升级调整具有自身特点。

针对公益型项目可以以政府回购方式取得土地、资金和政策补偿，建立借、用、管、还的自组织、自循环机制；针对经营性项目，应按照市场化考核机制，借鉴成熟国企、大型民企的治理机制，实现资产运营、资本运作的协同。提高自主经营和自主决策的意识，优化城投公司治理结构和债务结构，充分发挥公司经营创造性，同时调整债务融资结构，提高自身的偿债能力，推动城投公司产业转型发展目标的实现。

三、开拓新融资模式与渠道

随着科创板、创业板领衔的多层次资本市场不断完善，资产证券化、基础设施 REITS 等创新性融资工具获得快速发展，城投公司可充分利用市场化手段，拓展融资渠道，盘活现有资产，丰富融资品种，做大融资增量，从而迅速壮大公司实力，助力城市快速发展，为企业发展提供资金支持。

保安国控司是保定市内资产规模最大的城投公司，其筹资活动产生的现金流入数量较多且质量稳定，可大力拓宽市场化债券融资方式，包括发行公司债券、企业债券、银行间市场债务融资工具及 ABS 等标准化融资渠道。

第十八章　唐山文旅集团转型发展
案例分析

唐山市文化旅游投资集团有限公司（以下简称"唐山文旅集团"或"公司"）是唐山市国有资产监督管理委员会独资企业，为唐山市文化旅游产业的投资商、建设商和运营商，战略地位不断提升，得到各级政府在资产注入、财政补助和政策等方面的有力支持。唐山文旅集团的转型既是自身发展的需要，也是唐山市区域产业转型升级大背景下顺势而为的选择。唐山文旅集团的产业融合发展对其他情况类似的企业具有一定的借鉴之处。

第一节　公司基本情况

一、公司简介

唐山文旅集团于 2008 年成立，前身为南湖投资集团，2018 年组建为唐山市属国有重点企业，履行全市文旅资产整合平台、文旅产业投资平台"两大职能"。目前，公司主营业务收入来源为商品贸易和工程建设业务收入，总资产 330 亿元，拥有下属子公司 28 家，其中全资子公司 11 家、控股子公司 15 家、参股子公司 2 家。①

多年来，公司形成了文化旅游、区域开发、商贸服务的产业发展版图。实施重点项目 100 多个：2008~2012 年公司主要负责南湖范围内土地一级开发，承担城市基础设施建设及项目融资、建设和运营任务，实施了塌陷区治理、南湖西北片棚户区改造、南湖大道建设三大工程；2013~2017 年，公司作为世园会的建

---

① https：//www.tangshanwenlv.com/jtjj/.

设、融资及运营主体，创造了"国际首个利用采煤塌陷地、不占用耕地的世园会，国内首个运用 PPP 模式建设的大型国际展会，国内首个由地级市举办的世园会"三个第一，入选国家生态产品价值实现典型案例、首批国家级夜间文旅消费集聚区；2018 年至今，公司按照唐山市委、市政府"打造永不落幕的世园会"的指示要求，推进后世园时代建设，布局了以景区、体育、酒店、陶瓷、乡村振兴为产业支点的"文旅+"多向融合发展格局，实现了从建设公司到市场化文旅企业的转型。

二、所在区域情况

（一）区域概况

近年来，唐山市地区经济总量在河北省内排名第一，经济实力较强。唐山市工业基础较好，目前唐山市依托区位、资源、港口等优势，已形成精品钢铁、装备制造、现代化工、新型建材及装配式住宅产业为核心的四大支柱产业。

如表 18-1 所示，2019~2021 年，唐山市地区生产总值逐年增长。2021 年，唐山市实现地区生产总值 8230.6 亿元，同比增长 6.7%，产业结构调整为 7.4∶55.2∶37.4；社会消费品零售总额 2143.2 亿元，同比增长 5.7%。同期，唐山市进出口总额 1420.9 亿元，同比增长 36.3%。2021 年，规模以上工业增加值同比增长 4.9%；全社会固定资产投资同比增长 7.0%，其中第一产业投资同比增长 45.3%，第二产业投资同比增长 7.3%，第三产业投资同比增长 2.6%；全年社会消费品零售总额 2143.2 亿元，同比增长 5.7%；全年进出口总额 1420.9 亿元，同比增长 36.3%。

表 18-1　2021 年河北省及主要下辖市主要经济指标

省市	地区生产总值		GDP 增速（%）		一般预算收入	
	金额（亿元）	排名	增速	排名	金额（亿元）	排名
河北省	40391.3	—	6.5	—	4167.6	—
唐山市	8230.6	1	6.7	6	552.7	2
石家庄市	6490.3	2	6.6	7	654.1	1
沧州市	4163.4	3	7.0	2	299.6	6
邯郸市	4114.8	4	6.9	3	314.1	4
保定市	3725.0	5	7.2	1	312.5	5
廊坊市	3553.1	6	6.6	7	390.5	3
邢台市	2427.1	7	6.2	10	190.7	7
秦皇岛市	1843.8	8	6.8	4	172.2	9
张家口市	1727.8	9	6.3	9	186.4	8

续表

省市	地区生产总值		GDP 增速（%）		一般预算收入	
	金额（亿元）	排名	增速	排名	金额（亿元）	排名
衡水市	1703.1	10	6.8	4	136.6	10
承德市	1697.0	11	6.1	11	126.0	11

资料来源：2021 年河北省及其下辖各市人民政府网站和统计局网站。

财政收入方面，2019～2021 年，唐山市一般预算收入逐年增加（见表 18-2）。2021 年唐山市税收收入主要由增值税、城镇土地使用税、企业所得税、城市维护建设税和资源税等构成，以上五个税种收入合计占当期税收收入的比重为 66.18%。[①] 2019～2021 年，唐山市以土地出让收入为主的政府性基金收入有所波动，政府性基金收入易受宏观经济政策及政府土地出让进度的影响。

财政支出方面，2019～2021 年，唐山市一般预算支出有所波动但规模较大，一般预算收入无法覆盖一般预算支出；政府性基金支出有所波动。

表 18-2　2019～2021 年唐山市主要财政指标　　　　单位：亿元

项目		2021 年	2020 年	2019 年
财政收入	一般预算收入	552.71	507.10	465.35
	其中：税收收入	347.10	325.22	328.84
	政府性基金收入	482.50	498.46	382.00
	转移性收入	—	321.30	273.61
财政支出	一般预算支出	917.33	926.25	797.51
	政府性基金支出	572.52	577.83	479.41
	转移性支出	—	10.65	10.40

资料来源：2021 年税收收入数据来源于唐山市人民政府网站《2021 年 12 月唐山统计月报》。

（二）区域特色

作为全国重要的能源、原材料工业基地，唐山已形成钢铁、装备制造、能源、化工、建材五大主导产业，拥有开滦集团、唐钢、冀东水泥、三友碱业、唐山陶瓷等一大批大型高科技骨干优势企业。目前传统产业在全市工业中仍居主导地位，而高新技术产业占比仍偏低，因此未来唐山市转型升级的任务十分艰巨。

根据唐山市市政府发布的《唐山市国民经济和社会发展第十四个五年规划和

---

① 资料来源：唐山市人民政府网站《2021 年 12 月唐山统计月报》。

二零三五年愿景目标纲要》（以下简称《唐山市十四五规划》），唐山市将深入推进供给侧结构性改革，做优钢铁产业等支柱性产业，做强文体旅游等优势产业，做大现代应急设备、数字等新兴产业，构建战略布局合理、产业链条完整的现代产业体系。

三、公司业务情况

公司是唐山市主要的城市基础设施建设和文化旅游产业投资运营主体，主要负责南湖生态城基础设施建设、安置房建设及房地产开发等，目前已经形成了商品贸易、工程建设业务、房地产销售业务为主的业务发展格局（见表18-3）。

表 18-3　2019~2021 年公司营业收入构成情况

项目	2021 年		2020 年		2019 年	
	金额（亿元）	占比（%）	金额（亿元）	占比（%）	金额（亿元）	占比（%）
工程建设	1.82	3.07	3.26	8.45	5.13	42.36
房地产销售	0.73	1.24	2.95	7.65	5.13	42.35
商品贸易	51.98	87.83	29.65	76.95	—	—
酒店及会展	0.92	1.56	0.79	2.05	0.71	5.89
其他	3.73	6.30	1.89	4.90	1.14	9.40
合计	59.19	100.00	38.53	100.00	12.10	100.00

资料来源：Wind 数据库。

由表18-3可以看出，近年来，公司营业收入快速增长，主要缘于商品贸易业务的快速发展。分板块来看，2019~2021年，公司工程建设业务收入持续下降，主要是前期代建项目基本完成，目前在建的代建项目尚未达到收入确认条件，竣工决算进度放缓所致。

公司于2020年8月开展商品贸易业务，该业务已成为公司收入的重要来源，2021年，公司继续加大商品贸易业务的开展，该板块业务收入进一步增长。酒店及会展收入和以物业综合服务为主的其他收入作为公司收入的重要补充，近年来呈现上升态势。

（一）工程建设

公司是唐山市主要的城市基础设施建设主体，主要负责唐山市南湖生态城范围内基础设施建设业务，随着2018年公司定位的调整，公司业务进一步拓展，同时承担了唐山市旅游基础设施投融资建设，负责唐山文化旅游资源的整合开发和运营推广等工作，在当地经济发展中发挥重要作用。

公司工程建设业务主要由公司本部负责，业务模式主要包括委托代建和自营。其中，委托代建模式主要为公司与委托方唐山市人民政府和南湖管委会等签订项目工程建设协议书，公司负责项目前期建设资金筹措及项目建设。工程竣工结算后，委托方按照发生的成本加成代建管理费向公司支付建设费。在成本收入确认方面，公司根据委托方出具的项目结算确认函，按照本年投资额确认成本，按照其认可的工程量确认收入，并从存货中结转相应的代建成本。另自营模式下，公司负责唐山文化项目的投资、建设和运营等工作，项目资金来源主要为自筹，资金依靠酒店、餐饮、会展、租赁等项目后期收益获得平衡。2019 年、2020 年及 2021 年，公司实现的工程建设业务收入分别为 5.13 亿元、3.26 亿元和 1.82 亿元。

（二）房地产销售业务

公司房地产开发业务主要由子公司唐山文旅房地产开发有限公司负责，唐山文旅房地产开发有限公司于 2020 年获得住房和城乡建设部颁发的房地产开发企业国家贰级资质证书（冀建房开唐字第 554 号），有效期至 2023 年 3 月 13 日。公司目前开发的房地产项目主要为唐山市南湖金地住宅小区，包括住宅、与住宅配套的地下室、商业、车库等，经营模式以自营为主，南湖金地住宅小区建成后进行销售取得相关房地产收入。2019 年、2020 年及 2021 年，发行人房地产销售收入分别为 5.13 亿元、2.95 亿元、0.73 亿元。

（三）商品贸易业务

公司于 2020 年新增商品贸易业务，业务范围进一步扩大，主要由子公司唐山文旅均和国际贸易有限公司（以下简称"文旅均和"）、唐山文旅投怡亚通供应链有限公司（以下简称"怡亚通公司"）和唐山文旅供应链管理有限公司唐山市纵横大数据产业发展有限公司（以下简称"纵横大数据文旅供应链"）负责经营，主要经营商品以有色金属、日用品及电子电器类产品为主。其中，有色金属贸易由文旅均和负责运营，目前销售产品主要为电解铜；日用品及电子电器类产品贸易主要由怡亚通公司和纵横大数据文旅供应链负责运营。

公司电解铜商品贸易业务以"以销定采"业务模式为主，公司根据目标市场或具体客户需求进行采购，一般采取预收款方式进行结算，即公司预收客户部分订单货款，待验收结算之后支付剩余部分，账期通常在 60 个工作日之内；日用品及电子电器类等产品的销售模式主要为代购代销，公司根据目标市场或具体客户需求进行采购，以货物交接，部分订单会委托第三方物流运抵至公司指定地点交接；部分货物采取仓单划转交接的模式，账期在 30~60 天以内。2020~2021年，公司商品贸易业务实现营业收入分别为 29.65 亿元、51.98 亿元，成为公司营业收入的主要来源。

（四）酒店会展及其他业务

作为唐山市主要的文化旅游产业投资运营主体，公司按照唐山市委、市政府要求，履行"唐山文化旅游资源整合开发、文化旅游项目运营、文化旅游基础设施建设、文化旅游形象营销推广"四大职能，逐步拓展了酒店管理、物业服务和文化旅游等多个业务板块，在推进唐山市文化旅游产业发展等方面发挥重要作用。

酒店管理方面，公司对唐山市范围内多家酒店进行投资与运营管理，主要经营唐山市南湖足球主题酒店、南湖国际会展酒店、唐山宴（唐山文旅酒店）、唐山宾馆、南湖人家和唐山南湖迎宾馆等多家酒店；会展业务方面，收入来源主要为会展中心的展陈收入和展馆展览收入等。2019~2021 年，公司酒店及会展收入分别为 0.71 亿元、0.79 亿元和 0.92 亿元。

四、公司财务状况

（一）财务分析

近年来，唐山文旅集团资产总额持续增长，根据公开披露的数据，公司净资产总额近十年增加了一倍多，唐山文旅集团的财务状况如下：

1. 资产情况

公司 2019~2021 年资产构成情况如表 18-4 所示：

表 18-4　2019~2021 年公司资产构成情况

项目	2021 年		2020 年		2019 年	
	金额（亿元）	占比（％）	金额（亿元）	占比（％）	金额（亿元）	占比（％）
流动资产合计	**194.00**	**72.45**	**183.58**	**68.34**	**156.36**	**64.78**
货币资金	9.45	3.53	23.15	8.62	12.05	4.99
应收账款	8.80	3.29	11.44	4.26	4.83	2.00
其他应收款	10.66	3.98	11.98	4.46	9.90	4.10
存货	156.69	58.51	131.53	48.96	128.08	53.06
非流动资产合计	**73.79**	**27.55**	**85.04**	**31.66**	**85.01**	**35.22**
长期股权投资	3.78	1.41	3.85	1.43	9.77	4.05
其他权益工具投资	5.85	2.18	—	—	—	—
固定资产	21.98	8.21	21.37	7.95	20.89	8.65
在建工程	39.02	14.57	23.47	8.74	24.75	10.25
其他非流动资产	—	—	28.42	10.58	28.42	11.77
资产总计	**267.79**	**100.00**	**268.62**	**100.00**	**241.37**	**100.00**

资料来源：Wind 数据库。

近年来，得益于公司业务扩张与唐山市委、市政府的支持，公司资产规模呈现持续增长趋势。资产结构以流动资产为主，且流动资产占比呈现逐年上升趋势。流动资产主要由货币资金、应收账款、其他应收款、存货构成。非流动资产规模呈现下降趋势，主要包括在建工程、固定资产、其他权益工具投资和长期股权投资。

2. 负债分析

2019~2021 年末，公司主要负债构成如表 18-5 所示：

表 18-5　2019~2021 年公司负债构成情况

项目	2021 年		2020 年		2019 年	
	金额（亿元）	占比（%）	金额（亿元）	占比（%）	金额（亿元）	占比（%）
短期借款	4.60	2.80	3.50	2.09	0.10	0.06
应付账款	3.06	1.87	1.42	0.85	1.90	1.21
其他应付款	85.08	51.85	67.19	40.19	61.74	39.39
一年内到期的非流动负债	6.98	4.25	12.31	7.37	11.26	7.19
流动负债合计	100.24	61.09	84.73	50.68	77.60	49.51
长期借款	36.15	22.03	28.83	17.24	20.65	13.18
应付债券	2.00	1.22	2.00	1.20	2.00	1.28
长期应付款	23.89	14.56	27.48	16.44	32.27	20.59
其他非流动负债	—	—	22.85	13.67	22.85	14.58
非流动负债合计	63.84	38.91	82.44	49.32	79.13	50.49
负债总额	164.08	100.00	167.16	100.00	156.73	100.00

资料来源：Wind 数据库。

从负债规模来看，公司负债呈现上升趋势，负债结构以流动负债为主。流动负债主要由短期借款、应付账款、其他应付款和一年内到期的非流动负债构成，流动负债占比呈现逐年上升趋势，主要原因是由于近年来公司业务扩张，工程增加，借款增加所致。公司非流动负债主要由长期借款、应付债券、长期应付款和其他非流动负债构成，呈现下降趋势。

3. 偿债能力

近年来，公司净利润持续增长，经营性现金流持续呈净流入状态，且逐年增加，对利息和债务的保障能力整体有所增强；公司融资渠道多样，且得到当地政府在股权划转、资本金注入和财政补贴等方面的有力支持。

从偿债指标来看，2019~2021年，公司EBITDA利息保障倍数分别为1.40倍、3.39倍和2.71倍，盈利对利息的保障水平较高。公司流动比率分别为2.01、2.17和1.94，速动比率分别为0.36、0.61和0.37，有所波动。

公司融资渠道较为通畅，且持续获得政府补助，对缓解公司流动性压力和债务偿付贡献较大。公司资产以存货较为主，资产流动性受到一定影响，但整体对公司债务偿还形成一定保障。

4. 现金流量分析

近年来，公司经营现金流量净额持续增长，2020年经营活动现金流量净额较年初增加3.95亿元，增幅达219.88%，主要是由于公司往来资金拆借减少。2019~2021年现金流量情况如表18-6所示。

表18-6　现金流量情况

单位：亿元

项目	2021年	2020年	2019年
一、经营活动产生的现金流量：			
经营活动现金流入小计	77.69	59.08	17.68
经营活动现金流出小计	70.78	53.34	15.89
经营活动产生的现金流量净额	6.91	5.75	1.80
二、投资活动产生的现金流量：			
投资活动现金流入小计	2.44	5.03	8.25
投资活动现金流出小计	21.45	11.34	13.43
投资活动产生的现金流量净额	-19.01	-6.31	-5.18
三、筹资活动产生的现金流量：			
筹资活动现金流入小计	20.31	27.63	13.71
筹资活动现金流出小计	21.68	15.37	8.36
筹资活动产生的现金流量净额	-1.37	12.26	5.35

资料来源：Wind数据库。

公司投资活动现金流量持续为负，主要是由于公司在业务开展过程中，购建固定资产、无形资产和其他长期资产支出金额较大。

近年来，由于公司业务扩张的需要，融资金额较大。公司筹资活动现金流入主要为取得借款收到的现金，而流出则主要为偿还债务支付的现金。2021年公司筹资活动现金流量净额由正转负，主要是由于公司当期偿还债务支付的现金增长所致。

5. 营利能力

营利能力是企业赚取利润的能力，也是公司投资者最关心的一项能力。评价指标主要有总资产报酬率、净资产收益率、营业毛利率等。

公司的净资产报酬率近年来有所波动，最近三年分别为 1.66%、1.55% 和 1.62%；总资产回报率较为稳定，在 1% 左右波动；毛利率逐年下降，主要是由于公司 2020 年新增的主营业务商品贸易板块毛利率较低，且业务收入占比较高。同时，贸易板块受商品市场价格波动影响较大，对利润贡献能力有限。公司文旅、餐饮、酒店等业务受疫情影响，导致当期收入减少，但营业成本正常发生。造成了公司毛利率的下降（见表 18-7）。

表 18-7　主要盈利指标

项目	2021 年	2020 年	2019 年
净利润（亿元）	1.67	1.58	1.40
净资产收益率（%）	1.62	1.55	1.66
总资产回报率（%）	1.18	0.99	0.89
毛利率（%）	2.57	2.53	8.13

资料来源：Wind 数据库。

（二）政府支持情况

公司作为唐山市主要的城市基础设施建设和文化旅游产业投资运营主体，在唐山市南湖生态城开发建设以及唐山市文化旅游产业融合发展中发挥重要作用，近年来得到当地政府在股权划转、资本金注入和财政补贴等方面的有力支持。2022 年，公司将获得唐山市古冶区重要的基础设施投融资主体 80% 股权等多项资产的无偿划转，预计其业务范围将扩大，相关职能进一步得以提升。

近年来，唐山市委、市政府多次将股权划入公司：2018 年，根据唐办字〔2018〕20 号文件，唐山市委、市政府将唐山市中心医院 6 亿元股权划转至公司；2022 年，根据唐山市政府专题会议纪要〔2022〕58 号，唐山市政府将翔云大厦、唐山市体育中心及唐山演艺集团相关资产以及唐山市农业、医药、盐业等相关资产组入公司。股权的划入有助于公司扩大业务规模与范围：

资本金注入方面，2020 年，根据唐财资合复〔2020〕26 号文件，唐山市财政局向公司注入资本金 1.80 亿元，壮大了公司的净资产规模。

财政补贴方面，公司 2019~2021 年分别收到政府补助 3.44 亿元、3.68 亿元和 3.45 亿元，政府支持力度较大。

五、融资情况

近年来，公司有息负债规模逐年增加，公司有息负债包括短期借款、长期借款、一年内到期非流动负债、长期应付款和应付债券等，债务融资方式较为多样，融资渠道畅通。

（一）有息债务情况

近三年来，公司有息负债总额逐年上升，有息债务结构如表18-8所示：

表18-8　有息债务明细

项目	2021年		2020年		2019年	
	金额（亿元）	占比（%）	金额（亿元）	占比（%）	金额（亿元）	占比（%）
短期借款	4.6	8.65	3.50	6.7	0.10	0.23
一年内到期非流动负债	6.98	13.13	12.31	23.56	11.26	26.26
长期借款	36.15	67.99	28.83	55.15	20.65	48.13
应付债券	2	3.76	2.00	3.83	2.00	4.66
长期应付款（付息部分）	3.44	6.47	5.63	10.77	8.89	20.72
合计	53.17	100	52.27	100	42.90	100

资料来源：Wind数据库。

通过表18-8可以看出，公司短期有息债务占比为21.78%，处于较低水平，长期有息债务占比78.22%，短期内偿债压力较小，债务风险发生概率较小。

（二）存续债券情况

截至2022年3月末，公司于2019年10月发行3年期2.00亿元"19冀唐山文旅ZR001"债权融资计划；2021年9月发行5年期2.00亿元"21唐山文旅MTN001"，债券余额合计4.00亿元。截至2021年末，公司已发行未兑付的债券余额为2亿元，占总负债比重为3.76%（见表18-9）。

表18-9　应付债券情况　　　　　　　　单位：亿元

项目	2021年末	2020年末	2019年末
19冀唐山文旅ZR001	—	2.00	2.00
21唐山文旅MTN001	2.00	—	—
合计	2.00	2.00	2.00

资料来源：Wind数据库。

（三）间接融资情况

公司与多家银行保持长期合作关系，截至2022年3月末，公司获得银行授信额度共计 246.33 亿元，未使用授信额度 196.75 亿元。主要合作方包括唐山银行股份有限公司、国家开发银行股份有限公司、中国农业发展银行股份有限公司、浦银金融租赁股份有限公司等大型金融机构。

第二节　转型发展分析

一、公司转型的背景及特点

1. 政策环境背景

2008 年之后，中央推出了"四万亿"的经济刺激计划，地方政府急需外部融资解决资金压力，纷纷组建城投公司，城市基础设施建设蓬勃发展。2009 ~ 2010 年是城投公司的大发展时期，2010 年国务院发布了国发〔2010〕19 号文，文件试图厘清城投平台与政府融资职能之间的界限，规范城投平台的发展。

2014 年，国务院发布《国务院关于加强地方政府性债务管理的意见》（国发〔2014〕43 号），"43 号文"提出加强政府或有债务监管。剥离融资平台公司政府融资职能，融资平台公司不得新增政府债务。

2018 年，国务院下发《中共中央　国务院关于防范化解地方政府隐性债务风险的意见》（中发〔2018〕27 号）和《地方政府隐性债务问责办法》（中发〔2018〕46 号），开启了隐性债务化解的序幕。

2021 年，国务院发布《关于进一步深化预算管理制度改革的意见》（国发〔2021〕5 号），提出把防范化解地方政府隐性债务风险作为重要的政治纪律和政治规矩，隐性债务监管进一步加强。随着政府债务监管的逐渐加强，城投公司转型也成为必然趋势。

2. 区域发展背景

作为全国重要的能源、原材料工业基地，唐山已形成钢铁、装备制造、能源、化工、建材五大主导产业，拥有开滦集团、唐钢、冀东水泥、三友碱业、唐山陶瓷等一大批大型高科技骨干优势企业。但是，受传统产业市场需求不振、价格大幅下跌的影响，前几年钢铁、煤炭、水泥、采矿等行业的企业普遍经营效益不佳。目前传统产业在全市工业中仍居主导地位，而高新技术产业占比仍偏低，因此未来唐山市转型升级的任务十分艰巨，同时去产能、调结构的举措也可能会加大经济下行压力。

2021 年，唐山市发布《唐山市国民经济和社会发展第十四个五年规划和二零三五年愿景目标纲要》，文件指出要深入推进供给侧结构性改革，做优支柱产业，做强优势产业，依托丰富的旅游资源以及较好的班会基础，以"旅游+""会展+""体育+"创新产品供给、激活消费潜能，推动文体旅游会展产业融合发展。唐山市"十四五"规划明确了唐山市供给侧改革的主要领域和改革方向。

在唐山市产业转型升级的大背景下，唐山市委、市政府高度重视文旅融合工作，2022 年 3 月，唐山市文化广电和旅游局发布了《唐山市文化广电和旅游发展"十四五"规划》，提出了"两核三带七区"空间布局，即做强做优中心城区文化休闲和工业旅游核、推动滨海休闲度假旅游带转型升级、加快建设皇家山水长城文化旅游带、加快建设滦河文化风情旅游带、加快建设七大文旅聚集区，这也体现了唐山市加快推进产业转型升级、深化文旅融合的发展方向。

3. 自身发展原因

从唐山文旅集团自身来看，成立之初，公司作为唐山市基础设施建设主体，主要负责南湖范围内土地一级开发，承担城市基础设施及项目融资、建设和运营任务，业务模式较为单一。而在城投监管趋严的政策背景下，这种业务模式不具有可持续性，因此需要业务市场化转型。2018 年，根据《关于唐山市文化旅游投资集团有限公司组建及有关事宜的工作方案》，公司定位有所调整，同时承担了唐山市旅游基础设施投融资建设，负责唐山文化旅游资源的整合开发和运营推广等工作，在当地经济发展中发挥重要作用。

二、公司转型的路径

结合唐山市的区位优势，以及自身的资源优势，唐山文旅集团转型的路径是股权改革及多元化布局。具体措施如下：

（一）股权划拨

唐山市政府通过股权划拨的方式将其他城投划转至公司，增加了公司的资产规模：

根据唐办字〔2018〕20 号文件，唐山市委、市政府将唐山市中心医院 6 亿元股权划转至公司；根据唐山市政府专题会议纪要（〔2022〕58 号），唐山市政府将翔云大厦、唐山市体育中心及唐山演艺集团相关资产组入公司。此外，唐山市农业、医药、盐业等相关资产将划转至公司。

根据 2022 年 5 月 31 日唐山市政府专题会议纪要（〔2022〕47 号）文件，唐山市政府将唐山浪窝口中心渔港发展有限公司（以下简称"渔港公司"）的 90% 股权划转至公司。

根据公司与唐山市弘扬建设工程集团有限公司（以下简称"弘扬建设"）于 2022 年 6 月 22 日签署的股权合作战略协议，经弘扬建设的控股股东唐山市古冶区国有资产管理中心批准，弘扬建设将其 80% 的股权无偿划转至公司。弘扬建设并入后，会进一步扩大公司工程建设业务范围和规模。

通过股权划转，公司的业务范围进一步扩大，融资能力进一步增强。

（二）业务重组

1. 融合文旅产业与体育产业，促进高质量发展

为深入贯彻落实唐山市委、市政府关于"建设健康唐山、文化强市"的战略部署，唐山文旅集团结合自身优势资源，整合优质体育产业资源，成立了唐山文旅·奥宇光辉武术搏击俱乐部、打造了以足球为主线，推动全民健身、全民运动的南湖"两区一店"项目，布局体育产业链条，推动文体旅高质量融合发展。一方面，通过将训练、赛事等引入景区，使体育产业和景区资源深度融合，构建具有核心竞争力的旅游产品，拉动旅游经济的发展。另一方面，依靠自身场地资源，打造高标准世界搏击训练中心，全面承接各个等级的武术、搏击项目训练，并通过战略合作、品牌授权等方式持续举办武术搏击赛事，打造专属的体育赛事品牌。

2. 成立唐山文旅投怡亚通，开启了文旅与供应链融合发展新模式

唐山文旅集团与供应链龙头企业——深圳怡亚通集团合作，利用怡亚通丰富的商流、物流、资金流、信息流，结合文旅集团的产业优势和资源优势，成立了唐山文旅投怡亚通供应链有限公司，开启了文旅和供应链融合发展的新模式。

在以国内循环为主、国际国内双循环的发展格局之下，要想国内循环顺利流动，就离不开各个领域、各个环节企业协同合作。而唐山文旅集团依托金融资源、城建投产业物流资源，融合怡亚通供应链服务优势，为本地企业打造了互利共赢资源共享的平台，提供了供应链、物流、营销、金融、品牌孵化等全链条服务。

3. 打造钢铁数字化平台，推动钢铁产业上下游整合升级

唐山文旅集团助力唐山市传统产业转型升级，打造了唐山市钢铁产业数字化平台，该平台以政策指导和保障平台、省级钢铁行业工业互联网平台、省级钢铁行业数字化转型技术共享中心、数字化转型成果展示中心、应用体验中心为核心，构建了钢铁产业的数字化链条，平台可实现钢铁行业工业互联网综合门户、大数据平台、智能工厂示范三大功能，全面展示钢铁行业工业互联网"全貌"，为钢铁企业的生产、经营、管理各环节提供数据服务支撑，助力各钢铁企业实现柔性生产、质量提升、成本优化。

4. 打造工业旅游景区，促进文旅与工业产业融合

唐山市文旅部门坚持市委关于转型发展、融合发展、绿色发展等"八个发展"要求，在全国牵头发起成立中国工业旅游产业发展联合体，连续举办四届中

国工业旅游产业发展联合大会。

唐山市文旅集团响应市文旅局的号召，成为中国工业旅游产业发展联合体，助力唐山市文旅部门将开滦国家矿山公园、遵化栗源公司、启新水泥1889、德龙钢铁等一大批工矿企业，遗存变产品、厂区变景区，探索了一条工业旅游助力城市转型发展的有效路径。

三、转型效果分析

（一）股权划转扩大公司规模

根据公司官网公开披露的信息显示，公司目前总资产330亿元，相比于2012年翻了一番。控股子公司数量增加到28家，业务范围逐渐扩大。通过唐山文旅集团公开披露的财务数据可以看出，公司业务收入总量持续增长，结构逐渐多元：工程建设收入和房地产销售收入占比逐年下降，商品贸易收入占比逐渐上升，净利润也随之稳步提升。同时，由于公司总资产的增加，公司的总资产回报率呈现上升趋势。

（二）业务重组促进产业融合发展

唐山文旅集团在转型过程中基于自身优势，积极寻求产业融合，扩大了业务规模，实现了文体旅高质量融合发展。主要成就包括：创新打造了培仁历史文化街、唐山宴、皮影主题乐园等国家或省级精品项目，培育了南湖春节灯会、武林风·战唐山、冰雪欢乐季等品牌活动，形成了涵盖景区、酒店、体育、文创、博物馆等多业态融合的文旅产业链；成立了唐山文旅·奥宇光辉武术搏击俱乐部；打造了以足球为主线，推动全民健身、全民运动的南湖"两区一店"项目。

截至2021年9月末，公司的控股子公司——唐山文旅供应链管理有限公司，资产总额18877.08万元，负债总额4184.92万元，净资产14692.16万元；2021年1~9月该公司实现营业收入14585.79万元，净利润215.03万元，主要是贸易业务收入；一方面，供应链公司的成立扩大了公司规模，增加了公司业务收入；另一方面，供应链公司为本地企业提供供应链、物流、营销、金融、品牌孵化等全链条服务，促进了唐山市的传统产业的资源互换、优势互补，推动了企业间的协同发展，有效弥补了产业供应链的短板。

作为唐山文旅产业融合发展的旗舰企业，唐山文旅集团于2019年成为中国工业旅游产业发展联合体成员单位。唐山文旅集团打造了工业博物馆的文旅项目，推动文旅产业在调整产业结构、转变发展方式上发挥更重要的作用，使工业旅游成为唐山旅游转型升级的重要战略支点、旅游消费热点，助力唐山经济转型升级和国际化沿海强市建设。

<h1 style="text-align:center">第三节　转型经验启示</h1>

一、紧跟政策导向，实施市场化转型

城投公司自身的性质决定了其转型必须以政策为导向。地方城投公司的性质为国有企业，其转型发展必须以国家政策为准绳，在地方政府化解隐性债务的大趋势下，城投公司监管趋严，城投公司的市场化转型成为了必然的发展方向。

在国家一系列政策的引导下，唐山文旅集团紧跟政策导向，明确自身定位，不断增强自身的经营能力，多方面多举措推动公司市场化转型发展，全面推进隐性债务化解工作。一方面，唐山文旅集团承担城市基础设施建设职能，推动城镇化快速发展；另一方面，唐山文旅集团积极拓宽融资渠道，发展资本运作等方面的经营业务。在承担基础设施建设运营等主要职能的同时，积极寻求产业融合发展，做好产业市场化转型工作。

二、顺应发展趋势，实现高质量发展

唐山是一座传统的工业重镇，也是煤炭工业、钢铁工业的发源地之一。但是目前部分传统制造业产能普遍过剩，特别是钢铁、水泥、电解铝等高消耗、高排放行业，中央经济工作会议提出了实行供给侧结构性改革，抓好"三去一降一补"的任务。唐山市作为传统工业城市，供给侧结构性改革的任务十分艰巨，短期内，产业转型升级会加大唐山市经济下行压力。

唐山文旅集团紧抓唐山市产业转型升级机遇，定位于构建"文化、旅游、地产和金融"四位一体、互动发展、相互支撑的大产业格局。其中文化旅游是主业，两者相互依存、融合发展；地产为配套和支撑，以自持商业地产和销售地产为两翼，实现大型文旅项目投入的平衡和重资产增值；金融为器，作为大项目落地、文化旅游产业融合发展的关键保障。文化板块包括影视、文化创意、文化活动、体育赛事、演艺、广告媒体、会展等；旅游板块包括景区建设与运营、酒店投资与管理、智慧旅游平台、餐饮、旅游服务、交通、旅游商品等；地产板块主要是文旅地产，包括文化产业园区、文旅小镇、商业地产、旅游度假地产、养老地产等；金融板块，推进银企合作，拓展多种融资渠道，充分发挥龙头示范带动作用，为唐山文旅产业提供金融服务。打造唐山第一家文旅企业，成为唐山市文化旅游产业龙头支柱企业，把文化旅游产业培育成重要的支柱产业和新的经济增

长点。

三、立足自身优势，促进产业融合

唐山文旅集团业务具有较强的区域专营性，作为重要的基础设施建设主体，政府财政补贴会给予一定程度的倾斜。另外，唐山文旅集团常年致力于南湖生态治理与基础设施建设运营，成功建设了国内首个利用采煤塌陷地的世园会园区，并承担园区的运营工作，具有丰富的项目建设运营经验。同时，公司融资渠道畅通，与国家开发银行等银行机构都建立了良好、长久的合作关系，也更有利于公司的转型发展。唐山文旅集团利用显著的资源优势以及项目运营优势，通过政府的股权划拨等方式，将其他城投吸收合并在内，以大并小，既能发挥自身业务运营优势，又能借助其他产业资源优势，实现融合发展。

对于地方政府来说，城投公司转型发展是化解隐性债务的重要方式，城投公司的转型发展也离不开地方政府的全力支持。地方政府应精准定位城投公司特征，结合具体情况制订适合的转型方案。针对资源禀赋很弱、债务负担重的城投公司，直接关停一批；对于资源禀赋较弱的城投公司，可以合并入上一级公司，提高资源禀赋，合并后寻求转型发展。

对于辖区内拥有较多城投企业且业务比较分散的地区，可将多家城投企业合并，组建新的综合性城投集团，在集团内部进行业务重整，通过重组合并提高城投竞争力和融资能力。唐山文旅集团具有较为雄厚的实力，唐山市政府将其他较弱的公司或者存量资产划入公司，将唐山文旅集团做大做强，可以盘活存量资产，提高资产运营效率。

第十九章 廊坊市投资控股集团有限公司转型发展案例分析

廊坊市投资控股集团有限公司（以下简称"廊坊控股"或"公司"）是由廊坊市政府批准设立的市政府直属国有独资企业，是廊坊市代表市政府进行城市建设的最重要的投资控股主体。廊坊控股以万庄生态新城、新兴产业示范区等园区为核心建设项目，以园区开发运营、房地产投资开发、旧城改造等为支柱业务，在近几年来快速发展。公司作为廊坊市的大型市属国企，是廊坊市乃至河北省进行园区开发和房地产开发的重要力量，为支持公司快速做大做强，廊坊市政府在公司的资产注入、政策优惠等方面给予了较大支持，公司在廊坊市获取项目时具有得天独厚的优势。

第一节 公司基本情况

一、公司简介

廊坊市投资控股集团有限公司原名为廊坊市国土土地开发建设投资控股有限公司，成立于 2013 年 8 月 12 日，公司初始注册资本 3000.00 万元，全部由原廊坊市国土土地开发建设投资有限公司认缴。公司自成立后，经历数次股权转让及增资，并于 2015 年 8 月将名称变更为现名。截至目前，廊坊控股注册资本55000.00 万元①，实收资本 200000.00 万元（尚未完成工商变更），控股股东及实际控制人均为廊坊市财政局，持股比例为 100.00%。

截至 2022 年 6 月末，廊坊控股合并范围内总资产 289.91 亿元，净资产

---

① 公司原股东廊坊市自然资源和规划局于 2020 年 12 月 21 日和 2021 年 3 月 25 日分别向公司货币增资 30000.00 万元和 115000.00 万元，共计增资 145000.00 万元，上述增资暂未完成工商变更手续。

128.69 亿元，资产负债率 55.61%；2021 年，公司实现营业收入 6.27 亿元，实现净利润 1.38 亿元。截至目前，公司纳入合并范围的子公司共 41 家，其中一级子公司 21 家，二级子公司 20 家，主要包括廊坊市国土土地开发建设投资有限公司、廊坊市国开兴安投资有限公司、廊坊发展股份有限公司、廊坊市新航城房地产开发有限公司、廊坊市国开万庄新城开发建设投资有限公司、廊坊市凯创房地产开发有限公司、廊坊市国有资产经营有限公司、廊坊市财信投资基金有限公司等，主要涉及园区开发、旧城改造、供热及商品销售等业务。

二、所在区域情况

根据《廊坊市 2021 年国民经济和社会发展统计公报》，2021 年廊坊市全市实现生产总值 3553.1 亿元，同比增长 6.6%。第一产业实现增加值 216.3 亿元，同比增长 4.2%；第二产业实现增加值 1193.6 亿元，同比增长 5.5%；第三产业实现增加值 2143.2 亿元，同比增长 7.4%。三次产业结构为 6.1∶33.6∶60.3。全市人均生产总值为 64460 元，同比增长 6.0%（见表 19-1）。

表 19-1　2019~2021 年廊坊市主要经济指标及同比变化情况

项目	2021 年		2020 年		2019 年	
	金额	占比（%）	金额	占比（%）	金额	占比（%）
地区生产总值（亿元）	3553.1	6.6	3301.1	3.5	3196.0	6.7
固定资产投资（亿元）	—	5.4	—	4.7	—	6.8
社会消费品零售总额（亿元）	1403.1	5.5	1330.1	0.2	1137.4	9.1
进出口总额（亿元）	510	29.8	392.4	11.4	352.4	-23.6
人均 GDP（元）	65026.42		60414.48		65511	
人均 GDP/全国人均 GDP	80.30		83.39		92.41	

资料来源：2021 年河北省及其下辖各市人民政府网站和统计局网站。

2021 年，廊坊市全年一般公共预算收入完成 390.5 亿元，同比增长 8.4%；一般公共预算支出 642.5 亿元，同比下降 1.4%，税收占一般公共预算收入比重为 66.7%。

从拉动经济的三大要素来看：投资方面，2019~2021 年廊坊市固定资产投资增长率分别为 6.8%、4.7% 及 5.4%，近年全市固定资产投资保持增长，增速有所回升，2021 年城乡项目投资同比增长 0.8%，房地产开发投资同比增长 16.6%。消费方面，2020 年在疫情影响下消费规模有所下降，随着疫情的缓解及营商环境的优化，2021 年增速回升至 5.5%。对外贸易方面，近年廊坊市进出口总额持续上升，且增速加快。

土地市场方面，2019~2021 年廊坊市住宅用地成交面积波动下降。2021 年廊坊市住宅用地成交面积 199.11 万平方米，较 2019 年下降 45.61%；成交均价及成交面积虽在 2020 年有所提高，但 2021 年两者均大幅下跌导致 2019~2021 年廊坊市住宅用地成交金额波动下降，分别为 277.54 亿元、301.86 亿元和 118.66 亿元。

总体而言，廊坊市经济总量（GDP）在河北省地级行政区中排名中等，近年全市经济平稳发展，经济实力不断增强。

三、公司业务情况

公司是廊坊市规模最大的集国有资产运营与项目开发建设为一体的国有企业，主营业务包括园区开发、旧城改造、市政供热、工程及设计和商品销售业务等。除此主营业务之外，公司还承接部分商品房及公租房开发业务。

如表 19-2 所示，从公司收入结构上看，供热业务、工程及设计业务及商品销售业务收入是公司主要收入来源。受园区开发业务收入波动增长、供热、工程及设计、咨询与服务业务收入等持续增长影响，近年来公司营业收入稳步增长。毛利率方面，近年公司销售毛利率存在一定波动，主要系高毛利率的园区开发业务收入有所波动及供热业务毛利率波动下降所致。

表 19-2　2019~2021 年公司营业收入构成及毛利率情况

项目	2021 年		2020 年		2019 年	
	金额（万元）	毛利率（%）	金额（万元）	毛利率（%）	金额（万元）	毛利率（%）
供热业务	17395.44	2.44	17149.01	31.11	16292.60	26.95
工程及设计业务	12286.06	71.56	8581.77	63.88	7809.72	65.76
商品销售业务	9476.27	23.25	6441.45	26.70	8060.18	38.27
园区开发业务	3628.42	86.23	11292.59	95.55	3161.64	71.39
商品房销售业务	3575.26	47.10	2224.60	17.25	5542.98	32.23
咨询与服务业务	3131.49	90.20	2847.24	89.73	1587.25	94.20
物业管理及服务业务	2939.15	-11.91	1816.47	-73.41	2079.51	-52.91

续表

项目	2021 年		2020 年		2019 年	
	金额（万元）	毛利率（%）	金额（万元）	毛利率（%）	金额（万元）	毛利率（%）
租赁业务	2632.15	15.10	2614.85	15.51	3994.45	44.87
利息收入业务	7507.40	100.00	6888.10	100.00	3205.99	100.00
其他业务	175.91	90.57	17.17	−221.96	43.36	95.06
合计	62747.56	42.66	59873.25	53.76	51777.67	42.66

资料来源：Wind 数据库。

（一）园区开发业务

公司是廊坊市唯一国资背景的园区开发主体，根据政府总体规划选定拟开发区域并进行论证，与园区所在地政府沟通签订总体规划选定拟开发区域协议，与园区所在地政府沟通签订协议共同设立园区开发公司，由园区开发公司进行具体运作。

公司承担着廊坊市两大园区开发建设任务，两大园区开发平台公司分别为：廊坊市国开兴安投资有限公司（以下简称"国开兴安"）和廊坊市国开万庄新城开发建设投资有限公司（以下简称"国开万庄"）。其中国开兴安负责河北廊坊高新技术产业开发区（原名为河北廊坊新兴产业示范区）的开发与建设；国开万庄负责万庄生态新城的开发、建设与运营。2020 年和 2021 年，公司园区建设分别实现营业收入 11292.59 万元和 3628.42 万元，分别占公司营业总收入的 18.86%和 5.78%。

（二）旧城改造业务

公司旧城改造板块的业务主要包括对区域内土地征迁、土地整理、征迁户的征地补偿及回迁安置房建设。作为廊坊市政府旧城改造项目的实施主体，公司业务主要采取代建模式，根据各个项目协议约定享有投资额 5%、12%的收益。

（三）供热业务

近年公司供热收入稳步上升，2019~2021 年公司分别实现供热业务收入 1.63 亿元、1.71 亿元和 1.74 亿元，销售毛利率分别为 26.95%、31.11%和 2.44%。2021 年该业务毛利率大幅下降主要是当年煤炭等燃料价格大幅上涨所致。

公司供热业务主要由廊坊市华逸发展智慧能源有限公司（以下简称"华逸发展"）和廊坊市广炎供热有限责任公司（以下简称"广炎供热"）经营，为城区、园区及小区居民、商业和工业用户提供供暖及蒸汽等服务，并开展供热系统的统一规划、设计、建设和运营。公司供热业务有集中供热和分布式供热两大业务模式，集中供热是以电厂余热、工业余热、大型燃煤锅炉/燃气锅炉作为热源形式，通过热力管网将热能输送并销售给用户，分布式供热是在小区、小型园区内建设小型热源站，以天然气、电能或其他清洁能源作为热源，为用户提供微网供热服务。

业务范围方面，华逸发展（含广炎供热）以清洁供能为主，目前是廊坊市覆盖区域最大的供热企业，广炎供热以集中供热为主，主要供热范围集中于廊坊市主城区西部及北部。截至 2021 年末，公司供热业务累计签约面积为 1025.64 万平方米，供热入网面积为 760.87 万平方米，实际收费面积为 516.12 万平方米。

总体来看，公司积极扩张供热储备项目，在项目签约方面，2019~2021 年分别实现签约供热面积 94 万平方米、90.74 万平方米、72.96 万平方米；在供热经营权方面，截至 2021 年，公司供热经营区域面积超 100 平方千米，是廊坊市覆盖区域最大的供热企业，未来供热面积呈扩大趋势，供热业务收入有望保持增长。

（四）工程及设计业务

公司工程及设计业务主要由子公司廊坊发展、廊坊市阳光建设工程质量检测有限公司（以下简称"阳光检测"）、廊坊市奥通市政工程设计有限公司（以下简称"奥通市政"）负责。

廊坊发展的工程技术业务为供热业务的配套业务，阳光检测主要从事工程检测业务，奥通市政具有道路设计甲级资质，主要从事工程设计业务。

主要受公司供热业务配套的工程技术业务收入逐年增长影响，公司 2019~2021 年工程及设计业务收入稳步增长，分别为 7809.72 万元、8581.77 万元和 12286.06 万元，销售毛利率分别为 65.76%、63.88% 和 71.56%。

（五）商品和医疗耗材销售业务

公司商品销售收入主要由子公司廊坊市联华商业管理有限公司（以下简称"联华商业"）及廊坊市爱尔医疗科技有限公司（以下简称"爱尔医疗"）负责。联华商业主要经营超市零售业务，爱尔医疗主要从事血液灌流器系列产品的研发、生产、销售。

廊坊爱尔医疗生产的血液灌流器系列产品面向国内市场销售，主要产品有：一次性使用血液灌流器（炭肾系列）：YTS-200、YTS-180、YTS-160、YTS-150、YTS-100、YTS-80、YTS-60；一次性使用血液灌流器（树脂吸附柱系列）：ZX-330、ZX-260、ZX-230、ZX-200、ZX-150、ZX-130、ZX-100、ZX-80；一次性使用阴离子树脂血浆吸附柱系列：AR-350、AR-280、AR-180。

2019~2021 年，公司商品销售业务收入分别为 0.81 亿元、0.64 亿元和 0.95 亿元，销售毛利率分别为 38.27%、26.70% 和 23.25%。2020 年，公司商品销售业务收入有所下滑，主要是受疫情影响，联华超市南龙道店关闭所致。公司零售业务预计未来经营较为稳定。

四、公司财务状况

为深入了解公司的财务状况，根据公司 2020 年、2021 年财务数据，从资产结构、负债结构、偿债能力、盈利能力、现金流量及外部支持六个方面对公司财务情况进行分析。

（一）资产结构分析

2019 年、2020 年及 2021 年，公司主要资产构成情况如表 19-3 所示：

表 19-3　2019~2021 年廊坊市投资控股集团有限公司主要资产构成情况

项目	2021 年		2020 年		2019 年	
	金额（万元）	占比（%）	金额（万元）	占比（%）	金额（万元）	占比（%）
流动资产						
货币资金	303788.45	12.56	245565.19	13.67	374064.83	22.53
其他应收款	65275.97	2.70	42879.25	2.39	42066.28	2.53
存货	1083401.36	44.80	795408.48	44.27	697957.82	42.03
流动资产合计	1487372.56	61.51	1259055.64	70.07	1285431.83	77.41
非流动资产						
长期股权投资	317219.96	13.12	293042.47	16.31	126817.74	7.64
其他权益工具投资	159058.69	6.58	—	0.00	—	0.00
投资性房地产	45275.42	1.87	47586.44	2.65	49054.65	2.95
在建工程	234475.02	9.70	6405.99	0.36	6591.89	0.40
其他非流动资产	92382.96	3.82	66092.11	3.68	66027.64	3.98
非流动资产合计	930694.26	38.49	537746.50	29.93	375102.01	22.59
资产总计	2418066.82	100.00	1796802.14	100.00	1660533.84	100.00

资料来源：Wind 数据库。

从资产规模来看，近年来得益于廊坊市较为强劲的经济发展势头，同时在廊坊市政府的大力支持扶助下，受公司合并范围扩大的影响，公司在资产规模、经营规模方面都有了较为明显的增长，近年来公司资产规模呈逐年上升趋势。从资产结构来看，公司资产以流动资产为主。公司流动资产整体呈下降趋势，主要由存货、货币资金及其他应收款构成；公司非流动资产整体呈上升趋势，主要由长期股权投资、在建工程、其他权益工具投资构成。

（二）负债结构分析

2019 年末、2020 年末及 2021 年末，公司主要负债构成情况如表 19-4 所示：

表 19-4　2019~2021 年末廊坊市投资控股集团有限公司主要负债构成情况

项目	2021 年末		2020 年末		2019 年末	
	金额（万元）	占比（％）	金额（万元）	占比（％）	金额（万元）	占比（％）
流动负债						
短期借款	44400.36	3.88	39570.50	4.24	37720.50	3.71
应付账款	15602.56	1.36	33965.79	3.64	69433.91	6.82
其他应付款	202829.50	17.70	218494.27	23.44	192064.32	18.88
一年内到期的非流动负债	219140.48	19.13	179812.46	19.29	232871.98	22.89
流动负债合计	554631.52	48.41	558766.08	59.93	601626.59	59.13
非流动负债						
长期借款	359091.09	31.34	126128.00	13.53	137533.00	13.52
应付债券	112660.58	9.83	129023.57	13.84	49584.00	4.87
长期应付款	85724.26	7.48	85441.50	9.16	186870.44	18.37
非流动负债合计	591149.40	51.59	373572.22	40.07	415859.75	40.87
负债合计	1145780.93	100.00	932338.29	100.00	1017486.34	100.00

资料来源：Wind 数据库。

从负债规模来看，公司总负债规模呈现逐年上升趋势，主要是其他应付款、应付债券及长期借款增加所致。从负债结构来看，公司负债以非流动负债为主。公司流动负债整体呈下降的趋势，主要由其他应付款和一年内到期的非流动负债构成；公司非流动负债整体呈上升的趋势，主要由长期借款、应付债券和长期应付款构成。

（三）偿债能力分析

受公司合并范围及融资规模扩大影响，同时得益于资产划转及资金注入，公司负债及所有者权益规模均有所增长。

从偿债能力指标来看，受近年资产划转及资金注入的影响，公司资产负债率由 2019 年末的 61.27% 降至 2022 年 3 月末的 51.59%。受现金类资产波动下降影响，近年公司现金短期债务比同步下降。近年来公司总债务规模攀升，利息支出规模同步上升，公司 EBITDA 利息保障倍数波动下降，2021 年为 0.70，盈利对利息保障程度有所下降。

总体来看，随着债务规模扩张，公司偿债能力指标弱化，偿债压力加大。公司负债结构与其业务匹配，公司长期偿债风险可控。

（四）营利能力分析

公司营业收入主要来自供热业务、工程及设计业务及商品销售等业务，受近年来供热、物业管理及服务、工程及设计等业务板块收入持续增长影响，公司营业收入规模稳步增长。公司未来供热面积呈扩大趋势，供热及工程及设计业务收入等较有保障。毛利率方面，受高毛利率的园区开发业务收入有所波动及供热业务毛利率波动下降等因素影响，近年来公司销售毛利率有所波动。2019~2021 年，公司收现比分别为 181.95%、84.66% 和 105.37%，主业回款能力波动下降。

（五）现金流量分析

2019~2021 年，公司现金流量指标如表 19-5 所示：

表 19-5　2019~2021 年公司现金流量指标　　　　　单位：万元

项目	2021 年	2020 年	2019 年
经营活动现金流入小计	100803.66	108459.09	204312.36
经营活动现金流出小计	198910.20	156994.74	148964.19
经营活动产生的现金流量净额	−98106.55	−48535.65	55348.17
投资活动现金流入小计	12836.32	21449.70	19651.51
投资活动现金流出小计	214035.61	63905.97	100884.13
投资活动产生的现金流量净额	−201199.29	−42456.27	−81232.62
筹资活动现金流入小计	828555.17	486940.37	281699.39
筹资活动现金流出小计	467863.72	526611.43	163243.20
筹资活动产生的现金流量净额	360691.45	−39671.06	118456.19
汇率变动对现金及现金等价物的影响	—	—	—
现金及现金等价物净增加额	61385.62	−130662.98	92571.74
加：期初现金及现金等价物余额	230220.36	360883.34	268311.60
期末现金及现金等价物余额	291605.97	230220.36	360883.34

资料来源：Wind 数据库。

近年来，公司经营活动产生的现金流量净额大幅波动且持续为负，主要原因是公司从事的供热业务前期投入资金规模持续大幅增长，而投资回收相对滞后，导致经营活动现金净流出较大。

近两年公司投资活动产生的现金流量净额持续为负，主要是由对河北建投交通投资有限责任公司、河北省城际铁路发展基金有限公司、廊坊银行股份有限公司等股权投资增加所致。

公司2021年筹资活动产生的现金流量净额由负转正，主要是由2021年公司取得借款收到的现金大幅增加所致。公司筹资活动产生的现金流入主要是金融机构借款，筹资活动产生的现金流出主要是偿还金融机构借款。由于近年来公司进行经营规模的扩张需要有大量的资金支持，而经营活动现金流量不足以支撑公司业务扩张，公司在一定程度上依靠对外负债来满足资金需求。

（六）外部支持情况

自公司成立以来，廊坊市政府及廊坊市自然资源和规划局及财政局等持续给予公司支持。廊坊市国资委于2015年向公司增资2.20亿元，廊坊市自然资源和规划局于2018~2020年多次向公司合计增资17.50亿元，推动公司实收资本增至2022年3月末的20.00亿元。

2022年3月末，根据《廊坊市人民政府关于划转廊坊市财信基金等13家国有企业及实物资产的通知》等文件，廊坊市政府、廊坊市财政局、廊坊市自然资源和规划局向公司拨付资金、注入股权等资产合计35.93亿元，计入资本公积。

此外，公司最近两年分别获得了政府补助0.96亿元、1.30亿元，较大程度提升了公司当期盈利水平。

五、融资情况

（一）有息债务情况

截至2022年3月末，公司有息债务总额为837329.56万元。公司有息债务包括短期借款、一年内到期的非流动负债、长期借款、应付债券和长期应付款等，债务融资方式较为多样，融资渠道畅通。

2020年末、2021年末及2022年3月末，公司有息债务总额分别为511239.04万元、758880.35万元和837329.56万元，具体情况如表19-6所示：

表19-6　2020~2022年3月公司有息债务构成

项目	2022年3月末		2021年末		2020年末	
	金额（万元）	占比（%）	金额（万元）	占比（%）	金额（万元）	占比（%）
短期借款	46407.05	5.54	44270.50	5.83	39570.50	7.74
一年内到期的非流动负债	231655.07	27.67	215766.94	28.43	179812.46	35.17
长期借款	367773.40	43.92	358373.40	47.22	126128.00	24.67

续表

项目	2022 年 3 月末		2021 年末		2020 年末	
	金额（万元）	占比（%）	金额（万元）	占比（%）	金额（万元）	占比（%）
应付债券	164601.71	19.66	109620.50	14.45	129023.57	25.24
长期应付款	26892.33	3.21	30849.01	4.07	36704.51	7.18
总计	837329.56	100.00	758880.35	100.00	511239.04	100.00

资料来源：Wind 数据库。

从有息债务期限结构来看，公司有息债务以长期负债为主。截至 2022 年 3 月末，公司短期负债合计 278062.12 万元，占有息负债的 33.21%，长期负债合计 559267.44 万元，占有息负债的 66.79%。

（二）存续期债券情况

截至 2022 年 3 月末，公司存续期内债券余额 35.5 亿元，均已按时付息。具体情况如表 19-7 所示：

表 19-7　公司已发行的债券以及偿还情况　　　　　　单位：亿元

债券种类	债券名称	起息时间	期限	发行规模	偿付情况
公司债券	17 廊控 01	2017 年 3 月 22 日	3（2+1）年	5.60	已完成兑付
公司债券	17 廊控 02	2017 年 4 月 6 日	3（2+1）年	4.40	已完成兑付
公司债券	19 廊控 01	2019 年 12 月 20 日	3（2+1）年	5.00	已完成兑付
公司债券	20 廊控 01	2020 年 3 月 4 日	3（2+1）年	5.00	已完成兑付
公司债券	21 廊控 01	2021 年 12 月 14 日	2 年	5.00	按时付息、尚未到期
定向工具	22 廊坊投资 PPN001	2022 年 1 月 26 日	3 年	5.50	按时付息、尚未到期
公司债券	22 廊控 01	2022 年 2 月 28 日	3 年	3.50	按时付息、尚未到期
公司债券	22 廊控 02	2022 年 2 月 28 日	2 年	1.50	按时付息、尚未到期
合计				35.50	

资料来源：Wind 数据库。

（三）间接融资情况

公司资信状况良好，与各大商业银行等金融机构均建立了长期稳定的信贷业务关系，具有较强的间接融资能力。截至 2022 年 3 月末，公司授信总额为 97.60 亿元，已使用授信额度为 82.22 亿元，尚可使用授信额度为 15.39 亿元，主要合作方包括国家开发银行、中国建设银行、兴业银行、廊坊银行、河北银行等大型金融机构。

第二节　转型发展分析

一、公司转型的背景及特点

较长一段时间以来，城投公司债务依赖于政府信用，发展迅猛。但由于城投公司所从事的业务往往具有一定的公益性属性，自身管理水平也远不及其他性质企业，导致城投公司的盈利能力一直落后于其他产业主体，依靠自身的盈利能力往往无法覆盖公司债务，这种融资能力和盈利能力的非对称性便酝酿出了地方政府的债务风险。在此大背景下，我国从政策层面开始了自上而下的"严控地方政府债务、推动平台公司转型"的政策规划。

2020 年，为了缓解新冠肺炎疫情带来的经济下行压力，通过基建投资带动国内经济循环发展的需求大幅提高，城投公司作为地方基础设施建设主体，融资环境较为宽松。国家发展和改革委员会、沪深交易所等债券市场各监管部门均陆续出台相关政策支持债券市场正常运转以及相关主体的融资安排，开辟债券发行"绿色通道"；中共中央政治局常务会议提出要加快 5G 网络、数据中心等新型基础设施建设进度，为城投公司提供了诸如智慧停车场、智慧园区、智慧交通等多个方面的项目机会；国务院发布《全面推进城镇老旧小区改造工作的指导意见》（国办发〔2020〕23 号），提到支持城镇老旧小区改造规模化实施运营主体运用公司信用类债券、项目收益票据等进行债券融资。

2021 年，由于城投债大量发行使隐性债务风险进一步积累，而随着经济形势好转，稳增长压力减轻，政策重心转向控制地方政府隐性债务风险，城投融资政策进入周期收紧阶段。交易所、交易商协会对城投债进行分档审理，对不同风险等级的城投公司募集资金用途作出不同限制；国务院国资委印发《关于加强地方国有企业债务风险管控工作的指导意见》（国资发财评规〔2021〕18 号）及《关于进一步深化预算管理制度改革的意见》（国发〔2021〕5 号），要求各地方国资委加强国有企业债务风险管控，有效防范化解企业重大债务风险，坚决遏制隐性债务增量，妥善处置和化解隐性债务存量；银保监会发布《银行保险机构进一步做好地方政府隐性债务风险防范化解工作的指导意见》（银保监发〔2021〕15 号），要求对承担地方隐性债务的客户，银行保险机构不得提供流动资金贷款或流动性贷款性质的融资。

2022 年初，交易所进一步对城投债券采取发行额度管理、借新还旧额度打折等措施，交易商协会出台新政策，对所有红色、橙色地区（债务率≥200%）客户只能借新还旧。目前，国内外经济形势仍较为复杂，后续政策重心仍是稳杠杆，取得防风险与稳增长的再平衡，预计2022年城投融资政策将延续收紧态势。

廊坊市位于环渤海腹地，自然资源较为丰富，近年来全市经济保持着较好的增长，公司地位较为重要且业务较为多元化，未来收入有一定保障，获得的外部支持力度较大。但是，近年来公司资产流动性一般，存货及在建工程等占比较大，存货主要由项目建设成本及开发产品构成，项目建设成本及在建工程即时变现能力较弱。公司园区建设及旧城改造项目由政府统一安排，近年来两项业务推进较慢，公司自主性较弱，且尚需投入资金规模较大，各方面影响，使公司面临较大的资金压力和偿债压力。

近年来，廊坊控股以廊坊发展公司为主体，借助京津冀区域大气环保严格管控的大环境，顺势启动了新能源利用板块，开展清洁能源供热业务，并成功收购了廊坊市区最大的热力公司，全力布局廊坊市的各项业务。

二、公司转型的路径

（一）把握区位优势、整合优质资源

近年来，宏观经济下行压力较大，经济发展已进入新常态，"稳增长"和"调结构"是之后一段时间内我国政府工作的重中之重。未来我国将重点实施"一带一路"、京津冀一体化和长江经济带三大战略，带动我国的经济增长。2015年4月，中共中央政治局召开会议审议通过《京津冀协同发展规划》。京津冀协同发展上升为国家战略，廊坊市地处京津冀交会处，地理优势明显，是京津冀一体化提升内在经济驱动力和经济发展新增长极的最大受益方。

廊坊控股是一家为推动城市建设，以公益性为主，服务于社会的国有资本运营和政策性投资企业。公司将民生与民需作为创业的基石与立足根本。公司的主营业务涉及园区开发建设运营、土地一级开发、旧城改造、保障房建设、新民居建设、城区重点工程建设、房地产开发、上市公司运营、新能源利用、物业管理等多板块，形成了多角度、多方位、多层次的发展格局，是廊坊市第一大国有控股企业。

2017年、2018年两年，公司参与了廊坊市4个城中村改造项目，为公司后续发展提供了充足的潜力。2017年，公司成立廊坊市新航城房地产开发有限公司，全力配合建设北京新机场（廊坊区域）回迁安置区工程。2018年7月6日，《北京新机场建设与运营筹备总进度综合管控计划》正式发布，明确北京新机场及其配套工程将在2019年6月30日竣工验收，2019年9月30日投入运营。依据此管控计划，北京新机场（廊坊区域）回迁安置区项目将加速实施，配合北京新机场能够按规划既定日期投入运营。

2018年10月29日，廊坊市安次区人民政府发布《码头镇、葛渔城镇、调河头乡总体规划暨河北廊坊高新技术产业开发区总体规划（2017～2030）》。公司掌握着廊坊市周边近115平方千米的园区土地开发权，形成了北部、中部和南部三头并进的发展格局。公司将以该总体规划发布为契机，积极开展园区开发建设，增强园区与乡镇融合发展，实现资源全域配置与管控，打造廊坊高质量发展实验区。

2019年1月2日，国务院正式批复《河北雄安新区总体规划（2018～2035年）》（国函〔2018〕159号）。该规划指出，推动雄安新区与北京城市副中心形成北京新的两翼，与以2022年北京冬奥会和冬残奥会为契机推进张北地区建设形成河北两翼，促进京津冀协同发展。规划突出雄安新区的战略地位、突出"雄安质量"、突出空间布局、突出特色风貌。公司将全力配合雄安新区总体规划发展，借此机会发展自身综合实力，形成配套产业综合发展的合力。

（二）深耕优势业务、拓宽业务布局

公司业务包括供热、园区建设、房地产开发、旧城改造、商品销售等，供热业务、工程及设计业务及商品销售业务收入是公司主要收入来源。近年来，公司持续在优势业务中深耕、发散，力争将业务规模优势发挥到最大。

公司积极扩张供热储备项目，在项目签约方面，2019～2021年分别实现签约供热面积94万平方米、90.74万平方米、72.96万平方米；在供热经营权方面，截至2021年，公司供热经营区域面积超100平方千米，是廊坊市覆盖区域最大的供热企业，未来供热面积呈扩大趋势，供热业务收入有望保持增长。

在公司供热业务、建设业务大力拓展的同时，公司持续深化业务链条，纵向拉长业务线，围绕主营业务提供配套服务，为供热客户建设、维护、维修供热设备设施；根据国家标准，对相关客户完工建筑的见证取样、使用功能、主体结构、钢结构、建筑节能、建筑门窗、室内环境、地基基础、安全防护用品、水质质量、防雷装置、环境监测等12个类别500个检测项提供检测服务；为廊坊市市政设施管理中心及廊坊市域内的园区运营类企业提供工程设计服务等。受公司供热业务配套的工程技术业务收入逐年增长影响，近年公司工程及设计业务收入也稳步增长。

除此之外，公司积极发展租赁业务、物业及管理业务、利息收入业务，主要租赁物为公司持有的商铺自有房产、商场柜台、商铺、办公楼、公租房等，物业业务主要包括春和花园、阳光高第、帝景天城、康健新里、时代新居一期、凯创大厦等项目及廊坊市自然资源和规划局等国有企事业单位的物业管理，公司利息收入主要来源于公司本部对子公司国开兴安、国开万庄等的借款利息收入，极大丰富了公司的收入来源。

（三）把握政策动向、获取外部支持

廊坊市近年来坚持先进制造业和现代服务业双轮驱动，以"1+5"主导产业为重点，构建现代产业体系，加快壮大"7+6"县域特色产业集群。"1+5"主导产业即：临空经济和新一代信息技术、高端装备制造、生物医药健康、现代商贸物流、都市农业。

近年来，廊坊市引进建设了有研稀土新材料、精雕数控机床、维信诺等一批高端高新产业项目，战略性新兴产业加快布局，现代服务业加快壮大，全国商贸物流基地建设稳步推进。临空经济区规划建设工作全面展开，自由贸易试验区大兴机场片区、大兴国际机场综合保税区正式挂牌。2021 年签约 5000.00 万元以上项目 55 个，国药集团、华芯无限航空等一批临空指向性强、航空关联度高的优质项目落地建设。2021 年，廊坊市计算机电子设备制造业、电力热力生产供应业、农副食品加工业、专用设备制造业 4 个行业支撑作用明显，共拉动规模以上工业增加值同比增长 4.9 个百分点。

在此契机下，公司积极发展商品销售业务，开展医疗耗材产品的研发、生产和销售。2019~2021 年，公司医疗业务的收入分别为 0.40 亿元、0.26 亿元和 0.37 亿元，毛利率分别为 62.56%、49.06% 和 46.38%。

自公司成立以来，公司积极争取廊坊市政府的支持，廊坊市政府、廊坊市自然资源和规划局及财政局对公司多次增资，通过拨付资金、注入股权、提供补助等方式较大程度提升了公司的盈利水平。

三、转型效果分析

廊坊控股作为市属国企，从一个拆迁指挥部发展成为一家拥有两个园区、一个上市公司、多家房地产公司等多种业务与经营格局的中型国有企业，在公司成立 10 年来，在市委、市政府和股东单位的大力支持下，取得了河北廊坊高新区（72.96 平方千米）、万庄生态新城（41.35 平方千米）这两个地处廊坊周边、环绕京津的大型园区开发建设运营权。近 115 平方千米的园区土地，通过公司运作，牢牢掌握在了廊坊市委、市政府手中。尤其是通过产权交易市场收购万新城股权后，更是改变了原来由外来企业主导万庄开发的被动局面，将万庄新城重新纳入了市政府统一规划、统一管理的大盘子中，最大限度地维护了政治和社会稳定。目前，毗邻正在建设的北京新机场的万庄新城，已然成为空港新区辐射效应的直指之所，未来更有望成为廊坊经济腾飞的突破口。

近年来，在廊坊市政府的大力支持下，公司顺利完成对廊坊市十余家国有公司股权和国有资产的无偿划转工作，新划入公司主要从事工程及设计、商品和医疗耗材销售、咨询服务等业务，公司规模和实力得到进一步提升，至此公司成为廊坊市规模最大、产业最全、覆盖区域最广的集国有资产运营与项目开发建设为一体的市属重点国有独资企业。

公司目前在热源技术、规划设计、系统升级、综合能耗分析、供热项目建设施工、运维服务等领域拥有系统的专业技术，为供热战略布局和市场拓展提供了强有力的技术支撑。公司以万庄生态新城、新兴产业示范区等园区为核心项目，以园区开发运营和旧城改造等为支柱业务在近几年来快速发展。作为廊坊市的大型市属重点国有独资企业，是廊坊市乃至河北省进行园区开发和城市更新的重要力量。

根据公司战略规划，整合完成后，公司将业务主要划分为以下八个业务板块：园区开发、城市更新、民生保障、销售贸易、房地产、金融投资、咨询服务和物业服务。从国家发展战略来看，公司将通过直接或间接参与相关项目的建设，抓住北京新机场、河北雄安新区、京津冀协同发展的重大历史机遇期，实现自身的快速发展。

第三节　转型经验启示

一、资源整合、吸收合并谋发展

城投转型的核心之处在于增加自身市场化经营和"造血"能力，减少对当地政府支持的依赖。对于基础设施建设融资存在缺口的地区而言，区域经济发展需要以完善的基础设施为前提，它是城市主体设施正常运行的保证。因此城投仍要担当城市建设的主力军，通过股权划转及整合，进一步将区域内最主要的城投公司资产规模做大，以获得更高的信用等级和更低的融资成本。

对一般企业而言，整合的目标主要是提高占有率、增强竞争力，或者是降低成本，提高效率，提高盈利能力等。常见的整合路径主要包括以下三个方向：一是横向/水平整合，即为了提高规模效应与市场占有率，整合与自己生产相同商品或提供相同服务的企业；二是垂直整合，即沿着原有业务的上下游开展整合，达到一体化生产从而降低成本或保证生产的连续性；三是混合/跨界整合，一般以经营多元化为目的，与企业原有业务没有直接关系。

基于此，城投公司整合的目标主要有以下三个方面：一是按照行业、区域等类型规范梳理城投公司，根据政策要求进行裁撤合并，以加强债务管理，提高运营效率，更好为地方政府服务，为实现此目标可主要选择横向/水平整合。二是为了提高融资能力。城投公司的优势之一是融资功能较强，应进一步发挥其功能。为实现此目标可主要选择横向/水平整合。三是为了转型发展，成为政府控股的公用事业企业或有关行业的企业等，为实现此目标可主要选择垂直整合和混合/跨界整合。上述三个目标和三种整合思路往往同时存在，只不过所占的比重或优先级有所不同。在整合的过程中，作为地方国有企业，公司还需从国有企业属性出发，考虑稳定就业等社会责任、扶持小微企业发展、保值增值国有资产等。

总之，城投公司的整合应有合理的目标，以转型发展为根本方向，采用符合市场规律的方法来进行整合。

二、实现业务多元化发展

城投公司业务多存在公益性属性，部分还兼有准公益性、经营性业务。绝大多数城投都涉及城市基础设施建设及土地整理这类公益属性业务，业务回款直接来源是地方政府。大多数城投也兼有准公益性业务，有一定现金流，但利润较为微薄。城投公司可结合自身所处环境的不同，充分调动周边资源开展业务，形成自身独特优势。

截至目前，从业务的分布情况来看，大多数城投公司仍是以土地开发、工程代建等业务为主，对手方多为当地政府。此类以土地运作为主的经营模式形式较为固化单一，对当地政府及所处地区财政的依赖程度较高，缺乏目前市场化业务的营利能力，受政策影响较大，"造血"能力弱。城投公司往往因当地政府财力不足或流程烦琐，导致项目回收周期长，债务压力过重，单一的经营模式难以促进城投公司的良性发展。因此，城投平台寻求市场化转型，需考虑业务的多元化发展方向，提升自身业务的市场化水平。

总之，对于潜力较大的快速发展地区，其基础设施相对完善，交通运输条件便捷，对外开放程度和消费市场规模都较大且呈不断上升的趋势，劳动力较为充裕，科技人才资源较为丰富，整体经济发展势头迅猛。因此，城投转型的方向可以考虑朝着多元化发展，在原有主业的基础上着力打造其他业务板块，通过多元化经营增强"造血"能力，基于企业原有资源禀赋和核心竞争力进行价值延伸。

三、契合国家发展政策

城投企业作为区域性重要城市建设企业，主要由地方政府出资成立，成立之初受政府委托或依据政府安排负责某个区域范围内或某一业务领域内的工作，具有一定区域专营性或自然垄断性。鉴于城投企业所从事的业务，城投行业发展与宏观经济运营密切相关，与国家宏观经济财政政策、金融政策及监管政策存在相互影响关系。宽松的政策会导致财政支出扩大、基建投资力度加大、融资便利，有利于城投企业融资、持续运营和城投行业的持续发展。紧缩的政策会导致财政支出收缩、基建投资增速下降、融资环境趋紧，对城投企业融资和业务运营产生不利影响，导致城投行业的发展放缓。

因此，城投企业应在拉动经济的同时，避免增加政府显性杠杆率，避免引发如刺激房地产市场所导致的房产泡沫等次级问题，通过积极扩大有效融资、合理运用资金等方式推动企业持续健康发展。在城市更新、保障房、新基建和智慧城市等相关政策支持下，城投企业应积极抓住政策窗口，寻找新的融资主题和业务方向，同时在国有企业改革等相关政策的支持下，逐步开始市场化转型升级。

后 记

近年来，随着经济的波动，我国宏观调控政策尤其是金融监管政策也出现了多轮"松—紧"演变。2021年以来，地方政府投融资平台监管政策迎来新一轮收紧，在此背景下，地方政府投融资平台应以政策为导向，加速推动转型发展，提高自身"造血"能力、经营实力，逐步转变为市场化运营的国有企业，同时充分借力资本市场，通过多元化融资渠道展开融资，不断丰富融资手段，实现融资结构的优化。

本书基于多元化融资格局的视角，以地方政府投融资平台转型发展问题为核心，通过理论、评价以及案例三个方面的论述，为地方政府投融资平台提供了转型思路和方向，引导地方政府投融资平台转型，助力区域经济、实体经济高质量发展，同时也为地方政府投融资平台借助资本市场拓宽融资渠道提供了思路。

我国地方政府投融资平台数量较多且债务压力较大，为了使书中所采用的数据更加严谨、完整，我们每年都在不断更新、完善地方政府投融资平台数据库，对每一家平台公司的主营业务、财务报表和融资渠道等方面的信息逐一分析并收集汇编。感谢河北金融学院、财达证券及中国人民大学、中央民族大学等在校研究生在数据库更新完善过程中的辛苦付出，从而保证获得地方政府投融资平台数据库及时更新、不断丰富。

本书写作历时半年之久，其间得到了许多人的指点和支持。感谢河北省证券期货业协会、《证券日报》社、全国经济地理研究会等机构的鼎力支持；感谢中国人民大学孙久文教授、张可云教授等专家学者的指点；感谢河北金融学院杨兆廷、韩景旺、田晓丽、郭净、胡继成等教授的指导；感谢财达证券董事长翟建强、总经理张明等领导的支持，以及财达证券投资银行业务委员会肖一飞、彭红娟、费超、郝晓姝、付海洋、王志旺等同人的相助；感谢各位执笔者的辛勤付出；最后，要感谢经济管理出版社的支持。

　　"中国地方政府投融资平台转型发展研究"为系列书作，时至今日已经是第六版了，希望读者能从中受益。本书虽然较上一年有所完善，但由于笔者的精力和能力有限，书中难免会有疏漏与不足之处，恳请并欢迎各位读者批评指正，共同交流，我们定会再接再厉，不断完善。

胡恒松

2022 年 10 月 10 日